# 영화에 대하여 알고 싶은 두세가지 것들

에이젠스테인에서 홍콩느와르까지

구회영 지음

한울

1991

## 책 머리에

이 책은 월간 로드쇼 '도시에' 난에 1990년 5월호에서 1991년 5월호까지 실렸던 글들을 엮은 것이다. '도시에(dossier)'라는 외국어의 사전적 정의는 "한 사건·개인에 관한 일건서류; 사건기록"(『엣센스 영한사전』, 민중서림)이다. 따라서 이 책에 실린 각 장의 내용은 우리의 영화문화, 영화환경, 혹은 영화현상에서의 특정한 '사건'들에 대한 보고서이며 자료집으로서 읽힐 수 있을 것이다. 도시에의 이름으로 이 글들을 처음 쓸 때의 의도는 영화에 대한 관심만큼이나 다양한 독자들의 '궁금증'을 풀어주고자 하는 데 있었다. 한 권의 책으로 엮고 보니 그러한 궁금증들을 어느 정도 풀 수 있을 만큼의 '너비'는 갖추지 않았나 하는 생각이 든다. 그렇다면 다음 문제는 영화를 보고, 읽고, 생각하는 '깊이'일 텐데, 그것은 독자들 각자의 몫으로 남기는 수밖에 없으리라.

처음부터 한 권의 책을 의도하고 씌어지지 않았기 때문에, 여기에 실린 글들은 전체로서 엄격한 체계를 갖추고 있지는 못하다. 차례를 죽 훑어보고 가장 끌리는 장부터 읽어나가는 독서법을 권하고 싶다. '창조적'으로 이 책의 내용을 활용해 주길 독자에게 부탁하며, 우리들 모두의 삶에 어쩔 수 없이 들어와 박혀 있는 영화라는 문화현상을 '체험'하는 데 조금이라도 도움이 되었으면 하는 바람이다.

항상 격려와 채찍(?)을 아끼지 않은 KINO의 정성일 차장, 원고정리에 수고해 주신 이인영, 김혜원, 이우경 기자님, 책으로 빛을 보게 해준 한울출판사 김종수 대표와 한울식구들, 책을 꾸미는 데 도움을 주신 김호근 선생님, 그리고 영화에의 용기를 북돋아 준 볼프 가우들리쯔에게 감사드리며, 이 땅에서 영화의 길을 함께 걸어가는 동지들에게 이 책을 바친다.

1991년 가을

구회영

# 영화에 대하여 알고 싶은

# 두세가지 것들

# 1장 영화용어 / 영화에 대하여 알고 있는 두세가지 것들

## 1. 필름, 무비, 시네마:영화의 이름으로

(1) 필름(film)

우리가 영화라고 부르는 현상은 필름으로부터 시작한다. 필름은 빛이 닿으면 화학적 변화를 일으키는 물질이 입혀진 띠모양의 셀룰로이드를 가리키는 말이다. 그것은 우리가 만져서 느낄 수 있는 실재하는 물체이다. 아직 빛에 노출되지 않은 상태에서 그것은 카메라에 장전되고, 현상소에서 사람들과 기계의 손을 거쳐 그림을 담은 반투명한 물체로 바뀌며, 이윽고 영사기에 감김으로써 관객들에 의하여 '영화' 로 받아들여질 준비를 마친다. 그러므로 영화가 세계 속에 존재하는 여러 방식—빛과 소리에 의한 한순간의 영상으로서, 관객의 기억과 무의식의 단편으로서, 글이나 사진이나 그림을 통하여 재현된 모습으로서—중에서 필름은 가장 구체적이며 물질적인 모습이라 할 수 있다.

한 편의 이어진 필름은 또한 한 편의 영화와 동의어로도 쓰인다. 어떤 영화가 지금/여기에 있느냐 없느냐를 가늠하는 가장 확실한—아마도 유일한—기준을 우리는 필름의 존재에서 찾는다. 그래서 〈장군의 아들〉은 지금 우리에게 있고—20여개의 프린트가 전국의 극장에서 '돌아가고' 있으며, 네가(negative)가 보관되고 있으므로—나운규의 〈아리랑〉은 지금 우리에게 없다. 〈아리랑〉을 보았던 수많은 선대의 관객들의 증언과 기록에도 불구하고, 그리고 '민족의 노래'가 된 그 영화의 주제가가 끊임없이 불리워지고 있음에도. 그러므로 영화가 일단은 필름의 형태를 가지고 있어야만 그 존재를 인정받게 된다는 믿음을 우리는 모두 가지고 있는 셈이며, 영화=필름이라는 등식이 우리의 일상언어 속에서 받아들여짐은 이러한 믿음에 바탕을 두고 있을 것이다.

그러나 필름은 아직 '움직이는 그림' 곧 활동사진 또는 무비(movie)가 아니다. 필름이 복제하는 현실의 모습은 아직은 정지된 세계, 정사진(still photograph)으로 구성된 이미지이기 때문이다. 필름은 영화 특유의 기계장치를 거쳐 관객의 감각기관에 빛과 소리로서 전달될 때 비로소 우리가 영화라 기억하는 현상이 되는 것이다.

(2) 무비(movie; motion picture; 활동사진)

영화는 인간의 감각기관의 불완전함, 곧 착각에 전적으로 의존하는 예술양식이다. 우리는 영화를 움직임으로 느끼고 기억하지만 사실 관객이 보는 것은 빠른 속도로 영사되는 정지된 사진들과 그 사진들 사이사이에 끼어드는 어두움일 따름이다(심리학에서는 이러한 착각현상을 '잔상효과'라 부른다).

영화 카메라와 사진 카메라는 단 한가지 점을 제외하고는 모든 면에서 기본적으로 똑같다. 정사진 카메라가 셔터를 누를 때마다 한 장의 사진만큼의 이미지를 필름에 기록하는 데 비하여 영화 카메라는 셔터가 눌러진 시간만큼 일정한 장수의 연속적인 이미지를 필름에 기록할 수 있음이 그것이다. 35㎜(이것은 영화촬영에 쓰이는 필름의 폭을 나타내는 수치이다) 영화카메라는 1초에 24장의 연속된 이미지를 필름 위에 기록하게 되는데, 이렇게 만들어진 낱개의 이미지를 보통 프레임 또는 콤마라 부른다.

필름이 영사기에 걸리면 영사기는 이 프레임 하나하나를 정지된 영상으로서 스크린에 비추는데, 그러기 위하여는 다음과 같은 다소 복잡한 과정을 거치게 된다. 영사기에서 나온 빛이 정지된 프레임을 지나 일정한 시간 동안 스크린에 영상을 비추고, 영사기로부터의 빛이 차단되고 스크린이 아주 짧은 순간 어두워진 사이에 영사기는 필름을 움직여 다음 프레임을 '정위치'시키고, 다시 빛이 들어오면 새로 정위치된 프레임이 정지상태에서 스크린에 비추어지고, 또 다시 빛이 없어지며 스크린이 어두워지고……이 과정이 끝없이 반복되면서 관객들은 자신들이 움직이는 그림을(혹은 현실 그 자체를) 보고 있다는 착각에 빠지는 것이다. 그러므로 2시간짜리 영화를 본 사람은 사실 1시간만큼의 그림과 1시간만큼의 어둠을 본 셈이다. 그리고 이 둘, 그림과 어둠 중 하나만으로는 움직임이 만들어지지 아니한다. 카메라가 그림을 구체적인 사진의 형태로 프레임 하나하나에 기록하고, 영사기가 그러한 프레임 사이사이에 어둠을 만들어 넣어 스크린에 비추는 것, 그것이 바로 활동사진인 것이다.

영화가 등장하자마자 '신기한 구경거리'로서 대중의 마음을 사로잡은 것은 무엇보다도 활동사진으로서였다. 대중은 일단 '움직임'을 보고 싶어하였고, 소리나 색채에 대한 요구, 혹은 이야기나 등장인물에 관한 흥미는 나중의 일이었다. 그러나 '움직이는 그림(motion picture)'이라는 말이 정확한 표현이 아니듯이, 그리고 영화의 가장 원초적인 매력인 '움직임을 보는 즐거움'이 사실은 일종의 눈속임에 의하여 가능하듯이, "영화=무비/활동사진"이라는 등식에는 영화 자체가 사람들에게 속임수로서—체제, 권력, 자본의 유지와 이익을 위하여—작용할 수 있다는 뜻이 숨어 있다.

(3) 시네마(cinema)

시네마는 본디 영화상영 전용극장을 가리키는 말이었다. 영화가 구경거리로서 대

〈시네마 천국〉. 쥬세페 토르나토레 감독. 이탈리아. 1989년.

중의 사랑을 받는 순간부터 영화는 또한 장사의 수단이 되었다. 그리하여 영화 '장사꾼'들은 최소의 비용으로 최대의 수익을 올리는 방법을 고안해냈는데, 그것은 다수의 관객들을 외부와 차단된 공간에 한꺼번에 몰아넣고 '입장료'의 대가로 영화를 보여주는 것이었다.

초창기의 영화는 '시네마'를 갖고 있지 못하였다. 그 대신 연극이나 쇼를 공연하던 극장(theatre)에서, 공회당이나 학교강당에서, 아니면 선선한 여름밤 마을공터에서(이 경우는 공짜손님들의 시선을 차단할 방법이 문제가 되었겠지만) 영화가 돌려졌고, 영화는 이렇게 하여 관객을 찾아나섰다.

영화를 '습관적'으로 보는 관객집단이 형성되고 영화제작이 대규모·대량생산체제를 갖추어감에 따라 영화는 더 이상 관객을 찾아나서지 않아도 되었다. 영화가 배급될 수 있는 기본적인 조건들—영사기를 돌리기 위한 전기시설, 필름을 운반할 수 있는 교통편, 그리고 최소한의 '문화'생활을 할 만큼의 여유를 가진 관객들—이 충족되는 곳이라면 어디에나 크고 작은 시네마가 들어섰고, 관객들은 영화를 찾아 자연스럽게 극장으로 발길을 돌렸다. 적어도 TV가 관객들의 극장가기 습관을 허물어뜨리기 전까지는, 극장 설계자들의 유일한 고민은 어떻게 하면 관람에 불편을 주지 않으면서 객석수를 최대한으로 늘릴 수 있느냐는 것이었다. 갈수록 늘어나는 주말의 관람인파를 모두 받아들이기 위하여 새로 지어지는 대도시의 극장들은 점점 커졌고,

그 규모에 걸맞게 또한 호화로움을 더해갔다. 지방의 중소도시에서도 그 도시에서 가장 큰 단일건축물은 극장이기 마련이었다.

그러나 TV의 등장을 고비로 하여 '시네마'의 전성시대는 끝난 것처럼 보였다. 덩치만 큰 천덕꾸러기로 전락한 극장들은 썰렁한 객석을 견디다 못하여 하나하나 문을 닫고 헐려나갔으며, 남은 극장들도 대부분 지저분함과 불편함의 대명사로 여겨지기 마련이었다. 이러한 영화관의 몰락은 전세계적으로 공통된 현상이었는데, 우리나라의 극장들은 1970년대 내내 혹독하게 이러한 시련을 겪었다.

시네마는 그러나 새로운 모습으로 돌아왔다. 그것은 대개 두 가지 모습으로 나타났는데, 하나는 다양한 도시공간을 게릴라처럼 뚫고 들어가는 소극장들의 출현이었고, 또 하나는 '구경거리'로서의 가치를 더욱 높이는 테크놀로지들이 기존의 극장에 덧붙여지는 것이었다. 이러한 두 경향은 그것들의 현대성과 첨단기술의 사용에도 불구하고 역설적으로 오늘날의 영화와 관객과의 관계를 영화 초창기의 그것에 더욱 가깝게 만들고 있는 셈이다. 관객을 '찾아' 상영공간을 만들어가는 소극장들에서, 그리고 영화가 신기한 구경거리임을 새삼 발견하게 하는 새로운 테크놀로지로 무장한 극장들에서 우리는 그 증거를 찾을 수 있다.

우리가 '영화'라고 부르는 현상은 다양한 이름들을 또한 가지고 있다. 그것은 물체로서 존재하며 '필름'이라 불리우고, 움직임을 보여주는 구경거리로서 활동사진=무비라 불리운다. 그리고 극장의 이름이던 시네마는 영화의 다른 이름으로 쓰이면서 영화가 관객 없이는 존재할 수 없다는 사실을 우리에게 되풀이하여 상기시킨다.

# 2. 미장 센:공간적 연출 또는 그림만들기

필름으로서의 영화는 한 '프레임'을 그 최소단위로 삼는다. 그 프레임 하나는 또한 여러가지의 구성요소로 이루어지는데, 이 구성요소들을 생각해내고, 화면 속에 배치함으로써 하나의 '그림'을 만들어내는 작업을 영화용어로 **미장 센**(mise-en-scène)'이라 부른다.

미장 센은 **"장면**(그림) 속에 무엇인가를 **놓음"**이라는 뜻의 프랑스어에서 유래하였다. 영화가 나오기 전 미장 센은 우리말의 **연출**에 해당하는 **연극용어**로 유럽 연극에서 쓰여왔다. 그리이스 고전극 이래 유럽 연극은 전통적으로 연출가를 공연된 연극의 가장 중심된 창조주체로 여겨왔으며 실제로 연극 공연의 준비과정을 지휘하고 언제나 최종적인 판단을 내리는 존재로 연출가를 규정하였다. 우리가 **감독**(director)이라는 이름으로 부르는 역할은 바로 유럽 연극에서 일반적으로 인정되어온 연출가의 지위와 권리를 그대로 영화작업 속에 물려받은 셈이다.

연출가가 **무대**(stage)에 무엇을 놓을 것인가로부터 고민을 시작한다면, 영화감독은 **프레임**을 무엇으로 채울 것인가로부터 생각을 풀어나간다. 그리하여 영화감독의 미장 센은 연극 연출가와 마찬가지로 일단 프레임 내부의 조형적 요소를 고려하게 되는데, 여기에는 **배경**, **조명**, **인물**의 분장·의상 그리고 배치 등이 우선 포함된다. 이에 덧붙여지는 것이 인물들 혹은 카메라에 의하여 만들어지는 화면 속의 **움직임**이다. 그러므로 영화에서의 미장 센은 **"카메라에** 찍힐 수 있도록 **그림**을 짜고 **움직임**을 만드는 **감독**의 작업"을 가리키는 말로 넓게 정의될 수 있을 것이다.

그러나 이러한 폭넓은 정의는 영화 감독의 기능 거의 모두를 포함하기 때문에 우리가 특정한 영화를 이야기하는 데 사용하기에는 별로 도움이 되지 않는다. 미장 센의 좀더 '영화적'인 정의는 오히려 그것이 흔히 **몽타쥬**(montage)와 대비되는 상대적인 개념으로 쓰인다는 점에서 찾아야 할 것이다.

좁은 의미의 미장 센은 단일한 **쇼트**(shot) 또는 **테이크**(take), 곧 카메라가 장면을 찍기 시작하여 멈추기까지의 시간 동안에 화면 속에 담기는 **이미지**를 만들어내는 작업을 가리키는 말로 쓰인다. 이에 비하여 몽타쥬는 쇼트와 쇼트를 결합시켜 특정한 의미나 효과를 얻으려는 작업을 나타낸다. 곧 미장 센이 한 쇼트로 표현될 수 있는 이미지를 의미한다면, 몽타쥬는 이렇게 얻어진 이미지와 이미지 사이의 관계를 대상으로 하는 용어이다.

극단적인 실험영화를 제외한다면, 미장 센이나 몽타쥬의 어느 한쪽만 가지고 만들어진 영화는 존재하지 않는다. 그러나 한 편의 영화를 분석하고 평가할 때 또는 한 영화작가의 독창성과 뛰어남을 이야기하기 위하여 우리는 두 개념을 대조적으로 사용하며 그 중 한 가지를 더 강조하는 일이 흔히 있다. 장 르느와르, 오손 웰즈, 타르코프스키와 후 시아오시엔의 미장 센에서 영화 형식미의 새로움을 발견하고, 에이젠스테인, 히치코크, 고다르와 레오 까라로부터 몽타쥬 원리의 다양한 예를 볼 수 있다는 식으로.

미장 센이 특별히 주목을 끄는 감독들의 영화는 보통 쇼트의 길이가 평균보다 길거나(혹은 그렇기 때문에 미장 센에 우리가 주의를 기울이게 되는지도 모르지만) 딥 포커스(deep focus: 화면 속에서 초점이 맞는 범위가 넓어지도록 하는 촬영기법)를 선호하는 경향을 보인다. 그래서 미장 센에 치중한 영화는 느린 영화라는 오해(?)를 흔히 받기도 하는데, 중요한 것은 모든 뛰어난 영화는 미장 센과 몽타쥬의 양쪽에서 치밀함과 독창성을 빼놓지 않는다는 점이다. 결국 용어의 사용은 영화를 보는 사람의 주관적인 시각을 반영함에 다름아니며, 그 용어가 사용되는 맥락을 이해함으로써 영화가 '더 잘 보이게 하는' 길잡이로서 우리는 영화용어를 받아들여야 할 것이다.

거울을 이용한 미장 센. 〈상하이에서 온 여인〉. 오손 웰즈 감독. 1948년.

# 3. 몽타쥬: 변증법으로서의 영화편집 또는 그림잇기

몽타쥬(montage)는 넓게는 편집(editing), 곧 쇼트와 쇼트를 연결하여 영화를 구성해 나가는 작업과 같은 뜻으로 쓰이는 용어이다. 그러나 상대적으로 좁은 의미로 사용될 때 몽타쥬는 다음과 같은 두 가지 특수한 의미를 갖게 된다. 첫번째는 헐리우드에서 사용되는 이른바 몽타쥬 시퀀스의 줄임말이고, 두번째는 주로 에이젠스테인에 의하여 정립된 편집이론의 한 갈래로서의 몽타쥬 이론이다.

(1) 몽타쥬 시퀀스(montage sequence)

헐리우드 영화의 편집자들은 극영화의 진행 도중에 시간의 흐름이나 어떤 사건의 경과를 압축하여 나타내는 쇼트의 배열 관습을 만들어냈다. 예를 들어 달력의 낱장이 하나하나 떨어져나가는 화면 위에 꽃이 피고, 낙엽이 지고, 눈이 내리는 화면을 겹쳐 보여줌으로써 "세월이 흘러서 어느덧…"식의 기분을 낸다거나, 불을 뿜는 기관총, 쓰러지는 사람들, 몰려드는 경찰과 기자들의 플래쉬, 이러한 화면들이 반복되는 사이에 윤전기에서 쏟아져나오는 신문들, 그리고 대문짝만한 머리기사( "시카고 갱단 전쟁돌입!" "살상행진 오늘도 계속!" "경찰은 속수무책!"…)들이 빠른 속도로 지나쳐가면서 사태가 긴박해짐을 숨가쁘게 표현한다는 식이다.

같은 영화 속의 다른 장면들과는 확실히 구별되는 이러한 삽입장면들을 헐리우드 편집자들은 '몽타쥬(montage)'라고 불렀는데, 그것은 바로 헐리우드식 편집양식을 비판한 소련의 몽타쥬 이론가들로부터 빌어온 말이기도 하였다. 주로 갱스터 영화에 필수적으로(?) 사용되었던 몽타쥬 시퀀스는 60년대 이후 차차 자취를 감추게 되며, 덜 요란스런 모습으로 가끔 "이러저러한 일들이 일어나는 가운데 세월은 흘렀음"을 나타내기 위하여 쓰일 따름이다.

(2) 몽타쥬 이론(montage theory)

영화가 대중들의 오락수단으로 정착되면서 등장인물과 줄거리가 있는 '극영화'가 상업 영화의 대부분을 이루게 되었다. 그리하여 관객들이 줄거리를 이해할 수 있도록, 그리고 영화에 빠져들도록 쇼트와 쇼트를 연결하는 것이 중요한 과제가 되었는데, 이것을 가장 효과적으로 해결한 것이 헐리우드 영화의 편집방식이었다. 헐리우드 편집방식의 기교는 복잡한 것이었으나, 그 원칙은 간단하게 요약될 수 있었다. "장면이 바뀌기 전까지는, 곧 한 씬 안에서는, 쇼트와 쇼트가 연결되었다는 사실을 관객들이 알지 못하도록 하라"는 것이 바로 그것이었다. 이것은 또한 오늘날까지 대부분의 상업영화—극영화—가 철칙으로 삼고 있기도 하다. 그리하여 관객들은 자신들이 보고있는 것이 '만들어진' 영화라는 사실을 잊고(혹은 모른 체 하고) 영화의 줄거리와 등장인물들의 삶에 몰입하게 되는 것이다.

에이젠스테인을 비롯한 소련의 몽타쥬 이론가들은 이러한 '보이지 않는' 편집방식이 예술로서의 영화의 표현형식을 스스로 제한하는 것이라 비판하였다. 이들은 영화가 단순히 감성에 호소하는 오락에 그쳐서는 안 된다고 주장했고, 대중의 의식을 바꿀 수 있는 영화의 지적 예술로서의 가능성을 탐구하였다. 그리고 몽타쥬 이론과 그에 근거한 작품들로써 자신들의 주장을 입증하려 하였다.

몽타쥬 이론가들은 영화편집의 과제를 줄거리의 전달 이상으로 보았다. 몽타쥬는 쇼트와 쇼트의 이음새가 보이지 않는 '연결'의 원칙에 따르는 대신, 쇼트와 쇼트가 서로 충돌하는 데서 발생하는 특정한 의미·관념을 관객들에게 전달함을 최고의 목표로 한다. 여기서 의미 또는 관념은 충돌하는 두 쇼트가 이미 각각 가지고 있는 것의 단순한 합계 이상이어야 함이 에이젠스테인의 몽타쥬론의 핵심이다.

몽타쥬론에 의하여 만들어진 극영화들은 줄거리의 전개와는 무관한 듯한 쇼트들을 가지고 있기 마련이며, '보이지 않는' 편집방식에 이미 익숙해진 관객들은 '난해하다' 혹은 '재미없다'라는 딱지를 이 영화들에 붙여왔다. 이론의 옳고그름과는 별도로, 이러한 대중의 적대적인 반응은 영화가 오락 이상의 진지함을 가져야 한다고 믿는 작가들이 거의 예외 없이 겪어야 할 운명일지도 모른다.

# 4. 딥 포커스 : 화면의 깊이와 영화의 공간적 체험

딥 포커스(deep focus)는 카메라에 비교적 가까이 있는 물체로부터 멀리 떨어져 있는 물체까지 모두 초점이 맞도록(화면에 선명하게 나타나도록) 촬영하는 기법을 일컫는 용어이다. '비교적'이라는 수식어가 암시하듯 딥 포커스는 몇 cm부터 몇 km까지라는 식으로 엄밀하게 규정할 수 없는 상대적인 개념이다(그리고 0 거리에서 무한대 거리까지 모두 초점이 동시에 맞는 딥 포커스는 물리적으로 불가능하다).

딥 포커스를 보다 '전문적'인 용어로 정의하자면 "화면의 피사계 심도(depth of field)를 주어진 조건 아래에서 극대화시킨 촬영기법"이라 할 수 있다. 피사계 심도는 일정한 거리에 있는 물체에 렌즈의 초점을 맞추었을 때 동시에 초점이 맞게 되는 거리의 범위를 나타내는 사진용어이다(예를 들어 카메라로부터 5m 떨어진 물체에 초점을 맞출 경우 4m 떨어진 물체부터 6m 떨어진 곳에 있는 물체도 렌즈를 통하여 선명하게 보인다면 이 조건 아래에서 피사계 심도는 4~6m인 셈이다).

딥 포커스를 얻기 위하여, 다시 말하면 피사계 심도를 늘리기 위하여는 다음 방법들 중 한 가지 혹은 그 이상을 함께 사용한다.

① 렌즈의 초점이 맞추어지는 물체가 카메라로부터 떨어져 있을수록 피사계 심도는 증가한다.

② 렌즈의 초점거리가 짧을수록 피사계 심도는 증가한다. 곧 다른 조건이 같을 경우 광각렌즈가 망원렌즈보다 피사계 심도가 깊다.

③ 카메라의 조리개를 조일수록 피사계 심도는 증가한다. 영화 카메라의 경우 이러한 효과는 세트의 조명을 더욱 밝게 하거나 빛에 더욱 민감한 필름을 사용함으로써 얻어질 수 있다.

일반 극영화에서의 딥 포커스는 주로 이 세번째 법에 의하여 이루어지는데, 첫번째 방법은 카메라에 가까이 물체가 있을 경우 의미가 없어지고, 두번째 방법은 물체의 형태를 심하게 일그러뜨리고 거리감을 왜곡시키는 결과를 동반하기 때문이다. 따라서 가장 고전적인 딥 포커스 촬영은 스튜디오 내부에서 평소보다 훨씬 밝은(뜨거

〈희생〉.
안드레이 타르코프스키 감독.
스웨덴. 1986년.

운!) 조명조건을 갖추어 놓은 상태에서 이루어지게 된다.

딥 포커스의 사용은 당연한 이야기이지만 연출의도에 따라 결정된다. 딥 포커스로 촬영된 화면은 특유한 깊이를 가지게 되는데, 표준렌즈를 사용했을 경우 그것은 우리가 일상생활 속에서 느끼는 시각체험과 가장 유사한 영화화면으로 나타난다(물체를 3차원으로 느낄 수 있는 입체감은 제외하고서).

초점이 맞는 범위가 넓어질수록 관객은 한 프레임 속에 배열된 물체들을 더 많이, 더욱 자세히 볼 수 있게 된다. 이것은 그만큼 화면의 미장 센이 충실하여야 함을 의미하는데, 같은 이유로 미장 센에 중점을 둔 연출스타일을 가진 감독들은 당연히 딥 포커스를 즐겨 사용하는 수가 많다. 이들은 영화가 현실의 충실한 반영 또는 재현이어야 한다는 믿음을 대개 자신의 영화 속에 드러내고 있으며 딥 포커스 미장 센을 관객이 스스로 화면 속에서 '보아야 할 것'을 발견하게 하는 데 활용한다. 화면은 감독의 의도에 맞추어 만들어진 것이지만 관객은 스크린이라는 창문을 통하여 마치 실제의 삶을 보듯 영화를 보게 되는 것이다. 그리고 이것은 관객이 주어지는 이미지와 줄거리를 수동적으로 받아들이기만 하는 것이 아니라, 능동적으로 영화 속의 공간을 체험하는 존재가 될 수 있는 중요한 방법 중의 하나이기도 하다.

# 5. 롱 테이크 : 쇼트의 길이와 영화의 시간적 체험

롱 테이크(long take)는 말 그대로 '긴 테이크', 곧 카메라가 작동을 멈추지 않고 상당히 오랜 시간을 계속 촬영한 장면이 편집에 의한 조작 없이 영화에 포함된 경우를 가리킨다. 딥 포커스와 마찬가지로 롱 테이크 또한 '몇초 이상'하는 식으로 물리적으로 규정할 수 없는 개념이다. 또한 그것은 한 영화 속에 부분적으로 등장하는 유난히 긴 쇼트일 수도 있고, 보통영화보다 훨씬 적은 쇼트 수로 구성된 한 편의 영화의 모든 쇼트들이 될 수도 있다.

초창기의 영화들은 오늘날의 기준으로 보면 롱 테이크라 할 수 있는 긴 쇼트들로 이루어졌다. 그러나 극영화의 헐리우드식 편집방식이 일반화된 1920년대 무성영화에 와서 쇼트의 평균길이는 약 5초로 줄어들었고, 유성영화 시대로 들어와서는 약 10초로 약간 늘어났으며, 아직까지 대부분의 상업영화는 그 수준을 지키고 있다(1시간 30분 정도의 상영시간을 가진 한국 영화는 보통 600에서 700쇼트로 구성되는데, 쇼트의 평균길이로 따지면 8~9초에 해당하는 셈이다).

그러나 몇몇 영화작가들은 몇분 단위로 길이를 따져야 할 만큼 '비정상적'으로 긴 롱 테이크를 자주 그리고 적절하게 사용해왔는데, 장 르느와르, 오손 웰즈, 미조구찌 겐지, 칼 드라이어, 그리고 미크로슈 얀초 등이 그들이다.

한 편의 영화가 완전히 롱 테이크만으로 이루어질 때 각각의 롱 테이크는 영화의 구성상 다른 영화의 한 시퀀스(몇 개의 연결된 쇼트가 모여서 한 토막의 작은 이야기 혹은 하나의 완결된 상황을 구성한 것. 씬—scene—과도 같은 뜻으로 쓰인다)에 해당하는 역할을 하는 수가 많다.

이러한 영화의 구성원리는 쇼트가 모여서 시퀀스가 되는 것이 아니라 '쇼트=시퀀스'라는 특이한 형태로 나타나는데, 이처럼 **쇼트=시퀀스** 등식을 성립시키는 롱 테이크를 **쁠랑-세깡스**(plan-sèquence)라는 프랑스어로 부르기도 한다.

쁠랑-세깡스로 영화전편을 구성한 예로는 헝가리의 미크로슈 얀초(Miklos Jancso)의 영화들이 유명하다. 그의 1970년작 〈주의 어린양(Agnus Dei)〉은 상영시간 90분에

단 29쇼트로 만들어졌다. 그러나 그의 영화는 느리거나 정적인 것과는 거리가 멀다. 하나하나의 쁠랑-세깡스 안에는 모이고 흩어지는 군중과 그들을 쫓는 격렬한 카메라의 움직임이, 그리고 내란의 소용돌이에 휩쓸린 한 마을 전체를 주인공으로 삼은 드라마가 화면이 터져나가도록(!) 담겨 있기 때문이다. 곧 그의 롱 테이크는 단순히 미학적 실험 혹은 기존 영화형식의 파괴를 위하여 채택된 것이 아니라, 감독이 미장센을 자유롭게 펼칠 수 있는 충분한 '공간'과 '시간'을 제공하는 데 사용된 것이다.

기존의 영화문법에 충실한—상업 극영화의 테두리를 벗어나지 않게 촬영·편집된—영화 속에서 롱 테이크의 예는 매우 찾기 힘들다. 그것은 롱 테이크가 영화의 '틀'에 관객의 관심을 돌림으로써 몰입 혹은 감정이입의 효과를 깨어버릴 위험부담이 크기 때문이다. 그럼에도 불구하고 '보이지 않게' 적절히 사용된 롱 테이크는 오히려 드라마를 더욱 탄탄하게 긴장시키며 감정이입의 효과를 강화하는 경우도 있는데 임권택 감독의 〈길소뜸〉에서 그러한 예를 찾을 수 있다.

장면은 영화의 중반부, 화영(김지미)을 만나고 돌아온 동진(신성일)의 태도에서 변화를 읽은 동진의 아내(오미연)가 동진에게 그날의 일을 캐묻고, '옛날'에 사로잡혀 살아온 동진을 질책, 원망하는 부분이다. 동진의 집 안방에 동진과 그의 아내가 나란히 누워 있는 것이 그림의 전부인 화면을 카메라는 4분(!) 동안 꼼짝도 하지 않고 지켜보고, 약간의 팬과 줌이 20초 더 계속된 후 이 쁠랑-세깡스는 끝난다. 이 장면을 그러나 대부분의 관객들은 무심히—장면이 지루하다거나 유난히 길다는 느낌 없이—지나치기 마련인데, 그것은 두 사람의 절제된 표정과 이와는 대조적인 격한 내용의 대사가 빚어내는 긴장감, 그리고 프레임 밖으로 빠졌다가 다시 들어오는 동진의 동작으로 화면의 단조로움을 슬며시 깨는 감독의 뛰어난 미장 센에서 비롯된다. 그리고 이 장면과 얀초의 쁠랑-세깡스 사이에는 그것이 '긴 시간' 지속되는 쇼트라는 물리적인 사실 외에는 거의 아무런 공통점도 없다고 말할 수 있다. 문제는 용어로 불리워지는 기법이 아니라, 한 편의 영화 속에서 가장 적절하게 그것을 사용할 수 있는 작가의 능력인 것이다.

# 6. 작가 : 시스템으로서의 영화 또는 영화창작의 주역

영화감독(director)이 **작가**(auteur)라는 새로운 이름을 얻게 된 것은 50년대 후반 프랑스의 영화 전문지 《까이 에 뒤 시네마(Cahiers du Cinéma)》에서 활약하던 한 무리의 젊은 평론가들에 의해서였다. 그들은 스스로의 비평작업이 **작가주의 영화론**(auteurism 또는 politique des auteurs)에 근거하고 있다고 주장하였다. 그들은 한 편의 영화가 창조되는 과정에서 가장 중요한 역할을 하는 단 한 사람의 인물을 **감독**=**작가**로 보았으며, 한 작가를 이해하기 위하여는 그가 자신의 일련의 작품을 통하여 일관되게 추구하는 주제와 스타일의 생성과 발전을 분석하는 작업이 필수적이라 강조하였다.

그러나 작가주의 영화론의 핵심은 사실 감독이 영화창조 작업의 중심이라는 상식적인(?) 혹은 역사적으로 이미 결정된 사실을 이론적으로 포장하는 데 있지 않았다. 그들은 당시 프랑스 영화를 지배하고 있던 기성세대를 공격하는 무기로서, 그리고 후에 자신들의 영화작업을 정당화하기 위한 예비단계로서 작가주의 영화론을 활용하였다. 이들은 60년대초 한꺼번에 극영화 감독으로 데뷔하였는데, **누벨바그**(Nouvelle Vague) 감독들, 트뤼포, 고다르, 로메르, 샤브롤 등이 바로 그들이다.

그들은 그 당시 프랑스 영화를 대표한다고 자타가 공인하던 '예술파' 감독들이 아니라 오히려 '한물간' 장 르느아르(Jean Renoir)와 막스 오풀스(Max Ophuls), 또는 주변적인 인물이던 로베르 브레송(Robert Bresson)과 자끄 타티(Jacques Tati) 등을 '작가'의 모범으로 추켜세웠다. 더욱 중요한 것은 이들이 프랑스의 이른바 '예술적' 영화들에 노골적인 경멸과 반감을 나타낸 한편에, 그때까지 심각한 비평가들에 의하여 푸대접받던 헐리우드 상업영화 감독들 몇몇—알프레드 히치코크, 사무엘 퓰러, 니콜라스 레이, 하워드 호크스, 빈센트 미넬리, 오토 프레밍거, 존 포드 등을 서슴없이 작가의 모범으로 꼽았다는 점이다.

그러나 모든 헐리우드 감독, 그리고 상업영화 감독들에게 이들이 '작가'의 칭호를 부여하지는 않았다. 상업영화 시스템 속에서 '감독'이라는 기능인의 자리—영화자본가에 의하여 고용되어 일정한 노동을 제공하고 임금을 받는—에 머물러 있으면서도 자신이 감독한 영화 한편한편에 다른 이들의 것과 구별되는 독특한 스타일을 불어넣고, 뚜렷한 주제를(보통 장르영화의 껍데기에 덮여 숨어 있기 마련이지만) 자신의 영화들을 통해 끈질기게 추구해나간 흔적을 남긴 감독들만이 '작가'의 이름에 값하는 것이었다. 상업영화의 시스템이 강요하는 제약 속에서 일하면서도 그 시스템을 뛰어넘어 결국 자신의 영화를 만드는 감독이 곧 진정한 작가인 셈이었다.

작가주의 영화론과 누벨바그 감독들의 성공은 비평가와 대중들이 영화를 보는 시각에 큰 변화를 가져왔다. 영화가 '감독의 예술'임은 이제 일반화된 상식이 되었으며, 영화배우 못지않은 영화감독들의 '스타'화도 작가주의 영화론의 간접적인 영향을 받았다. 이론으로서의 작가주의 영화론은 더욱 엄밀한 '과학성'을 들고 나온 이후의 새로운 영화이론들에 의하여 부정되었으나, 영화의 창조주체인 감독을 '작가'라 부르는 데에는 지금도 단순한 용어 차이 이상의 의미가 부여된다.

찰리 채플린, 영화'작가'.

# 7. 장르:
# 영화분류의 계보학 또는 영화형식의 관습

장르(genre)는 영화의 분류법, 곧 비슷한 종류의 영화를 하나로 묶어 부르고 다른 종류의 영화와 구별하는 방법을 뜻한다. 그러나 이러한 분류들이 특정한 이론이나 비평적 관심으로부터 비롯된 것은 아니다. 문학이나 미술의 장르들이 비교적 명확하게 경계를 갖는 것과 대조적으로 영화의 장르들은 그 구분이 모호한 가운데 끊임없이 경계가 움직이는 것이 특징이다.

영화에서 장르의 문제는 주로 극장용 상업 극영화(narrative film)를 대상으로 다루어진다. 초창기의 영화들은 단순히 현실의 일부분을 '움직이는 그림'으로 보여줌으로써 구경거리의 구실을 할 수 있었으나, 영화관객들은 곧 '이야기'를 원하기 시작하였고 그들의 욕구는 편집에 의하여 영화가 줄거리를 담을 수 있다는 사실을 발견한 영화작가들에 의하여 충족되었다. 대중의 다양한 기호에 맞추기 위하여 수많은 종류의 줄거리와 그 줄거리를 전달하는 방식이 개발·심화되었으며 영화가 대중오락산업으로 성장한 과정은 곧 극영화가 발달해온 과정으로 볼 수도 있다.

극영화의 장르들은 대량생산을 가능하게 한 영화산업과 대량소비의 주체인 관객층의 형성과 함께 나타났고 생성·발전·쇠퇴해 왔다. 비슷한 줄거리, 배경, 등장인물, 스타일을 지닌 영화들이 이익을 보장한다는 확신이 설 때 영화자본가들은 그러한 영화들을 한꺼번에, 그리고 지속적으로 만들어 시장에 내놓게 되고, 관객 또한 자신들에게 이미 익숙해진 그러한 영화들을 '안전'하게 소비한다. 그리고 이러한 일련의 영화들을 통틀어 일컫는 이름이 붙여질 때—배급업자들의 편의를 위하여, 주목을 끌기 위한 광고카피로서, 영화평 담당 신문기자의 말장난에서—하나의 장르가 자연스럽게 탄생한다. 그러므로 장르는 영화의 가장 자본주의적인 존재양식이라 부를 수 있을 것이다.

장르가 나누어지는 기준은 장르만큼이나 다양하다. 주제 혹은 소재에 의하여('첨단과학'과 '미래'가 소재인 SF, 개척시대의 서부이야기인 웨스턴), 주인공들과 그들이 몸담은 집단에 의하여(사무라이 영화, 갱스터, 70년대 한국의 호스테스 영화),

존 포드 감독. 1956년.
웨스턴 장르의 걸작 〈추적자들〉.

줄거리의 중심을 이루는 사건에 의하여(전쟁물, 애정물, 공포물, 액션하는 식의 구분), 스타일과 구성요소에 의하여(뮤지컬, 코미디) 등등. 여기에 기존의 장르를 변용한 돌연변이(?) 장르(헐리우드 웨스턴에서 영감을 얻은 마카로니 웨스턴, 필름 느와르의 손자격인 홍콩 느와르)와 여러 장르의 특성을 골고루 갖춘 '복합장르'영화를 덧붙인다면 리스트는 한층 더 복잡해질 것이다.

장르 영화는 흔히 작가(auteur)와 대립되는 개념으로 이해되기도 한다. 장르 영화가 대량생산되며 드러내는 주제와 스타일의 획일화, 철저한 분업에 의한 작업과정 속에서 '기술자'에 불과한 감독의 위치, 그리고 '흥행성'이 영화의 제작 여부를 결정한다는 점에서 이러한 관점은 타당성을 갖는 듯이 보인다. 그러나 흥미로운 사실은, 작가주의 영화론자들이 지적하였듯, 장르 영화의 '전문' 감독중에서 우리가 많은 '작가'들을 찾을 수 있다는 점이다. 존 포드(웨스턴)나 히치코크(드릴러)는 한걸음 더 나아가 자신들이 장르의 창시자이기도 하였으며, 헐리우드의 스튜디오 시스템(studio system)을 벗어나 본 적이 없으면서도 어떠한 당대의 독립 영화작가가 못지않게 자신만의 목소리를 영화 속에 담을 수 있었다.

'작가'와 '장르'는 항상 이렇듯 행복하게 조화를 이룰 수 없을 것이며 바로 그 점에 '장르 영화 속에서의 작가'들의 예외적인 뛰어남이 있는지도 모른다. 그러나 진정한 영화작가는 상업영화의 테두리 밖에서만 존재할 수 있다고 믿는 순수주의자들에게, 그리고 상업영화의 틀 안에 갇혀 있는 패배주의자들에게, 장르와 작가 사이의 불확정적인 관계의 모습들은 무엇인가 던져주는 바가 있으리라.

# 8. 내러티브: 이야기와 줄거리

관객들이 극장에 갈 때, 그들은 무엇을 기대하는 것일까? 어떤 이는 자신이 좋아하는 스타를 보러, 어떤 이는 화끈한 격투장면을 즐기러, 어떤 이는 묻혔던 역사를 알고 싶어서 영화관을 찾는다고 대답할 것이다. 그러나 이 모든 바램은 한 가지 사실을 전제로 이야기되기 마련인데, 그것은 관객들이 보고 듣고 알고 싶은 모든 것들이 일단 줄거리가 있는 이야기의 틀 속에서 표현되리라는 점이다. 우리가 영화의 내러티브(narrative)를 말함은 바로 관객들이 공통적으로 영화에서 기대하는 가장 기본적인 것, 곧 '줄거리를 가진 이야기' 또는 '이야기를 이루는 줄거리'를 의미하게 된다.

모든 영화가 내러티브 영화(narrative film)는 아니며 반드시 극영화(fiction film)만이 내러티브를 갖는 것도 아니다. 그러나 대중문화/오락으로서의 영화는 거의 예외 없이 내러티브 영화로 분류될 수 있을 것이다. 그래서 관객들은 자기가 본 영화를 다른이에게 이야기할 때 무엇보다도 줄거리를 전하기 마련이며 줄거리가 '빤하거나' '어려워서 무슨 소린지 모를' 영화라는 평은 곧 흥행의 사형선고(?)로 통하게 된다.

내러티브는 인류의 역사만큼 오랜 역사를 가지고 있다. 고대의 신화·전설은 모두 내러티브로 전해져왔고, 종교의 경전들도 흔히 내러티브의 꼴로 그 교리를 기록하고 있다. 음악이나 미술에 해당하는 창조행위를 갖고 있지 않은 원시부족은 있으나, '내러티브 전문가' 곧 이야기꾼을 갖고 있지 않은 사회는 아직까지 알려지지 않았다. 인간에게는 내러티브를 만들고, 이해하고, 전달하고자 하는 본능적인 욕망이 있다는 증거를 여기에서 찾을 수 있을 것이다.

그래서 상업영화 속에서 내러티브는 항상 거기 있으며, 새로운 내러티브가 만들어져 관객들에게 제공되는 한편으로 동일한 내러티브가 끊임없이 되풀이되어 다루어지기도 한다. 이것은 관객과 영화 사이의 암묵적인 약속을 기반으로 성립하는 장르 영화에서 더욱 분명하게 드러난다. 소년이 소녀를 만나고, 그들이 서로 사랑하고, 그러다가 헤어지고…하는 '줄거리'를 영화를 보러 온 관객들은 이미 알고 있다. 그러므로 내러티브가 주는 즐거움에는 반드시 몰랐던 이야기에 접한다거나, 의외의 결말에서 충격을 받는다거나 하는 것 이상의 무엇인가가 숨어 있다(원작소설을 읽고도 왜 영화를 보러 오는지?). 관객들은 분명히 '재미있는 줄거리'를 원하지만 근원적으로 그들은 '줄거리가 있음'만으로도 만족할 수 있는 것이다.

극영화—특히 헐리우드 영화—의 내러티브 전통의 뿌리는 멀리는 화톳불가에 둘러앉아 이야기꾼에게 귀를 기울이던 인류의 선조에까지 거슬러 올라가겠지만 가까이는 19세기 서유럽의 사실주의 소설에서 그 '원형'을 찾을 수 있다. 그것은 초창기의 대도시 영화관객들에게 가장 친숙한 내러티브 형태였으면서, 후에 유럽문화권 바깥의 관객들에게도 쉽게 받아들여질 수 있는 내러티브의 보편적인 특성들을 가지고 있었다. 여기에는 몇사람으로 꼽힐 수 있는 주인공들의 존재, 주인공들 사이의 명확하게 정의된 관계(애인, 가족, 친구, 적…), 인과관계를 가진 연속된 작은 사건들, 주인공들의 삶에 일어나는 문제의 발생, 발전(전개), 해결이라는 갈등구조 등이 포함된다. 그리고 관객이 영화를 이해하고 감상할 수 있음은 이러한 특성들을 극영화의 전제조건으로 인정할 때만 가능하다.

어떤 이유로든 상업영화(특히 헐리우드 영화)에 반대해온 영화작가들은 종종 이러한 내러티브 특성들을 자신들의 영화 속에서 부정하려고 노력해왔다. 내러티브 자체를 없애버린 영화들(미니멀리스트나 구조주의 영화)이 극단적인 예라 한다면 헐리우드식 내러티브가 아니면서도 특정한 관객들이 받아들일 수 있는 대안적(alterative) 내러티브를 만들려는 노력은 절충적인 접근방식이라 하겠다. 이들 작업의 공통된 의미는, 현재의 극영화에 가장 일반적으로 쓰이는 내러티브 방식은 그 자체로서 영화에 본질적인 것이 아니라, 19세기 서유럽 사회에서 영화의 발생이라는 역사적 조건의 산물이라는 것을 우리에게 환기시키는 데 있다.

# 9. 텍스트:영화의 읽기와 쓰기

텍스트(text)는 아직 일반화된 영화용어는 아니다. 원래는 단순히 글 또는 한 권의 책이나 서류에서 본문을 가리키는 말인 이 단어는, 주로 언어학자·문학비평가·기호학자들이 자신들의 연구대상(주로 문자언어로 쓰여진 글)을 부르는 데 사용되어 왔다. 그러므로 영화를 '텍스트'로 봄은 이러한 인접학문의 영향권 속에 영화가 놓이게 됨을 뜻한다.

영화를 한 편의 텍스트로 간주한다는 것은 영화보기를 글읽기에 비유함 이상의 의미를 갖는다. 그것은 문학비평에서 한 편의 텍스트를 분석하는 데 쓰이는 개념과 방법론들이 영화에도 적용될 수 있으리라는 희망을 표시하기도 하고, 문자언어나 음성언어와 마찬가지로 법칙을 가지는 체계로서 영화언어의 존재를 인정한다는 뜻으로 쓰이기도 한다. 언어가 개인의 취향과 의지를 뛰어넘는 규범에 따라 움직이는 기호체계이기 때문에 과학으로서의 언어학이 가능하다면, 영화를 언어에 의하여 이루어진 텍스트로 봄은 넓은 의미의 언어학으로서의 기호학(semiology: semiotics)의 연구대상으로 영화라는 현상/시스템을 포함시킨다는 뜻이 된다.

텍스트란 용어의 사용은 영화를 기호학의 대상화하는 것 이상의 의미를 또한 갖는다. 영화를 즐겨 텍스트라는 말로 부르는 이들은(사실 대부분의 문장은 '텍스트'란 말을 '영화'로 바꾸어놓고 읽어도 이해하는 데 별로 문제가 없다) 보통 한 편의 영화를 현실과 역사로부터 분리된 닫힌 체계로 보지 않는다. 영화를 외부세계와 차단된 '순수한' 기호의 집합체로서 보는 대신에, 이들은 텍스트와 현실 사이(리얼리즘) 또는 텍스트와 작가 사이(작가주의 영화론)의 관계를 이해하려고 노력한다. 여기에는 텍스트가 생산되고 소비되는 사회문화적 맥락(context)을 살피는 것과 텍스트와 관객이 어떻게 상호작용하는지를 따지는 작업이 포함된다.

텍스트를 '관계' 속에서 봄은 영화 '읽기'뿐 아니라 영화 '쓰기=만들기'에도 영향을 미친다. 초창기의 영화 텍스트는 관객들이 알고 있는 현실(reality)과 직접 관계를 맺거나 아니면 영화 이외의 예술들로부터 소재를 구했다(소설의 영화화, 미술운동에서 영감을 얻은 전위영화 등이 대표적인 예일 것이다). 영화가 독자적인 기호체계로서 스스로의 역사를 가지게 됨에 따라, 영화 텍스트 자체를 '인용'하거나 아니면 특정한 표현방식의 근거로 삼는 경향이 새롭게 나타났다. 이러한 영화들 사이의 상호텍스트성(intertextuality)을 강조함은 상업극 영화에서도 60년대 누벨 바그 이후 점점 일반화하는 경향이다.

오늘날 관객들이 극장에서 만나는 영화 중에는 다른 영화들—텍스트의 상호연관—에 대한 지식 없이는 완전히 이해할 수 없는 것들이 많다. 가장 단순한 예로는 전편과 독립하여 존재하면서도 전편에 대한 지식 없이는 제대로 이해하기 힘든 속편(sequel)들을 들 수 있을 것이다. 80년대 이후, 그리고 90년대에 들어서면서 특히 헐리우드 영화는 '속편의 전성시대'를 맞고 있는 느낌인데, 여기에는 안전한 장사를 노리는 제작자들의 장삿속이 이유가 되겠으나, 관객들이 속편을 즐기는 데에는 더욱 적극적인 까닭이 있을지도 모른다.

그것은 관객들이 한 편의 영화를 독립된 작품으로 보기보다는, 다른 영화들과(혹은 대중문화의 다른 분야들과) 관계를 맺고 있는 텍스트로 보는 데 이미 익숙해져 있음을 암시하고 있다. 장르 영화의 관객들이 내러티브와 스타의 '친숙함'에서 영화보기의 즐거움을 찾은 순진한 사람들이었다면, 텍스트 사이의 상호연관을 발견하는(그래서 때때로 영화작가들은 수수께끼와도 같이 자신의 영화 속 여기저기에 '인용'과 '창조적 표절'을 늘어놓는다) 즐거움을 알기 시작한 새로운 세대의 관객들은 이미 장르 영화의 반복성에 만족할 수 없게 되었는지도 모른다. 그리하여 모든 영화는 점점 더 영화에 대한 영화로서 읽힐 가능성이 커지는데, 이것이 우리가 영화를 '읽고 쓰는' 방식에 근본적인 변화를 가져올지는 좀더 두고 보아야 할 것이다.

# 10. 스펙터클: 매혹적인 구경거리

스펙터클(spectacle)은 구경거리로서의 영화를 강조하는 용어이다. 스펙터클이 성립하기 위하여는 구경꾼(spectator)이 있어야 하는데, 영화의 구경꾼은 말할 것도 없이 우리가 '관객'이라고 부르는 사람들, 곧 우리 자신이다. 그리고 영화는 그저 그런 구경거리가 아니라 때로는 우리들의 넋을 빼앗는 매혹적인 구경거리이다.

영화광고 문안에서 쓰이듯 스펙터클의 통속적인 의미는 이른바 대작 영화의 동의어이다(〈벤허〉에서 〈배트맨〉에 이르기까지). 그래서 '스펙터클'하면 사람들은 의례 대극장의 큰 화면, 웅장한 입체음향, 수많은 엑스트라와 대규모 세트, 선이 굵은 분명한 내러티브등을 떠올리게 된다. 여기에 최근에는 현란한 특수효과(special effect)가 덧붙여질 수도 있을 것이다.

그러므로 관객들이 스펙터클에서 기대하는 것이 무엇인지는 분명히 드러난다. 그것은 일상의 체험을 뛰어넘는 신나는 구경거리에의 갈망에 다름아니다. 그래서 스펙터클은 관객들의 때묻고 답답한 일상생활에서 거리가 멀수록, 관객들이 지금/여기에서 경험하고 있는 역사와 관계가 적을수록 그만큼 더 매혹적이고 만족스러운 것이 된다. 관객들은 결코 비판적인 거리를 두고 스펙터클을 보는 것이 아니라 영화 속에 자신을 '잊고' 빠져들지만, 바로 그럼으로써 그들은 자신의 현실/역사와 영화를 보는 시간 동안 결별하게 되는 것이다(그것이 참을성 없는 관객들도 3시간짜리 스펙터클을 불평 않고 끝까지 볼 수 있는 이유이다).

상업영화는(그리고 독재권력에 의하여 흔히 만들어진 '국책영화'는) 관객에게 모든 영화를 스펙터클로 보기를 강요하여왔다. 스펙터클은 영화의 한 장르나 스타일을 의미하는 용어가 아니라, 관객이 영화와 관계를 맺는 방식을 가리키는 말로 이해하는 편이 나을 것이다. 관객이 영화를 스펙터클로 본다 함은—극영화이든 다큐멘터리이든 극장에서든 비디오 화면으로든—영화를 보는 동안 영화 바깥의 세계로부터 격리됨을 뜻한다. 무엇인가가 화면에 '보여진다'는 사실은 동시에 그 화면이 다른 인식작용을 차단하고, 무시하고, 가로막는 결과를 가져오기 때문이다. 일단 스펙터클

영화사상 최초의
'스펙터클' 대작.
〈달세계 여행〉.
조르쥬 멜리에스 감독.

의 틀 안에 들어오면, 역사적 사실도 종교적 메시지도 '구경거리' 이상도 이하도 아니게 되는 것이다. 그러므로 관객은 자신들이 영화를 통하여 보는 것이 현실의 재현이라고 '착각'하는 한편, 자신들이 몸을 담고 있는 현실에 깊이 관여함을 회피하도록 유도된다.

스펙터클은 영화가 대중의 사랑을 받으며 그들의 삶에 강한 영향을 미치도록 하는 영화의 '힘'의 원천이다. 동시에 그것은 세상을 '볼 만한 구경거리'로 의미를 축소시킴으로써 대중의 비판의식을 마비시키는 데 쓰일 수도 있다. 그리하여 영화가 스펙터클로서 관객에게 작용하는 속성은 많은 사람들의 우려와 비판의 대상이 되어왔다. 대중문화에 의한 건전한 시민정신의 오염을 걱정하는 엘리트문화주의자로부터, 영화를 변혁운동의 수단으로 삼으려 하는 활동가들에 이르기까지, 영화를 스펙터클로만 보려는 관객들의 고집스런 습관은 영화의 제작의도와 효과 사이에 불일치를 가져오는 주된 장애물로 꼽히는 것이다.

스펙터클은 다수의 대중으로부터 지지를 받을 때에만 성립한다. 스펙터클은 영화뿐 아니라 다른 문화영역에도 적용되는 개념이며, 그것은 세상을 구경거리로 취급하며 현실에의 비판적 접근을 차단하는 기능을 가진다. 그래서 스펙터클은 부정적인 측면을 내포하지만, 인간의 무의식 속에 자리잡고 있는 '보는 것'에 대한 욕망을 어떤 식으로든 충족시키는 스펙터클의 역할마저 부정할 수는 없을 것이다.

# 11. 컬트: 영화광들을 위한 '아웃사이더' 영화의 발견

도대체 컬트 영화란 무엇일까? 그것은 다른 영화용어처럼 정의가 가능한 것일까? 우선 '컬트'라는 영화단어의 사전적 정의로부터 출발하여 보자.

"컬트(cult): (종교상의), 예배(식), 제사, 유행, 숭배자[예찬자]의 무리, 이교(異教), 사이비 종교, 종파, 기도 요법."(민중서림, 『엣센스영한사전』 432쪽)

위의 정의에서 보듯이 컬트는 종교적 행위에 그 어원을 두고 있다. 그렇다고 해서 '컬트 영화=종교 영화'라고 오해해서는 아니된다. 주목해야 할 점은 컬트라는 용어가 기성 종교(제도권 종교?)에 대립되는 소수의 신앙공동체로서의 이교(異教) 혹은 '사이비'종교를 가리키는 말이라는 사실이다(물론 '컬트 영화=사이비 영화'는 아님을 여기에 못박아 둘 필요가 있다).

위의 정의를 비유적으로 영화에 적용한다면, 다음과 같이 컬트 영화의 특징을 이야기할 수 있을 것이다.

첫째, 컬트 영화는 이단적 영화이다. 그것은 상식적으로 만들어지고 보여지는 영화와는 무엇인가 다른 속성을 가지고 있어야 하며, 그 속성이 기존의 영화에 대항하는 것일수록 컬트적이라고 부를 수 있다. 이단은 항상 소수이기 마련이며, 기존의 종단으로부터 소외되고 박해받는 집단이듯이, 컬트 영화는 다수의 관심 밖에서 소수의 지지만을 받거나 아니면 사회의 윤리·도덕·규범에서 어느 정도 벗어나 있기 쉽다. 그래서 체제전복적(subversive)인 영화들은 곧장 컬트 영화가 되고, 그 사회의 금기(taboo)를 예민하게 건드리는 영화 또한 컬트 영화의 목록에 자동적으로(!) 올라간다.

그러나 관객이—정확히 말하면 열광적인 지지자가—없이는 컬트 영화가 존재할 수 없다. 여기서 종교와의 비유에서 나온 컬트 영화의 두번째 특징이 나오게 된다. 곧 컬트 영화는 소수의 숭배자(예찬자)들에 의하여 떠받들어지는 영화이다(컬트 영화가 이들을 '거느린다'고 표현하는 편이 더 맞을지도 모른다). 이단적인 내용과 형식을 담은 영화를 특정한 사회집단이 열렬하게 옹호하며 '자신들을 대변'하는 영화로 간주할 때 컬트 영화는 탄생하며, 다수의 관객들로부터 철저하게 외면당한 상업영화가 그 안에서 '컬트적 요소'를 발견한 소수의 영화광에 의하여 본의 아니게(?) 컬트 영화로 탈바꿈하기도 하는 것이다.

그러므로 '이러이러한 영화가 컬트 영화'라는 식의 정의는 불가능하다. 왜냐하면 컬트 영화는 관객에 의하여 만들어지는 것이며, 그 관객집단이 속해 있고 영화가 생산·소비되는 사회체제의 맥락 밖에서는 아무런 '컬트'로서의 의미를 지니지 않기 때문이다. 이러이러한 영화가 컬트 영화라고 정의하려는 시도는 상상할 수 있는 만큼 많은 영화의 종류를 모두 들먹여야 하는 끝없는(!) 말의 유희에 빠질 수밖에 없다.

종교가 신앙공동체를 전제로 하듯, 컬트 영화는—비록 소수일지언정—어느 정도의 규모를 갖춘 영화관객 공동체를 전제로 한다. 그래서 컬트 영화가 하나의 문화현상으로 나타나는 것은 그 사회의 영화문화가 일정한 양적 수준에 도달하고, 관객들의 기호·취향이 다양하게 분화됨을 표시하는 징표로 해석되기도 한다. 그러한 영화공동체는 관객의 자리에서 영화를 열정적으로 사랑하는 영화광들의 모임일 수도 있고 정상적인 사회규범과 약간은 어긋난 삶을 살고 있는 하위문화(subculture) 집단일 수도 있으며 일시적으로 규범에서의 제한된 벗어남이 허용되는 대학생이나 청소년 집단일 수도 있다.

고급문화의 옹호자들은 컬트 현상을 경멸하고, 보수적인 체제관리자들은 그것을 불온·위험시하기 일쑤이다(그리고 그들의 경계심에는 일면타당성이 있음이 사실이다). 그러나 영화문화의 내부에서 컬트는 차라리 건강한 측면을 갖는데, 왜냐하면 컬트 영화를 만들어냄으로써 관객들은 상업영화가 강요하는 스펙터클의 상투성에 야유를 보내고, 영화의 '대안적' 가능성에 대한 믿음을 확인하기 때문이다.

# 2장 영화의 역사 / 역사, 작가, 그리고 텍스트

## 1. 20년대, 러시아 혁명과 영화
## 전위에서 리얼리즘으로

영화가 발명된 직후, 19세기말 20세기초의 제정러시아에도 영화는 이미 들어와 있었다. 그러나 세계 최초의 사회주의 정권을 러시아 땅에 들어서게 한 1917년은 또한 영화산업의 국유화를 통한 사회주의 건설에의 영화의 복무라는 새로운 실험이 시작된 해가 되었으며, 여기서부터 비로소 진정한 소련 영화의 역사가 시작된다. 소비에트의 지도자들은 '선전매체'로서의 영화의 엄청난 잠재력을 빨리 깨달았고, 새로운 사회의 건설을 고무하고 내란에 시달리는 국민들을 투쟁의 대열에 묶어 세우는 데 영화는 실제로 큰 힘을 발휘하였다.

내란이 끝난 1921년 이후에야 피폐한 경제의 와중에서도 영화산업의 재건이 이루어지고 새로운 '혁명세대'의 작가들에 의하여 작품들이 만들어지게 된다. 에이젠스테인(Eisenstein), 푸도프킨(Pudovkin), 도브첸코(Dovzhenko) 등의 극영화와 베르토프(Vertov)의 실험적 다큐멘터리가 속속 발표되면서 1920년대의 소련 영화는 그 전성기를 맞이한다. 이 시기에는 대중들이 영화라는 새로운 예술에 열광하며 이들 젊은 작가들에게 지지를 보내는 한편으로, 부르주아 예술에 대항하는 사회주의적 예술양식으로서 영화의 본보기를 찾으려는 다양한 시도가 이루어졌다. 그것은 또한 영화산업의 토대는 장악했으되 개별 작품에 있어서는—노골적으로 '반혁명적'이 아닌 한—작가의 자율성을 인정했던 정책의 결과이기도 했다.

그러나 스탈린 집권 이후 1930년대에 사회주의 리얼리즘(socialist realism)이 당의 문화정책의 공식노선으로 채택되자, 혁명 직후의 분방했던 실험과 활력은 소련 영화에서 차차 자취를 감추게 된다. 뿐만 아니라, 초기의 소련 영화에서 영화형식의 새로움을 추구했던 작가들(특히 에이젠스테인)은 형식 자체의 실험을 위한 실험에 치우쳤고 지적 엘리트주의에 빠져 대중을 무시했다는 비판을 받게 된다. 서구의 영화사가들은 스탈린 집권시기를 소련 영화의 암흑기로 보는 것이 일반적인데, 그것은 사회주의 리얼리즘이 이룩한 일정한 성취만큼이나 관료화된 문화정책이 되면서 많은 창조적 작가들의 활동을 막는 폐해가 컸음에서 나오는 견해이다.

볼셰비키 혁명의 전투 시네아스트

## 세르게이 M. 에이젠스테인 Sergei M. Eisenstein

1898년 라트비아 공화국의 리가에서 교양있는 부르주아 가문 출신 부모 사이에서 태어났다. 페체스부르크(제정러시아의 수도. 지금의 레닌그라드)의 대학에서 건축을 공부하던 그는 곧 볼셰비키 혁명에 가담했고, 군복무를 마친 뒤 1920년에 모스크바의 전위—혁명연극집단이었던 프롤레트쿨트(Proletkult)에 가입하게 된다. 다양한 형식적 실험과 대중과의 사상적 결합을 동시에 추구했던 이 집단에서 일한 경험으로 에이젠스테인은 혁명과정에서 예술의 역할은 관습적인 부르주아 예술의 전통을 공격하는 우상파괴의 힘을 발휘하는 데 있다고 보았으며, 부르주아 예술의 구태의연한 형식을 거부하고 새로운 혁명적 미학을 만들어내는 것이 예술가의 임무라고 확신하였다. 그리하여 그의 관심은 자연스럽게 '새로운' 예술인 영화의 '혁명적 잠재력'으로 옮겨가게 되었다.

그의 첫작품 〈파업(Stachka; Strike)〉은 1925년에 만들어졌다. 개인이 아닌 집단을 주인공으로 설정한 이 영화에서 그는 이미 후에 이론화한 대조적인 이미지의 결합에 의한 몽타쥬(montage)의 실제를 선보이기 시작한다. 〈파업〉의 성공(주로 외국으로부터의 호평) 덕분에 그는 소련 정부에 의하여 1905년 혁명 20주년 기념작의 공식감독으로 지정된다. 이리하여 완성된 작품이 그의 최고 걸작으로 꼽히는 〈전함 포템킨〉(1925)이다.

〈전함 포템킨〉은 곧이어 발표된 푸도프킨(Pudovkin)의 〈어머니(Mat: 막심 고리끼 원작소설을 영화화)〉(1926)와 함께 '새로운' 소련 영화의 저력을 전세계에 알렸다. 이 두 작품은 동시에 소련 영화를 대표하는 두 감독, 그리고 그들 각각을 지지하고 동조하는 두 흐름 사이의 갈등의 출발점이기도 하다.

에이젠스테인의 다음 작품은 1917년 혁명 10주년 기념작인 〈10월(Oktibar)〉(1927)이었는데, 이 작품 또한 동일한 소재를 다룬 푸도프킨의 〈페체스부르크의 최후(Konyets Sankt—Peterburge)〉와 거의 동시에 발표, 비교되었다. 〈10월〉 발표 후 에이젠스테인은 다큐멘터리 〈옛것과 새것(Staroye I Novoye)〉(1929)을 제작하였고, 1929년부터 1932년까지 유럽과 미국을 여행하였다. 이 기간 동안 그는 헐리우드에서 몇편의 극영화를 감독하려 시도했으나 모두 기획단계에서 무산됐다. 의욕적으로 촬영에 들어갔던 〈멕시코 만세(Que Viva Mexico!)〉도 편집을 마치지 못한 채 미완성으로 남았다.

소련으로 돌아온 그는 스탈린 집권 이후 변화한 환경에서 어려움을 겪었다. 그의 영화들은 '형식주의'라고 비판받았으며, 1948년 죽을 때까지 그는 단지 3편의 장편영화—〈알렉산더 네프스키(Alexander Nevsky)〉(1938), 〈이반 대제(Ivan Groznyi)〉 1부(1944), 2부(1946)—를 완성했을 따름이다. 그러나 많지 않은 작품 수에도 불구하고 후대의 영화작가들에게 끼친 그의 영향—작품, 이론 그리고 영화학교에서의 강의를 통한—

〈전함 포템킨〉. 오데사 계단에서의 학살 장면.

은 엄청난 것이었다.

사회주의 혁명의 10월 교향곡

## 전함 포템킨
## Bronenosets Potemkin

1925년작. 흑백 무성영화. 86분.
각본·감독·편집: 세르게이 에이젠스테인.
촬영: 에드봐르 티세(Edward Tisse).

〈줄거리〉 1905년. 혁명전야의 제정러시아. 흑해 선단의 일원인 전함 포템킨에서 장교들의 학대와 열악한 근무조건에 불만을 품은 수병들이 선상반란을 일으킨다. 전함을 완전히 장악한 이들은 승리감에 젖어 흑해 연안의 오데사(Odessa) 항구로 향하고, 이 소식을 전해 들은 시민들도 수병들을 환영하러 부두가로 몰려나온다. 시민들이 오데사 부두로 통하는 계단에 운집하여 멀리 나타나는 전함 포템킨을 보고 환호할 때, 그들의 등 뒤로 짜르의 명령을 받은 정예 코자크 군대가 출동한다. 그리고 '불순분자' 시민들에 대한 무차별 발포와 학살이 이들에 의하여 저질러진다. 수많은 희생자가 나지만, 분노한 시민들은 수병들과 합세하여 봉기, 짜르의 군대와 싸우며 혁명의 대열에 선다.

1905년의 혁명 20주년을 기념하기 위하여 제작된 이 영화는 당시 27세였던 청년 에이젠스테인의 두번째 연출작품이었다. 원래의 계획은 〈1905〉라는 제목으로 8개의 에피소드를 구성, 혁명의 '전체'를 보여주려는 것이었으나, 에이젠스테인은 그 대신 혁명과정 속에서의 계급투쟁과 민중의 전투적인 모습의 '전형'을 그릴 수 있는 하나의 이야기를 택하였다. 그래서 〈파업〉이나 〈10월〉과 마찬가지로 영화 속에서 혁명과 반혁명의 양편은 확실히 대립되는 것으로 양분시켜 묘사되며, 적대적인 계급들 사이의 화해 따위는 영화의 구조 속에서 용납되지 않는다. 특히 〈전함 포템킨〉은 이러한 대립들을 단순하고 직선적인 줄거리를 통하여 이야기하는데, 에이젠스테인은 그가 주창한 몽타쥬 이론을 적용한 편집으로 줄거리를 끌어나간다. 여기에는 빛과 어두움의 대비, 그리고 자연주의적인 구도와 기하학적 인물 배치를 잘 조화시킨 에드봐르 티세의 카메라가 또한 큰 역할을 하였다.

〈전함 포템킨〉이 혁명적 상황의 전형을 보여주려 했음과 같은 맥락에서, 에이젠스테인은 자신의 계급적 특성을 외모와 몸짓으로 드러내는 전형들을 등장인물로 삼고자 했다. 그래서 이 영화에는 헐리우드 영화식의 주인공은 특정한 개인으로서 존재하지 않으며, 그 대신 여러 집단의 성원으로서의 전형들만이 주인공으로 등장한다. 이러한 의도에서 에이젠스테인은 직업배우보다도 아마추어들, 그리고 소련 해군의 수병들과 오데사 시민들을 대거 이 영화에 출연시켰다.

〈전함 포템킨〉은 발표 당시 격렬한 논쟁을 불러 일으켰으며, 지금은 세계 영화의 고전으로 움직이지 않는 위치를 차지하고 있다. 혁명의 열정을 간직하고 있던 수많은 소련의 젊은이들이 만들었고 열광하였던 이 영화는, 그 미학적 성취뿐 아니라 영화와 당대의 역사와의 관계맺음에 있어서 '페레스트로이카' 시대의 소련 작가들에 의하여 새롭게 평가받게 될 것이다.

## 2. 30년대, '대공황'과 헐리우드

1910년에 주로 그리피스(D. W. Griffith)에 의하여 만들어진 헐리우드 영화산업체제는 채플린, 버스터 키튼 등의 코미디 감독/배우들과 루돌프 발렌티노(Rudolph Valentino), 글로리아 스완슨(Gloria Swanson), 그레타 가르보(Greta Garbo) 등의 스타의 출현에 힘입어 1920년대에 세계영화산업의 중심지로서 떠올랐다. 해외영화시장의 개척과 제작회사와 극장체인을 동시에 소유하는 독점체제의 완성으로 헐리우드 영화자본은 튼튼한 재생산구조를 갖추게 되었는데, 1929년 월가 증권시장의 붕괴라는 충격적인 사건으로 시작된 30년대 미국 자본주의의 위기, 대공황(The Great Depression)의 시기에도 헐리우드는 성장을 계속하였다.

헐리우드의 자본가들은 대중들의 삶이 피폐하고 암담할수록 영화는 그들에게 '꿈'을 제공하며 극장 안에서 보내는 잠시동안이나마 대중이 현실의 고통을 잊도록 해야 한다는 철학(?)의 신봉자들이었다. 그리하여 헐리우드 스튜디오들이 대량생산해 낸 1930년대 미국 영화의 대부분은 당대의 현실과는 유리된 '도피주의적' 오락물이었으며, 뮤지컬, 웨스턴, 연애 코미디, 갱스터 필름 등의 장르 영화가 주류를 이루었다. 그리고 이러한 전략은 상업적으로 맞아떨어져 2차대전이 일어날 때쯤에는 헐리우드는 주당 흥행수익기록을 계속 갱신하는 전성기를 맞이하고 있었다.

1930년대 헐리우드 영화에는 따라서 당시 미국인구의 대부분을 차지하고 있었던 산업노동자, 자영농민 및 농업노동자, 그리고 도시빈민들의 생생한 삶의 모습이 거의 나타나지 않는다(그들의 삶은 갱스터 영화 속에서 삽화 정도로 취급되거나, 온정주의로 채색되어 현실과는 유리된 미화된 모습으로 그려질 따름이다). 그러나 다른 문예분야에서의 진보적인 성과들이 그것들이 획득한 대중성을 바탕으로 영화 화면에 옮겨지는 적이 드물게나마 있었는데, 대공황 시기에 뿌리뽑힌 농민의 삶을 묘사한 스타인벡(Steinbeck)의 소설을 영화화한 존 포드(John Ford)감독의 〈분노의 포도(Grapes of Wrath)〉(1940)를 대표적인 예로 꼽을 수 있을 것이다.

## 헐리우드의 저주받은 천재
# 오손 웰즈
# Orson Welles

1916년 미국의 위스컨신 주에서 태어났다. 시카고 예술학교에서 공부한 뒤 저널리스트로 일하다가 아일랜드의 더블린에서 연극에 발을 들여놓았다. 미국으로 돌아와 뉴욕의 연극계에서 젊은 배우이자 연출자로서의 자리를 다져갔으며, 형식에서는 실험적이고 내용에서는 진보적인 연극들을 무대에 올렸다. 1937년 존 하우스먼과 함께 머큐리 극단(Mercury Theater)을 창립하였으며, 이 극단은 인기를 얻자 라디오에 고정프로를 갖게 되었다. 웰즈가 1938년 연출한 라디오극 〈우주전쟁(H. G. 웰즈원작, 화성인이 지구를 공격한다는 내용의 SF소설의 원조)〉은 방송내용을 '실제상황'으로 착각한 청취자들의 피난소동과 함께 하루아침에 웰즈를 유명인사로 만들었다. 이리하여 20대 초반의 이 젊은 연극인은 최고의 조건에서 영화를 만들어보지 않겠는냐는 RKO 제작회사의 제안을 받게 되며, 여기서부터 그의 파란만장한(!) 영화역정이 시작된다.

1940년에 제작, 1941년에 완성된 웰즈의 데뷔작이자 대표작인 〈시민 케인〉은 규모와 기술적 완성도에 있어서 당시로서는 헐리우드에서만 가능했던 대작인 동시에 헐리우드 영화의 관습에 '도전'하는 과감한 기법과 주제를 담은 '반헐리우드적' 작가영화의 변모를 지니고 있었다. 평론가들의 열광에도 불구하고 이 영화는 기대만큼의 흥행수익을 올리지 못하였고, 이 작품 한편으로 작가 웰즈와 헐리우드 자본가들 사이의 밀월(?) 시기는 끝났다.

흥행실패에도 불구하고 〈시민 케인〉에서 그가 보여준 뛰어난 연출력과 참신한 아이디어들로 그는 '천재감독(많은 사람들이 영화사상 최고의 걸작이라 꼽는 〈시민 케인〉을 그는 겨우 24세의 나이에 감독하였다)'이라 불리웠고, 끊임없는 스튜디오와의 갈등 속에서도 계속 영화를 만들 수 있었다. 그러나 〈위대한 앰버슨가(The Magnificent Ambersons)〉(1942)로 〈시민 케인〉에서의 솜씨를 다시 한번 발휘하려 했던 웰즈의 시도는 흥행의 위험부담을 염려한 제작사가 영화의 최종 편집권을 빼앗아감으로써 무산되고 말았다. 그리고 이후의 영화역정에서 웰즈는 〈시민 케인〉의 제작 당시와 같은 좋은 조건－거의 무제한적인 스튜디오의 예산지원, 헐리우드의 일급 스탭들과 자신과 손발이 맞는 헌신적인 배우들, 충분한 제작기간과 홍보－을 다시는 경험하지 못하였다.

〈이방인(The Stranger)〉(1946)과 〈상하이에서 온 여인(Lady From Shanghai)〉(1948)은 스튜디오의 주문에 따라 웰즈가 고용감독의 위치에서 만들었으며, 결과는 만족스럽지 못하였다. 이후 웰즈는 다른 감독들의 영화에 출연하여 돈을 벌고 작은 규모로, 혹은 오랜 시간을 두고 조금씩 예산을 투입하는 방식으로 자신의 프로덕션에서 '간섭없이' 영화를 찍어왔다. 그래서 많은 사람들은 그를 〈시민 케인〉을 만든 감독으로 보다는 〈제3의 사나이〉(1949), 〈백경(Moby Dick)〉(1949), 〈길고 더운 여름(The Long Hot Summer)〉(1959)에서의 특색 있는 조연배우로 기억하게 되었다.

〈시민 케인〉에서의 오손 웰즈.

웰즈의 타협을 모르는 성격과 영화에 대한 고집은 그를 헐리우드의 이단자로 만들었고, 유럽과 미국을 떠돌다 1985년 생을 마칠 때까지 그는 수많은 미완의 프로젝트와 씨름하며 좌절과 실망을 겪어야 했다. 그러나 〈시민 케인〉 한 편만으로도 그가 위대한 영화작가의 이름에 값한다는 데에 오늘날 많은 사람들이 동의하고 있다.

미국 자본주의의 딥 포커스

## 시민 케인
## Citizen Kane

1941년작. 흑백 발성영화. 120분.
감독: 오손 웰즈와 허만 맨키비츠(Herman Mankiewicz). 촬영: 그렉 톨란드(Gregg Toland). 편집: 로버트 와이즈(Robert Wise)와 마크 라브슨(Mark Robson).
음악: 버나드 허만(Bernard Hermann).

〈줄거리〉 수많은 신문·잡지사를 소유하고 있는 언론재벌 케인이 그의 저택 재너두(Xanadu)에서 숨을 거두며 "장미꽃 봉오리(Rosebud)"라는 수수께끼 같은 말을 남긴다. 뉴스영화사 기자 탐슨은 이 말의 의미를 캐내기 위하여 케인의 삶을 탐구하기 시작한다. 그의 일생을 기록한 자료화면이 보여지고, 탐슨은 케인이 가까이 지냈던 주요인물들—아내, 정부, 친구 등—과 인터뷰를 하며 이 복잡한 인물의 과거를 한꺼풀씩 벗겨나간다. 이들 하나하나가 묘사하는 사건들 속에 케인의 다양한 면모가 드러나지만, 이 면모들이 반드시 연속성을 가지고 일치하는 통일된 한 인간의 모습으로 떠오르지는 않는다. 그리하여 케인의 삶의 온전한 모습을 재구성하여 그의 마지막 말의 수수께끼를 풀려던 기자 탐슨의 시도는 실패로 돌아가는데, 영화의 결말부분에서 관객들은 그 의미를 알 수 있게 된다.

약 50년 전, 20대의 청년작가에 의해서 만들어진 이 작품은 그 '새로움'과 '깊이'로 오늘날의 관객들을 여전히 놀라게 한다. 위의 줄거리가 암시하듯(사실 〈시민 케인〉의 줄거리를 요약함은 거의 불가능하고 또 무의미하기까지 한 일이다) 〈시민 케인〉의 내러티브는 유례가 없을 만큼 복잡하면서 정교하게 구축되어 있다. 영화는 케인이라는 자본가의 일생에 일어났던 주요한 사건들을 시간 순서에 얽매이지 않고 보여주는데, 기자의 취재라는 내러티브의 큰 줄기 속 인물들 하나하나의 이야기에 독립적인 각각의 내러티브가 또 존재하고 있다. 그래서 이 모든 장면들은 그 자체로서 하나의 완결된 이야기면서, 영화 전체는 일반적인 극영화와는 달리 '열린' 이야기 구조를 지니고 있다. 곧 〈시민 케인〉은 부분의 인용이나 줄거리의 요약으로는 설명될 수 없는, 오직 '전체'로서만이 이해되고 경험될 수 있는 영화인 것이다.

웰즈는 〈시민 케인〉에서 후에 딥 포커스(deep focus)라고 널리 불리우게 된 기법을 완성에 가깝게 개발·구사하였다. 광각렌즈, 조명, 그리고 고감도 필름 등의 요소를 배합하여 한 화면내에서 초점이 맞는 거리의 영역(혹은 피사계 심도)을 최대한으로 늘리는 이 기법은 이미 존 포드의 〈분노의 포도〉에서 충분히 실험을 거친 뛰어난 카메라맨 그렉 톨란드(Gregg Toland)에 의하여 〈시민 케인〉에 풍부하게 사용되었다. 앙드레 바젱이 지적하였듯이, 〈시민 케인〉에서의 딥 포커스 화면은 영화 화면이 시간과 공간을 결합시키는 방식에서 "현실(reality)의 모호성"까지 담아냄으로써 화면 속에 드러난 사물들을—현실에서 그러하듯—관객들이 "능동적으로 선택"해야 하는 새로운 관람태도를 요구했다. 현실의 단편을 조합함을 원칙으로 삼는 몽타쥬 이론과 함께, 이것은 영화가 현실을 기록하고 전달하는 데 있어서 또 하나의 중요한 원리를 구현하고 있는 것이다.

'네오리얼리즘'이란 말을 낳게 한 이탈리아 영화에서의 리얼리즘적 전통은 1910년대의 '베리시모(verisimo)' 스타일 영화까지 거슬러올라간다. 이 영화들은 당시의 상투적인 영화들에 대항하여, 자연과 대결하며 봉건사회의 질곡을 헤쳐가는 민중들의 모습을 담으려 시도하였는데, 이러한 기본태도는 2차 대전 후의 네오리얼리즘 영화작가들에 의하여 계승되었다. 이러한 점에서 네오리얼리즘은 영화의 스타일을 가리키는 용어일 뿐 아니라 작가와 영화의 사회의식·도덕관·정치철학의 총체로 볼 수도 있다.

## 3. 40년대, 2차대전의 폐허에서

## 전후 유럽의 네오리얼리즘

'네오리얼리즘'이라는 용어는 이탈리아 비평가들에 의하여 비스콘티(Visconti)의 〈망집(Ossessione)〉(1942)을 평하며 처음 쓰였다. 강한 사회비판의식과 현실 그대로의 배경·인물묘사를 특징으로 하는 이 경향은 패전국이 된 이탈리아의 전후사회를 다룬 로셀리니의 《전쟁 3부작》을 통해 전 세계에 알려지게 된다. 로셀리니 영화가 보여주는 메마른 현실과 억압적인 체제와 정치적 사건에 맞서야 하는 '보통사람'들의 이야기는 특히 세계대전이 휩쓸고 간 잿더미 위에 선 지식인들과 서구 젊은이들로부터 큰 호응을 받았다.

레지스탕스 이야기를 주로 다룬 초기의 네오리얼리즘 영화들은 곧 사회문제를 파헤친 영화들에게 자리를 내어주었다. 도시빈민의 삶의 담담한 묘사를 통해 소외계층에 대한 무관심을 우회적으로 비판한 데 시카(De Sica)의 〈구두닦이(Sciuscia)〉(1946), 〈자전거도둑(Ladri Di Biciclette)〉(1948), 어민의 삶과 착취체제를 고발한 비스콘티의 〈흔들리는 대지(La Terra Trema)〉(1948), 떠돌이 노동자들의 애환을 다룬 피에트로 제르미(Pietro Germi)의 〈희망의 길(Cammino Della Speranza)〉(1950) 등이 네오리얼리즘 영화의 대표작으로 꼽힌다. 1950년대에 들어서면서 네오리얼리즘 영화들은 급격한 퇴조를 보이는데, 여기에는 전쟁 직후의 절박한 상황이 어느 정도 개선된 사회경제적 환경의 변화, 흥행부진에 따른 제작기피, 그리고 주요작가들의 개인주의적 세계관에 따른 작품세계의 전환 등이 주요원인으로 꼽힌다.

영화의 참여와 역사의 진실

## 로베르토 로셀리니
## Roberto Rossellini

1906년 로마에서 태어났다. 1934년 영화계에 입문, 파시스트 통제하의 이탈리아 영화계에서 영화수업을 쌓았다. 녹음 및 편집기사를 거쳐 1941년 〈라 나베 비앙카(La Nave Bianca)〉로 감독 데뷔했다. 무솔리니 치하의 파시스트 이탈리아에서 만들어졌던 많은 통속 멜로드라마의 하나인 이 영화는 네오리얼리즘 계열의 영화와는 달리 주인공들이 몸담고 있는 현실의 이데올로기적·정치적 맥락을 전혀 보여주지 않는다. 그러나 아마추어 배우들의 대폭기용, 서민생활의 꾸밈없는 사실적인 묘사 등에서 네오리얼리즘 영화의 원초적인 모습들이 이미 나타나고 있었다.

무솔리니의 몰락과 연합군의 진격을 앞두고 징병을 피해 숨어 있던 로셀리니와 동료 영화인들은 비밀리에 이탈리아 레지스탕스에 관한 다큐멘터리를 만들 계획을 세웠다. 연합군이 로마를 점령한 뒤 대부분이 촬영된 이 영화는 장편 극영화로 바뀌었고, 1945년 9월 로마에서 개봉되자마자 엄청난 반응을 불러일으켰다. 전후 이탈리아 영화의 첫 걸작이자 '네오리얼리즘'이라 불리우는 영화운동의 출발을 알렸던 이 작품에 이어, 로셀리니는 동일한 스타일로 2차 대전의 참화와 전후복구를 각각 다룬 두 편의 영화, 〈전화의 저편(Paisa)〉(1947)과 〈독일 영년(Germania, Anno Zero)〉(1947)을 연이어 발표, 《전쟁 3부작》을 완성하였다.

이 영화들은 2차 대전의 상흔이 아직 가시지 않은 이탈리아와 독일의 실제 사건이 일어났던 장소들에서 촬영되었고, 서너 명의 주연 배우를 제외하고는 연기경험이 전혀 없는 일반인들을 현장에서 발탁하여 등장인물 역들을 맡게 하였다. 열악한 촬영기재와 적은 제작비 등은 또한 극영화보다는 다큐멘터리에 가까운 거칠고 컨트래스트 강한 화면을 택할 수밖에 없게 하였는데, 이러한 형식적 특성과, 현장에 맞추는 작업방식은 이후 네오리얼리즘 영화의 필수조건처럼 인식되었다.

파시즘 정권하의 이탈리아 영화계에서 일했으나 로셀리니는 근본적으로 파시즘과 타협할 수 없는 자유주의적 휴머니스트였다. 그의 사실상의 데뷔작이라 할 수 있는 〈무방비도시〉를 포함한 《전쟁 3부작》은 크게 두 가지 공통된 주제를 다루고 있다. 하나는 거의 허무주의에 가깝도록 그려내는 전쟁의 잔혹성(그리고 그러한 잔혹성의 결과로 얻어지는 것들의 무의미함)에 대한 것이고, 또 하나는 전쟁과 같이 개인을 압살하는 역사적 사건·사회적 맥락 속에서 파괴되어가거나 혹은 결단을 통하여—자기희생과 영웅적 행위가 뒤따르는—개인의 실존에 대한 것이다. 전자의 주제를 다룰 때 로셀리니는 묘사되는 현실과 냉정한 거리를 유지하며 특정한 이데올로기 또는 정치적 성향에 근거한 판단이나 해석을 유보한다. 사실 그의 영화에서는 파시즘의 야만성에 대한 저항과 소박한 휴머니즘 이상의 정치의식을 찾아보기 힘들다. 후기의 영화로 갈수록 역사에 대한 관심보다는 개인심리의 탐구가 그의 영화의 주조를 이루는데, 이것은 로셀리니 개인의 성향의 변화만이 아닌, 네오리얼리즘의 성장과 쇠퇴에 영향을 미친 외부조건과의 관계 속에서 평가되어야 할 것이다. 한때 잉그리드 버그만의 남편이었으며 이자벨라 로셀리니의 아버지인 그는 1977년에 로마에서 죽었다.

파시즘에 대항하는 리얼리즘 고발장

## 무방비도시
## Roma, Citta Aperta

1945년작. 흑백 발성영화. 100분.
감독: 로베르토 로셀리니.
각본: 셀지오 아미데이(Sergio Amidei), 페데리코 펠리니, 로베르토 로셀리니.
촬영:우발도 아라타. 편집:에랄도 다로마.
음악: 렌조 로셀리니.

〈줄거리〉 지하운동가인 만프레디가 게쉬타포에 쫓기는 것으로부터 영화는 시작한다. 그는 은신처를 빠져나와 동료의 아파트로 가서 동료의 약혼녀인 피나의 도움을 받는다. 그는 저항활동을 은밀히 도와주는 신부 돈 피에트로와 접촉하고, 피나가 게쉬타포에 살해당하자 그의 옛 애인이었던 마리나를 찾아가 숨는다. 그러나 마리나의 배신으로 만프레디와 돈 피에트로 신부는 게쉬타포에게 체포되어 고문 끝에 처형당한다.

2차 대전의 잿더미 속에서 아무도 모르는 사이에 불쑥 등장한 이 영화는 네오리얼리즘의 첫 영화인 동시에 전후 유럽영화의 첫 번째 걸작으로 꼽힌다. 〈무방비도시〉의 촬영계획은 연합군이 로마를 접수하기 전에 이탈리아 영화계에서 일하고 있던 젊은 영화인들에 의하여 비밀리에 세워졌다.

이 영화는 독일군 점령하의 로마에서 실제로 있었던—그러나 레지스탕스 운동 전체에서 획기적인 의미를 가졌던 것은 아닌, 한 평범한 사례에 불과한—사건을 충실히 재현하고 있다. 로셀리니 감독은 주연배우 안나 마냐니(Anna Magnani)를 제외하고는 전원 연기경험이 없는 아마추어들을 배우로 기용했고, 실제 사건이 벌어졌던 장소에 가능한 한 카메라를 가져갔다. 또한 도식적인 연기보다는 배우/등장인물들의 일상 속에서의 생생한 몸짓을 원하였으며, 전후 이탈리아 사회의 혼돈과 황폐함을(그리고 그 속을 살아나가는 사람들의 용기와 위대함을 포함한 여러 속성을) 화면에 가감없이 담아내려 하였다.

그러나 엄밀한 의미에서 〈무방비도시〉는 다큐멘터리의 "분위기"를 가져왔을 뿐, 극영화의 관습에 지나칠 만큼 충실하게 매달린 영화이다. 꽉 짜여진 인과관계로 이어지는 내러티브, 멜로드라마에서와 같이 과잉감정을 표출하는 음악사용 등이 그러한 면을 드러내며, 감독 또한 연출과정에서 냉정한 객관성을 유지하려만 들지는 않는다. 등장인물들은 지나치게 선명하리만큼 선·악으로 구별되는데, 더욱 나은 이탈리아의 내일에 희망을 걸고 기꺼이 대의를 위해 자신을 희생하는 저항운동의 '평범한 영웅'들과, 기회주의적이며 자기중심을 찾지 못하거나 타락한 파시즘의 이데올로기에 사로잡힌 악인들과의 대립이 그것이다.

부분적인 미흡함에도 불구하고 〈무방비도시〉는 당대의 사회와 역사적 사건에 대한 충실한 기록으로서 오늘날까지도 감동을 주고 있으며, 파시즘의 야만성에 대항하는 투쟁과정의 힘있는 묘사로서의 가치를 잃지 않고 있다. 그리고 네오리얼리즘의 시대를 연 작품으로서 후대의 영화작가들—누벨 바그에서 제3세계의 영화운동가에 이르기까지—에게 이 영화가 끼친 영향은 아무리 강조하여도 지나치지 않다.

# 4. 50년대, 냉전시대의 광기

## 매카시즘과 헐리우드

1938년 미국의회는 상·하원 합동으로 반미활동 조사위원회(House Committee On Un-American Activities)를 구성하고 미국사회의 구석구석에 '침투'하여 '암약'하고 있다고 믿어지는 '적색분자'의 색출에 착수하였다. 극우 보수파 의원들이 주도했던 이 위원회의 활동은 2차 대전 당시 동맹국이었던 소련이 전후 세계질서의 재편—'냉전(Cold War)'이라는 말로 요약되는—과정에서 '적국'이 되자 아연 활기를 띠었다. "반자본주의=친소반미=공산주의"의 단순도식을 가지고 '마녀사냥'에 나선 이 위원회는 1947년에 드디어 헐리우드 '빨갱이들'을 잡기 위한 대대적인 조사에 착수했다.

위원회의 조사방법은 사실 간단한 것이었는데, 그것은 '붉은 사상'에 감염되었다고 심증이 가는 이들을 청문회에 소환하여 자신들의 결백을 입증하도록 하는 것과, 헐리우드 내부사정에 밝은 인사들은 증인으로 불러내어 그들이 알고 있는 '불순한 사상을 가진' 사람들의 명단을 캐내는 방식이었다. 여기서 위원회에 적극 협력한(곧 "누가 이런 불순한 이야기를 언제 어떤 자리에서 하더라"고 증언한) "우호적" 증인들과, 자신의 사상적 입장과는 관계없이 "고자질"은 할 수 없다고 증언을 거부한 비우호적 증인들이 나누어지게 되었다. 이들 "비우호적" 증인들이 국회모독죄로 고발, 투옥된 것을 비롯하여 많은 영화인들의 과거의 경력이나 발언이 문제가 되어 '취업금지자명단(black list)'에 올라 줄지어 생업을 잃고 헤매는 신세가 되었다. 이들 대부분은 후에 법률적으로 복권되었으나, 자신들의 일터인 헐리우드로는 거의 돌아오지 못하였다.

사회주의 대 자본주의, 미국 대 소련 식의 양분법이 지배하던 40~50년대의 냉전시대의 한 단면을 극명하게 드러내는 이 사건으로 헐리우드 '제도권' 영화 속에 그나마

〈새〉의 감독, 알프레드 히치코크.

존재하던 진보적·양심적인 세력은 적어도 공식적인 활동을 금지당하였고, 50년대의 헐리우드 영화는 '꿈의 공장' 이상도 이하도 아닌, 스펙터클과 멜로드라마가 대량생산되는 연예산업기지로만 존재하게 되었다.

## 공포와 불안을 꿈꾸는 영상마술사
# 알프레드 히치코크
# Alfred Hitchcock

1899년 영국에서 태어나 가톨릭 교육을 받았다. 광고회사를 거쳐 영국 영화산업의 초창기에 영화에 종사하게 되었으며, 1927년 첫 작품 〈하숙생(The Lodger)〉을 연출한 이래 50년 이상의 연출생활 동안 영국에서 23편, 그리고 미국에서 30편의 영화를 감독하였다. 초기의 영국영화(그는 1939년에 미국으로 이주, 정착하였다)에서 이미 그의 작품세계를 관통하는 주제와 스타일의 특징이 나타난다. 그는 많은 관객들이 기억하는 대로 드릴러(thriller) 장르의 대가였는데, 1930년대 이래로 그의 이름은 드릴러 영화와 동일시될 만큼 확고한 것이 되었다.

그의 영화에 가장 큰 영향을 끼친 두 가지 미학적 경향은 그가 평생 몸을 담았던 대중을 상대로 한 상업영화의 바깥으로부터 왔다. 그들은 곧 1920년대에 영화미학에 혁신을 가져온 독일 표현주의(German Expressionism) 영화와 소련의 몽타쥬 이론(montage theory)이었다. 표현주의 영화로부터 히치코크는 조명의 인위적인 사용과 일부러 변형시킨 세트를 가지고 억압되고 왜곡된 감정을 시각적으로 표현하는 기법을 가져왔다. 한편 몽타쥬 이론과 1920년대의 소련 영화로부터 그는 정교한 편집기법을 빌어와 자신의 것으로 발전시켰다. 역설적인 것은, 이러한 기법들이 대중들의 취향과는 거리가 있는 실험예술(독일 표현주의)과 그의 영화의 주요관객들—영국의 중산층 시민—의 계급적 배경과 충돌하는 혁명영화(러시아 몽타쥬 이론)에서 왔다는 사실이다. 이러한 서로 모순되는 이데올로기에서 나온 기법들을 시치미떼고(!) 상업영화 속에 용해시켜 버린 데서부터 히치코크의 주요작품에 공통된 세계관의 모호함, 그리고 사회의 관습적 가치체계에 대한 이율배반적인 태도가 출발한다고 볼 수 있다. 곧 그의 영화는 피상적으로는 부르주아 사회의 윤리·도덕을 설교하듯이 보이지만 그러한 표면 한꺼풀 아래에는 기존의 가치체계에 대한 야유와 냉소주의가 깔려 있는 것이다. 히치코크 영화의 연구가들은 또한 그의 영화에 반복하여 등장하는 주인공들의 특성에 주목한다. 대표적인 인물들로는 '누명 쓴' 남자 주인공, 그리고 '죄를 범한' 여자 주인공을 들 수 있다.

히치코크의 영화 경력이 오랜 세월에 걸치는 만큼이나 그에 대한 평가도 달라진다. 1960년대까지만 해도 그의 영국시절의 초기작들이 헐리우드에 팔려간 다음의 작품들보다 높이 평가되었으나, 최근의 비평가들은 그의 후기작품들을 그 영화기법의 완성도나 주제의 깊이에서 더 우수한 것으로 보는 경향이다. 후자의 관점을 가진 비평가들은 〈이창(Rear Window)〉과 〈현기증(Vertigo)〉을 히치코크의 대표작으로 꼽는다. 물론 영화와 비디오로 히치코크를 접하는 일반 관객들은 잘 만들어진 드릴러를 보는 데서 만족하겠지만, 그러한 대중의 기호를 무리없이 충족시키면서도 퍼내도 마르지 않을 듯 풍부한 '이야기거리'를 그 속에 담고 있다는 점에 히치코크 영화의 흉내낼 수 없는 마력이 있다고 할 것이다.

욕망과 죄의식의 헐리우드 정신분석학

## 현기증
## Vertigo

1958년작. 파라마운트사 제작.
테크니칼라. 127분. 감독: 알프레드 히치코크.
각본: 알렉 코펠(Alec Coppel)과 새무얼 테일러(Samuel Taylor). 촬영: 로버트 벅스(Robert Bucks).
편집: 조지 토마시니(George Tomasini).
음악: 버나드 허만(Bernard Hermann).

〈줄거리〉 샌프란시스코 시경 소속 형사 스카티(제임스 스튜어트)는 옥상에서의 추격전중 동료 경찰이 추락사하는 사고를 저지른 후 병적인 고소공포증을 얻게 된다. 그는 경찰을 사직하고 사립탐정이 되어 한 아름다운 여인을 보호하는 임무를 맡는다. 그러나 고소공포증 때문에 이 여인의 자살(영화가 진행되면 관객들은 이 자살이 미리 계획된 가짜였음을 알게 된다)을 막지 못한 그는 죄책감에 시달리다 못해 정신병원 신세까지 지게 된다. 다시 샌프란시스코로 돌아온 그는 어느날 죽은 여인과 똑같은 여인을 발견하게 되는데, 여기서부터 줄거리는 반전을 거듭하며 50년대 헐리우드 영화에서 가장 어둡고 절망적인 결말을 향하여 치달려간다.

〈현기증〉은 발표 당시에는 그다지 좋은 평가를 받지 못하였다. 평론가들은 이 영화의 황당무계한 설정과 과장되고 어색한 연기, 지나친 카메라 기교 등을 못마땅하게 여겼고, 일반 관객은 너무도 복잡한 줄거리에 어리둥절했으며 특히 해피엔딩과는 거리가 먼 마지막 장면에 아연실색했다. 그러나 지금은 많은 비평가들이 이 영화를 히치코크의 대표작뿐만 아니라 영화사상 최고의 걸작의 하나로 꼽기를 주저하지 않는데, 그것은 이 영화 속에 히치코크가 집요하게 매달려온 죄의식, 주체(혹은 자기동일성:identity), 그리고 억압되고 왜곡된 성적 욕망 등의 주제가 가장 개성적인 표현양식으로 다루어지고 있기 때문일 것이다. 성적인 욕망이 강박관념의 형태로 존재하는 상황을 히치코크는 그의 영화들에서 즐겨 다루어왔으며, 〈현기증〉 또한 그러한 맥락에서 읽힐 수 있다.

'죽은' 여인을 '재현'시키려는 스카티의 집요한 노력이 결국 사실은 죽지 않았던, 곧 1인2역을 해왔던 상대방을 실제로 죽게 만드는 설정에서 히치코크는 '강박관념'의 형태로만 존재하는 사랑을 그려낸다. 여기에 주인공의 고소공포증이라는 또 하나의 강박관념이 덧붙여지고, 사립탐정이라는 주인공의 직업 또한 히치코크 영화의 단골주제인 '엿보기(혹은 관음증: voyeurism)'와 연결된다. 냉전시대를 살고 있던 동시대의 관객들에게 히치코크는 정치적인 상징의 사용(예컨대 〈북북서로 진로를 돌려라(North by Northwest)〉에서의 유엔본부나 러쉬모어산의 거대한 대통령 얼굴조각)을 전혀 배제한 '순수한' 멜로드라마/미스테리의 모습을 띤 이 영화를 선물했다. 그러나 그 무심한 듯한 표면 아래 숨어 있는 강박관념의 섬뜩한 묘사는 냉전 이데올로기라는 강박관념에 사로잡힌 당대의 미국사회에 대한 히치코크식의 냉소적인 비판일지도 모른다.

# 5. 60년대, 68년 5월 파리혁명

## 고다르와 지가 베르토프

1968년은 변혁에의 요구가 질풍노도처럼 유럽을 휩쓴 해였다. 프랑스에서는 파리의 학생과 지식인들이 주도하여 노쇠한 부르주아 사회를 무너뜨리려는 혁명의 기운이 드높았고, 체코의 프라하에서는 '인간의 얼굴을 한 사회주의'의 슬로건 아래 스탈린주의에서 벗어나려는 개혁의 목소리가 울려퍼졌다. 그러나 이 두 가지 큰 움직임은 결국 실패로 끝난 실험이 되고 말았는데, 변혁에의 기대가 컸던 만큼 좌절에서 오는 절망과 무기력 또한 깊은 것이었다.

68년 5월 혁명의 한 계기가 된 시네마떼끄 관장 앙리 랑글르와 해임반대운동에서 고다르는 주도적 역할을 하였다. 그는 또한 이 기간중 짧은 16㎜ 영화들을 선전·선동의 목적으로 만들었는데, 이러한 경험을 바탕으로 5월혁명에서 보여진 변혁의 가능성을 지속시키려는 의도에서 '지가 베르토프 집단'을 조직하였다.

지가 베르토프(1886-1954)는 러시아혁명 후 영화작가 제1세대에 속하는 감독이며 이론가이다. 그는 영화의 혁명적 예술로서의 가능성을 다큐멘터리에서 찾았으며, 또한 관객이 능동적이고 주체적으로 영화를 수용할 수 있도록 영화의 메커니즘과 제작과정 자체를 영화가 '드러내야' 한다고 주장하였다. 이러한 지가 베르토프의 이름을 고다르가 따온 것은 그 스스로 지가 베르토프와 똑같은 문제를 집단작업의 목표로 삼고 있다는 의미에서였는데, 그 문제는 바로 "혁명적 영화란 무엇이며, 어떻게 만들 것인가?"라는 점이었다.

고다르를 포함한 지가 베르토프 집단은 약 3년에 걸쳐 활동하는데, 이들은 제도권 밖에서 주로 노동자들이나 학생들의 소집단과 함께 영화를 만들었고, 극히 일부만이 일반 관객이나 영화비평가들에 보여졌을 따름이다. 그리고 1971년 이후 지가 베르토프 집단은 활동을 멈추었고 고다르는 다시 제도권으로 돌아왔는데, 그는 지가 베르토프 집단을 통하여 해답을 찾으려던 질문을 아직도 던지고 있을지도 모른다. "자본주의 생산체제내에서 진보적인 작가가 영화를 만들 수 있는 방법은 무엇일까?"라는 변형된 질문을.

## 누벨 바그의 무서운 아이
# 장뤽 고다르
# Jean-Luc Godard

1930년 프랑스 파리에서 태어났다. 소르본느 대학에서 민족학과정을 수료한 뒤 1950년 자크 리베트(Jacque Rivette), 에릭 로메르(Eric Rohmer), 프랑스와 트뤼포(François Truffaut) 등 후에 누벨 바그의 주요감독이 된 이들과 함께 영화에 대한 글을 쓰기 시작했다. 영화잡지 《까이에 뒤 시네마(Cahiers du Cinéma)》에서 젊은 평론가로 활동하며 몇편의 단편영화를 찍은 뒤 1960년 〈네멋대로 해라(A Bout de Souffle)〉로 감독 데뷔하였다. 그후 30년간 그는 유럽 작가영화의 '최전선'에 서서 수많은 극영화를 발표해왔다. 기존의 영화틀을 벗어난 참신한 형식적 실험들과 서유럽사회가 부둥켜안고 씨름했던 동시대의 첨예한 문제/쟁점들을—특히 68년 5월의 좌절된 혁명을 전후하여—정면으로 다루는 것이 그의 영화작업의 특징이다.

60년대와 70년대를 통틀어 세계영화의 흐름에 가장 많은 영향을—정치적으로나 미학적으로나—끼친 감독으로 꼽히는 그는 90년대에도 여전히 활동을 쉬지않고 있으며, 끊임없는 변신은 그의 다음 모습에 대한 예측을 불허한다. 따라서 그의 작품활동을 명확히 시기구분하는 일은 다소 무리가 있으나, 대개 다음과 같이 세 기간으로 구분할 수 있다.

제1기(1959-1968). 누벨 바그의 한 명으로서 데뷔하여 68년 5월 혁명까지 유럽의 제도권/예술영화 감독으로서 실험적인 극영화들을 만든 시기. '영화광'과 '영화비평가' 출신답게 고다르는 기존 영화의 인용, 풍자, 변용 등을 다채롭게 구사하면서 60년대 지식인들의 자유분방한 미학·철학적 경향에 들어맞는 영화들로 호응을 받았다(여기에는 다소 '겉멋'에 치우친 '좌파'경향의 영화들과 브레히트적 영화들이 포함된다). 주요작품으로 〈네멋대로 해라(A Bout de Souffle)〉(60), 〈그 여자의 삶(Vivre Sa Vie)〉(62), 〈경멸〉(63), 〈알파빌〉(85), 〈미치광이 피에로〉(65), 〈그녀에 대해 내가 알고 있는 두세가지〉(67), 〈위크엔드〉(67) 등.

제2기(1968-1972). 이 시기의 고다르는 학생과 지식인이 주도하였던 68년의 좌절된 5월혁명을 거치며 변모하였다. 그는 '영화작가'로서의 자기규정을 거부하고(그러나 '작가영화'의 영역에서 작품활동을 중단하지는 아니하고) '영화운동가'로서 존재이전을 시도하였다. 그것은 크게 두 가지 경향으로 나타났는데, 하나는 강한 정치성을 띠면서 '부르주아' 영화의 억압성을 '폭로'하는 극영화들의 제작이었고, 또 하나는 변혁운동의 현장에서 투쟁의 무기로 쓰일 수 있는 기동성 있고 전투적인 단편영화들의 생산·보급이었다.

전자의 경향은 고다르가 유럽영화내에서의 자신의 명성을 이용하여 영화자본을 끌어들여 만든 일련의 영화들—〈즐거운 지식(Le Gai Savoir)〉(68),〈원 플러스 원〉(68), 〈동풍〉(70)—로 나타났고, 후자는 그가 주도한 마르스크-레닌주의 영화운동집단인 지가 베르토프 집단(Group Dziga-Vertov)의 결성과 활동으로 나타난다.

제3기(1972-현재). 지가 베르토프 집단의 활동에 전념하던 고다르는 〈만사쾌조(Tout Va Bien)〉(72)로 제도권 영화로 되돌아온다. 이 시기는 꾸준한 극영화 연출과 함께 비디오매체의 실험, 그리고 여러 작가들과의 공동작업으로 특징지워진다. 60세의 '노장'이 된 지금도 그는 '영화청년'다운 실험을 그치지 않고 있으며, 그가 지금까지 이룬 것만으로도 영화—그리고 20세기 문화—사에 지워지지 않을 자취를 남겼다고 할 수 있으리라.

## 기로에 선 영화: 혁명영화와 영화혁명
# 동풍
# Vent D'Est

1970년작. 원판 16㎜, 극장상영판 35㎜. 100분. 감독·각본: 지가 베르토프 집단—고다르, 장 피에르 고렝(Jean-Pierre Gorin), 다니엘 꽁 방디(Daniel Cohn-Bendit). 촬영: 마리오 바르피아니. 편집: 크리스티나 아야.

〈동풍〉은 '줄거리'를 요약할 수 있는 영화가 아니다. 왜냐하면 그것은 줄거리를 요약함으로써 어느 정도 영화의 실체를 파악할 수 있는 그러한 종류의 영화—고다르에 의하여 '부르주아 영화'로 불리우는 영화—에 대한 '비판으로서의 영화'이기 때문이다. 〈동풍〉은 부르주아 영화에서 일반적으로 사용되는 영화적 기법들의 숨겨진 의미들을 관객들에게 폭로하며, 동시에 부르주아 영화에 대항하여 만들어진 '혁명적 영화(revolutionary cinema)'에 대한 비판과 반성을 꾀한다.

표면적으로 〈동풍〉은 서부극(Western)의 모습을 갖추고 있다. 기병대 장교, 인디언, 떠돌이 총잡이, 백인 미녀 등 서부극의 단골 등장인물들이 화면에 나타난다. 그러나 고다르는 관객들이 이들과의 '감정이입'을 통하여 영화에 몰입하도록 놓아두지 않는다. 부르주아 영화의 촬영·편집기법들은 때로는 관객들에게 나레이터에 의하여 '설명'되거나 혹은 관객들 스스로 그 의미를 생각해 보도록 수수께끼처럼 던져진다.

'서부극'이라는 장르를 예로 삼아, 고다르는 부르주아 영화(헐리우드 영화로 대표되는)의 전통적 기법과 내용요소들을 체계적으로 해부해가는데, 그의 목적은 이러한 기법과 내용의 뒤에 숨어 있는 억압적인 이데올로기의 폭로에 있다. 그것은 곧 부르주아 영화를 포함한 사실주의(realism) 영화에 대한 고다르의 공격이기도 하다. 그는 내용이 급진적인 영화라도 부르주아 영화와 같은 '언어'를 사용할 때 그것은 부르주아 영화와 마찬가지로 관객을 억압하게 된다고 주장한다.

중반부를 지나며 영화는 관객이 극영화에서 기대하는 모든 관습을 깨면서 더욱더 논쟁적으로 진행된다. 혁명적 영화의 전통 속에 나타나는 오류들, 에이젠스테인, 지가 베르토프, 그리고 고다르 자신의 영화들이 비판되며 자유주의자들에 의해 만들어진 유럽의 예술영화, 작가영화 또한 낱낱이 비판이 가해진다. 고다르는 또한 급진적인 제3세계 영화의 앞날에 맹목적인 환상을 걸지 않는데, 이러한 태도가 잘 드러난 다음 장면이 영화 중반부에 등장한다.

황량한 벌판에 세 갈래 길이 나있다. 길이 갈라지는 지점에 글로버 로샤(브라질의 영화감독. 헐리우드식 상업영화에 대항하는 '민중영화', 곧 기층민중의 혁명성과 민족적 특성을 고취하는 '제3세계' 영화를 주장하였음)가 양팔을 벌리고—마치 십자가에 매달린 예수처럼—서 있다. 한 임신한 여인

이 그에게 다가와 묻는다. "계급투쟁을 방해해서 죄송합니다만, 정치영화로 가는 길이 어디지요?" 로샤는 대답하기를, "이 길은 미학적 모험과 철학적 탐구로 가는 길이고, 저 길은 위험하고 성스럽고 아름다운 '제3세계 영화'로 가는 길이오." 여인은 '제3세계 영화'의 길로 들어서지만, 얼마 아니 가서 가던 길을 돌아와 '미학/철학' 영화의 길로 방향을 바꾸고 만다. 여전히 '정치영화'를 찾아서 길섶의 풀잎 하나하나를 살피며.

# 6. 70년대, 새로운 독일

## 역사의 무게, 현실의 너비

2차 대전에서의 패배, 그리고 분단과 함께 독일 영화는 초토화되었고, 서독의 경우는 70년대초까지 '독일영화'라고 부를 만한 현상은—포르노, 헐리우드 아류의 싸구려 오락물, 소수의 전위영화를 제외하고는—거의 존재하지 아니하였다. 유럽 영화의 변두리 취급을 받던 서독 영화는 70년대초를 전후하여 갑자기 쏟아져(?) 나온 작가들에 의하여 면모를 일신하는데, 여기에는 '문화적 자존심'회복을 위한 서독정부의 투자와, 의식 있는 영화인들의 끊임없는 집단적 노력이라는 배경이 있었다.

이들 한무리의 감독들이 60년대말에서 80년대초까지 만들어낸 영화들을 영어권의 평자들은 보통 '새로운 독일 영화(New German Cinema)'라고 부른다. 60년대 프랑스의 누벨 바그와는 달리 이들은 처음부터 개인적인 친분을 가졌거나 함께 동인/서클활동을 해본 경험을 지니지 않았다. 거의 우연이라 할 만큼—물론 이들이 첫 영화를 찍을 수 있었던 사회경제적 맥락을 고려한다면 결코 '우연'이란 말을 사용할 수 없겠으나—비슷한 시기에 데뷔한, 개성 있는 작품세계를 각각 가진 재능 있는 영화작가들이 새로운 독일영화의 주역이었던 셈이다. 그러나 분명한 것은 이들이 독일 사회에서의 자신들의 영화작업의 의미에 대하여 일치된 의견을 가지고 있었다는 점이다. 그것은 '나찌즘'이라는 전대미문의 괴물로 대표되는 불행했던 과거를 독일의 문화적 전통을 재해석함으로써 반성하려는 '역사학습'과 함께, 그러한 역사의 연장으로서의 당대의 독일(자본주의화·산업화된 서독)사회의 문제를 파헤치고 '대안' 을 찾는 것이 독일 영화의 임무여야 한다는 어찌 보면 소박한(?) 것이었다. 분단상황에서의 개인/체제 문제를 다룬 클루게(Kluge)의 〈어제와의 고별〉(66)에서 파시즘의 실체를 우화적으로 영상화한

쉴렌돌프의 〈양철북〉(79)에 이르기까기, 새로운 독일 영화의 작가들은 나름대로 자신들의 임무를 수행해갔다.

## 분단 서독의 영원한 아웃사이더
## 라이너 베르너 파스빈더
## Rainer Werner Fassbinder

1946년 서독 바바리아 주에서 태어났다. 고등학교를 졸업한 뒤 여러가지 직업을 전전하다가 1967년부터 뮌헨의 한 전위극단에 들어가 연극을 시작한다. 그는 극작·연출·연기에서 곧 탁월함을 인정받았고 1968년에는 후에 그의 영화에서 단골주연이 된 배우 한나 쉬글라(Hanna Schygulla) 등과 함께 '반-극단(anti-theater)'을 창단한다. 1969년부터 그는 자신의 극단 멤버들과 함께 아주 작은 예산으로 장편 극화를 찍기 시작하는데, 이 작품들이 비평가들에 의하여 주목받고 서독 정부 및 공공단체로부터의 지원금을 충분히 얻게 되자 파스빈더는 좀더 상업/대중영화에 가까운 영화를 찍기 시작하였고, 1970년에서 1977년 사이에 고전적 헐리우드 영화의 틀 속에서 서독 자본주의체제의 정치·사회적 문제들을 다룬 일련의 영화들을 놀라운 속도로 만들어내었다. 1982년에 36세로 요절하기까지 그는 13년간의 영화경력을 통틀어 무려 40편이 넘는 장편극 영화를 감독하였다. 그는 또한 연극활동도 계속하였고, 자기가 감독한 영화의 각본을 대부분 썼으며, 그중 10여 편에서는 주연을 맡기도 하였다.

초기작들로부터 이 시기까지 파스빈더의 영화에 등장하는 주인공들에게 공통점이 있다면 그들이 자본주의 사회에서의 '소외'계층, 혹은 '타자(other)'라는 점이다. 뒷골목의 깡패들, 동성연애자, 외국인 노동자, 창녀, 노인 등에 대한 이야기가 대부분의 영화들의 줄거리를 이룬다. 그는 멜로드라마(주로 50년대 헐리우드 영화에서 빌려온)의 내러티브 속에 이러한 인물들을 배치하고 그들이 주변사람들을 통하여 사회체제와 맺는 관계들을 일상적인 사건의 배열로 보여준다. 대사는 지극히 평이하고 절제되어 있으며, 연기 또한 무표정한 것이 보통이다.

멜로드라마의 관습과 브레히트적인—관객이 영화에 몰입하는 대신 지적인 '작업'으로서 영화를 보도록 요구한다는 점에서—태도의 결합이라고 부를 만한 파스빈더 영화의 이러한 특징들은 특히 〈사계절의 상인〉(71), 〈페트라 폰 칸트의 쓰라린 눈물〉(72), 〈불안은 영혼을 잠식한다〉(73), 〈내가 바라는 것은 오직 네 사랑뿐〉(76), 〈절망〉(77) 등의 작품에 잘 드러난다.

1977~1982년 기간에 파스빈더는 개인/가정의 이야기만을 미시적으로 다루던 시각을 넓혀 독일의 현대사를 정면으로 영화 속에서 탐구한 시도를 계속했다. 대작 〈베를린 알렉산더 광장(상영시간 16시간의 14부작)〉(80)을 비롯하여 〈마리아 브라운의 결혼〉(78), 〈릴리 마를렌〉(80), 〈베로니카 포스〉(82) 등이 이 시기의 대표작이다. 파시즘이 일어서기 시작한 30년대부터 나찌시대, 전후의 미국 점령기와 '라인강의 기적'을 거쳐 70년대에 이르기까지의 독일사회를 이 영화들 속에서 파스빈더는 차갑게 묘사해간다.

이러한 그의 변모는 그가 초기작으로부터 일관되게 추구해온 '권력과 억압'이라는 주제로부터 충분히 예정된 것이라 할 수 있다. 파스빈더는 '사랑(연인간의, 가족간의, 친구간의)'을 소재로 하여 그 주제를 다루는데 놀라운 솜씨를 보였으며, '일상생활의 파시즘' 묘사에서 '파시즘의 역사적 뿌리' 탐구로 나아간 것이 그의 영화세계의 전개

과정이라 할 수 있을 것이다.

신경쇠약 직전의 서유럽사회
## 불안은 영혼을 잠식한다
## Angst Essen Seele Auf

1973년 작. 영어제목 〈알리(Ali; Fear Eats the Soul)〉. 색채 35mm. 90분.
각본·감독·미술: 라이너 베르너 파스빈더. 촬영: 위르겐 위게스(Jürgen Jüges).
편집: 테아 에이메스(Thea Eymes).

〈줄거리〉 50대(60대?)의 독일인 과부 엠미는 어느날 술집에서 모로코 출신 흑인 노동자 청년 알리를 알게 된다. 외로운 처지에 있던 두 사람은 나이와 '인종'의 차이에도 불구하고 서로 가까워지고, 그러한 그들의 만남 때문에 엠미는 주위사람들로부터 손가락질받고 자식들로부터도 따돌림받지만 알리와 엠미는 끝내 결혼하고만다. 편견과 눈총에 시달리던 알리-엠미 부부가 짧은 여행을 다녀오자 주위사람들의 태도가 갑자기 친절하게 변하는데, 그것 또한 나름대로의 이속을 챙기려는 겉모습의 바뀜에 지나지 않는다. 그런대로 주위사람들에게 그들의 결혼이 기정사실로 받아들여지자, 이번에는 그들 사이에 문제가 생기기 시작한다. 자신도 모르게 알리를 열등한 인간으로 대하는 엠미. 그리고 방황하며 옛애인을 찾아가는 알리. 이들은 처음 만났던 술집에서 다시 만나고 화해하지만, 알리는 심한 병을 얻어 쓰러지고만다. 알리의 병석을 쓸쓸히 지키는 엠미의 모습을 보여 주며 영화는 끝났다.

카메라, 편집, 조명 등에서 충실히 헐리우드 멜로드라마를 모방한 파스빈더의 이 영화는, 그러나 헐리우드 영화처럼 '안전한' 오락으로서 관객에게 접근하지 않는다. 진부하리만큼 단순한 줄거리에 약간의 변용을 꾀함으로써 파스빈더는 피상적인 유사함에도 불구하고 지극히 '반헐리우드'적인 영화를 만들었는데, 그것은 관객이 정서적으로 주인공들과 공감하는 동시에 분석적인 거리를 두고 영화를 볼 수 있는— '생각'하면서 동시에 '느낄' 수 있는—영화에 가깝다는 점에서 성공적인 시도로 꼽힌다.

'라인강의 기적'에서 이어지는 물질적 풍요를 구가하던 60년대의 서독은 많은 외국인 노동자—주로 모로코, 터키 등 인접한 아랍권 나라의—들을 '수입'하여 최하층의 노동력으로 사용하였다. 이들은 독일인들로부터의 인종차별에 일상적으로 시달리며 대도시에 모여 살았다. 이들 중의 하나가 어머니 나이뻘 되는 독일인 여자(노인 또한 소외집단의 하나이다)와 사랑하고, 결혼하고, 병드는 것이 이 영화의 줄거리의 뼈대이다. 그러나 이들의 '있을 수 없는' 결합에 대한 '보통 독일사람'들의 반응을 차분하게—섬뜩하게(!)—묘사함으로써, 파스빈더는 자본주의 사회에서 개인의 삶들이 어느 정도까지 성/사회적 지위/인종/계급이라는 조건에 의하여 규정되는가를 드러내고 있다.

그러나 이러한 차갑고 분석적인 시선에도 불구하고 이 영화는 관객들이 주인공들에게 정서적으로 몰입할 수 있는 여지를 허용하는 독특함을 가진다. 그리하여 관객들은 "사랑이야말로 가장 교활하고 효과적인 억압의 수단이다"라는 파스빈더의 명제를 '소름끼치도록' 생생하게 이해할 수 있게 되는 것이다.

# 7. 80년대, 세기말을 넘어서

## 아시아영화의 새물결

1989년 베니스 영화제에서 〈비정성시〉의 그랑프리 수상은 1951년 같은 영화제에서 구로자와 아끼라 감독의 〈라쇼몽(羅生門)〉의 수상에 비교될 만한 아시아 영화의 '사건'이었다. 이 두 영화의 수상은 당대적 의미에서 비슷한 점들을 갖는데, 수상 당시로서는 서구에 의하여 '영화 후진국'으로 인식되었던 나라들의 영화가 본격적으로 알려지게 된 계기가 되었다는 점과 함께, 각 영화의 작가들이 이미 여러 편의 전작들을 거치며 뚜렷이 개성 있는 작품세계를 쌓아왔다는 점이 그것이다.

〈라쇼몽〉만큼의 충격과 흥분을 가져오지는 않았으나 〈비정성시〉의 수상의 의미에는 〈라쇼몽〉에는 없었던 매우 중요한 측면이 있다. 〈라쇼몽〉의 소재·배경은 지극히 '일본적(일본작가의 원작소설을 각색하였고 배경이 일본의 중세라는 점에서)'이었다. 그러나 인식주체와 대상과의 관계를 "유일한 진실이란 존재할 수 있는가?"라는 질문을 가지고 탐구하는 〈라쇼몽〉의 주제는 그 자체로서 탈역사화 되어 있었고, 따라서 '일본'은 그러한 주제를 효과적으로 다루기 위하여 빌어온 도구에 불과하였다(그래서 서구의 비평가들은 '아시아 영화의 벽'을 뛰어넘어 '보편성'을 획득한 영화라는 찬사를 보냈을 것이다). 그러나 〈비정성시〉는 〈라쇼몽〉 식의 '보편성'을 추구하지 않는다. 영화는 대만/중국이라는 민족/문화권의 역사와 밀착되어 있고, 그러한 역사의 보편성과 특수성을 애써 구별하려 들지 않는다. 〈비정성시〉는 그것이 이야기하고 있는 역사를 소재로서만 이용하지는 않으며, 소재로서의 역사와 영화를 낳은 사회에 이미 주어진 조건으로서의 역사 사이에 거리를 두려워하지 않는다.

구경거리가 아닌 '삶'으로서의 전통과 문화를 담은 영화, 민족 또는 계급의 목소리를 대변하는 영화를 만들고자 하는 아시아의 새로운 영화세대에게 〈비정성시〉와 같은 영화의 출현은 큰 의미를 갖는다. 더이상 중심과 주변의 이분법에 시달릴 이유가 없다는 자신감과 함께, 지나간 역사와 동시대의 관객에 대한 책임이라는 문제를 진지하게 파고들어야 할 과제가 아시아영화의 '새 물결'에 주어지는 것이다.

가족, 역사 그리고 슬픔과 생명력—〈비정성시〉. 1989년.

유년의 기억에서 역사의 공간으로

## 후 시아오시엔
## 候孝賢

1947년 중국 광동(廣東)성 매현(梅縣)에서 태어났다. 1948년에 가족이 모두 대만으로 이주, 대만 남부의 봉산이라는 곳에 정착하였다. 12세에 아버지를 잃었으며, 6년 후에는 어머니도 세상을 떠났다. 1969년 군복무를 마친 뒤 타이페이의 국립예술학원 영화·연극과에 입학, 1972년에 졸업하였다. 잠시 컴퓨터 세일즈맨을 하다가 1973년에 제작조수(production assistant)로 영화일을 시작하였다. 조감독 생활을 하며 몇편의 시나리오를 썼고, 1981년에 〈귀여운 소녀(就是溜溜的她)〉로 데뷔하였다. 낭트영화제 작품상을 받은 〈펑쿠이에서 온 소년들(風櫃來的人)〉(83)로 세계영화계에 알려지기 시작하였으며, 〈할아버지 집에서의 여름(冬冬的假期)〉(84), 〈살아야 할 때와 죽어야 할 때(童年往事)〉(85), 〈바람속의 먼지(戀戀風塵)〉(87)의 작품으로 국제적인 평가를 받았다. 1989년작 〈비정성시(悲情城市)〉로 베니스 영화제 그랑프리를 수상하였다.

어떤 의미에서 후 시아오시엔은 80년대의 세계 영화가 키운—서구 중심적인 '발견'이라는 말을 쓰지 않기로 한다—거의 유일한 '거장'일지도 모른다. 그가 영화자본의 중심지인 미국이나 영화 '예술'을 인정하는 (혹은 그렇다고 흔히들 부러워 하는) 유럽 출신의 감독이 아니고, 아시아권에서도 영화의 주변지역에 속하는 대만에서 활동했다는 점에서 이러한 지적은 얼핏 과장된 것처럼 들릴지도 모른다. 그러나 후 시아오시엔의 작품은 분명히 영화사에서 움직이지 않을 위치에 올라 있는 작가/거장들의 영화에서만 찾을 수 있는 징표들을 보여주고 있으며, 그가 영화문화의 중심이 아닌 변방 출신의 작가라는 사실이야말로 80년대 세계영화의 성과이면서 90년대의 영화의 방향을 암시하는 중요한 의미를 담고 있다.

후 시아오시엔은 10년 미만의 짧은 작가 경력을 갖고 있으나 이미 자신만의 스타일, 감각, 그리고 형식미를 갖춘 영화세계를 구축하였다. 많은 서구의 비평가들은 그의 영화 속에 표현되는 공간의 구성방식을 후 시아오시엔만의 독특한 것이라 지적한다. 그것은 롱 테이크, 딥 포커스에 의한 미장 센을 즐겨 사용하면서도 그 효과가 지금까지의—특히 서구인들에 의해 만들어진—영화에서는 볼 수 없었던 것이라는 점에서 주목에 값한다.

후 시아오시엔의 카메라는 자신의 존재를 애써 관객들의 의식에서 지우려는 고전적/헐리우드식 카메라보다 더 적극적으로 '기록'되는 현실에 간여하는데, 관객은 카메라 혹은 '제4의 벽(관객은 배우들을 볼 수 있으나 배우들은 관객을 보지 못하게 작용하는 비유적 의미에서의 벽)'을 통해 영화에 기록된 현실을 '엿보는' 대신 누군가의 눈을 통하여 그것을 보고 있다는 느낌을 받게 된다. 그리하여 후 시아오시엔의 영화는 현실과는 비판적 거리를 가지면서도 '감동'이라는 말 외에는 달리 표현할 길이 없는 정서적 반응을 불러일으킨다.

이것은 관객의 분석적 이성에 의존하는—흔히 '브레히트적'이라 불리우는—영화와도 다르고, 내러티브에의 몰입과 감정이입으로 끌고가는 자연주의 영화와도 다른 미학적 원리가 그의 영화 속에 숨어 있음을 의미하며, 그 원리를 영화로 형상화시키는 것은 영화작가의 직관이 아닐까 추측케 한다. 그리고 그 직관의 성격은 서구의 것이 아닌, 아시아 문화의 전통에 맥을 대고 있으리라는 가설도 검토할 가치가 있으리라.

### 슬픔의 역사, 그리고 생명력

## 비정성시
## 悲情城市

1989년작. 색채 158분.
감독: 후 시아오시엔(侯孝賢).
각본: 우 니엔첸(吳念眞), 추 티엔웬(朱天文). 촬영: 첸 화이엔(陳懷恩).
편집: 리아우 칭소운(廖慶松).

〈줄거리〉〈비정성시〉는 1945년 일본 식민통치로부터의 해방, 국민당 정부의 대만 접수, 대만의 자치를 요구한 대만인(17세기 이래 본토로부터 이주해온 중국인들의 후손. 대만의 토착민이었던—마치 미국의 인디언처럼— '고산족'들을 제압하고 대만 인구의 과반수를 차지함)들과 국민당 정권의 충돌이었던 1948년의 2·28 사건, 그리고 1949년 본토를 모택동군에게 내어준 국민당 정부가 대만으로 건너와 눌러앉기까지의 대만 현대사를 한 가족(주로 형제들)사람들의 사랑과 죽음을 통하여 그리고 있다.

영화의 내러티브는 이 형제 중 막내인 문청(양조위)과 그의 아내 관미의 시점에서 전개된다. 문청은 귀머거리이며 벙어리인데 사진사로 일하고 있으며 친구 관영(그는 지식인이며 후에 대만인 저항세력에 적극 가담한다)의 동생인 관미를 사랑하게 되어 그녀와 결혼한다. 그 사이 2·28사건이 일어나 관영은 '입산'하고, 문청의 두 형은 밀수조직과의 사건에 연루되어 죽음을 당하고 폐인이 된다. 국민당 정부군의 대대적인 탄압이 대만을 휩쓸자 문청은 체포되어 생사를 알 수 없게 된다. 아내 관미와 새로 태어난 아기를 뒤에 남기고.

〈비정성시〉는 그 제목이 나타내듯이 '슬픈' 이야기이다. 그러나 그 슬픔은 관객들이 쉽게 공감할 수 있도록—소화하기 쉽도록—잘 포장되어 드러나지 않는다. 주인공들은 대부분 가족과 자신의 직업 바깥의 일에는 관심이 없는 사람들이지만, 이들의 평범한 삶을 간섭하고 파괴해 들어오는 역사적 사건으로부터 벗어나지 못한다. 가장 소중하게 여겨온 사람들과의 헤어짐이 〈비정성시〉의 슬픔의 정체인데, 그러나 이러한 사람들의 불행을 묘사하면서도 영화에서 관객의 심리적 공감을 얻기 위한 연출이나 심금을 울리려는 연기는 완전히 배제되어 있다. 오히려 후 시아오시엔 감독은 이들의 불행이 마치 인간의 의지와 무관하게 일어나는 천재지변의 탓이기나 하듯이 담담하게 묘사하는데, 그렇다고 해서 이 영화가 역사적 허무주의로 떨어지지는 않는다. 그 대신 결국은 잘못된 역사를 디디고 살아나갈 사람들의 생명력을 암시함으로써 후 시아오시엔은 '슬픔' 저편의 낙관주의를 보여주는데, 그것은 다음과 같은 감독 자신의 말에서도 드러난다.

"나는 사람이 태어나서 살고, 죽고, 헤어지고, 좌절하고, 재난을 만나는 것이 슬픈 일이라고 생각하지 않는다. 바로 이러한 일로부터 사람들은 살아갈 힘을 얻는다는 것, 그러한 과정을 나는 묘사하고 싶다. 사람들이 발휘하는 생명력, 그것이 바로 감동이라고 나는 생각한다."

# 3장 우리시대의 영화작가 / 새로운 세대의 영화체험을 위하여

## 1. 헐리우드 80년대 영화작가의 계보학

90년대가 일단 80년대의 연장선 위에서 출발하듯, 80년대는 70년대를 계승하며 시작하였다. 70년대의 헐리우드는 60년대말부터 등장하기 시작한 전혀 새로운 세대의 작가들에 의하여 주도되었고, 이들이 잇달아 발표한 작품들은 미국 영화의 예술성과 상업성을 모두 대표함에 손색이 없었다. 〈대부〉의 프란시스 코폴라, 〈택시 드라이버〉의 마틴 스콜세지, 〈디어헌터〉의 마이클 치미노, 〈프렌치 커넥션〉의 윌리암 프리드킨, 〈캐리〉의 브라이언 드 팔마, 그리고 〈스타워즈〉의 조지 루카스와 〈조스〉의 스티븐 스필버그가 바로 그들이다.

헐리우드에 작가주의(auteurism)의 전성기를 가져올 듯 보였던 이들 '뉴헐리우드 군단'은 그러나 80년대에 전혀 그 기대에 부응하는 모습을 보여주지 못하였다. 마이클 치미노의 대작 〈천국의 문〉의 엄청난 실패로 불길하게 시작된 80년대 내내, 이들 70년대 작가군은 실망스런 작품을 내놓으며 헐리우드의 주도권을 상실해갔다. 스필버그와 루카스의 성공도 제작·기획자로서였지 영화작가로서의 것은 아니었다.

이에 비하여 80년대 헐리우드의 '성공사례'는 2차대전 전후 나치의 박해와 전쟁을 피하여 유럽 감독들이 이주해온 이래 최대의 규모로 이루어진 '외인부대'의 유입이었다. 흥행과 '예술' 양면에서 이들의 활약은 80년대의 후반기로 갈수록 돋보였는데, 그러한 이면에는 이들이 떠나온 본국에서의 심각한 '영화작가 인력의 고갈'이라는 문제가 발생하기 마련이었다. 70년대 호주 영화의 르네상스는 그 대표주자인 피터 위어—〈위트니스〉, 〈죽은 시인의 사회〉, 조지 밀러—〈매드 맥스〉시리즈 등을 차례로 헐리우드에 빼앗기면서 실종(?)되어버렸다.

스필버그 사단에 맞선 흥행감독들은 영국 출신의 토니 스코트—〈탑건〉, 애드리언 린

—〈위험한 정사〉, 그리고 네덜란드에서 온 폴 바호벤—〈로보캅〉으로 대표되었고, 이탈리아 출신 베르나르도 베르톨루치의 〈마지막 황제〉, 체코 출신 밀로스 포어만의 〈아마데우스〉가 각각 그 해의 오스카를 휩쓸었다.

그리고 이들과 작품을 가지고 경쟁을 벌인 것은 70년대의 작가들이 아니라 신인의 티를 채 씻지도 않은 80년대의 미국인 작가들, 곧 〈터미네이터〉의 제임스 카메론, 〈베트맨〉의 팀 버튼, 그리고 〈플래툰〉의 올리버 스톤 등이었다. 이들은 메이저 스튜디오 밖에서 소규모의 제작비로 만든 영화를 들고 등장하여, 비교적 짧은 시간 안에 대작(blockbuster) 감독으로 변신하였다.

그러나 이들 외인부대 및 자수성가형 헐리우드 작가들은 막상 작품에서는 70년대의 작가들과 구별될 만큼의 새로움을 거의 보여주지 못하였다. 오히려 영화작가들의 발언권이 줄어들고 전통적인 스튜디오 시스템으로 퇴행하는 징조까지 나타났는데, 속편의 범람으로 특징지어지는 안전한 상업주의에의 안주, 영화제작이 연관상품화(merchandising)까지 고려한 마케팅 전략에 종속되는 경향 등이 그것이다.

70년대와 80년대를 구분짓는, '새로운' 영화의 창조는, 당연한 결과로, 헐리우드와 독립영화의 경계에서 활동하는 몇몇 작가에 의하여 이루어졌다. 존 세일즈(John Sayles), 코엔(Coen)형제, 조나단 드미(Jonathan Demme), 알렉스 콕스(Alex Cox), 스파이크 리(Spike Lee), 짐 자무쉬(Jim Jarmusch) 등이 여기에 포함될 수 있는데, 90년대, 그리고 21세기의 영화는 이들 자신과 이들의 영향 아래서 성장할 새로운 세대에 의하여 또 준비될 것이다.

## 짐 자무쉬
## Jim Jarmusch

1953년 미국 오하이오 주 애크론에서 출생. 17세에 시카고로 이주하였으며 1년 후 작가를 지망하여 뉴욕 시 컬럼비아 대학 문학부에 입학하였다. 1974년부터 2년간 파리에 체류하였는데 이때 오즈 야스지로, 로베르 브레송, 고다르, 사뮤엘 퓰러 등의 영화에 심취하였다. 귀국 후 대학을 졸업하고 뉴욕 대학(NYU) 영화학과 대학원에 진학하였다.

졸업작품 〈영원한 휴가(80)〉 제작에 수업료를 투입하는 통에 결국 졸업장을 받지는 못하였다. 79년에는 NYU에서 강의하던 노감독 니콜라스 레이(Nicholas Ray)의 조교로 일했으며 이 인연으로 레이와 함께 〈물위의 번개(Lightning Over Water)〉(80)를 촬영중이던 빔 벤더스(Wim Wenders)를 알게 되었다. 벤더스의 작품인 〈사물의 상태(State of Things)〉(82) 제작에 참여, 35mm 흑백으로 촬영된 이 영화의 여분 필림을 빌려 자신의 출세작이 된 〈천국보다 낯설은〉(84) 제작을 시작하였다. 거친 톤의 흑백화면에 최소한으로 절제된 카메라의 움직임, 편집없이 한 장면을 한 쇼트에 담는 롱 테이크(long take)로 일관하는 기묘한 분위기의 이 영화로 단번에 미국과 유럽의 영화광들의 우상으로 떠올랐고, 84년 칸느영화제에서 신인감독상(Camera D'Or)을 수상하였다.

다음 작품 〈다운 바이 로〉(86)는 미국 남부를 배경으로 벤더스의 촬영감독 로비 뮐러(Robby Muller)에 의하여 흑백화면으로 촬영되었으며, 세번째인 〈미스테리 트레인〉(89)에서 처음 색채화면을 사용하였다. 세 개의 에피소드로 엮어진 〈미스테리 트레인〉은 엘비스 프레슬리의 망령(?)에 사로잡힌 듯한 멤피스라는 도시에서 하루밤 사이에

〈모베터 블루스〉(1990)에 출연한 스파이크 리(오른쪽).

일어나는 사건들을 통하여 미국 대중문화의 대표적인 신화들(로큰롤과 영화)을 탐구하였다.

우리나라 관객들에게는 그의 영화가 상업적으로 공개된 적이 없으며, 〈미스테리 트레인〉의 사운드트랙 앨범이 국내에서 출반되었다.

작품연보——

〈영원한 휴가(Permanent Vacation)〉(80).
〈천국보다 낯설은(Stranger Than Paradise)〉(84)—칸느영화제 신인감독상.
〈다운 바이 로(Down By Law)〉(86).
〈미스테리 트레인(Mystery Train)〉(89)—칸느영화제 예술공로상.

## 스파이크 리
## Spike Lee

1957년 미국 조지아 주 애틀란타에서 재즈 음악가인 아버지와 흑인문학 강사 어머니 사이에서 태어났다. 3살 때 가족 모두 뉴욕 시 브룩클린으로 이사.

애클란타의 무어하우스 대학에서 커뮤니케이션학 전공, 졸업후 NYU 영화학과 대학원에 진학하여 졸업작품 〈조의 베드-스터이 이발소: 머리를 칩니다〉(80)로 다수의 학생 영화제에서 수상하였다. 첫번째 장편영화 〈그녀는 그걸 가져야만 해〉(86)에서는 한 젊은 흑인여성과 그녀 주위를 맴도는 계층과 성격이 각각 다른 세 흑인청년을 주인공으로 하였다. 다큐멘터리와 픽션을 혼합한 듯한 특이한 스타일의 흑백화면으로 헐리우드 영화에서 보는 상투적인 흑인사회와는 전혀 다른, 도시화된 젊은 흑인 지식인들의 세계를 내부에서 그렸다는 평을 받았다.

다음 작품 〈스쿨 데이즈〉(88)에서는 금기시되어 있는 흑인들 사이의 차별과 분열이라는 주제를 다루어 찬사와 비난을 동시에 받았고, 89년작 〈옳은 일을 해라〉는 자신의 고향이기도 한 브룩클린의 흑인동네를 배경으로 미국사회의 뿌리깊은 인종편견, 인종갈등의 테마에 정면도전하였다. 자신이 만든 영화는 모두 제작, 각본, 감독을 도맡으며 〈옳은 일을 해라〉에서는 주인공으로 출연하였다.

"나는 흑인이다. 나는 흑인에 대한, 흑인을 위한 영화를 만들고 싶다. 나는 스티븐 스필버그나 조지 루카스가 아니므로, 비록 내가 그들의 팬이기는 하지만…내 희망이 있다면 로버트 드니로와 함께 일해보는 것과 우디 알렌 영화 속에서 대사 있는 역을 맡은 최초의 흑인배우가 되는 것이다."

날카로운 풍자와 사회적으로 민감한 주제에 대한 직선적인 공격이 그의 영화에 일관된 특징이다.

**작품연보**

〈조의 베드-스터이 이발소: 머리를 칩니다(Joe's Bed-Stuy Barbershop: We Cut Heads)〉(80)—NYU졸업작품.
〈그녀는 그걸 가져야만 해(She's Gotta Have It)〉(86).
〈스쿨 데이즈(School Daze)〉(88)
〈옳은 일을 해라(Do the Right Thing)〉(89).
〈모 베터 블루스(Mo' Better Blues)〉(90)
〈정글 피버(Jungle Fever)〉(91).

## 2. 누벨 바그 대 누벨 이마쥬

59년 칸느영화제에 돌연(?) 등장하여 그 낯선 아름다움으로 모든 이들을 놀라게 했던 트뤼포의 데뷔작〈400번의 매질(Les Quatre Cents Coups)〉, 그리고 무명 신인 고다르에게 베를린 영화제 감독상을 안겨준 〈네 멋대로 해라(A Bout de Souffle)〉(60) 이후 이제 30년이 지나갔다.

파리의 '영화도서관' 시네마떼끄 프랑세즈(Cinémathèque Française)에서 영화수업기를 보냈고, 영화잡지 《까이에 뒤 시네마(Cahiers du Cinéma)》에서 평론가로 활약했다는 공통된 배경을 지니고 59년~60년 사이에 데뷔한 일련의 감독들—장 뤽 고다르(Jean-Luc Godard), 프랑스와 트뤼포(François Truffaut), 끌로드 샤브롤(Claude Chabrol), 에릭 로메르(Eric Rohmer) 등은 곧 '누벨 바그(Nouvelle Vague: '새로운 물결'이라는 뜻의 프랑스어)'로 불리우게 되었다.

그들은 침체에 빠져 있는 기존의 프랑스 영화인들을 질타했고, 전세대 영화와의 단절을 외치며, '질풍노도'의 60년대를 예고하듯 자유분방한 감수성으로 새로운 스타일의 화면을 만들어내었다. 누벨바그의 감독들은 자신들이 평론가 시절에 주창하였던 '작가주의 영화론(Politique des auteurs)'을 스스로 감독이 되어 실천에 적용하려 하였다. '작가주의 영화론'은 한 편의 영화가 완성되기까지의 과정에서 영화감독의 창조적 역할이 가장 결정적인 것이며, 한 작가의 일련의 작품은 그가 일관되게 추구하는 주제와 스타일의 생성과 발전이라는 맥락에서 이해되어야 한다고 주장하였다. 이들은 동세대인 레네(Resnais), 바르다(Varda), 그리고 다음세대의 따베르니에(Tavernier), 떼시네(Techiné) 등과 함께 70년대까지 왕성한 작품활동으로 프랑스 영화를 주도하여 왔다.

그러나 60년대의 '열혈' 영화청년들이 50~60대의 '노장'으로 바뀌어가면서, 그들의 영화 대부분은 매너리즘과 노쇠함의 조짐을 어쩔 수 없이 드러내기 시작하였다. 따라서 프랑스의 관객과 비평가들이 또 한 번의 새로운 '물결'을 기대한 것은 당연한 일이었지만, 간간히 등장하는 한두명의 신인들이 프랑스 영화의 체면(?)을 지켜 주었을 뿐, 누벨 바그에 비견할 만한 젊은 영화 에너지의 폭발은 나타나지 아니하였다.

1980년 장 자끄 베네(Jean-Jacques Beineix)의 〈디바(Diva)〉는 그 새로운 감각에서, 기다렸다는 듯이 열광한 대중의 반응에서, 그리고 영화매체에 대한 접근방식의 참신함에서 누벨 바그의 처음을 연상케 하는 흥분을 불러일으켰다. 그러나 누벨 바그의 감독들과는 달리 베네 감독은 아무런 운동/집단에도 연관을 맺지 않고 있었으며, 또 다른 누벨 바그 또한 일어나지 않았다. 그러나 〈디바〉의 성공은 일단 프랑스 영화가 새로워질 수 있고, 그것이 대중의 지지를 받을 수 있으리라는 가능성을 열었다. 그리하여 프랑스 영화는 새로운 영화/작가를 기다리면서 80년대를 보냈는데, 이러한 기다림은 〈나쁜 피〉의 레오 까라, 〈커다란 청색〉의 뤽 베송, 그리고 〈동정 없는 세상〉의 에릭 로샹의 등장에 의하여 어느 정도 보상을 받은 셈이다.

누벨 바그가 하나의 단결된 '집단'이며 '운동'으로 출발한 데 비하여, 이 새로운 작가들은 그들의 작품에 드러나는 공통점에도 불구하고 서로간의 연대보다는 각자의 작업에만 몰두하는 편이다. 그러나 프랑스의 평론가들은 한편은 프랑스인 특유의 말짓기버릇에서, 또 한편은 누벨 바그의 미련(?)에서 이들 작가군을 하나로 묶어세우려고 노력하는데, 이러한 '묶음'은 '누벨 이마쥬(Nouvelles Images: '새로운 영상'이라는 뜻)' 또는 '네오바로끄(Néobaroque)'라는 이름지음으로 나타난다(물론 이 말 중 어느 것도 아직 '누벨 바그'만큼 공인되지는 아니하였다).

전혀 상이한 배경을 가졌으면서도 이들의 작품에는 흥미로운 공통점들이 있는데, 평론가들은 비정통적인 내러티브(이야기의 '곁가지치기', 부수적인 에피소드의 삽입), 음악, 세트 디자인, 분장 등에 끼친 팝문화의 압도적인 영향, 특정한 영화이론 분파와 상관없이 각자의 직관과 개성에 의존하는 작업방식, 정치나 역사에 대한(적어도 내러티브의 표층에서는) 무관심 또는 회피 등을 꼽고 있다. 이런 공통점에서 출발하여, 이제 서너편 미만의 영화를 만들었을 따름인 이들이 '누벨 이마쥬'건 혹은 다른 이름이건 하나의 유파로 불리워질 수 있을지는 90년대 그들의 작업이 해답을 줄 것이다.

## 레오 까라
## Léos Carax

1961년 프랑스 파리에서 태어남. 12살 때 로베르 브레송 감독의 〈블로뉴 숲의 여인들(Les Dames du Bois de Boulogne)〉(45)을 보고 영화감독이라는 존재를 처음 의식하였다. 이때부터 '복화술(자신의 말이 타인이나 인형의 입을 통하여 나오는 것처럼 들리게 하는 마술의 일종)'을 배워 일상회화를 거부하고 침묵의 세계로 빠져들었고, 16세에 정규학업을 중단하였다. 17세에 첫 단편영화 〈사랑하는 소녀(La Fille Aimée)〉를 만들고 18세 때부터 《까이에 뒤 시네마》지에 영화평론 기고, 파리의 시네마떼끄에서 무성영화들에 심취하여 자신의 영화관을 정립해갔다. 83년 최초의 장편영화 〈소년이 소녀를 만나다〉로 데뷔, 프랑스 영화계에

〈나쁜 피〉. 레오 까라 감독. 프랑스. 1986년.

충격을 던지며 주목과 기대를 한몸에 받았다.

86년 (우리에게는 〈프라하의 봄〉의 테레사 역으로 선보인) 줄리에뜨 비노슈(Juliette Binoche)를 주연으로 한 〈나쁜 피〉를 발표, 선연한 색채와 참신한 영상감각으로 전작 이상의 평가를 받았으며 신작 〈퐁네프다리의 연인들(Les Amants du Pont Neuf)〉은 세느강 퐁 네프 다리를 그대로 재현한 엄청난 규모의 세트를 사용하여 화제를 모으고 있다.

무성영화 시대의 영화에 대한 고고학적 관심, 마치 존재하지 않는 도시처럼 촬영된 파리의 밤거리, 로큰롤, 유럽의 고전음악, 미니멀리즘을 연상케 하는 세트 속에 펼쳐지는 일상의 공간, 그리고 그 안에서 벌어지는 사랑, 배신, 증오의 감정들이 '레오 까라에게만 가능한' 방식으로 그의 영화 속에 담겨 있다. 고다르의 영화가 보여 주는 영화매체에 대한 성찰, 브레송 영화의 엄격함과 즉물적 관찰의 시선, 그리고 꼭또(Jean Cocteau)의 신화적 공간과 시정이 합쳐져 있다는 극찬을 듣는 젊은 영화천재.

**작품연보**

〈소년이 소녀를 만나다(Boy Meets Girl)〉(84).

〈나쁜 피(Mauvais Sang)〉(86).

〈퐁 네프 다리의 연인들(Les Amants du Pont Neuf)(91).

## 뤽 베송
## Luc Besson

1959년 프랑스 파리 출생. 소년시절부터 영화에 흥미를 가졌고 17세에 고등학교를 중퇴, 고몽(Gaumont) 영화사에서 뉴스영화 조수로 일했다. 78년 '영화를 배우러' 헐리우드로 건너가 1년간 체류 후 프랑스로 돌아와 조감독 경험을 쌓으며 몇편의 단편영화를 만든 후 82년 〈마지막 전투〉로 데뷔하였다. 이 영화는 대사가 전혀 없는 흑백화면에 에릭 세라(Eric Serra)의 음악을 배경으로 3차 세계대전 후의 폐허를 그린 독창적이고 대담한 작품이다. 84년작 〈지하철〉에서는 크리스토퍼 람베르와 이자벨 아자니를 주연으로 기용, 지하세계에서 살아가는 기이한 젊은 세대의 모험과 사랑이야기를 SF적인 화면에 담았다.

오랜 준비 끝에 발표한 대작 〈커다란 청색〉(88)은 영화와 사운드트랙 앨범 모두 프랑스에서 80년대 최고의 히트를 기록하였다. 현란하리만큼 푸른 화면에 담긴 지중해를 배경으로 '심해잠수기록'에 끊임없이 도전하는 사나이들의 우정을 줄거리의 뼈대로 삼은 특이한 소재의 이 영화는, 헐리우드 영화에 결코 뒤지지 않는 기술적 완성도(특히 수중촬영의 독창성에서)를 보여주고 있다. 헐리우드 영화의 스피드, 시각적 즐거움과 유럽 영화의 진지한 주제의식을 동시에 추구하는 영화작가로 평가받고 있다.

그의 영화의 중심에는 언제나 개성이 강하고 복잡한 성격을 지닌 '문제적 개인(〈마지막 전투〉의 고독한 전사, 〈지하철〉의 도망자, 〈커다란 청색〉의 스킨스쿠버, 그리고 〈니키타〉의 '살인기계' 니키타)'이 놓이며 이들과 주변 인간과의 관계 속에 엮어지는 에피소드를 통해 주제를 암시하는 독특한 내러티브 방식을 채용하고 있다. 감각적인 영상과 음악의 정교한 조화 또한 무시할 수 없는 그의 영화의 특징이다.

**작품연보**

〈마지막 전투(Le Dernier Combat)〉(82).
〈지하철(Subway)〉(84).
〈커다란 청색(Le Grand Bleu)〉(87).
〈니키타(Nikita)〉(90).
〈아틀란티스(Atlantis)〉(91).

# 3. 스페인 영화의 '악동' 페드로 알모도바르 Pedro Almodovar

50년 가까이 지속된 파시스트 체제가 독재자 프랑코의 죽음과 함께 막을 내린 것은 70년대말의 일이었다. 아슬아슬한 보수세력의 위협속에서도 '서유럽의 후진국'이었던 스페인은 조심스럽게 민주화의 길을 걸었고, 오랜 겨울잠에 빠져 있었던 스페인 영화도 새로운 활력을 갖게 되었다. 그리고 이 과정에서 그야말로 혜성같이 등장한 감독이 '영화악동' 알모도바르였다.

프랑코 시대의 엄격한 검열하에서는 감히 상상도 할 수 없었던 주제와 등장인물들로 이루어진 그의 영화들은 권력의 위선과 가장된 엄숙주의에 신물이 나 있던 스페인 대중들로부터 열광적인 환영과 지원을 받았다. 경쾌한 코메디풍의 분위기, 거의 촌스러울 만큼 '야한' 색채와 기발한 의상·분장의 향연이라 할 만한 화면, 그리고 타부(taboo)시 되어왔던 모든 것을 대표하는 듯한 온갖 잡다한 인물들(동성연애자, 유괴범, 살인광, 사기꾼, 도박사 등)이 벌이는 엎치락뒷치락식의 이야기들이 그의 영화들에 공통된 요소이다.

페드로 알모도바르는 1951년 스페인 라 만차(소설 〈돈키호테〉의 무대로 유명한)에서 가난한 농부의 아들로 태어났다. 유년기에 그는 엄격한 가톨릭교육과 가난한 환경으로부터의 정신적 도피처를 헐리우드 영화에서 찾았고, 16세가 되던 해에 가출, 스페인의 수도 마드리드로 '무작정 상경'하였다. 마드리드의 전화국에서 10년간 일하는 동안 그는 그 도시의 언더그라운드 예술가들을 알게 되었으며 만화가, 작가, 신문기자, 배우로서(물론 정식직업이 아닌 언더그라운드 문화 속에서의 역할로) 다양한 활동을 하면서 8㎜ 습작을 여러 편 제작하였다.

전혀 공식적인 영화교육을 받은 적이 없이 그는 80년 〈페피, 루시, 봄 그리고 다른 사람들〉로 감독 데뷔하였다. 레코드와 콘서트 활동을 감독과 겸하며 그는 거의 매년 한 편씩 영화를 만들었고 예외없이 스페인 안에서 흥행에 성공을 거두었다. 세번째 작품 〈어둠 속에서〉(83)와 다음 작품 〈내가 무슨 일을 했길래 이런 취급을 받나?〉(84)로 국제적인 주목을 받기 시작하였으며, 〈신경쇠약 직전의 여자〉(87)는 미국과 유럽 전역에서 공개, 흥행과 비평 양면에서 좋은 호응을 얻었다.

〈신경쇠약 직전의 여자〉 이전의 영화에 드러나는 지나친 잔혹취향과 무정부주의적 경향에 반감을 표시하는 비평가들도 그의 영화가 프랑코 이후의 시대를 사는 스페인 대중들의 '억눌렸던 욕망의 분출'을 대표하고 있으며, 노장 카를로스 사우라(Carlos Saura)와 함께 당대 스페인 영화의 기둥이라는 점에는 이의를 제기하지 않는다.

**작품연보**

〈페피, 루시, 봄 그리고 다른 사람들〉(80).
〈정열의 미로〉(82).
〈어둠 속에서〉(83).
〈내가 무슨 일을 했길래…(영어제목; What Have I Done to Deserve This?) 〉(84).
〈투우사(Matador)〉(85).
〈욕망의 법칙〉(86).
〈신경쇠약 직전의 여자(Women on the Verge of a Nervous Breakdown)〉(87).
〈날 묶어줘요!(Atame!)〉(90).

# 4. 대영제국의 몰락
# 스티븐 프리어즈 Stephen Frears

80년대의 영국사회는 '대처리즘(Thatcherism)'의 대두로 요약되는 사회의 전반적 보수화, 옛 식민지로부터의 이민집단(아시아와 아프리카에서 온) 대 본토의 '토착백인'간의 갈등, 해결의 기미를 보이지 않는 북아일랜드 분쟁의 와중에서 혼란과 침체의 모습을 보여왔다. 그리고 대부분의 영국 출신 영화작가들은 이러한 현실에 대하여 발언하기보다는 '외면'과 '도피'의 길을 택하였는데, 헐리우드 자본에 의한 '고급' 영화 전문감독으로 자리를 굳힌 휴 허드슨(Hugh Hudson), 롤랑 조페(Roland Joffe), 카렐 라이츠(Karel Reisz), 대작 스펙타클 〈인도로 가는 길(A Passage to India)〉(85)로 '돌아온' 거장 데이비드 린, 〈간디〉(83)의 리차드 아텐보로우(Richard Attenborough) 등이 여기에 속한다.

그에 반하여 피터 그리너웨이(Peter Greenaway), 데릭 쟈만(Derek Jarman), 켄 로치(Ken Loach) 등은 묵시론적 비전에서 정치적 급진주의에 이르기까지 다양한 관점에서 80년대 영국사회를 진단·비판해왔는데 대중의 호응과 주제의 다양성, 그리고 영국 밖에서의 높은 평가라는 점에서 스티븐 프리어즈를 이 그룹의 대표주자로 꼽을 수 있을 것이다.

1941년 잉글랜드 레스터에서 태어난 스티븐 프리어즈는 캠브리지 법대를 졸업하였으나 '안정된' 장래를 거부, 63년 로열 코트 극단에 연출조수로 들어갔다. 카렐 라이츠의 조감독을 거쳐 린지 앤더슨(Lindsey Anderson) 감독의 〈만약(If…)〉에 조감독으로 참여했고, 72년 〈검슈〉로 데뷔했다. 70년대에는 이렇다 할 작품을 내놓지 못한 채 주로 TV에서 일하였으며, 원래 TV 방영용으로 제작한 〈나의 아름다운 세탁소(My Beautiful Laundrette)〉(85)가 여러 영화제에서 주목을 끈 이래 계속 문제작을 내놓으며 90년대의 활동이 가장 기대되는 작가 중의 하나로 꼽히게 되었다.

일반관객들에게 어렵지 않은 전통적 극영화 형식을 고수하면서도(이 점에서 끊임없이 형식적 실험을 시도하는 피터 그리너웨이나 데릭 쟈만에 견주어 다소 보수적이 아닌가 하는 의심을 받기도 한다) 영국사회(그리고 전반적인 서유럽 자본주의 사회)

의 민감한 문제들을 주제로 삼는 것이 그의 영화의 특징이다.

〈나의 아름다운 세탁소〉가 파키스탄 출신 이민 청년과 런던 뒷골목의 펑크청년 사이의 우정(애정?)을 다룬 점이나, 〈새미와 로지 잠자리에 들다〉에서 런던의 폭동, 그리고 식민지 출신 지식인들의 허상 등을 대담하게 묘사한 데 그의 정직한 관찰자로서의 면모가 드러난다. 〈위험한 관계〉의 성공으로 '대가'로 인정받았으며, 마틴 스콜세지가 제작을 맡은 〈사기꾼들(The Grifters)〉을 미국에서 완성하였다.

**작품연보**

〈검슈(Gumshoe)〉(72).
〈나의 아름다운 세탁소(My Beautiful Laundrette)〉(85).
〈네 귀를 세워라(Prick Up Your Ears)〉(87).
〈새미와 로지 잠자리에 들다(Sammy and Rosie Get Laid)〉(87).
〈위험한 관계(Dangerous Liaisons)〉(88).
〈사기꾼들(The Grifters)〉(90).

## 5. 여성영화의 '새로운' 목소리

'영화작가'라는 단어 앞에 붙는 '여성'이라는 접두사는 그 자체로서 세계영화 속에서 '여성작가'의 희소성을 반영한다. 특히 제도권/상업영화내에서 활동하는 여성들에게 가해지는 유형·무형의 차별은 어느 나라에서나 공통된 현상일 것이다. 그리하여 '깨어난' 여성 영화작가들은 상업영화활동을 통한 '세속적' 성공보다는 가부장적 세계관을 비판하고 여성에 대한 사회/문화적 편견에 '전투적'으로 대항하는 영화를 만드는 쪽에 스스로를 자리매김해왔다. 따라서 제도권보다는 독립영화, 주류보다는 대항영화, 상투적인 극영화보다는 실험적 내러티브와 다큐멘터리 쪽이 여성 영화작가들의 주된 활동무대가 되어온 것도 주지의 사실이다.

이러한 일반적 상황이 90년대가 되었다고 해서 갑자기 변화하지는 않을 것이다. 그러나 90년대의 입구에서 우리는 몇명의 여성 감독들을 주목하게 되는데 그것은 그들이 이러한 이분법들을 '전향적'으로 극복하려는 시도 속에서 새로운 가능성을 보이고 있기 때문이다. 이들은 '제도권 상업영화'를 거부하고 바깥에 남아 있기보다는 상업영화의 틀 속에서 관객들과 만나는 쪽을 택하고 있다. 따라서 이들의 영화작업은 급진적인 페미니스트들의 비난을 받을 만한 '타협'과 '체제로의 수렴(cooptation)'의 여지를 남기고 있음이 사실이다.

새로운 세대의 여성감독들은 변혁의 무기로 사용하지 않는다고 해서 자신들의 영화가 탈정치화된다고 생각하지 않는다. 그 대신 그들은 관객들이 세계를 보는 방법을 자신들의 영화에서 발견하기를 기대한다. 그리고 영화가 세상을 그대로 비추는 거울이나 투명한 유리가 아님을 그들은 또한 알기 때문에 반남성중심주의를 메시지로 담는 것만큼 영화라는 이데올로기 장치의 본질을 드러내는 작업이 중요함을 인식한다. 이것은 70년대 이래 서유럽과 미국의 페미니스트 영화작가들이 이미 이론과 실제 작품을 통하여 입증해 놓은 원칙인데, 90년대의 여성감독들은 이제 상업영화라는 '전쟁터'에서 그 원칙을 관철시키려는 도전을 시작한 것이다.

## 수잔 세이들먼
## Susan Seidelman

1952년 미국 펜실베니아 주 필라델피아 태생. 필라델피아 드렉셀 대학에서 그래픽과 패션디자인을 전공하던 중 영화에 흥미를 느끼고 커뮤니케이션학과로 전과, 졸업 후 잠시 지방 TV 방송국에서 근무하다가 NYU 영화과 대학원에 진학하였다. 첫 단편영화 〈그리고 너도 그처럼 행동한다(And You Act Like One)〉로 여러 단편/학생영화제에서 수상.

16㎜로 촬영된 〈파편들〉(82)로 장편영화 데뷔하였는데, 뉴욕의 언더그라운드/펑크 음악계를 배경으로 가수가 되겠다는(그러나 전혀 재능이 없는) 젊은 여자의 이야기를 차갑고 거칠게 그린 작품이었다. 이어서 아직 유명해지기 전의 마돈나가 출연한 〈수잔을 찾아서〉(85)를 감독함으로써 헐리우드에 입문하였다. 평범하고 단조로운 일상 속에 안주해 있던 중산층 여인(로잔 아케트)과 언더그라운드 세계의 맹렬여성(마돈나)이 연속되는 우연에 의하여 자리바꿈을 하게 되어 벌어지는 코미디로서, 뉴욕 언더그라운드의 감수성과 헐리우드의 코미디 전통을 절묘하게 결합하였다는 평가를 받았다. 세번째 작품 〈이상형 남자만들기〉(87)는 자신을 만들어낸 여자 과학자를 사랑하게 된 인조인간(이상형 남자의 기준에 맞춰 설계된)의 이야기를 다룬 SF 코미디이다.

**작품연보**

〈파편들(Smithereens)〉(82).
〈수잔을 찾아서(Desperately Seeking Susan)〉(85).
〈이상형 남자만들기(Making Mr. Right)〉(87)(시판 비디오 제목은 〈사이보그 유리시즈〉).
〈쿠키(Cookie)〉(89)(비디오 출시명 〈피터 포그의 마피아〉).
〈쉬-데빌(She-Devil)〉(90).

## 유잔 팔시
## Euzhan Palcy

1957년 카리브해의 작은 나라 마르띠니끄에서 출생. 대학을 졸업한 후 마르띠니끄의 TV 방송국에서 프로듀서로 일했고, 75년 파리에 건너가 소르본느 대학에서 불문학을, 그리고 보지라르(Vaugirard) 영화학교에서 영화연출을 공부했다.

83년 〈사탕수수길〉로 데뷔. 1931년의 마르띠니끄가 배경인 이 영화는 식민지배하의 가난한 마르띠니끄 농민들의 삶을 어린이의 눈을 통하여 묘사하였다. 흑인, 제삼세계 출신, 그리고 여자라는 불리한 조건에도 불구하고 이 영화는 비평가들의 격찬을 받았으며, 83년 베니스 영화제에서 은사자상을 따냈다. 89년에는 남아프리카 공화국의 인종차별정책을 고발하는 영화 〈백색 건조기〉를 몇년간의 각고 끝에 완성하였다.

마론 브란도가 오랜 공백을 깨고 출연하여 화제를 모았던 이 영화는, 76년 남아프리카 공화국에서 일어났던 소웨토 학살사건(인종차별정책 철폐를 요구하는 학생들의 평화시위에 경찰이 무차별 발포, 수많은 사상자를 낸 사건)의 와중에서 국가의 폭력에 의하여 희생되는 한 흑인가족과 자신의 정부의 그릇된 정책에 맞서 싸우는 한 백인가족의 이야기를 다루었다. 남아프리카 공화국의 인종차별정책을 비판하는 다른 영화들, 예를 들어 리차드 아텐보로의 〈자유의 절규(Cry Freedom)〉(88)나 크리스 멘지스의 〈갈라진 세계(A World Apart)〉(88)보다 뛰어나다는 평을 받았다. 그녀의 영화는 억압받고 고통받는 사람들을 따뜻한 시선으로 관찰하며 근본적으로 낙관적인 전망을 보여주나, 권력의 야만성에서 비롯되는 잔인한 폭력을 묘사할 때는 '여성감독답지 않게' 직설적인 화면을 만들어내는 힘을 또한 갖추고 있다.

**작품연보**

〈사탕수수길(Rue Cases Nègres/Sugar Cane Alley)〉(83).

〈백색건조기(A Dry White Season)〉(89) (비디오 출시명 〈백색의 계절〉).

## 캐트린 비글로우
## Kathryn Bigelow

1951년 미국 캘리포니아 주 산카를로스에서 페인트공장을 경영하는 아버지와 도서관 사서인 어머니 사이에서 태어남. 샌프란시스코 아트 인스티튜트에서 회화를 전공한 후 뉴욕으로 진출, 휘트니 미술관의 인디펜던트 스터디 프로그램에 참가, 여기서 수잔 손탁(Susan Sontag) 등으로부터 배우며 차차 영화에 관심을 갖게 되었다.

컬럼비아 대학원 영화제작과에 장학생으로 입학, 밀로스 포어만(Milos Forman) 감독 밑에서 본격적인 영화수업을 받았다. 첫 단편영화인 〈셋엎(The Setup)〉을 79년에 완성, 졸업과 동시에 81년 장편영화 〈사랑없음(Loveless)〉을 몬티 몽고메리와 공동 각본·감독으로 발표했다. 50년대의 오토바이 폭주족들에 대한 이 영화가 계기가 되어 월터 힐(Walter Hill) 감독이 제작한 〈어두울 무렵〉(87)으로 본격 감독 데뷔. 현대의 미국 남서부를 배경으로 벌어지는 젊은 흡혈귀(!)들의 이야기인 이 영화는 강렬한 이미지와 독창적인 폭력/액션장면 연출로 주목받았다. 웨스턴, 공포영화, 그리고 로드무비와 멜로드라마의 요소까지 담고 있는 이 영화는 80년대에 만들어진 가장 인상적인 미국영화의 하나로 꼽힌다.

90년에는 우리나라에도 공개된 〈블루 스틸〉을 완성, 전작의 컬트(cult) 분위기를 기대했던 관객들을 조금은 실망시켰으나, 본격적인 헐리우드 주류 영화의 규모를 감당할 수 있는 감독으로서의 기량을 보여 주었다. '세련되었으면서도 강박관념에 사로잡힌' 듯한 화면이 두 편의 영화 모두 주조를 이루고 있으며, 메시지보다는 시각효과를 우선으로 고려한다고 스스로 이야기할 만큼 극단적으로 감각적인 영상주의자.

**작품연보**

〈어두울 무렵(Near Dark)〉(87) (국내 개봉제목 〈죽음의 키스〉).

〈블루 스틸(Blue Steel)〉(89).

〈포인트 브레이크(Point Break)〉(91) (국내 개봉제목 〈폭풍속으로〉).

# 6. 에밀 쿠스트리차(Emir Kustrica): 낯선 집시의 시간 속으로

에밀 쿠스트리차. 유고슬라비아 생. 34세. 우리나라에 개봉된 최초의 동구권 영화 〈아빠는 출장중〉의 감독. 지금까지 단 3편의 영화를 연출하였지만 이미 전세계 비평가들로부터 '대가'로 인정받고 있는 젊은 영화작가. 데뷔작 〈돌리-벨을 기억합니까〉(81)로 베니스 영화제 금사자상, 두번째 〈아빠는 출장중〉(85)으로 칸느 영화제 감독상을 수상한 상복 터진(?) 감독. 아마추어 록밴드의 리더이며 아마추어 축구선수. 동유럽 영화의 희망이며 90년대에 가장 기대되는 세계영화작가의 하나이다.

쿠스트리차의 영화는 꿈과 현실의 중간, 그리고 리얼리즘과 초현실주의가 교차하는 곳에 자리한다. 그래서 그의 영화 속에서는 다큐멘터리 스타일의 카메라워크와 감정이 풍부한 시적인 화면이 사이좋게 공존한다.

〈아빠는 출장중〉은 어린이의 시점에서 유고슬라비아 사회의 '축소판'을 보여 주는데, 50년대 유고슬라비아 사회의 '감시와 처벌'에 의한 억압상황을 그리면서도(그리고 그러한 폭력기제에 기대어 지탱하는 권력에 대하여 분노와 조롱을 아끼지 않으면서도), 그 속에서 사람들이 살아가는 모습들을 결코 삭막하지 않게 '꿈결처럼' 그려내는 독특함을 지니고 있다. 주인공은 끊임없이 라디오에서 흘러나오는 축구소식에 귀를 기울이며, 강제노역장으로 끌려간 아버지(그의 고난과는 무관하게 그는 정치적으로는 아무 '색깔 없는' 사람이다)의 '출장'의 의미를 이해하지 못하는 평범한, 힘없는 어린이다. 그러나 그는 '몽유병'이라는 방법으로 어른들의 세계에 간섭하고 그들끼리의 삶의 질서를 잠시나마 파괴한다. 영화의 마지막에서 주인공의 몽유병이 스스로 꾸며낸 속임수일 수도 있었음을 암시하는 쿠스트리차의 의도는 어쩌면 예술가야말로 '꿈 꾸는 척'하면서 현실의 질서를 뒤바꾸는 존재임을 얘기하려는 데 있을지도 모른다.

〈집시의 시간〉은 유고슬라비아를 구성하고 있는 여러 민족들 중의 하나인 집시들의 삶을 다루고 있다. 서유럽이나 미국 영화가 집시를 흔히 낭만적인 이국정서를 자아내는 방랑연예인 집단 정도로 가볍게 다루고 있는 데 반발이라도 하듯, 쿠스트리차는 이 '낯선' 집시의 시간을 집시들 자신의 문화적 전통 안에서 이해하려고 시도한다.

유럽의 '변두리' 유고슬라비아의 집시마을에서 시작하여 이탈리아로 무대가 옮겨지고, 현실/환상의 공간을 넘나들며 한 순결한 영혼이 타락하고 찢겨지는 과정을 이 영화는 눈물겹게(!) 따라간다. 이 끔찍한(?) 이야기를 쿠스트리차 감독은 지극히 서정적이고 아름답기까지 한 영상에 담아내는데, 여기에는 영화 전편에 흐르는 집시 민족음악이 커다란 역할을 담당한다.

〈집시의 시간〉은 시나리오를 읽은 밀로스 포어만(〈아마데우스〉 감독)의 소개에 의하여 당시 컬럼비아 영화사의 사장으로 있었던 명프로듀서 데이비드 퍼트냄의 지원으로 제작되었다. 촬영에는 9개월이 걸렸으며 주연 2명만이 직업배우였고 나머지 집시 역들은 모두 집시들 자신에 의하여 연기되었다.

축제의 공간, 전설의 시간—〈집시의 시간〉중에서.

# 7. 소련 영화는 지금 :키노 페레스트로이카

(1) 키노(Kino). '영화'를 가리키는 러시아어. "영화는 노동계급과 인민대중을 계몽할 수 있는 강력한 무기이다. 또한 부르주아 계급의 예술로부터 프롤레타리아의 신성한 투쟁을 보위할 수 있는 가장 중요한 수단의 하나이다."

—1917년 노동자 교육동맹의 영화에 대한 결의문에서—

(2) 1986년, 소련 영화작가협회의 총회는 한 어두웠던 시대에 종지부를 찍고 새로운 시대를 열려는 열기와 흥분으로 가득차 있었다. 관료들의 결정에 의한 '상영불가' 조치, 소수의 관변 영화작가들만이 누리던 특혜, 국가권력의 간섭과 관료주의적인 영화산업 운영방식은 모두 과거의 일이 되었다. 페레스트로이카와 글라스노스트의 이름 아래. 그리고 86년과 87년 사이에 그동안 상영금지조치에 묶여 있던 100여 편 이상의 영화가 처음으로 햇볕을 보았다. 여기에는 텡기즈 아부랏제(Tengiz Abuladze)의 〈참회(Repentance)〉, 알렉산더 아스콜도프(Aleksander Askoldov)의 〈코미짜르(Commissar)〉 등의 걸작이 포함되었다.

(3) 페레스트로이카의 영향이 가장 먼저 나타난 것은 다큐멘터리 분야에서였다. 환경문제, 체르노빌 원전사고, 마약, 매춘, 부정부패, 정치적 탄압 등 지금까지 '감히' 다룰 수 없었던 소재들에 다큐멘터리 작가들은 카메라를 들이대었다. 그들의 눈에 비친 소련사회는 여러 갈래의 고통스러운 문제들에 시달리는 불안한 현재와 '민주화'와 '개방'을 통하여 그러한 문제들을 극복하고 더 나은 미래로 나아갈 수 있으리라는 희망이 교차하는 모습이었다.

(4) 진정한 의미에서 '페레스트로이카 극영화'라 부를 수 있는 작품들은 87년말부터 비로소 등장하기 시작하였다. 그 선두주자는 바실리 피출(Vasilii Pichul) 감독의 데뷔작 〈리틀 베라(Little Vera)〉였다. 풍족한 소비생활을 갈망하며 도덕적 가치에는 무관심한 한 노동자 가족을 그린 이 영화는 그 주제보다는 소련 영화에서 볼 수 없었던 에로틱한 장면이 나온다는 이유로 더 대중의 관심을 끌었으며, 88년 최대의 히트작 중의 하나로 기록되었다.

90년대 소련 영화의 출발점.
비탈리 카네프스키 감독의 〈멈추어, 누워, 일어서〉. 1990년.

(5) 오랜 박해와 침묵 끝에 작품활동을 재개한 〈아쉭 케립(Ashik Kerib)〉의 세르게이 파라자노프(Sergei Parazhanov), 〈운명의 뒤바뀜〉의 키라 무라토바(Kira Muratova) 등의 나이든 감독들과 함께 일군의 새로운 감독들도 '새로운 소련 영화'를 만들기 시작하였다. 이들의 공통된 특징은 소련내의 다양한 문화적 전통의 탐구와 함께 여러 영화장르를 변용/혼합하려는 실험에 있다.

(6) 정치적인 메시지와는 무관한 멜로드라마, 코미디, 탐정극이 페레스트로이카 이전의 소련 영화의 주종이었다면 새로운 작가들은 좀더 새로운, 때로는 '자극적'인 소재들을 구했고, 실험적인 영상으로 그러한 소재를 표현하려는 시도를 계속하고

있다. 진부한 멜로드라마의 구조에 '참신한' 이야기를 담으려는 노력의 예는 토도르프스키(Todorovskii)의 〈인터걸〉에서 찾을 수 있다.

(7) 페레스트로이카는 또한 소련 영화에서의 '작가주의'와 '실험정신'의 부활을 의미하였다. 에이젠스테인의 고전에서부터 타르코프스키의 작품까지가 새롭게 해석·평가되었으며 특히 한때 금기시되었던 타르코프스키의 영화는 비로소 소련 영화의 귀중한 재산으로 공인받았다.

(8) 새로운 소련 영화가 해외영화제를 거쳐 소개되고, 이전에 소련 영화의 발길이 닿지 못하던 곳까지 관객을 만들어 나가는 한편, 미국과 서유럽의 영화자본은 소련 영화인들과의 합작에 관심을 나타내기 시작하였다.

이러한 합작 가능성에 예상되는 이득과 손실에 대하여 소련 여론은 찬·반 양편으로 갈려 활발한 토론을 벌이는 중인데, 그것이 대규모로 실현될 경우 90년대의 소련 영화는 큰 변화를 겪게 될 것이다.

(9) 소련 영화인들은 자신들이 한번도 경험해보지 못한 새로운 환경 속에 놓여 있다. 그들은 낯선 경제적, 이데올로기적 그리고 창작의 조건하에서 그들의 기술과 역량을 과거와 같은 제약에 얽매이지 않고 발휘해 볼 수 있게 된 것이다. 그것은 또한 많은 작가들에게 엄청난 부담으로 작용하며, 그만큼 흥분보다는 신중한 낙관주의가 일반적인 분위기이다.

(10) "타르코프스키는 의심할 여지없이 새로운 영상언어를 창조한 천재이다. 그러나 그는 진실된 영화는 많은 대중들의 흥미를 끌지 못하리라는 신화를 남겼다. 그러한 신화는 아직도 강하게 남아 있는데, 나는 진실된 영화가 엘리트들만의 것이어서는 아니된다고 믿는다."

—〈택시블루스〉로 90년 칸느 감독상을 수상한 파벨 룽긴(Pavel Longuine)의 말—

# 8. 중국, 제5세대 '미완'의 영화혁명

제5세대는 80년대에 세계영화계에 알려진 중국의 젊은 영화감독들을 일괄하여 가리키는 말이다. 본래 중국인들이 중국 영화의 초창기부터 오늘날까지의 흐름을 감독들의 배경/교육/경향에 따라 세대구분한 것에서 비롯된 이 말은 보통 '문화혁명 이후 등장한 북경영화학교 출신의 젊은 영화작가들'을 의미하는 것으로 인정되고 있으며 '네오리얼리즘'이나 '누벨 바그' 못지 않게 영화에 관한 글 속에서 자주 눈에 띄는 단어의 하나가 되었다.

문화혁명은 제5세대 작가들의 작품세계를 규정한 가장 중요한 역사적 사건이었다(그것은 또한 대부분의 중국인민들과 마찬가지로 그들의 개인/가족사에 지울 수 없는 흔적을 남긴 체험이었다). 이제 30대 후반에 들어서는 제5세대 작가들은 그들의 소년·청년 시절을 문화혁명의 와중에서 보냈다. 첸 카이케가 술회하듯 그 시기의 '하방'체험은 대개 지식인 출신인 그들에게 중국 민중의 생활을 생생하게 보고 느낄 수 있게 하였으며, 〈황토지〉나 〈붉은 수수밭〉과 같은 영화에서 보이는 '예술영화'의 표현양식에 담긴 '민중성'이라는 독특한 세계를 가능하게 하였다.

중국인의 '자기동일성(identity)'이라는 주제 또한 제5세대 감독들에게 주어진 숙제였다— '중화'와 '오랑캐', '봉건잔재'와 '사회주의' 사이에서 '중국인다움'의 자리는 어디에 있는지를 탐구하는 것. 〈말도둑(Horse Thief)〉(85)과 〈사냥터(On the Hunting Ground)〉(84)로 소수민족 자치구인 티벳과 몽고에서 '원주민'들의 전통사회를 그림으로써 '중화'의 의미를 '타자(Other)'와의 관계 속에서 들여다본 전장장(Tien Zuangzuang)이 대표적 예.

그리고 천안문사태—망명상태와, 침묵과, 그리고 순응주의( '국책영화'로의 퇴보?).

〈변주변창〉. 첸 카이게 감독. 1991년.

그러나 제5세대 작가들이 보여준 진지함과 힘을 기억하는 이들은, 그들이 재기할 90년대에 희망을 건다. 이미 시작된 중국의 영화혁명은 그것을 시작한 제5세대 자신들에 의하여 완성되어야 할 것이므로.

대지, 인간 그리고 사회주의

## 첸 카이게
## Chen Kaige

1952년 북경 태생. 중학 재학중이던 16세

때 운남성으로 하방, 7년간 농민들과 함께 생활하였다. 23세에 북경으로 돌아와 노동자 생활을 하다가 78년 북경 영화학교 감독과에 입학.

82년 졸업 후 북경영화제작소에 배속되었으며 84년에 처녀작 〈황토지〉를 발표하였다. 북경영화학교 동창생인 장예모(〈붉은 수수밭〉의 감독)가 촬영을 맡은 이 영화는 황하상류 연안지역의 황량한 대지를 배경으로 전통과 혁명, 지식인과 민중, 인간과 대지 사이의 관계를 간결하면서도 역동적인 화면 속에서 탐구하고 있다. 중국 영화의 '제5세대'의 출현을 알린 중요한 영화이며 문화혁명 이후 최초로 해외영화제에서 찬사와 주목을 받은 중국영화였다. 〈황토지〉는 그 형식과 내용의 새로움 때문에 중국내에서도 많은 논란이 있었으나 해외영화제에서의 호평 때문에 작품활동 계속이 허용되었다.

〈대열병〉(85)은 국경일 퍼레이드 예행연습을 위해 모인 인민해방군 병사들을 주인공으로 하여 개인과 집단의 관계, 중국식 사회주의의 문제를 다루려 하였으나 감독이 편집권을 갖지 못한 탓으로 원래의 제작의도가 관철되지 못하였다. 다음 작품 〈해자왕〉(87)에서 이 주제는 관료주의에 젖은 국가교육체제에 맞서는 한 농촌학교 교사의 시도와 좌절 이야기 속에서 더욱 깊이 있게 다루어진다.

'제5세대'의 대표격인 그의 영화는 중국의 현상황에서 가장 예민할 수밖에 없는 정치적 주제의 끈질긴 파헤침과 독특한 회화적 구도와 색채연출로 구성된 화면으로 특징지워진다. 미국 체류중 천안문 사태를 맞은 그는 이후의 거취가 주목받았으나, 결국 중국으로 돌아가 신작 〈변주변창〉을 완성했다.

**작품연보**

〈황토지(Yellow Earth〉(84).
〈대열병(Big Parade)〉(85).
〈해자왕(King of Children)〉(87).
〈변주변창(Life on a string)〉(91).

# 9. 90년대, 세계영화의 혁명전야

1990년대, 세계영화는 근본적으로 변화하고 있는가? 물론 영화는 세상의 일부분이므로 세상의 변화에 따라 항상 변화하여 왔고, 변화하고 있고, 또 변화해 갈 것이다. 따라서 위의 질문에서 문제가 되는 부분은 '근본적'이라는 수식어이다.

영화가 '근본적'으로 변한다면 그것은 세계가 근본적으로 변함을 동시에 의미해야 할 것이다. 그리고 근본적인 변화를 우리는 흔히 '변혁'이라는 말로 부르는데, 우리가 전세계적인 '변혁'의 의미를 따지는 것을 잠시 보류하고 영화의 상황에만 초점을 맞춘다면, 세계영화가 변혁기에 들어섰음을 알리는 징조를 여러 곳에서 찾을 수 있을 것이다.

그 첫번째로 들 수 있는 것은 자본의 집중이 가속됨과 함께 영화산업의 다국적화가 완성단계에 들어섰다는 사실이다. 세계 상업영화의 중심의 위치를 고수하고 있는 헐리우드는 80년대 내내 기업합병의 게임을 계속해 왔는데, 과거의 메이저 중에서 순수하게 영화회사만으로 남아 있는 곳은 한곳도 없다시피하다. 이제 헐리우드에 독립적인 영화자본은 적어도 메이저에는 존재하지 않으며, 모든 영화사는 거대기업그룹의 계열기업으로서 존재하는 셈이다.

한편 소니의 컬럼비아 영화사 인수라는 충격적인 사건으로 상징되는 비미국자본의 헐리우드 진출 또한 90년대 세계영화의 산업구조를 재편성하는 요인으로 작용할 것이다. 그리고 이렇게 새로운 자본의 유입으로 강화된 헐리우드는 어느때보다도 강력하게 전세계시장의 더욱 확실한 장악을 목표로 전진하는데 사회주의권의 개방의 결과로 활짝 열린 새로운 시장의 잠재력에도 눈독을 들이고 있다. 이들 다국적 영화자본은 각국의 영화시장에 상품을 공급하는 역할에 멈추지 않고, 영화상품의 유통단계의 최종단계까지 장악함으로써 완벽하게 '장사'를 보장받으려는 구도 아래 움직이고 있다. 헐리우드가 이미 소련과 동유럽에 극장 체인을 건설하고 있음이 그 증거이며, '직배'는 이제 우리만의 문제가 아닌 셈이다.

전세계가 헐리우드의 지배 아래 놓인 하나의 거대한 시장으로 통합되어가는 경향과는 대조적으로 '작품'으로서의 영화는 더이상 중심/주변의 구별 없이 만들어지고 있다. 민족국가의 경계가 그 나라 영화작가들의 활동범위의 한계이기도 하였던 시대는 끝났고, 매스커뮤니케이션의 광범위한 보급과 사람/기술/자본의 끊임없는 흐름은 유럽과 미국이 독점하다시피 하였던 '국제적' 감각의 '예술'영화가 세계 어느 곳에서라도 홀연(!) 나타날 수 있는 조건을 마련하였다. (물론 '상업'영화와 '순수예술'영화식의 구분이 아직까지도 타당한가 하는 질문이 여기서 제기되어야 할 것이다.)

이른바 '제3세계'로 분류되는 아시아와 아프리카 나라들의 일부 작가들, 그리고 '해금'된 동구권의 작가들은 더이상 '선진국' 영화에 대한 열등감에 시달리지 않고 당당하게 '세계적'인 영화를 만들고 있으며, 90년대에 이러한 경향은 일반화되어갈 것이다.

그리하여 90년대의 '뉴 웨이브'는 과거와는 달리, 특정한 나라의 영화운동을 의미하는 대신 서로 관련을 맺고 있는 여러 나라의 영화작가들에 의하여 '동시다발'로 이루어질 현상이 될 것임을 조심스럽게 예감한다. 그리고 우리 영화도 이러한 흐름 속에서 그 몫의 자리를 당당히 차지해야 할 것이다.

## 1990, 뉴 베스트 10

여기에 소개하는 10명의 작가들은 1990년 현재 각각 단 한편의 장편영화를 찍었다는 공통점을 가지고 있다. 그리고 그 '처녀작'들이 나름대로 지니고 있는 '새로움'이 그들을 함께 소개하는 근거이다. 그 새로움의 내용은 모두 다르지만, 그들의 의미를 헤아려 봄은 90년대의 세계영화의 방향을 점치는 하나의 방법일 수 있으리라.

(1) **스티븐 소더버그**(Steven Soderbergh)의 〈**섹스, 거짓말, 비디오테이프**(Sex, Lies and Videotapes )〉(89, 미국)

89년 칸느 영화제에서 그랑프리를 수상한 영화. 26세의 젊은 감독 소더버그가 그려낸 현대 미국인들의 공허한 삶과 그리고 구원의 이야기.

(2) **에릭 로샹**(Eric Rochant)의 〈**동정없는 세상**(Un Monde sans Pitié)〉(89, 프랑스)

이상주의와 허무주의, 리얼리즘과 포에지가 공존하는 아름다운 사랑의 이야기. 28세의 로샹은 이 영화로 루이 델릭(Louis Delluc) 상을 받으며 새롭게 90년대 프랑스 영화의 주역으로 떠오름.

(3) **알렉산더 아스콜도프**(Aleksander Askoldov)의 〈**코미싸르**(Comissar)〉(제작 67년, 발표 87년, 소련)

67년 제작 직후 상영금지, 페레스트로이카 이후 해금되어 88년 베를린 영화제 은곰상 수상한 암흑기 소련영화의 걸작. 전쟁, 혁명, 그리고 휴머니즘.

(4) **비탈리 카네프스키**(Vitali Kanevski)의 〈**멈추어, 누워, 일어서**(Zamri Oumi Voskrensi)〉(89, 소련)

53세의 '노장신인' 카네프스키에게 90년 칸느 신인감독상을 안겨준 영화. 어린이들의 눈에 비친 전쟁의 모습을 그린 페레스트로이카 영화의 또 하나의 수확.

(5) 제인 캠피온(Jane Campion)의 〈스위티(Sweetie)〉(88, 오스트레일리아)

단편영화 〈벗기기(peel)〉로 86년 칸느 최우수 단편영화상을 수상한 여성감독 제인 캠피온의 첫 장편영화. 실험적인 내러티브 방식에 담긴 일상속의 마술적 현상에 관한 이야기.

(6) 미라 네어(Mira Nair)의 〈살람 봄베이(Salaam Bombay)〉(87, 인디아)

57년생, 인디아 출신의 여성감독 미라 네어는 다큐멘터리 4편을 완성한 후 봄베이 빈민가를 배경으로 한 이 영화로 극영화 데뷔. 88년 칸느 영화제 신인감독상 수상.

(7) 라흐산 바니 에트마드(Rakhshan Bani Etemad)의 〈출입금지〉(89, 이란)

54년생 여성감독이 그려낸 현재 이란 사회의 관료주의와 경직성에 대한 통렬한 풍자극. 자기집에 들어온 도둑을 잡은 주인공이 '범인'을 받아 줄 경찰서를 찾아 테헤란 시내를 헤매는 것으로 시작하는 영화.

(8) 가즈오 하라(Kazuo Hara)의 〈가고 또 가는 신군(The Emperor's Naked Army Marches On)〉(87, 일본)

일본제국주의의 망령을 추적한 충격적인 장편 다큐멘터리. 2차 대전에 함께 참전했던 상관·전우들의 '죄과'를 고백받기 위하여 일본열도를 누비는 한 귀환병의 집념을 5년간에 걸쳐 필름에 담은 '뜨거운' 기록영화.

(9) 끌로드 란쯔만(Claude Lanzmann)의 〈쇼아(Shoah)〉(85, 프랑스)

나치에 의한 유태인 학살을 다룬 9시간 30분짜리 기록영화. 피해자와 가해자 양쪽의 증인들과의 인터뷰가 영화의 대부분을 차지하며, 영화적 기교를 최대한 배제하고 '말의 힘'으로 유태인 학살의 악몽을 간접 체험하게 하는 영화. 80년대의 가장 '창조적' 다큐멘터리.

(10) 왕가위의 〈몽콕하문(한국 개봉제목: 열혈남아, 영화제 출품제목: As Tears Go By)〉(88, 홍콩)

홍콩 영화의 새로운 세대의 출현을 알린 젊은 감독 왕가위의 데뷔작. 89년 칸느 영화제 비평가 주간 부문에 선정. 프랑스의 '엘리트'비평가들이 홍콩영화를 재평가하게 만든 계기가 됨. 90년대 홍콩 영화의 저력과 가능성을 드러낸 걸작.

〈섹스, 거짓말, 비디오테이프〉.
스티븐 소더버그 감독.
미국. 1989년.

# 4장 80년대 헐리우드 / 메이드 인 헐리우드 I

## 1. 헐리우드, 꿈과 전쟁의 역사

(1) 영화(Film—Cinema—Movie)가 인류의 문화현상 가운데 하나로 자리잡음은 20세기초의 일이었다. 그리고 그로부터 20년도 채 지나지 않아 헐리우드는 세계영화산업의 중심으로서의 위치를 굳혔다. 두 차례의 세계대전, 30년대의 대공황, 그리고 몇번인가의 전세계적 정치·경제질서의 개편을 겪으면서도 헐리우드는 결코 그 중심의 자리를 내놓은 적이 없다. 이제 헐리우드라는 만국공통어의 무게는 너무도 막강한 것이 되어, 그 당연함의 까닭을 묻는 일이 차라리 어리석게 느껴지기도 한다.

(2) 그러나 영화의 고고학은 헐리우드 영화의 세계지배가 미리부터 예정된 것이 아니었다고 이야기한다. 그들의 국민적 영웅인 에디슨의 발명품이라고 굳게 믿고 있는 미국인들의 신화와는 달리, 우리가 오늘날 극장에서 대하는 영화 메커니즘은 19세기 중반에서 세기말에 이르는 사이 주로 유럽인들에 의하여 이루어진 여러 '눈요기'거리 발명품들의 합성에서 비롯되었다. 영화 역사의 출발점에서 중심은 하나가 아니라 여럿이었고, 헐리우드는 그 여러 중심 중의 하나 이상도 또 그 이하도 아니었다.

(3) 헐리우드의 세계제패를 위한 조건은 외부로부터 주어졌다. 그것은 바로 구식민지 제국 사이의 첨예한 대립에서 폭발한 제1차 세계대전이었다. 헐리우드 영화가 자본과 노동의 효율적인 결합방식을 찾아내어 이전의 역사에는 존재하지 않았던 연예산업(entertainment industry)의 꼴을 본격적으로 갖추어 나갈 즈음, 1차 대전은 유력한 경쟁자였던 유럽의 영화산업을 초토화시켰다. 전쟁이 끝나자 유럽 영화산업은 복구를 서둘렀고 머지않아 이전의 상태를 회복하였지만 이미 헐리우드는 규모와 시스템의 정교함에서 유럽이 따라잡을 수 없을 만큼 앞서 있었다.

(4) 헐리우드의 위기는 언제나 문화산업(culture industry)의 내부에서 첫 조짐을 보여왔다. 첫번째 위기는 발성영화(talkie)의 등장이라는 기술혁신이었다(1926년). 이미 완성단계에 들어선 스튜디오 시스템(studio system)을 고수하려는 보수적인 자본가들에 맞서서, 일부 모험적인 영화인들은 최초의 상업발성영화인 〈재즈가수(Jazz

〈바람과 함께 사라지다〉. 빅터 플레밍 감독. 1939년.

Singer)〉를 제작하여 전례 없는 성공을 거두었다. 대중은 더 새로운, 더 풍부한 영화를 원했고 헐리우드는 과거에의 집착을 버리고 재빨리 변신하였다.

(5) 30년대의 헐리우드가 대공황 속에서 지친 미국 대중들에게 도피처를 제공하며 경쟁자 없는 연예산업의 왕좌를 굳혔다면, 제2차 세계대전은 헐리우드가 전세계적 규모로 패권을 장악할 수 있는 결정적 계기가 되었다. 자본주의 종주국의 위치를 차지한 미국은 그들의 세계지배전략을 "미국의 힘에 의한 평화(Pax Americana)"라는 말로 미화하였고, 헐리우드 영화는 단순한 경제적 이익을 위한 상품 아닌 "미국의 꿈(American Dream)"을 전세계에 수출하는 수단이 되었다. 단지 신기한 구경거리였던 영화는 산업화된지 반세기도 채 되지 않아 체제의 운명을 결정하는 이데올로기 전쟁의 가장 강력한 무기 중의 하나가 된 것이다.

(6) 헐리우드 내부에서는 작은 위기가 그치지 아니하였다. 텔리비전의 광범한 보급은 헐리우드 영화가 최초로 맞이한 본격적인 도전이었다. 1950년대 헐리우드는 대형화면, 입체음향, 입체영화—심지어는 '아로마라마(Aromarama)'라는 이름의 '냄새나는 영화'에 이르기까지—등의 기술혁신으로 TV와 맞서려 했으나, 그 결과는 지나친 제작비 투자로 인한 대제작회사(major studios)의 재정난이었다. 그리하여 헐리우드의 주도권은 자본가이며 동시에 제작자였던 "거물(mogul)"들의 손을 떠나, 은행

가와 전문경영인과 투자브로커들로 이루어진 집단들에게로 넘겨졌다. 독립영화제작소(independent studios)들은 일찍부터 TV와 손을 잡고 하청제작방식으로 공생의 길을 택했는데, 이들의 발언권 강화는 스튜디오 시스템의 몰락과 함께 헐리우드의 '권력구조'를 바꾸어 놓은 큰 사건이었다.

(7) 헐리우드 내부의 위기와 구조조정에 상관없이 헐리우드 영화의 세계지배는 날로 그 강도를 더해갔다. TV와의 대결을 포기하고 화해와 공존의 길을 택한 뒤로 이제 헐리우드는 거대 매체산업복합체(media industrial complex)로 질적·양적 전환을 이룩하였고, TV가 보급된 전세계 어느 곳에나 헐리우드 영화는 침투해 들어갔다. 토착 영화산업이 TV에 관객을 빼앗기고 몰락의 길을 걸어도, 헐리우드는 여전히 TV를 통하여 관객들을 지배할 수 있었다.

(8) 그리고 1980년대, 전세계의 영화관객과 TV 시청자들은 비디오(video)라는 새로운 만국공통어를 배우게 되었다. 발성영화와 TV의 출현에 비교할 만한—어쩌면 그 이상의—충격을 가져온 이 기술혁신이 헐리우드에 어떤 영향을 미쳤는지? 그 해답은 1989년 한 해 동안 헐리우드가 비디오 배급을 통하여 벌어들인 수입이 영화로 번 것의 두 배를 넘겼다는 통계에 그대로 드러나 있다. 이제 헐리우드의 "위기"를 상상하는 것 자체가 불가능한 시대에 우리는 들어와 있는지도 모른다.

(9) 헐리우드는 언제나 두 개의 얼굴로 존재해왔다. 스타와 오스카와 어두운 극장 속 빛나는 스크린으로 재현되는 꿈의 공장(Dream Factory)의 이미지. 그리고 월 스트리트의 모사꾼들과 다국적 영화기업과 워싱턴 정가의 로비스트들이 진두지휘하는 영화전쟁의 야전사령부로서. 그 둘 중의 어느 하나라도 빼놓으면 헐리우드 영화의 이해는 완전해질 수 없다.

# 2. 헐리우드, 80년대, 비디오

1980년대 헐리우드 영화를 특징지우는 일관된 흐름은 무엇이었을까? '80년대'라는 시대구분을 가능하게 하는 역사적 사건으로 무엇을 들 수 있을까? 이러한 질문을 품고 80년대 헐리우드 영화의 안팎을 들여다보면, 80년대는 이상하리만치 평온하게 지나간 10년이라는 인상을 받는다. 60년대의 미국 영화문화를 뒤흔들었던 수많은 운동과 유파, 그것이 헐리우드 영화의 내용과 형식에 미친 충격, 그리고 스필버그—루카스—코폴라로 대표되는 "영화악동(Movie Brats)"들이 만들었던 70년대의 "새로운 헐리우드(New Hollywood)"에 비할 만한 사건이 보이지 않기 때문이다.

그러나 90년대의 벽두에서 헐리우드 영화는—그리고 세계영화/영상문화는—심상치 않은 조짐들을 보이고 있다. 그것이 탄생 100주년을 앞둔 영화문화의 근본적인 변화를 의미하는지, 아니면 헐리우드가 몇차례 겪어 넘겼던 위기/기회의 또 하나에 지나지 않는지를 판단하기는 아직 이르다. 어쩌면 1980년대의 헐리우드는 구체제의 질서 아래에 보이지 않는 꿈틀거림을 숨겨왔는지도 모르며, 그것의 의미는 90년대를 마감하는 시점에서야 소급하여 드러날 성질일 수도 있으리라. 그래서 80년대의 헐리우드는 명쾌한 시대구분론을 거부하지만, 80년대 헐리우드 영화 텍스트의 안과 밖에 드러난 몇 가지 '증후군'을 살핌으로써 그것들이 90년대의 보다 근본적인 변혁의 '조짐'인지 따져봄은 가능할 것이다.

그 첫번째 증후는 "경계 무너뜨리기"라고 부를 수 있다. 자아와 타자, 중심과 주변, 대회사(major)와 독립영화(indies), 주류(mainstream)와 소수파(cult)의 구분이 점점 희미해져가고, 장르와 장르 사이, 관습(convention) 과 새로운 감수성 사이를 '넘나듬'이 예삿일이 된 것이 80년대말의 헐리우드 사정이다.

그러나 더욱 문화사적 의의가 큰 경계 무너뜨리기는 창작자/수용자라는 전통적 이분법의 영역에서 일어났다. 여기에는 80년대의 가장 큰 영상혁명을 가져온 비디오가 결정적 역할을 하였다. 이제 대중은 수동적인 관객이기를 그만두고, 적극적으로 비디오 카메라 앞과 뒤에 서서 자신들의 모습을 기록하고, 감상하고, 영상의 수용자뿐 아니라 영상의 창조자의 눈으로 세계를 보기 시작하였다. 물론 이전에도 "홈무비(home movie)"는 여러 형태로 존재하였지만, 그 보급의 신속함과 전세계적 규모에 있어서는 비디오에 비교할 바가 못된다(당장 우리나라의 80년대를 돌이켜보자. 결혼식, 회갑연, 심지어 장례식까지 이제 비디오 카메라가 없이는 치루어질 수 없을 만큼 세상이 달라지지 않았는가?).

엘리트 비평가와 무식한(?) 대중 사이의 간격도 좁혀져왔다. 대중은 비디오와 케이블 TV를 통해 자신도 몰랐던 취향을 발견하고, 불특정 다수의 관객이 아닌 나름대로의 안목과 지식을 가진 특성화된 소집단들로 변모해갔다. 처음 비디오에 적대적 입장을 취했던 헐리우드의 우려와는 달리, 80년대는 대중이 '영화관'을 재발견한 시대로 기억되어야 할 것이다. 비디오 보급률과 비례하여 극장영화의 총관객수가 80년대 중반 이후 다시 늘어나기 시작하는 현상이 이 가설을 어느 정도 뒷받침한다 보아도 되리라.

또 하나의 중요한 증후는 주로 헐리우드의 기획자와 감독들에 의해 이루어진 "관습 풀어헤치기"이다. 미국 영화작가들은 헐리우드의 전성시대—역사적으로 실재했든 상상 속에서만 존재하든 상관없이—에 대한 향수를 끈질기게 장르영화에 도전함으로써 표출하여왔다. 그러한 시도는 두 가지 경향 중의 하나를 띠게 되는데, 장르의 관습을 충실하게 복원(reconstruction)하는 것과 장르의 관습 자체를 해체(deconstruction)함이 그것이다. 전자의 대표적 예로 로렌스 캐스던(Lawrence Kasdan)의 〈실버라도〉를, 그리고 후자의 예로 브라이언 드 팔마(Brian de Palma)의 〈언터처블즈〉를

〈레인맨〉. 배리 레빈슨 감독. 1988년.

들 수 있을 것이다. 결과는 거의 예외없이 전자의 실패와 후자의 성공으로 드러났다.

그리하여 80년대를 통틀어 헐리우드 영화의 모든 장르는 끊임없이 풀어 헤쳐지거나 혹은 다른 장르나 영화 이외의 매체와 문화산업내에서 접합되어왔다. 뮤지컬(musical)은 MTV(영상음악, 뮤직 비디오를 대중화시킨 케이블 TV방송국)를 거쳐 〈플래쉬댄스〉와 〈더티댄싱〉으로 되돌아왔고, 전형적인 가족영화는 남자들이 아이를 키우고 집안을 돌보는 이야기로 바뀌어 새롭게 대중의 호응을 받았다. 〈미스터 엄마(Mr. Mom)〉에서 〈세 남자와 아기(Three Men and a Baby)〉—프랑스 영화 〈세 남자와 아기 바구니〉 번안판—에 이르기까지. 그리고 〈배트맨(Batman)〉과 〈10대 닌자거북이(Teenage Mutant Ninja Turtles)〉의 89~90년 사이의 성공은 더욱 많은, 더욱 잦은 "관습 풀어헤치기"가 90년대에 벌어질 수밖에 없음을 예감하게 한다.

이러한 헐리우드의 '80년대 증후군'은 다른 민족/지역의 영화와 어떤 관련을 맺는 것일까? 어쩌면 헐리우드 영화가 미국 밖에서 보이는 공격성—특히 한국에서—이 80년대말로 갈수록 두드러지는 것도 헐리우드/비헐리우드의 경계를 무너뜨림의 의미가 있는 것은 아닐까? 그리고 장르의 관습이 해체된 상태를 우리는 무슨 이름으로 불러야 할까? 네오 장르? 혹은 포스트 장르?

헐리우드의, 그리고 세계영화의 90년대는 이리하여 세기말에 어울리게 수수께끼로서 시작하고 있다.

# 3. 작가주의의 죽음에서 장르의 해체로

80년대의 헐리우드가 잃은 것은 무엇이며 얻은 것은 무엇일까? 어떤 비평가들은 잃은 것은 "작가들"이고 얻은 것은 "장사꾼들"이라고 이야기하고 또 다른 비평가들은 잃은 것은 "전통"이고 얻은 것은 "돌연변이(mutation)"라고 지적한다. 이러한 다양한 견해 가운데서 눈여겨볼 만한 것 중의 하나가 "장르의 몰락"을 이야기하는 목소리이다.

헐리우드의 전성시대는 스타 시스템, 스튜디오 시스템, 그리고 장르 무비라는 세 개의 버팀목으로 지탱되어왔다. 그중에서도 장르 무비는 가장 "헐리우드다운" 영화들로 꼽혔고, 오늘날의 영화사가들이 "작가(auteur)"로 치켜세우는 많은 감독들도 장르 무비에서 대표작들을 남겼다—히치코크와 드릴러, 존 포드와 웨스턴, 프랭크 카프라와 서민적 코미디, 하워드 호크스와 갱스터, 빈센트 미넬리와 뮤지컬, 세실 비 드밀과 사극 스펙터클, 더글라스 서크와 멜로드라마…

그러나 1960년대를 경계로 하여 장르 무비는 서서히 퇴조하기 시작한다. 장르무비 흥행을 보증서왔던 고정관객들은 TV로 옮겨갔고, 메이저 스튜디오의 해체와 독립영화사들의 난립은 유사한 주제와 줄거리를 끊임없이 되풀이하는 대신 대중의 주목을 끌만한 좀더 새로운 영화를 만드는 쪽으로 대세를 바꾸었다.

1970년대는 새로운 '작가'들의 등장과 함께 장르 무비의 부활을 맞는 듯 하였다. 코폴라의 〈대부〉(갱스터), 존 베드햄의 〈토요일 밤의 열기〉(뮤지컬), 그리고 무엇보다도 새로운 장르로서 〈스타워즈〉부터 출발하는 우주—모험—환상 영화(space—adventure—fantasy film)와 〈에어포트〉, 〈포세이돈 어드벤처〉류의 대재난 영화 등.

그러나 1980년대에 들어서면서 이러한 경향은 슬그머니 자취를 감추었다. 물론 한 영화가 크게 성공하면 수많은 모작들이 만들어지는 버릇(?)은 여전하였지만, 장르라는 이름을 붙일 수 있을 만큼 공통점을 지닌 영화들이 지속적으로 만들어지지는 아니하였다. 그 대신 80년대 미국의 주요한 영화작가들은 특정한 작품 속에서 장르에 대한 자기 나름대로의 해석을 표현하고자 시도하였다.

마이클 치미노의 야심작 〈천국의 문(Heaven's Gate)〉이 엄청난 실패를 기록한 것은 80년대 내내 계속된 장르 무비 부활의 시도와 실패에 대한 전주곡이었다. 로렌스 캐스던의 〈실버라도(Silverado)〉, 코폴라의 〈마음으로부터 한마디(One from the Heart)〉, 스필버그의 〈1941〉은 각각 웨스턴,뮤지컬, 코미디를 '순진했던' 옛날 영화처럼 만들어 보려는 시도였는데, 작품의 높은 완성도에도 불구하고 관객들의 호응을 받지 못하였다.

반면 장르의 관습을 영화의 소재로 삼아 변형·재구성한 영화들은 대체로 성공하였는데, 스필버그/루카스의 인디아나 죤스 시리즈, 드 팔마의 〈스카페이스〉와 특히 〈언터쳐블즈〉, 그리고 코미디/갱스터/웨스턴이 버무려진 〈48시간〉, 〈비벌리 힐즈 캅〉 등이 여기에 들어간다.

그렇다면 부활/변용(패로디를 포함하여)이 대중의 외면/호응을 가늠하는 현상은 어떠한 가설로 설명할 수 있는가? 아마도 80년대의 관객들은 서서히 영화를 현실의 '복제'로 보는 대신에, 복제에 근거하되 영화들 사이의 상호연관에 더 의존하는 텍스트로 읽기 시작하였는지 모른다. 모든 영화를 그들은 '영화에 대한 영화'로 읽으려는 욕망을 지니고, 이러한 욕망을 충족시키는 영화를 우선 찾고 있는 것이 아닐지.

## 백인 '영웅본색' 인디 죤스

감독: 스티븐 스필버그.
1981, 1984, 1989년.

70년대의 헐리우드가 80년대로 넘겨 준 재산목록의 첫머리에는 스티븐 스필버그와 조지 루카스의 이름이 올라 있을 것이다. 그리고 80년대 내내, 소수의 실패작이 있었지만 그들의 '흥행마술'은 빛을 잃지 아니하였다. 그리하여 1989년, 80년대를 마감하는 시점을 기준으로 그들 중의 하나가—때로는 둘이—제작·기획·감독한 영화는 역대 흥행순위 20위 이내에서 무려 10편을 차지한다(1위:〈E.T.〉, 2위:〈스타워즈〉, 3위:〈스타워즈 3〉, 4위:〈스타워즈 2〉, 6위:〈죠스〉, 7위:〈레이더스〉, 8위:〈인디아나 죤스〉, 10위:〈백투더 퓨쳐〉, 16위:〈클로스 인카운터〉, 20위:〈그렘린〉).

이 영화들 가운데서 가장 뚜렷한 성격을 가진 '영웅'을 찾으라면 그것은 인디아나 죤스가 될 것이다. 그를 주인공으로 한 세 편의 영화는 세계 어디에서나 관객을 끌어모았고, 사이보그와 로보트, 외계인이 기세를 떨치던 80년대의 헐리우드 영화 속에서도 너무도 '인간적'인 인디아나 죤스의 모습은 이채롭기까지 하다.

최소한의 장비만을 갖춘 채, 숱한 위기를 날렵한 몸놀림과 기지로 헤쳐나가는 인디아나 죤스. 초인적인 능력을 발휘하는가 하면 인간적인 약점을 드러내기도 하는 그의 모습에 관객들은 쉽게 동화(identification)된다. 그래서 관객들은 예정된 승리의 결말에 이르기까지 기꺼이 그의 모험에 동참한다.

그러나 겉보기에 무해한 오락물같이만 보이는 인디아나 죤스 시리즈에는, 철저한 백인 중심주의의 이데올로기가 숨어 있다. 고

고학자로서의 그의 기량은 오로지 성궤나 성배를 찾는 데에만 바쳐지고, 그 과정에서 그 자신에 의하여 직접·간접으로 파괴되는 원주민들의 문화유산에는 별다른 관심을 보이지 않는다. 비유럽인들은 대개—특히 2편에서—미개하고 괴이한 인간들로 묘사되고, 그들 중 똑똑한 몇몇은 인디의 부하로 일하는 '영예'를 누린다. 물론 그들은 인디에게 전적인 존경과 충성을 바친다. 나머지는 백인을 '구세주'라고 믿는 순박한 '선인'들과, 기괴한 의식을 통해 힘을 얻고 선인들을 괴롭히다 비참한 종말을 맞이하는 악인들로 뚜렷이 양분된다. 그래서 인디의 적인—지독한 인종차별주의자들인—나치가, 유색 인종인 술탄(터키제국의 지배자들)과 손을 잡는 것으로 묘사되는 논리적 모순(?)이 일어난다.

그렇다면 관객들은 영화를 보면서 자신도 모르게 이러한 백인우월주의를 받아들이게 되는 것일까? 한편의 영화만으로는 그렇게 되지는 않으리라. 그러나 그것이 영화 바깥의 정치·경제적 관계와 연결될 때, 부정의 답은 쉽게 나올 수 없을 것이다.

## 로보캅, SF, 메트로폴리스

감독: 폴 바호벤.
1987년.

"절반은 인간. 절반은 기계. 온몸은 경찰(Part man. Part machine. All cop)."
—〈로보캅 I〉의 광고문안—

"로보캅은 영혼과 육체의 상실, 그리고 이후 새로운 육체로 부활되는 기독교적 주제를 다루고 있다."
—폴 바호벤, 〈로보캅 I〉의 감독—

영화 〈로보캅〉은 위의 두 인용문이 드러내듯 여러 층의 의미로 읽힐 수 있는 '두꺼운' 텍스트이다. 그 한 쪽 끝에는 장쾌한—어지간한 비위로는 감당키 어려울 만큼 잔인한—폭력과 스피드로 특징지워지는 폭력/액션 영화가 있고, 다른 한쪽 끝에는 종교적인 주제에 대한 심오한(?) 성찰을 곁들인 문명/기술/과학/자본주의 비판영화가 놓인다. 따라서 텍스트 안에서 이 영화를 읽는 데에는 여러 갈래의 길이 있으며, 그 중의 어느 하나가 다른 것보다 더 '진정한' 읽기라고 주장함은 불가능한 일이다.

텍스트 밖에서 이 영화는 동시대에 또는 이전에 만들어진 영화들과 연관지어진다. 또 이러한 '밖으로부터의 읽기'에는 이 영화의 제작배경, 제작사의 성격, 국내외에서의 흥행성적, 또는 감독과 배우에 관한 전기적(biographical) 지식이 참고가 될 수 있을 것이다. 이 영화가 지니고 있는 장르로서의—공상과학(Science fiction), 갱스터, 웨스턴, 로맨스가 뭉뚱그려진—성격을 살피는 일도 또 하나의 방법이다.

하나의 주제를 텍스트내에서 가려내어 바깥에서 살펴보는 것도 가능하다. 그 중에 주목되는 것은 '기억'의 문제이다. 〈로보캅〉의 중요한 하위 구성요소(sub-plot) 중의 하나는 '기억'을 되찾으려는 기계-인간의 이야기이다. 그것은 기억이 없는 육체는 기계와 다름없으며, 반대로 기억을 찾은 기계는 인간이 될 수 있음을 암시한다.

인조/모조/합성 인간과 '기억'의 문제가 이만큼 중요하게 다루어진 영화로는 〈블레이드 런너(Blade Runner)〉(리들리스코트 감독, 1982년)를 들 수 있다. 이 영화 속에서 '복제인간(replicant; 유전공학에 의하여 유전자합성으로 만들어진, 인간과 생물학적으로 동일하나 인간으로 인정받지 못하는 존재들)'들은 로보캅과 다른 방법으로 기억을 찾는다. 로보캅에게 기억은 실재했던 경험들에 대한 것이며, 그는 '진짜' 기억을 찾으려는 시도를 계속한다. 그러나 복제인간들은 애당초 기억의 재료인 경험을 갖지 못하고 있다. 그래서 그들은 이야기와 사진을 가지고 기억을 만들어내는데, 이렇게 만들어진 기억을 우리는 기억의 '모조(simulacra)'라고 명명할 수 있으리라.

〈로보캅〉. 폴 바호벤 감독. 1987년.

# 4. 베트남전과 헐리우드

## 참전 기념비 또는 스펙터클

미국의 베트남 참전 기념비는 워싱턴 기념탑과 링컨 기념관 사이의 녹지대에 자리잡고 있다. 미국의 이상과 자존심을 대표하는 두 인물에게 바쳐진 기념물들이 당당하고 우람한 자태를—탑과 신전의 형태로—자랑하고 있는 것과 대조적으로, 베트남 참전 기념비는 지상보다 낮게 파내려간 자리에 세워진 검은 벽의 형태로 만들어졌다.

관람객/순례자들은 낮은 경사가 진 통로를 따라서 이 기념비 앞을 지나치게 된다. 아무런 장식 없이, 잘 닦여진 검은 대리석판의 연속이 이 기념비의 건축구조의 전부이다. 그러나 이 평범하기 짝이 없는 구조물은 석판 위에 빽빽히 새겨져 있는 글씨들에 의하여 기념물로서의 의미를 갖는다. 그 글씨들은 죽은 자들에게 바쳐진 미사여구로 이루어진 조시도 아니고, 월남전의 의의를 이야기하는 비문도 아니다. 단지 월남에서 죽어간 미군 병사들의 이름이 아무런 설명 없이, 그들의 죽음이 확인된 순서대로 음각되어 있을 따름이다.

끝없이 이어질 듯한 이름들의 행렬 앞을 관람객들은 묵묵히 지나간다. 그들이 바라보는 이름들 위로는 검은 대리석판에 반영되는 그들 자신의 모습이 겹쳐진다. 어떤 이들은 아는 사람—가족, 동창, 전우, 애인—의 이름을 찾아본다. 무심한 척 행렬을 지어 지나가는 관람객들 사이에서, 그들은 못박힌 듯 제자리에 서서 그 이름을 읽는다. 연필과 종이를 꺼내어 서투른 솜씨로 이름을 베끼는 사람도 있고, 장미꽃 한 송이를 스카치 테이프로 정성스럽게 이름 옆에 붙이는 사람도 있다. 전투복 차림의 40대 남자가 조용히 흐느끼는 모습도, 10대의 소녀가 이름을 가리키며 그 옆에 서 있는 어머니인 듯한 여인에게 무엇인가를 열심히 묻는 모습도 여기에서 흔히 볼 수 있다.

미국 베트남 참전 재향군인회의 주도로

〈풀 메탈 재킷〉. 스탠리 큐브릭 감독. 1987년.

1982년 세워진 이래 이 기념비는 워싱턴을 들르는 미국인들이 가장 많이 찾는 명소가 되었다. 미국 전국에 현상공모한 결과 당선작의 주인공은, 놀랍게도 당시 18세의 중국계 2세 여학생이었다. 건립 단계에서 많은 사람들이 기념비의 설계안에 이의를 제기하였다. 보수파들은 기념비의 '음침함'과 '우울함'이 미국의 패배감을 의미한다 하여 반대했고, 지식인들은 기념물답지 않은 의미의 '모호함'과 '몰역사성'을 비난하였다.

그러나 미국의 대중은 의외로 애정을 가지고 이 기념물을 받아들였다. 그들은 베트남전의 의미를 묻는 대신에, 죽은 자들의 이름 앞에 경의를 표하는 자리로 이곳을 정의하였다. 그리고 언제부터인가 사람들이 갖다 놓은 기념물들이 이 앞에 쌓이기 시작하였다. 사진, 훈장, 군복, 엽서, 편지, 일기장, 손때 묻은 마스코트, 전사통지서…베트남 참전 재향군인회는 이 물건들을 '역사기록물'로 지정해 줄 것을 건의했고, 미국 정부는 이를 받아들여 스미소니안 박물관에 모두 소장하기로 결정하였다.

월남전은 미국의 국론을 여러 갈래로 분열시켰고, 그 상처가 아직 아물지 않은 채 미국인들은 월남전에 대한 역사적 평가를 끝내지 못하였다. 베트남 참전 기념비는 그러한 '갈라짐'을 극복하는 실마리를 미국인들에게 암시한다. 그리고 헐리우드의 작가들은, 이 기념비의 무게에 견줄 만한 월남전 영화를 아직 그들 누구도 만들지 못했음을 겸손하게 인정한다.

## 람보 3부작
## Rambo trilogy

감독: 테드 코체프(Ⅰ),
죠지 P. 코스마토스(Ⅱ),
피터 맥도날드(Ⅲ).

세 편의 람보 영화—한 명의 실베스타 스탤론, 그리고 서로 다른 세 개의 람보 이미지에 대하여.

제1편. 〈람보(First Blood)〉. 1982년. 월남에서 돌아온 귀환병 람보. 그는 '정상인'들의 사회로부터 거부당하고, 그들의 가학적인 폭력에 대항하여 외로운 전쟁을 벌인다. 베트남의 정글이 아닌 북미주 산악지대의 원시림에서. 그가 영화 속에서 보이는 폭력은 정당방위의 의미를 갖고, 베트남은 람보의 침묵 속에 숨겨진 비밀로만 존재한다.

제2편. 〈람보 II(First Blood Part Two: Rambo)〉. 1985년. 베트남이 영화의 무대에 전면등장한다. 베트남으로 '돌아온' 람보의 복수극. '이길 수도 있었던 전쟁'으로 월남전은 다시 규정되고, 영화 밖에서 람보는 레이건 시대에 가장 들어맞는 영웅으로 미국인들의 환호를 받는다.

제3편. 〈람보 III(Rambo III)〉. 1편에서 고독한 아웃사이더였던 람보는 2편을 거치는 동안 과대망상증적인 '전쟁해결사'로 변신하였다. 무대는 아프가니스탄. 적은 '붉은 제국' 소련. 그러나 레이건의 임기는 끝났고, 현실 속의 소련군은 이미 아프가니스탄에서 철수하였다. 시대착오의 스크린 속에 홀로 남겨진 람보. 그리고 〈람보〉시리즈의 안락사.

## 플래툰
## Platoon

감독·각본: 올리버 스톤.
1986년. 120분.

최전선, 참호 속을 기고 매복과 정찰에 피를 말리는 보병(Grunt)들의 이야기가 〈플래툰〉의 뼈대를 이룬다. 그러나 그 이야기를 서술하는 관점은 평범한 미국 육군 보병의 것이 아니다. 일인칭 시점으로 이 영화를 끌고 나가는 주인공 찰리 쉰은 그의 '불학무식'한 노동자 출신 동료사병들과는 달리 '대학물'을 먹은 젊은 지식인이다(이것은 또한 명문 예일 대학을 중퇴하고 월남전에 뛰어들었던 감독 올리버 스톤 자신의 모습이기도 하다).

그래서 영화는 찰리 쉰이 동시에 지니고 있는 두 개의 시점을 따라간다. 하나는 그가 목숨이 오락가락하는 전쟁터에서 생존을 위하여 전우들과 공유하는 전형적인 병사의 시점이며 또 하나는 그러한 병사들을 관찰하는 기록자로서 지식인의 시점이다.

영화는 관찰의 대상이었던 그의 동료병사들이 거의 다 죽어 없어진 가운데, 헬리콥터에 실려 전장을 떠나가는 주인공/감독이 "역사/체험"의 기록자로서의 사명을 다짐하는 나레이션으로 끝난다. 곧 지식인적 관점만이 최후까지 살아남은 셈이다. 그렇다면 이 영화에서 결정적으로 빠진 것은? 바로 베트남인들의 시점이다. 그러므로 작가의 '양심'에도 불구하고, 〈플래툰〉은 반쪽의 진실 이상을 보여주지 못한다.

## 탑 건
## Top Gun

감독: 토니 스코트.
1986년. 110분.

〈탑 건〉은 월남전에 대한 영화가 아니다. 그러나 이 영화는 월남전, 혹은 월남전에 관한 다른 영화들과의 상호관련 속에서 읽혀져야 한다. 왜냐하면 이 영화는 월남전을 치르며 구겨지고 망가진 '정의롭고 멋진'

미국 군대의 표상을 복원하려는 한판 푸닥거리에 다름 아니기 때문이다.

월남전과 동시대에 살았던 미국인들은 그 전쟁을 매일 저녁 TV 뉴스로 보던 거칠고 때로는 잔혹한 영상들로 기억한다. 그래서 그러한 'TV뉴스 미학'은 월남전을 다룬 영화들의 스타일에 큰 영향을 미쳐왔다.

〈탑 건〉은 스타일에서부터 월남전의 악몽을 떨쳐버릴 것을 주장한다. 이 영화의 스타일은 TV뉴스 대신 MTV에 거의 모두를 의존하고 있다. 전투기들의 금속성 동체를 카메라는 황홀한 몸놀림으로 훑어가고, 새벽공기 속에 떠오르는 항공모함의 갑판은 야외 컨서트 공연장처럼 가슴 설레이게 묘사된다.

〈탑 건〉은 MTV와 비디오게임을 즐기며 자라는 세대에 맞추어 만들어진 영화이다. 애국심을 설교하는 대신, 이 영화는 전쟁이 흥미진진한 '놀이'이고, 마치 스포츠와도 같은 것이라 가르친다. 그러나 월남전을 다룬 그 어떠한 영화도 '감히' 이러한 이야기를 하지는 못한다. 전쟁은 여전히 전쟁이기 때문에.

## 풀 메탈 재킷
## Full Metal Jacket

감독: 스탠리 큐브릭.
1988년. 116분.

스탠리 큐브릭(Stanley Kubrick)의 〈장탄적재/ 풀 메탈 재킷〉은 지금까지 나온 것 중 가장 파격적인 월남전 영화이다. 큐브릭 감독은 완전히 구별되는 전반부와 후반부로 영화를 갈라 놓았다. 전반부의 배경은 훈련소. 신병들 앞에 선 교관의 '말의 폭력'으로부터 시작하여 군대라는 집단 속에서 개인들이 차차 '살인기계'로 변해가는 과정이 소름끼치도록 차갑게 묘사된다.

후반부는 베트남. 배경이 바뀌자마자 영화의 분위기는 예기치 않게 경쾌해진다. 그리고 특별히 이렇다 할 줄거리도 없이, 살인기계로 완성되어 베트남에 온 군인들의 모습이 단편적인 에피소드의 연속 가운데 보여진다.

드디어 관객들이 기다리던(!) 클라이맥스 전투장면. 황당무계(?)하게도, 음습한 정글대신 황량한 도시의 폐허가 무대가 된다. 병사들은 보이지 않는 적을 찾아 헤매다 미로 속에서 죽어가고, 그들이 적군을 찾아냈을 때 영화는 다시 한번 관객의 안이한(?) 예상을 벗어난다.

큐브릭의 영화가 모두 그렇듯이, "장탄적재" 또한 설명되기보다는 경험되어야 할 영화이다. 월남전에 관한 상투적인 접근을 거부하는 감독의 '파격'의 의미는, 그러한 경험을 바탕으로 관객 각자가 구성해야 할 성질의 것이리라.

## 5. 전자복제시대의 예술작품

프랑스의 철학자이며 사회비평가인 장 보드리야르(Jean Beaudrillard)는 후기 산업사회의 문화현상에 대한 통찰력 있는 발언으로 널리 알려져 있다. 그는 1981년에 출판한 저서『모조와 모조화(Simulacra and Simulation)』에서 "시뮬레크러(Simulacra: 정확한 우리말 용어가 아직 정하여지지 않았으므로 일단 '모조'라 부르기로 하자)"라는 개념을 가지고 미디어가 지배하는 후기 산업-소비사회의 특징을 묘사한다.

보드리야르에 따르면, "모조"는 "그 스스로의 현실을 제외하고는 어떠한 현실에도 근거하지 않는 현실의 모델"이며, 그것은 원본(original)을 갖고 있지 않다는 점에서 전통적인 "복제품"과 구별된다. 이러한 모조가 일상화된 세계에 사는 사람들은 현실과 현실의 재현(representation), 원본과 복사품, 그리고 현존하는 진실과 모조화한(simulated) 진실을 더 이상 구별할 수 없게 된다.

그는 당대의 서구사회가—그리고 그 서구사회를 따라잡기 바빴던 "다른" 사회들이—이미 그러한 단계에 들어섰다고 단정적으로 말하지는 않는다. 그러나 그는 예언적인 어조로 그러한 사회가 도래할 "징조"의 예를 들고 있는데, 대중매체와 오락산업 속에 모조의 실례가 풍부하게 발견될 수 있다고 주장한다(아무런 역사적 근거 없이, 무엇에 "대한" 구경거리가 아니라 그것의 존재 자체가 구경거리의 전부인 디즈니랜드에서, 뉴스의 공급이라는 목적만을 위하여 뉴스를 "창조"하는 TV뉴스에 이르기까지).

1980년대의 헐리우드 영화 속에는 전통적으로 "스타"—곧 영화 속 이미지의 주인이며 "원본"으로서의 살아 있는 인간—들이 지녔던 위치를 대신 차지한 모조들이 여럿 등장한다.

〈E・T〉는 스필버그의 그 영화에 열광한

수많은 미국의 어린 세대들에게 제임스 딘이나 그레타 가르보에 못지 않은 스타임에 틀림없다. 그러나 80년대의 이 새로운 스타는 실체로서 존재하지도 않으며, 영화 테크놀로지의 산물인 촬영용 〈E·T〉모델을 원본으로 부를 수도 없을 것이다. 그리고 〈E·T〉의 상상을 초월한 인기의 비밀은 바로 이 "모조화된(simulated) 스타"라는 현상에 숨어 있을지도 모른다.

원본이 없는 모조가 상품이 되어 시장에 나오고, 소비자가 그 모조의 하나를 소유함이 갖는 의미는 무엇일까? 그것은 바로 모조의 하나를 소유함과 원본을 소유함이 전혀 차이가 없음을—왜냐하면 원본은 애당초 존재하지 않았으니까—뜻한다. 과거의 대중은 스타의 '이미지'만을 소유할 수 있었으나, 이제는 '스타' 자체를 전적으로 소유함이 가능해진 것이다. E·T 인형을 가진 어린이에게 그 인형은 바로 〈E·T〉 자체이며 다른 무엇의 '복제품'이 아니라는, 그리고 그것은 E·T 인형을 가진 어린이들 모두에게 적용된다는 현상이 이리하여 벌어진다.

모조는 결코 소멸하지 않는다. 원본은 훼손되고, 마모되고, 파괴될 수 있지만. 그리고 만약 원본과 완벽하게 동일한 복제품이 완성된다면, 원본 또한 더 이상 원본의 자리를 고집하지 못하고 모조의 하나에 다름 아니게 되리라.

'기계복제시대의 예술'로 출발했던 영화는 이제 '전자복제시대'의 한가운데 서 있다. 만약 보드리야르의 예언이 맞아떨어진다면, 전자복제술의 발달에 의하여 영화는 결국 전면적인 "모조화"의 길을 밟게 되는 것이 아닐까? E·T는 결국 고향으로 돌아갔지만, 한번 그 길로 간 "영화"는 다시는 돌아오지 못할 것이다.

## E·T, 헐리우드 저강도전쟁

1982년, 스티븐 스필버그의 신작이 처음 공개되었을 때, 아무도 이 소품 SF영화의 운명을 예상하지 못했다. 스필버그는 〈제3종의 근접조우(Close Encounters of the Third Kind)〉(1977), 〈1941〉(1980) 그리고 〈레이더스(Raiders of the Lost Ark)〉(1981) 등 연이은 대작(blockbuster) 영화의 연출로 지친 상태였고, 그래서 작은 규모의 영화로 숨을 돌릴 생각으로 부담없이 이 작품에 손을 대었다. 일단 개봉되자 E·T는 감독의 기대를 배반(?)하는 엄청난 흥행수익을 올렸고, 1989년말까지도 역대 흥행순위 1위의 자리를 내놓지 아니하였다.

"역대흥행 1위"라는 타이틀은 사실은 E·T를 평가하는 데뿐 아니라 그것을 알고 영화(혹은 비디오)를 보는 관객들에게까지도 상당한 부담으로 작용한다. 지구탐사차 들렀다가 낙오한 외계인이 한 소년을 만나게 되고, 그 소년의 보호 아래에서 지구의—정확히 말하면 미국 캘리포니아 주 중산층 거주지역의—문화를 맛보다가 비정한 과학자들에게 납치되며, 우여곡절 끝에 자신의 고향으로 돌아간다는 평범한 줄거리의 이 영화가 무엇 때문에 그처럼 큰 히트를 기록하였는지는 사실 풀기 어려운 수수께끼이다.

어쩌면 E·T의 상업적 성공은 역설적으로 이 영화가 처음부터 '거대히트(mega-hit)'를 겨냥하고 만들어지지 않았다는 데서 그 이유를 찾아야 할지도 모른다. 1970년대 후반기 이후 헐리우드에서 영화작가들의 목소리는 점점 작아져갔고, 그 대신 영화에 경영기술을 적용하여 최대의 이윤만을 추구하려는 자본의 영향력이 커져갔다. 여기서 유행한 것이 이른바 "컨셉트(concept)" 영화이다. 그것은 작품성보다는 마케팅 아이디어를 더 중시하는 기획방식인데, 기발한 아이디어(=컨셉트)로 관객의 호기심을 끌자는 것이 그 의도이다(예를 들어 아놀드 슈왈제네거와 데니 드비토가 전혀 닮지 않은 쌍둥이로 나오는 〈트윈스(Twins)〉 같은 영화).

E·T는 그러한 컨셉트 영화의 공식에서 한걸음 물러서 있다. 그것은 스필버그 특유의 어린이다운 시각으로 본 우정의 이야기이며, 특수효과보다는 "어른들은 몰라요"라고 속삭이며 어린이들의 정서에 호소하는 영화이다. "디즈니보다 더 디즈니다운" 영화를 만들고자 했던 오랜 꿈을 스필버그는 E·T로써 성취하였는데, 그 결과가 "역대흥행 1위"로 나타났음은 80년대 헐리우드의 가장 "동화적인" 사건으로 기록될 수 있을 것이다.

## 터미네이터, 필름느와르에서 테크느와르로

제임스 카메론의 〈터미네이터〉는 SF의 틀속에 여러 장르를 절묘하게 배합해 넣은 걸작이다. 필름 느와르의 조명과 분위기가 80년대의 LA에 되살아나고—영화 속에 등장하는 술집의 이름이 "테크-느와르(Tech-Noir)"임에 주목할 것—, B급 전쟁영화가 미래의 초토화된 지상과 인간들이 생명을 근근히 이어가는 지하참호 속에 재현되며 미래에서 온 인간전사와 터미네이터와의 대결은 웨스턴의 클라이막스를 연상케 한다.

이러한 장르의 뒤섞임이 영화를 산만하게 만들지 않음은 일관된 기조로 영화를 밀고 나가는 감독의 힘에서 나온다. 그 기조는 한마디로 '금속성'이라 표현될 수 있는 것이다. 도시의 잿빛 하늘과 지하터널의 파르스름한 불빛, 그리고 불에 타 앙상히 드러난 터미네이터의 뼈대가 보여주듯이. 그리고 근육질 아놀드 슈왈제네거도 이 영화 속에서는 금속성의 이미지를 더욱 강하게 가진다.

아놀드 슈왈제네거를 〈터미네이터〉역에 기용했음은 여기에 금상첨화의 역할을 하였다. 배우로서보다는 보디빌딩 챔피온의 이미지가 아직 강했던 그의 단점인 어색한 발음, 굳은 표정, 서투른 몸놀림을 〈터미네이터〉에 걸맞는 연기로 바꾸어버린 아이디어. 그래서 너무도 무게 있는(?) 슈왈제네거의 행동들은 살벌하기까지 한 이 영화 속 테크느와르의 공간에 의외의 '웃을 거리'를 선사한다.

〈터미네이터〉를 구성하고 있는 여러 요소에서 그 자체로서 기발하거나 특이한 점은 사실 발견하기 힘들다. 사이보그, 게릴라 전사, 메시아를 수태한 여인, 그 여인을 사이에 둔 삼각관계, 이러한 소재들은 SF 속에서 상투적이다시피 다루어져왔다. 헐리우드 SF 영화에 필수적으로 끼어드는 화려한 특수효과도 이 영화에서는 찾아볼 수 없다(제작비만으로 볼 때 〈터미네이터〉는 "싸구려" 영화임에 틀림없다).

그럼에도 불구하고 이 영화는 강한 개성을 가지고 관객을 매혹하였으며, "컨셉트"와 천문학적인 제작비와 고도의 마케팅전략 없이도 대중의 사랑을 받는 영화가 만들어질 수 있음을 80년대의 헐리우드에 깨우쳐주었다. 그러나 헐리우드의 흡인력은 대단한 것이어서, 〈터미네이터〉의 인디(Indie; 독립영화작가) 카메론도 〈에이리언II〉를 거쳐 〈심연(Abyss)〉, 그리고 〈터미네이터II〉에서 대작감독으로 변신하고만다.

# 6. 오리엔탈리즘 또는 제국주의의 가면

유럽의 문화적 전통 속에서는 자아와 타자(other)를 구별하는 이분법적 세계관이 항상 우위를 지켜왔다. 신과 인간, 선과 악 혹은 문명과 야만이라는 식의 대립항들이 유럽인들의 사고구조의 뼈대를 이루었고, 이러한 대립항들의 사이를 넘을 수 없는 심연으로 간주하는 것이 중세 이후 유럽을 지배해 온 사상들의 공통점이었다.

유럽인들은 이른바 '지리상의 발견' 이후 식민지개척에 나서면서 전면적으로 '타자'와 만나게 되었다. 유럽인들이 발을 디딘 땅에 미리부터 살고 있던 원주민들을 자신들과 동급의 인간이라고 여길 수 없었던 유럽인들은 그들을 '타자'화시켰고, 식민지 개척의 정치경제적 동기와 합쳐지며 그것은 식민주의(colonialism)의 체계를 갖추게 되었다.

모든 식민주의는 타자에의 두려움과 낯선 것에의 매혹이라는 두 얼굴을 가지고 있다. 두려움은 대상을 지배하려는 욕망으로 이어지고, 매혹은 이국적인(exotic) 것에 대한 탐닉—흔히 성적 욕구의 형태로 나타나는—을 낳는다. 그래서 유럽인들은 아시아와 아프리카와 아메리카의 식민지에서 수백년 동안 살육을 저질렀지만, 한편으로는 타자의 문화에서 끊임없이 예술적 영감을 구해왔다.

유럽이 지리적인 식민지를 거의 상실한 20세기 후반에, 유럽이 비유럽을 바라보았던 식민주의적 시각은 오히려 더욱 광범위하게 비유럽사회의 원주민들 자신에 의하여 받아들여지고 있다. 그리고 이러한 현상을 야기한 가장 큰 요인 중의 하나가 헐리우드 영화의 세계지배임을 많은 사람들이 지적한다.

전성시대의 헐리우드 영화가 노골적으로 식민주의, 인종차별주의, 백인우월주의를 합리화하였다면, 그리하여 '무해'한 오락으로서 헐리우드 영화를 즐기는 많은 관객들의 무의식을 점차로 식민지화했다면, 최근의 헐리우드 영화는 그러한 이데올로기 기능을 직접 수행하지는 않는다.

그러나 헐리우드 영화의 텍스트 속에 식민주의적 세계관은 아직도--교묘하게 은폐되는 수가 많지만—영향력을 발휘하고 있다(그것을 드러내는 일은 구체적인 작품 하나하나의 정밀한 분석을 요구한다). 한편으로 헐리우드는 '타자'의 상품으로서의 가치 또한 잊지 않고 있다. 80년대의 헐리우드 영화 속에서 이러한 '이국정서(exoticism)'를 파는 영화들은 놀랄 만큼 많이 발견되며 〈간디〉와 〈마지막 황제〉도 그러한 경향의 영화들에서 제외될 수 없다.

## 간디, 스펙터클의 탈정치화

감독: 리차드 아텐보로우.
1982년.

간디는 전기영화(biographic film)의 틀을 충실히 따르고 있다. 장례식의 스펙터클에서 시작하여, 플래쉬 백(flash back)으로 간디의 일생의 넓은 화폭 위에 그려지고, 다시 장례식으로 돌아와 강물에 재가 뿌려지는 장면으로 영화는 끝난다. 전기영화는 언제나 역사의 다시쓰기이다. 부분적인 '사실'들의 정확성이 전기영화가 대중에게 갖는 설득력의 토대이고, 전체로서의 '진실'은 이 토대 위에서 영화작가에 의하여 만들어져—그것은 받아들이는 사람에 따라 '재해석'일 수도 있고 '왜곡'일 수도 있다—대중에게 전달된다. 그리고 대부분의 관객들은 이러한 '만들어짐'을 깨닫지 못한 채 영화적 진실을 역사적 진실로 받아들인다. 전기영화가 정치적인 영화일 수밖에 없는 까닭이 여기에 있다.

〈간디〉가 그리고 있는 공간은 철저하게 정치적인 공간이다. 여기에서 식민주의, 인종차별주의, 민족문제, 종교간의 갈등 등 오늘날의 세계가 안고 있는 첨예한 정치적 문제들이 다루어진다.

그러나 이 모든 세속의 사건들은 '성자' 간디에겐 본질적이지 않은 문제들로 그려진다. 인디아 민족해방운동에의 투신은 세속적 성공을 "고통받는 민중을 위하여" 포기하는 개인적인 결단의 측면이 강조되고, 정치가들의 계산과 책략에 간디는 끊임없이 한탄하고 환멸을 표시한다. 그래서 간디가 내세우는 비폭력·무저항도 영국이라는 특정한 식민통치국가에 유효한 전술이라기보다는 그 자체로서 수단이자 목적인 '성스러움'으로 묘사된다.

이러한 탈정치화·탈역사화는 헐리우드식 스펙터클이라는 장치를 통하여 효과적으로 이루어진다. 뚜렷한 성격을 부여받은 소수의 인물들을 중심으로 영화의 갈등구조가 만들어지고, 이러한 인물들의 관계를 보여주는 장면 사이사이에 익명의 군중들이 무더기로 등장하는 '구경거리'가 적절히 배치되는 것이다. 이러한 서술방식은 역사가 엘리트들에 의하여 주도되고, 우매한 대중/민중은 그들에 의하여 조종되고 지도된다는 영웅주의 사관을 그대로 반영한다.

영화 〈간디〉는 이러한 헐리우드식 스펙터클의 관습을 충실히 따르고 있다는 점에서 시대착오적이기까지 하다. 왜냐하면 70년대 이후의 헐리우드 스펙터클은 실존했던 역사의 공간을 포기하고—아마도 '역사'의 무게를 견디지 못하여—아예 상상의 공간으로 무대를 옮겨 버렸기 때문이다(〈스타워즈〉 시리즈가 대표적인 예이다). 그 버려진 영역에 영국인 감독 리차드 아텐보로우(Richard Attenborough)가 〈간디〉로 뛰어들었고, 헐리우드는 한 무더기의 오스카상으로 노력을 치하하였다.

〈간디〉는 "성자 간디"에 대한 영화이며, 인디아의 현대사에 관한 영화이며, 식민주의와 독립투쟁과 종교분쟁에 관한 영화이다. 그리고 그 모든 소재를 탈정치화한다는 점에서 비로소 정치적인 영화이다. 스펙터클의 허상 뒤에는, 그리하여 고독한 성자의 재만이 남는다.

## 푸이, 헐리우드의 자금성

감독: 베르나르도 베르톨루치.
1987년.

〈마지막 황제〉는 〈간디〉와 여러가지 면에서 비슷하다. 전기영화이며, 근래에 보기 드물었던 헐리우드식 스펙터클이며 유럽 출신 감독이 만든 아시아에 대한 영화이며, 작품상·감독상을 비롯하여 오스카상을 휩쓸었고, 무명에 가까웠던 배우들—〈간디〉의 벤 킹슬리(Ben Kingsley), 〈마지막 황제〉의 존 론(John Lone)—에게 과감하게 주연을 맡겼으며, 역사적 사건이 벌어졌던 현지에서 촬영되었으며, 해당국가 정권이 바라는 특정한 역사서술을 충실히 따랐고—인디아에서 네루와 간디의 관계에 대한 인디라 간디(네루의 딸) 정권의 해석과 문화혁명에 관한 현 중국공산당의 입장—그리고 한국에서 엄청난 히트를 기록하였다는 점에 이르기까지.

그러나 이러한 유사성에도 불구하고 두 영화는 매우 주목할 만한 차이점을 보인다. 그것은 헐리우드식 스펙터클에 대한 두 감독의 접근방식의 차이에서 비롯한다. 영화 〈간디〉가 헐리우드식 스펙터클의 관습을 충실히 따르고 있다는 점에서 감독 리차드 아텐보로우를 "전통주의자(traditionalist)"라 부를 수 있다면, 큰 테두리 안에서 몇가지 파격(!)을 시도하는 베르나르도 베르톨루치는 "수정주의자(revisionist)"라는 칭호에 어울릴 것이다.

베르톨루치의 파격은 주인공 부의(Pu-Yi)의 성격 설정에서부터 시작한다. 청조의 마지막 황제, 망명생활, 만주국의 '허수아비' 황제, 포로생활, 중국 공산당 정권하에서의 재교육과정, 그리고 정원사로서의 만년에 이르기까지 부의는 한번도 능동적으로—주체적으로—자신의 운명을 선택·결정하지 못하는 인물로 그려진다.

간디가 자신이 속해 있는 역사를 '끌고가는' 인물이라면, 부의는 역사에 '끌려가는' 인물이다. 그에게 역사는 단지 개인의 삶을 간섭하고 파괴하는 악몽일 따름이다. 전통적인 헐리우드 대작에서 주인공으로 등장한 일이 없었던 이러한 인물을 베르톨루치는 〈마지막 황제〉의 중심으로 삼고 있는 것이다.

그러나 베르톨루치가 이러한 파격을 시도한 의도가 무엇인지는 영화 속에 뚜렷이 나타나지 않는다. 이것이 개인과 역사와의 관계에 대한 성찰에서 온 문제제기의 방식인지, 아니면 단순히 헐리우드 영화의 '관습 풀어헤치기'의 몸짓인지조차도 분명하지 않다. 영화의 모호한 결말은 감독의 의도에 대한 궁금증을 더욱 깊게 할 따름이다.

스펙터클로서의 모자람들에도 불구하고 〈마지막 황제〉는 관객을 끌어들이는데—특히 한국에서—성공하였다. 그렇다면 관객들은 이 영화에서 무엇을 기대했고, 또 그 기대는 어떠한 방식으로 충족되었을까? 이 정도의 파격은 용납할 수 있을 만큼 우리나라 관객들은 스펙터클에 목말라 했던 것일까?

## 7. '람보'의 영웅주의와 '배트맨'의 관료주의

80년대초 미국인들은 '위대한 미국'에의 향수와 냉전 이데올로기로 빚어진 레이건-람보(Reagan-Rambo)라는 복합상표에 열광하였다(많은 제3세계 국가에서 그것은 또한 "깡패 미국"의 이미지에 다름 아니었다. 그리고 미국인들 자신도 그러한 사용법에 반대하지 아니하였다. 그것이 제3세계 사람들의 '열등의식'의 소산이라고 가볍게 넘기면서).

배우 시절의 레이건은 존 웨인에 비교할 수 없는 미미한 2류 배우에 불과하였다. 그러나 대통령 레이건은 존 웨인이 미국 대중의 마음 속에 자리했던 위치에 스스로 들어앉는 데 성공하였다. 베트남에서의 패배와 카터의 무능한 웃음에 신물 난 미국인들은 '미국의 자존심'을 회복하고 싶어했고, 미국 역사상 가장 '카메라를 잘 받는(photogenic)' 대통령을 그 과업을 수행할 사람이라 믿어 의심치 아니하였다.

그러나 상징조작과 공허한 수사학이 진정한 통치력을 대신할 수는 없었다. 두 번의 임기가 끝날 무렵, 레이건의 신화는 늘어나는 재정적자와 나아진 것 없는—소수민족과 빈곤층에게는 훨씬 악화된—생활 형편 앞에서 빛이 바랬다. 고르바초프의 소련에서 일어난 변화는 〈람보Ⅲ〉의 실베스터 스탤론을 세상물정 모르는 동키호테로 만들었을 뿐 아니라, 냉전무드에 편승하여 막대한 국방예산의 떡고물을 따먹던 군산복합체의 논리가 설득력을 잃게 하였다. 그리하여 람보-레이건은 동시에 미국인들에게 잊혀져갔다.

그러나 미국의 지배계층은 여전히 그 자리에 있었고, 근본적인 반성은 일어나지 않았다. 바뀐 것이 있다면 '상징'으로서의 대통령 레이건 대신에 '실무'를 수행할 능력을 가진 기술관료(technocrat)로 알려져 온 부시가 그 자리를 메운 정도이다.

부시의 레이건 시대의 이미지는 "똑똑하

〈배트맨〉. 팀 버튼 감독. 1989년.

지만 나약한 공부벌레"의 그것이었다. 그는 레이건과 같은 "미디어 스타"와는 거리가 멀었고, 미국 국민 또한 그에게서 실무능력 이상을 기대하지 않았다. 그리고 90년대 벽두부터 벌어지는 세계정치질서의 재편 속에서, 대통령으로서 부시는 "유능한 실무자"의 이미지를 키워나가고 있다.

부시의 '깐깐한' 관료로서의 모습은 헐리우드가 재생산(reproduce)할 만큼 매력적이지는 못하다. 그래서 90년대의 미국 대중은 80년대초의 레이건-람보에 대응하는 복합표상을 아직 가지고 있지 아니하다. 대신 90년대초 미국에서 가장 인기 있는 표상은 인간의 형상이 아니라 기하학적 문양—바로 '배트맨' 로고이다.

기하학적 문양은 추상이다. 그것은 그것을 표상으로서 수용하는 모든 이들이 동의하는 의미를 가지거나, 아니면 아무런 관념에 구속받지 않는 순수한 도형으로서만 존재한다. 배트맨은 부시의 시대를 시작하는 표상이지만, 레이건-람보와는 달리 그것은 복합표상으로 결합하지 못한다. 레이건 시대의 미국정치와 헐리우드의 '끌어당김'이 지나가고, 이제 새로운 관계가 시작하려는 징조를 여기에서 읽을 수 있지 않을까?

## 배트맨, 죠지 부시의 시대

감독: 팀 버튼.
1989년.

1989년 헐리우드 최대의 이벤트는 〈배트맨〉이었다. 사상 최고의 호화(!) 진용이었다고 일컬어지는 89년 미국 여름 시즌에 개봉되어, 〈인디아나 존스 Ⅲ: 최후의 성전〉 〈고스트버스터즈Ⅱ〉 〈스타트랙Ⅴ〉 〈심연〉 〈007 살인면허〉 〈리셀 웨폰Ⅱ〉 등을 차례로 잠재우며(?) 미국 여름 시즌에만 무려 2억 6천만 불의 흥행수입을 올린 영화. 성공보다는 실패의 가능성이 더 크다고 많은 전문가들이 예상하였던 영화가 이변을 낳은 것이다.

4,500만 불이라는 엄청난 제작비가 흥행에 주는 부담. 그리고 이러한 대작을 감당할 능력이 있을지 전혀 미지수인, 단지 두 편의 장편영화—코미디 〈피위의 대모험(Pee—Wee's Big Adventure)〉과 〈비틀쥬스(Beetlejuice)〉—만을 감독한 팀버튼(Tim Burton). 출연하는 영화마다 미국내 시장에서는 이상하리만치 저조한 흥행성적을 보여왔던 킴 배신저(Kim Bassinger). 그리고 배역이 발표되자 배트맨 팬클럽—만화와 60년대의 TV 시리즈에 대한—의 항의가 빗발쳤던 왜소한 체구의 코미디언 출신 배우 마이클 키튼(Michael Keaton). 물론 부동의 연기파 스타 잭 니콜슨이 조커 역으로 가담했지만, 과연 이러한 '불확실'한 팀으로 이 대작이 성공할 수 있을지 불안해 한 투자가들 때문에 제작발표 직후 워너브라더스의 주식값이 한때 떨어지는 일까지 벌어졌다.

그러나 정작 대히트의 예감은 〈배트맨〉 영화의 바깥에서부터 시작되었다. 배트맨 로고—노란 바탕에 검은 박쥐무늬(배트맨 로고를 모르는 사람에게는 이상야릇한 먹물 번짐에 불과한)가 들어가고 전체가 타원형으로 이루어진—가 거리의 이곳저곳에서 눈에 띄기 시작한 것이다. 영화가 개봉되기 훨씬 전부터 이 약간은 괴기스럽기까지 한 단순한 도형은 수많은 사람들의 몸의 일부(!)처럼 되었고, 자연히 '연관상품화(merchandising)'된 수많은 자질구레한 제품들이 배트맨 로고를 달고 쏟아져나왔다.

히트 영화 속의 등장인물이나 장비, 기구 등을 상품화하여 파는 전략은 〈스타워즈〉 이래 헐리우드의 주요한 수입원이었지만, 영화가 개봉되기 전부터(물론 만화와 TV로 배트맨은 이미 미국인들에게 친숙한 이름이었다) 연관상품이 불티나게 팔리고, 그것이 어쩌면 영화의 히트에 결정적으로 작용한 예는 〈배트맨〉이 아마 처음일 것이다.

배트맨 셔츠를 입고 관객은 자리에 앉는다. 불이 꺼지고, 화면에 제작사 자막이 떠오른다. 이제 시작이다! 어두운 공간 속, 높은 벽 사이에 미로처럼 난 길을 따라 질주하는 카메라, 불안한 리듬의 배경음악, 타이틀이 계속 떠오르고, 카메라는 한번도 쉬지 않고 이 환상적 공간을 누비다가, 이윽고 공중으로 떠오르며 지금껏 질주해 온 벽과 미로를 내려다 보면—바로 관객의 가슴 위에 있는 것과 똑같은 베트맨 로고가 화면을 채운다. 마치 예정된 운명처럼.

# 8. 80년대 헐리우드 '용기 있는 걸작' 10편

진부한 이야기겠으나, 영화는—다른 모든 문화상품과 마찬가지로—그것이 만들어진 특정한 시대의 사회를 반영한다. 물론 여기서 "반영"이라는 말은 객관적인 현실의 충실한 모사 이상을 뜻한다. 한 시대의 증후를 드러내는 것, 비전형적인 인물과 사건을 통하여 오히려 "전형" 뒤에 감추어진 진실을 폭로하는 것까지 이 말의 의미망 속에 포함되어야 할 것이다.

헐리우드 영화의 시장은 전세계이지만, 그것의 "세계성"과는 별도로 헐리우드 영화는 "미국"이라는 특정한 사회의 문화로부터 자유롭지 못하다. 따라서 80년대의 미국영화 중에서 미국사회를 진지하게 반영한 영화들을 살펴봄은 헐리우드 영화의 모태를 이해하는 하나의 방법일 수 있을 것이다.

다음에 소개하는 영화들은 나름대로의 시각으로 80년대의 미국 사회의 여러 모습을 보여준다. 그것은 우리가 피상적으로 알고 있는 혹은 주류(mainstream) 헐리우드 영화 속에 상투적으로 그려지는 모습과 매우 다르다는 점에서 신선한 충격을 줄 것이다(배열은 제작연도순).

(1) 〈위험한 장사(Risky Business)〉

1983년. 폴 브릭맨(Paul Brickman)감독의 데뷔작. 배경은 시카고 교외의 고급주택지. 대학 입학을 앞둔 10대 소년 톰 크루즈(Tom Cruise)—〈탑 건〉, 〈레인맨〉, 〈7월4일생〉, 〈칵테일〉의 바로 그—의 신선한(!) 모습도 볼 만 하지만, 그가 부모가 휴가기간 동안 집을 비운 동안 벌이는 '장사'의 내용에 미국 중산층의 단조로운 삶에 대한 날카로운 풍자가 스며 있다. 비디오 출시명은 〈청춘사업〉.

(2) 〈리포 맨(Repo Man)〉

1984년. 알렉스 콕스(Alex Cox)감독의 데뷔작이며 80년대 컬트 영화의 고전. LA의 황량함을 배경으로 '리포 맨(자동차 압류

〈옳은 일을 해라〉. 스파이크 리 감독. 1989년.

대행업자 쯤의 뜻)', 외계인, 정체불명의 '기관원'들, 그리고 펑크족들이 벌이는 얼키고 설킨 줄거리. 미자본주의에 대한 언더그라운드로부터의 비판.

(3) 〈이것이 스파이널 탭이다(This is Spinal Tap!)〉

1984년. 로브 라이너(Rob Reiner)—〈해리가 샐리를 만났을 때〉, 〈스탠드 바이 미〉—감독. '가짜' 다큐멘터리라는 새로운 장르(?)를 유행시킨 영화. '스파이널 탭'이라는 가상의 락 그룹의 일대기 형식의 락 다큐멘터리 패러디(rock decumentary parody). 미국의 대중음악계에 대한 신랄한 풍자로도 읽힐 수 있다.

(4) 〈딤 섬(Dim Sum:A Little Bit of Heart)〉

1985년. 홍콩출신의 웨인 왕(Wayne Wang) 감독이 샌프란시스코의 중국계 미국인(Chinese American)사회를 그린 영화. 소수민족의 애환, 이민 1세와 2세간의 문화적 갈등이 일본의 거장 오즈 야스지로의 영화를 연상케 하는 담담한 영상에 담겨져 있다.

(5) 〈블루 벨벳(Blue Velvet)〉

1986년. 데이비드 린치—〈코끼리남자(The Elephant Man)〉—감독. 전형적인 미국 중소도시의 평온한 삶 밑에 감추어진 '끔찍한' 진실을 발가벗기는 영화. '모범시민'들이 벌이는 기행과 범죄 속에 미국 중산층의 위선과 허위에 찬 삶의 모습이 암시된다.

(6) 〈강변에서(River's Edge)〉

1987년. 팀 헌터 감독. 한 십대 소년이 자신의 여자친구를 살해하고 그 사실을 친구들에게 알린다. 그리고 친구들은 모두 사건의 은폐에 가담한다. 80년대 미국 청소년들 사이에 팽배한 무관심과 가치관의 부재를 극단적인 예로써 이야기한 영화. 실화에 기초하여 만들어졌다.

(7) 〈아리조나 키우기(Raising Arizona)〉

1987년. 조엘과 에단 코엔 형제가 만든 영화. 아이를 낳지 못하는 전과자-여순경 부부, 그들에게 아기(이름은 아리조나)를 유괴당한 사업가, 유괴범을 추적하는 청부업자, 탈옥하여 옛 친구를 찾아온 두 죄수, 이들이 어울려 벌이는 난장판 코미디. 그리고 웃음 밑에 깔린 미국 서부지방의 향토색. 가족과 아이에 대한 그 곳 주민들의 집착, 획일화되어 가는 소비사회의 성찰. 비디오 출시명은 〈아리조나 유괴사건〉.

(8) 〈메이트원(Matewan)〉

1987년. 소설가이며 영화감독인 존 세일즈(John Sayles)감독. 1920년대 버지니아의 탄광지대를 배경으로 미국의 노동운동 초창기에 있었던 노동자들의 투쟁을 그린 독립영화의 걸작.

(9) 〈가늘고 푸른 선(Thin Blue Line)〉

1988년. 에롤 모리스(Eroll Morris)감독의 장편 다큐멘터리. 하층민에 대한 편견과 불합리한 법제도의 탓으로 억울하게 살인범으로 몰린 사형수의 이야기. 극영화의 기법을 도입한 화면처리가 돋보이며, 여론을 움직여 재심 끝에 결국 '주인공'을 석방하게 한 영화.

(10) 〈옳은 일을 해라(Do the Right Thing)〉

1989년. 흑인-청년-뉴욕-독립영화작가이며 배우인 스파이크 리(Spike Lee)각본·감독. 미국영화에서 금기(taboo)이다시피 한 흑·백(그리고 부분적으로는 한국인 교포로 대표되는 황) 갈등을 정면으로 다룬 문제작. 미국과 유럽의 많은 비평가들이 89년 최고의 미국영화로 꼽고 있다. 비디오 출시명은 〈똑바로 살아라〉.

# 5장 90년대 헐리우드 / 메이드 인 헐리우드 II

## 1. 아놀드 슈왈제네거, SFX, 헐리우드

슈왈제네거가 처음 미국의 관객들에게 본격적으로 알려졌던 것은 극영화가 아니라 다큐멘터리 〈펌핑 아이언(Pumping Iron)〉(77)에서였다. 바디 빌딩의 세계를 소개한 이 영화에서 슈왈제네거는 역대 미스터 유니버스의 한명으로 등장하여 바디 빌더들의 생활과 그들의 육체미 훈련법을 시범과 함께 설명하였다. 상당히 더듬거리는 영어실력과 다소 우락부락한 얼굴의 이 '헐크'가 10년 후 헐리우드 최고의 스타가 되리라고는 아무도 예상하지 못하였다.

그리고 1990년. 그는 헐리우드에서 가장 많은 출연료를 받는 배우 중의 하나가 되었고, '촌뜨기'의 이미지를 벗어나는 데 성공하였다. 슈왈제네거가 그와 어깨를 겨루는 다른 스타들—톰 크루즈, 멜 깁슨, 브루스 윌리스, 에디 머피, 실베스터 스탤론—과 가장 구별되는 점은 그가 해외시장에서 더욱 강세를 보이는 '흥행의 보증수표'라는 점이다. 그가 80년대에 출연했던 일련의 액션영화들은 미국내에서보다는 해외시장에서 예외없이 큰 히트를 기록하였다. 멜 깁슨의 〈매드 맥스〉나 스탤론의 〈록키〉, 〈람보〉처럼 특정한 등장인물의 이미지에 고정되지 않은 채 '슈왈제네거'라는 이름으로 관객들에게 기억됐다는 점이 또한 그의 강점이다.

아놀드 슈왈제네거는 1947년 오스트리아에서 태어났다. 13살 때부터 바디 빌딩을 시작하여 1967년에는 미스터 유니버스 타이틀을 따냈고, 곧 이어 미국으로 이주하였다. 그의 영화데뷔는 1969년 〈헤라클레스 뉴욕에 가다(Hercules Goes to New York)〉였지만, '연기'를 처음 보인 것은 존 밀리어스 감독의 〈코난(Conan the Barbarian)〉(82)이었다. 어색한 영어발음을 감추기 위하여 거의 대사가 주어지지 않았던 이 영화에서 그는 칼과 창을 휘두르는 무사로 등장, 우람한 근육을 자랑하며 화면을 채웠다. 서투른 영어, 무지막지한(?) 근육만이 재산일 뿐 배우로서의 장래가 없어 보였던 그는 1984년 제임스 카메론 감독의 〈터미네이터(Terminator)〉(87)에서 극한상황에서 고독한 전사와 대결을 벌이는 미래의 사이보그 역할을 잘 소화했다는 평을 받았다. 다음 작품 역시 SF인 〈런닝 맨(Running Man)〉(87)으로 '근육'과 '액션'만이 아닌 나름대로의 연기를 보여주었다. 〈레드 히트(Red Heat)〉(88)에서는 미국 형사와 함께 범인을 추적하는 소련군 장교로 나왔다.  그리고 나서 그는 깜짝 놀랄 모험을 감행했는데, 다음 작품인 이반 라이트만 감독(〈고스트버스터즈〉)의 〈트윈스(Twins)〉에서 코미디 배우로 일대 전환을 한 것이다.  함께 출연한 코미디언 대니 드 비토 못지 않은 코믹연기를 보여주어 이 모험은 성공하였고, 〈토탈 리콜(Total Recall)〉(90), 〈유치원에 간 사나이(Kindergarten Cop)〉(90) 〈터미네이터Ⅱ〉(91)로 이어지고 있다.

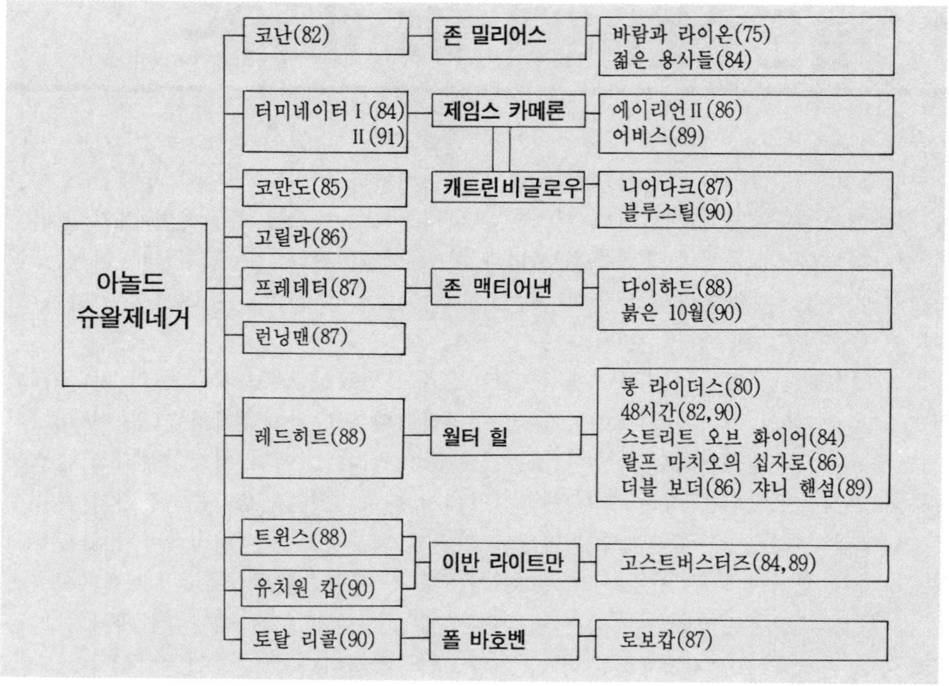

〈슈왈제네거의 감독들〉

존 밀리어스(John Milius): 1944년 미국생. 슈왈제네거의 이름을 관객들에게 인상 깊게 알린 영화 〈코난(Conan the Barbarian)〉(82)을 연출하였다.  남가주 대학에서 조지 루카스 등과 함께 영화를 공부하였다. 〈바람과 라이언(The Wind and the Lion)〉(75), 〈젊은 용사들(Red Dawn)〉(84) 등을 감독하였으며, 코폴라 감독의 〈지옥의 묵시록(Apocalypse Now)〉(79)의 오리지날 시나리오를 썼다. 선이 굵고 스케일 큰 연출로 대작을 만들 줄 아는 감독으로 기대를 모았으나, 80년대에는 실망스런 활동을 보였다. '남자다움'에 대한 지나친 집착, 폭력에의 무비판적인 탐닉이 노골적으로 드러난다는 지적을 비평가들로부터 받아왔다.

〈터미네이터 II〉. 제임스 카메론 감독. 1991년.

제임스 카메론(James Cameron): 1944년 미국생. 그의 출세작 〈터미네이터〉는 또한 슈왈제네거가 본격적으로 '스타'의 위치에 올라선 계기를 마련하기도 하였다. B급 액션/공포영화 제작자인 로저 코먼 밑에서 영화수업을 쌓았고 〈터미네이터〉〈에이리언 II(Aliens)〉〈어비스(심연: Abyss)〉 등이 모두 우리에게 소개되었다. SF, 액션, 필름 느와르 등 기존의 장르를 철저히 연구, 해체-재구성하여 전혀 새로운 감각의 영화를 만들어내었다는 평가를 받는다. 특히 〈터미네이터〉에 슈왈제네거를 기용한 것은 빛나는 아이디어. 〈터미네이터 II〉에서 다시 슈왈제네거와 함께 작업.

윌터 힐(Walter Hill): 1944년 미국생. 〈레드 히트(Red Heat)〉(88)는 페레스트로이카무드에 편승하여 만들어진 영화인데, 소련군 장교로 나온 슈왈제네거에게서 '절도 있는 우아함'을 연출해내었다. 샘 페킨파(〈게터웨이〉 〈가르시아〉 〈와일드 번치〉) 감독의 영향을 많이 받았으며 폭력과 음악을 영화 속에 표현하는 데 독특한 개성을 보여주는 스타일리스트이다. 다작인 편으로, 찰스 브론슨 주연의 〈어려운 세월(Hard Times)〉(75)이 데뷔작. 〈전사들(The Warriors)〉(79), 〈롱 라이더스(Long Riders)〉(80), 〈서던 컴포트(Southern Comfort)〉(81), 〈48시간(48 Hours)〉(82), 〈스트리트 오브 화이어(Street of Fire)〉(84), 〈십자로(Crossroads)〉(86), 〈더블보더(Extreme Prejudice)〉(86), 〈자니 핸섬(Johnny Handsome)〉(89), 〈48시간 II(Another 48 Hours)〉(90) 감독. 기획, 제작에도 능력을 발휘하고 있음.

이반 라이트만(Ivan Reitman): 1946년. 체코슬로바키아에서 태어나 캐나다로 이민. 슈왈제네거를 코미디 배우로 변신시킨 영화 〈트윈즈(Twins)〉 감독. 캐나다에서 코미디와 뮤지컬을 연출하였으며 브로드웨이 무대연출을 거쳐 영화로 진출. 〈고스트버스터〉의 감독으로 유명해졌다. 튼튼한 드라마보다는 배우들의 말장난과 제멋대로의 행동에 의존하던 초기의 코미디에서 SF를 대규모로 동원한 〈고스트버스터〉로 연출 영역을 넓혔다. 〈미로의 끝(Stipes)〉(81), 〈미트볼(Meatball)〉(76), 〈파라다이스 앨리(Paradise Alley)〉(82) 등이 초기작. 슈왈제네거와 다시 손잡고 〈유치원에 간 사나이(Kindergarten Cop)〉(90)를 완성했다.

폴 바호벤(Paul Verhoeven): 1938년 네덜란드 암스테르담에서 출생. 대학에서 수학과 물리학을 전공하였고 군복무 때 해군 다큐멘터리 부서에서 일한 것이 계기가 되어 제대 후 TV에서 일하였다. 1971년 〈바트 지엔 이크(Wat Zien Ik)〉로 극영화 데뷔. 배우 루트거 하우어(Rutger Hauer)와 컴비를 이루어 70년대 이후 네덜란드 영화의 명맥을 유지해왔다. 〈사랑을 위한 죽음〉 (73년), 〈스페터즈(Spetters)〉(80), 〈제4의 사나이(4th Man)〉(83)를 네덜란드에서 만들고 〈로보캅(Robocop)〉(87)으로 헐리우드 입성. 〈토탈리콜(Total Recall)〉(90)에서 슈왈제네거와 만나다.

# 2. 스티븐 스필버그: '미성년자 입장가'의 영화제국

**출생:** 1947년 12월 18일 미국 오하이오 주 신시내티에서.
**학력:** 롱 비치 캘리포니아 주립대학에서 영문학 전공.
**데뷔작:** TV 영화로는 〈대결(Duel)〉(71년)이 데뷔작. 극장용 영화로는 〈슈가랜드 특급(Sugarland Express)〉(73년)이 데뷔작.
**출세작:** 〈조스(Jaws)〉(75년). 유니버샬 영화사는 단 두 편의 장편영화를 연출했을 뿐인 28세의 신인감독에게 이 대작을 맡기는 모험을 감행했고, 그 결과는 모든 사람들의 기대를 훨씬 웃도는 것이었다. 〈조스〉는 그때까지의 모든 흥행기록을 깨고 '1억불' 수입의 벽을 돌파한 최초의 영화가 되었으며 스필버그를 일약 수퍼스타로 만들었다. 그리고 〈조스〉의 성공으로 스필버그는 자신의 '꿈의 프로젝트'인 〈미지와의 조우(Close Encounters of the Third Kind)〉(79년)를 현실화할 수 있었다.
**최고흥행작:** 〈E·T〉(82년). 1990년까지 3억 9천 9백만 불의 수입을 올리며 역대 흥행 1위의 자리를 고수중.
**실패작:** 스필버그에게 최초의 흥행실패를 안겨준 79년작 〈1941〉. 그리고 흥행과 작품의 양면에서 실패 판정을 받은 90년 최근작 〈올웨이즈〉.
**자신의 회사:** 영화기획·제작회사인 앰블린 엔터테인먼트(Amblin' Entertainment). 이 회사의 이름은 스필버그가 대학시절 만들었던 16mm 단편영화에서 따온 것이었다. 82년 이래 스필버그는 자신의 모든 영화를 프로듀서 프랭크 마샬—캐틀린 케네디 팀과 함께 앰블린 엔터테인먼트에서 기획·제작하여 배급만 메이저 스튜디오를 거치고 있다. 또한 다른 감독들의 영화를 프로듀스함으로써 거물 '제작·기획자'의 자리를 탄탄히 굳혀 놓았다.
**헐리우드의 평가:** 이제 40대 중반에 들어선 중년의 스필버그에게 '신동(Wunderkind)'이라는 별명은 더 이상 어울리지 않는다. 그보다는 제작자와 감독이라는 '기성세대'의 한 사람이라는 것이 더 정확한 표현일 것이다. 기획·제작자로서의 그의 능력은 그가 관련되었던 작품들의 흥행성적이 웅변으로 보여주고 있다. 그가 헐리우드 최고의 '흥행마술사'라는 데 이의를 제기할 사람은 없을 것이다. 그러나 감독—곧 '작

스티븐 스필버그.

가'—로서의 그의 능력은 끊임없이 의심(?)받아왔는데, 그가 '성인선언'을 한 일련의 심각한 영화들 (〈칼라 퍼플〉, 〈태양의 제국〉, 〈올웨이즈〉)이 잘해야 호의적인 평을 받을 뿐, 동세대인 스콜세지나 코폴라의 '걸작'만큼의 대우를 받지 못하는데 스필버그는 강박관념을 갖고 있는 듯이 보인다. 신작 〈올웨이즈〉의 참패 이후 그가 또 한번 '걸작에의 도전'을 시도할지 지켜볼 일이다.

# 3. 조지 루카스 : 헐리우드 테크놀로지의 '미래전사'

**출생:** 1944년 5월 14일 미국 캘리포니아 주 오데스트에서 태어남.
**학력:** 남가주 대학(USC) 영화과 졸업.
**데뷔작:** 로버트 듀발 주연의 SF 〈THX 1138〉(71년)로 데뷔. 비평가들로부터는 좋은 반응을 얻었으나 흥행에서는 참패하였다.
**출세작:** 〈청춘낙서(American Graffiti)〉(73년). 60년대초, 미국 한 소도시에서의 사춘기 청소년들의 사랑이야기를 그린, '순진함'이 남아 있던 시대에 대한 노스탤지어를 불러일으키는 영화. 예상 밖으로 커다란 히트를 기록했으며 루카스는 '무서운 신예감독'으로 주목받았다. 당시 무명배우였던 리차드 드레퓨스와 후에 〈코쿤〉, 〈윌로우〉의 감독이 된 론 하워드가 출연한 오늘날의 컬트 필름.
**최고흥행작:** 말할 것도 없이 〈스타워즈(Star Wars)〉(77). 스필버그의 〈미지와의 조우〉와 같은 해에 공개되어 SF 영화의 새로운 전성기를 예고하였다. 그러나 루카스는 이 영화를 마지막으로 연출에서는 손을 떼고 제작에만 열중하였다.
**실패작:** 스필버그와 마찬가지로 루카스는 80년대에 동료감독들의 작품을 후원, 제작을 맡았다. 〈폴터가이스트〉, 〈빽투더 퓨쳐〉 등 스필버그가 제작한 영화들이 흥행을 강조한 대작 SF 중심이었다면, 루카스는 〈미시마〉(폴 슈레이더), 〈터커〉(프랜시스 코폴라) 등 독특한 개성의 작가영화—메이저 스튜디오에서는 손대기 힘든—에 관심을 가지고 후원하였다. 그러나 그가 흥행을 의식하고 기획한 야심작(?)〈하워드 덕(Howard Duck)〉은 실패작으로 기록되었다. 〈인디아나 존스〉 시리즈와 〈스타워즈〉 3부작의 성공에서 얻은 '흥행의 귀재'로서의 명성을 일거에 무너뜨린 비극적 사건.
**자신의 회사:** 주로 영화의 특수촬영 효과를 개발·주문작업하는 아이엘엠 (Industrial Lights and Magic). 스필버그가 앰블린 엔터테인먼트를 설립하여 영화의 '상업적 소프트웨어'를 다듬고 있다면, 루카스는 그것을 뒷받침할 '하드웨어'의 개발과 상품화의 방향으로 나간 셈이다. 컴퓨터 그래픽, 더욱 정교한 모델, 미니추어 제작, 디지탈 녹음·효과기재에서 극장의 음향시스템 디자인까지 ILM은 영화 테크놀로지의

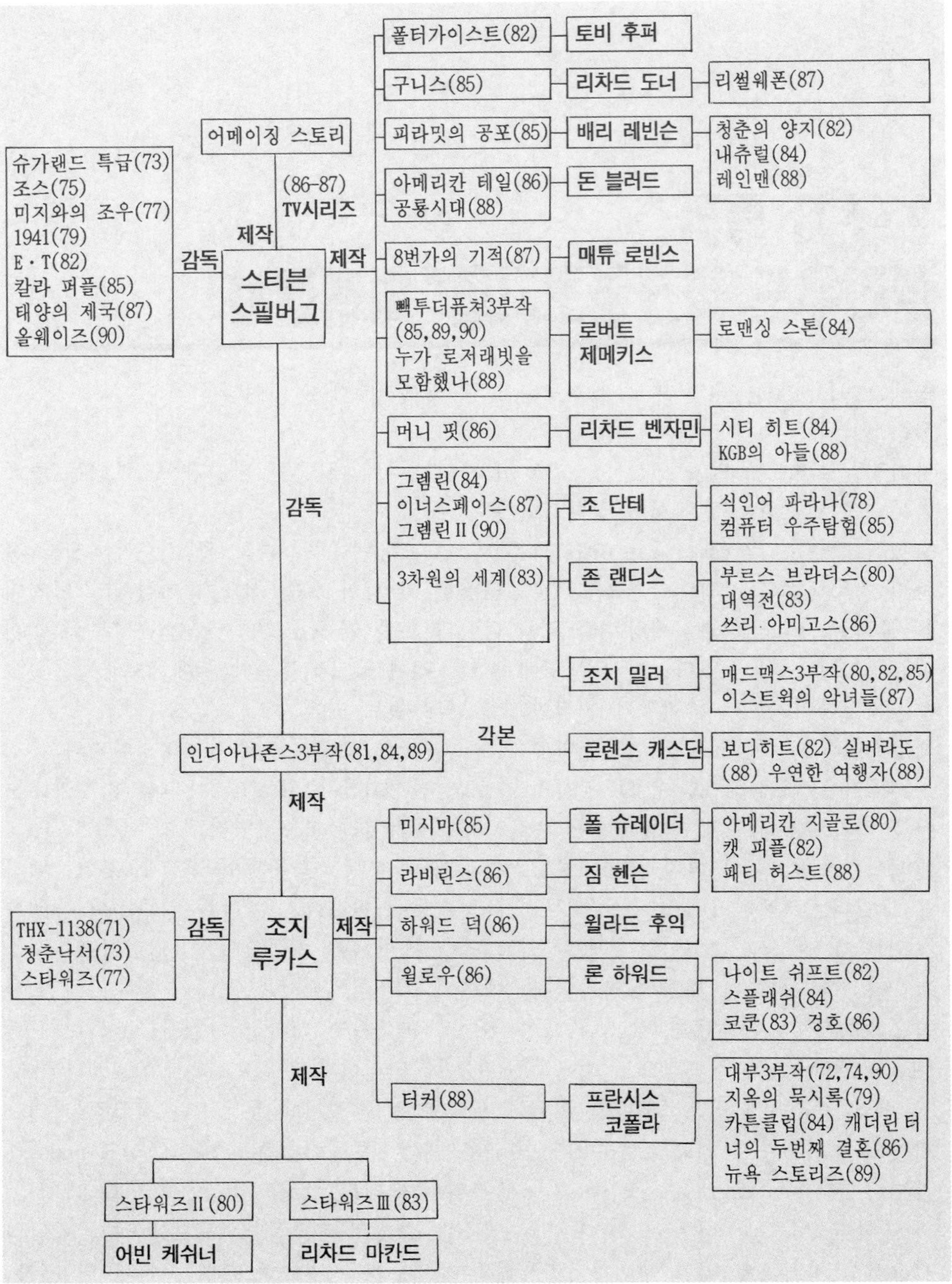

폴터가이스트(82)
토비 후퍼
구니스(85)
리차드 도너
리썰웨폰(87)
어메이징 스토리
피라밋의 공포(85)
배리 레빈슨
청춘의 양지(82)
내츄럴(84)
레인맨(88)
슈가랜드 특급(73)
조스(75)
미지와의 조우(77)
1941(79)
E · T(82)
칼라 퍼플(85)
태양의 제국(87)
올웨이즈(90)
(86-87)
TV시리즈
아메리칸 테일(86)
공룡시대(88)
돈 블러드
제작
감독
스티븐
스필버그
제작
8번가의 기적(87)
매튜 로빈스
빽투더퓨쳐3부작
(85,89,90)
누가 로저래빗을
모함했나(88)
로버트
제메키스
로맨싱 스톤(84)
머니 핏(86)
리차드 벤자민
시티 히트(84)
KGB의 아들(88)
그렘린(84)
이너스페이스(87)
그렘린 II(90)
감독
조 단테
식인어 파라나(78)
컴퓨터 우주탐험(85)
3차원의 세계(83)
존 랜디스
부르스 브라더스(80)
대역전(83)
쓰리 아미고스(86)
조지 밀러
매드맥스3부작(80,82,85)
이스트윅의 악녀들(87)
인디아나존스3부작(81,84,89)
각본
로렌스 캐스단
보디히트(82) 실버라도
(88) 우연한 여행자(88)
제작
미시마(85)
폴 슈레이더
아메리칸 지골로(80)
캣 피플(82)
패티 허스트(88)
라비린스(86)
짐 헨슨
THX-1138(71)
청춘낙서(73)
스타워즈(77)
감독
조지
루카스
제작
하워드 덕(86)
윌라드 후익
윌로우(86)
론 하워드
나이트 쉬프트(82)
스플래쉬(84)
코쿤(83) 경호(86)
제작
터커(88)
프란시스
코폴라
대부3부작(72,74,90)
지옥의 묵시록(79)
카튼클럽(84) 캐더린 터
너의 두번째 결혼(86)
뉴욕 스토리즈(89)
스타워즈II(80)
스타워즈III(83)
어빈 케쉬너
리차드 마칸드

최첨단에 서 있는 대회사로 성장하였다.

**헐리우드의 평가:** 제작자로서의 루카스의 시대는 〈인디아나 존스〉 3부작과 함께 일단 지나간 것으로 봄이 일반적인 시각이다. 〈스타워즈〉의 신화는 〈배트맨〉, 〈닌자터틀〉, 〈고스트〉 등의 메가히트 앞에서 빠른 속도로 잊혀져가고 있다. 그러나 루카스의 야심은 이제 히트작의 기획·제작자로만 기억되는 데 있지 않을지도 모른다. 영화 테크놀로지의 혁명적인 변화를 가져오는 것, 그리하여 영화가 만들어지고 보여지는 방식을 근본적으로 바꾸어 놓은 '선구자'로 후세에 기록되기를 그는 꿈꾸고 있지는 않은지?

# 4. 존 맥티어낸:상업영화의 작가주의

"미국에서 영화는 산업이다. 그것은 노동자와 자본으로 이루어진 제조업이며, 고안하고 재생산하는 생산물이다. 나의 직업은 그 구조의 내부를 채우는 것이다. 물론, 개인적으로 나는 상업적으로 계산된 직업보다는 오리지날한 프로젝트에 더욱 열중한다. 그러나 어쨌든 여기는 헐리우드이다. 이곳에서 감독은 주어진 계획과 장비를 가지고 상품을 제조해내는 기술자에 불과할 따름이다. 여기에도 '작가(auteur)'라고 부를 만한 사람들이 있는 것은 사실이다. 그러나 거기에는 그만한 대가가 따른다. 보통 그런 사람들은 "제작/각본/감독"이라고 불리운다. 다시 말하면, 헐리우드에서 '작가'가 되려면 '감독'만으로는 부족하다. 혼자서 두 사람이나 세 사람 몫의 일을 감당할 수 있어야만 하는 것이다."

—1987년 9월 29일, 존 맥티어낸—

〈프레데터(Predator)〉. 〈다이 하드(Die Hard)〉. 〈붉은 10월(The Hunt for Red October)〉. 이 세 편의 영화 제목 앞에서 손쉽게 '존 맥티어낸(John McTiernan)'이라는 이름을 떠올릴 수 있는 사람은 그리 많지 않을 것이다. 고다르, 벤더스, 타르코프스키의 작품연보를 외고 있을 심각한 영화학도라면 '심심풀이'로 보고 지나쳤거나 아예 '외면'했을 위 영화들의 감독 이름에 관심이 없었을 것이고, 비디오 대여점에서 그때그때 '재미'를 찾아 영화를 빌려다 보는 '소비자'들은 대부분 감독 이름을 새기며 영화를 보지 않기 때문이다. 그러나 이 세 편의 영화가 같은 감독에 의하여 만들어졌다는 사실을 안다면 어느 편이나 그가 어떤 사람인지에 대해 약간의 흥미를 느낄 것이다.

존 맥티어낸은 1951년생. 올해 40세이니 그가 연출한 작품들의 무게에 견주면 많다고 할 수 없는 나이이다. 미국 뉴욕 주 알바니에서 태어났으며 줄리아드와 뉴욕대학에서 공부한 것으로 알려져 있다. 미국영화재단(American Film Institute)의 영화인 양성프로그램을 수료했으며 TV 광고제작을 하며 시나리오를 썼다. 1986년 서스

펜스-드릴러〈유목민들(Nomads)〉로 극영화감독으로 데뷔하였다. 이 영화를 본 프로듀서 조엘 실버(Joel Silver)가 슈왈제네거 주연영화 〈프레데터〉의 연출을 그에게 맡겼다. 〈프레데터〉가 나름대로 성공을 거두자 조엘 실버가 제작한 〈다이 하드〉(88)를 계속 연출, 대히트를 기록하였다. 1990년에는 〈붉은 10월〉을 감독하였다. 힘 있고 압도적이면서도 세밀한 연출력을 가졌다는 평가를 받고 있으며, 특히 극한상황에 쫓기는 인간들의 심리와 박력 있는 액션묘사에 탁월한 기량을 보인다.

맥티어낸은 헐리우드의 스튜디오 시스템 안에서 일하는 영화감독이다. 이것은 곧 그가 상업영화의 요구에 맞추어 작품을 만들어야 하는 조건 아래서 작업하고 있음을 뜻하며, '작가'로서의 그를 이해하는 것은 상업영화의 한계내에서 작업했던 선배작가들—예컨대 존 포드나 히치코크—을 이해하는 만큼의 정밀한 분석을 요구한다. 맥티어낸의 주요 연출작 3편을 각각 떼어놓고 볼 때, 거기에는 작가영화에서 흔히 찾을 수 있는 독특한 '체취'가 엿보이지 않는다. 흥행을 강하게 의식한 잘 다듬어진 상업영화라는 것이 영화를 볼 때의 첫인상일 것이다. 그러나 3편의 영화를 함께 놓고 비교해 보면, 흥미롭게도 3편이 모두 비슷한 주제를 다루고—액션과 서스펜스 아래에 감추어져 있지만—있음이 드러난다. 그것들을 요약하자면 폐쇄된 공간 속에서의 모험, 내부와 외부의 적, 그리고 가족관계의 위기와 복원 등이다. 이러한 관점에서 본다면, 〈프레데터〉, 〈다이하드〉, 〈붉은 10월〉을 동일한 주제의 변주에 의한 3부작으로 불러도 좋을 것이다.

**폐쇄공간 그리고 '모험'의 보상:** 〈프레데터〉의 정글, 〈다이하드〉의 고층빌딩, 그리고 〈붉은 10월〉의 잠수함은 모두 폐쇄된 공간이다. 주인공들은 모두 이 공간으로부터 '바깥세상'으로 안전하게 빠져나가려 '죽도록 고생'하며 그러한 모험의 과정이 내러티브의 축을 이룬다. 영화가 시작될 때 주인공들은 자신이 지금부터 부딪칠 상황을 전혀 예측하지 못하며, 따라서 그들은 위기상황에 대처할 아무런 계획도 갖지 않고 있다(〈붉은 10월〉의 레이머스 함장은 이 점에서 예외적인 존재이지만, 그도 "문제는 미군이 어떻게 대응할지" 모르고 있음을 고백한다. 레이머스의 전지전능함과 절대적인 권위도 잠수함이라는 공간을 벗어나지 못하는 것이다). 일단 위기가 닥치면 그들은 '동물적/본능적'으로 대처하며 아슬아슬한 고비를 넘긴다. 그리고 영화의 마지막에서 그들은 자신들의 '살아남음' 이상의 것을 고생의 대가로 얻게 되는데, 그것은 모두 '가족관계의 복원'이라는 공통점을 갖는다.

**적, 그리고 조직과 개인:** 액션영화의 정석대로 맥티어낸의 영화 속에는 '적'과 '아'의 이분법이 갈등구조를 떠받치고 있다. 주인공들의 모험은 모두 전투의 형태로 묘사되고 있으며, 그들의 주요 적은 언제나 주인공들을 압도하는 기량을—다윗과 골리앗처럼—갖추고 있다(〈프레데터〉의 외계인은 인간보다 훨씬 진보된 테크놀로지를 가지고 있고, 〈다이하드〉의 사이비 테러리스트들은 월등한 원인과 화력으로 가엾

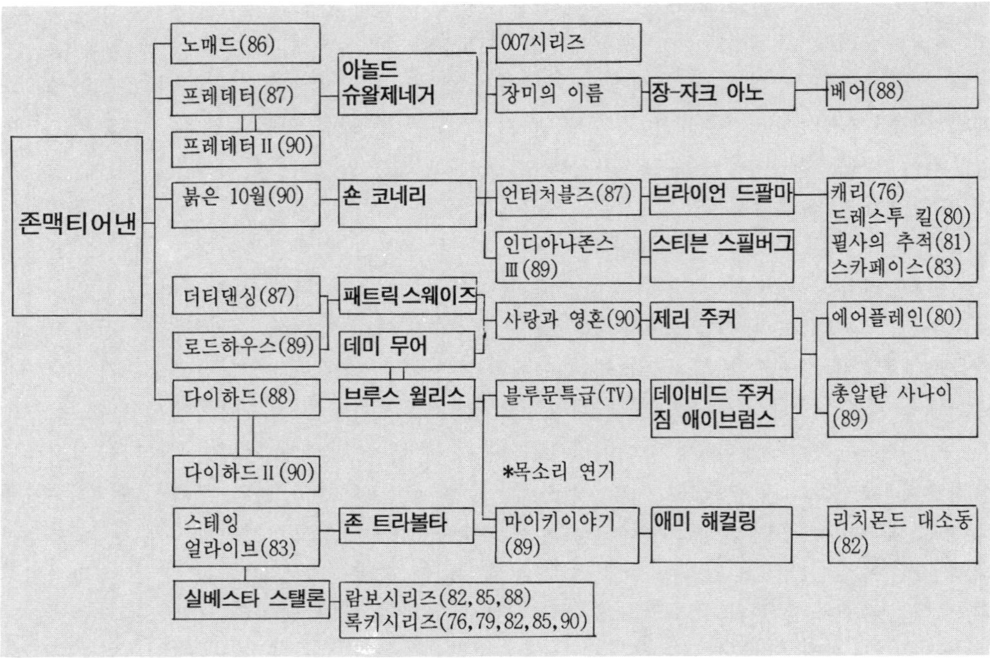


은 브루스 윌리스를 괴롭히며, 〈붉은 10월〉은 미국과 소련함대 전체의 사냥감이다). 그러나 맥티어낸은 이러한 주요 적들 못지 않게 위협적인 '내부의 적들'을 다양한 인물배치를 통하여 묘사한다. 이 내부의 적들은 주인공을 의도적으로 위협하는 존재들은 아니다. 표면적으로 그들은 주인공과 같은 편에 서 있으며, 주인공이 속해 있는 조직을 통제하는 위치에 있는 자들이다. 맥티어낸 영화의 주인공들은 모두 일종의 관료조직의 하급구성원들—특수부대의 병사, 말단형사, CIA 분석요원—인데, 이들은 자신들을 지휘하고 명령을 내리는 사람들보다도 더욱 '전문가'답게 그려진다. 그리고 전문가들의 판단은 그들 자신과 다른 사람들을 위기로부터 구하고, 관료들은 실수를 거듭하며 때로는 스스로를 파멸시킨다.

가족의 위기와 복원: 맥티어낸 영화의 주인공들은 완전한 가정을 가지고 있지 못한 사람들이다. 〈다이하드〉에서는 브루스 윌리스와 아내와의 불화가 암시되고(우선 그들은 서로 너무 멀리 떨어져 있다), 〈붉은 10월〉의 숀 코네리와 알렉 볼드윈에게는 아내가 없다. 이러한 등장인물 설정은 주인공들의 행위에 더욱 인간적인 동기를 부여하여 관객들의 공감을 끌어내려는 계산에서 나왔을 터이며, 스펙터클 영화에서 흔히 쓰이는 내러티브 장치이기도 하다. 맥티어낸은 이 장치를 본래의 목적에 맞게 효과적으로 이용할 뿐 아니라, 영화의 결말에서 주인공들의 그때까지의 시련이 사실은 그들이 갈망하던 가족관계의 획득을 위한 과정에 다름아니었음을 드러낸다.

그래서 〈다이하드〉의 브루스 윌리스는 아내를 구출하고 그녀와 화해하며, 〈붉은 10월〉에서 알렉 볼드윈은 레이머스 함장이라는 아버지를 얻게 된다.

〈다이하드〉. 존 맥티어난 감독. 1988년.

# 5. 헐리우드 :상업영화의 최고 단계

"지나친 것은 모자란 것보다 언제나 낫다?": 90년대의 헐리우드는 '대물(大物)' 숭배에 걸려 있는 것처럼 보인다. 어마어마한 제작비를 들인 대작들이 연중무휴—헐리우드 흥행사전에서 '휴한기'는 사라진지 오래이다—로 극장가를 강타하고, 흥행수입 1억 불 돌파는 더이상 엄청난 뉴스가 아니다. 모든 메이저스튜디오의 슬로건 "크게 벌려면, 크게 써라."

제작비의 상승: 1980년, 헐리우드 메이저 영화의 평균 편당 제작비는 920만 불이었다. 1988년, 그것은 1,850만 불로 정확히 두배 뛰었고, 1989년에는 2,350만 불이 되었다. 이제 편당 '순수'제작비가 3천만 불을 돌파하는 것은 시간문제이다. 그리고 여기에, 광고비와 프린트비가 덧붙여진다.

미국 국내시장: 1990년 12월 현재, 미국내 극장의 스크린 수는 모두 24,450개이다(하나의 극장에 2개 이상, 많으면 20개까지의 스크린이 있기도 하므로 극장의 수는 이보다 훨씬 적을 것이다). 이제 헐리우드 영화는 장기흥행에 승부를 걸지 않는다. 개봉 초기에 집중적으로 광고를 퍼붓고, 적어도 2,000개 이상의 스크린에서 동시에 상영하는 것이 마케팅의 상식으로 되어가고 있다(이것은 한 영화의 프린트를 한꺼번에 2,000벌 복사함을 뜻한다. 당연한 산술이지만, 그 물량을 한번 상상하여 보라! 참고로, 우리나라의 영화법은 외국영화의 한편당 프린트 수를 14벌까지로 제한하고 있다—아직까지는). 이렇게 해서 헐리우드는 국내 입장수입 50억 불 선을 1989년에 돌파하였다.

해외 영화시장: 헐리우드 자본에게 해외시장의 중요성은 갈수록 커지고 있다. 첫째, 제작비의 천문학적 상승 때문에 이제 미국 국내시장만으로 투자액 회수를 기대하는 것은 위험한 일이다. 〈람보 Ⅲ〉는 6,300만 불의 제작비를 들여 국내시장에서 고작 5,400만 불의 수입을 올렸으나, 해외시장에서 거뜬히 2억 불을 챙겼다. 둘째, 미국내에서의 '보조시장'의 개척은 80년대 내내 헐리우드의 주된 관심사였다. 혹시나 TV처럼 영화를 갉아먹지나 않을까 우려했던 비디오는 의외로 "황금알을 낳는 거

위"로 판명되었고, 여기에 네트웍 TV, 케이블 TV, 위성 TV 등의 보조시장이 추가의 수익을 보장해 주었다. 그리고 90년대. 이제 당분간 미국 국내시장에서 더이상 개척할 여지가 보이지 않자 헐리우드는 지금까지 '보너스' 정도로 간주해왔던 해외시장으로 시선을 돌리기 시작하였다(물론 본격적 공략을 위한 준비작업은 오래 전부터 진행중이었으리라 추측되지만).

이미 헐리우드 영화에 맛들인 관객들을 계속 붙들어 놓으며,

이제 막 헐리우드 영화에 접하는 동유럽과 제3세계의 관객들을 길들이고,

관세, 검열, 수입제한, 문화민족주의, 직배반대운동 등등 걸리적거리는 방해물들을 깡그리 걷어내고,

합법적으로, 정치적으로, 호혜적으로, 경제적으로 미국/해외시장의 구분을 실질적으로 없애는 것.

이것은 더 이상 '꿈'이 아니다. 헐리우드의 생존과 21세기의 번영을 위하여 시급히 달성해야 할 과제인 것이다.

블락버스터의 조건: 그렇다면 해외시장에서 환영받는 영화는 어떤 것들일까? 우선 '액션'이 있어야 한다. 그것도 '촌스럽'거나 '아마추어' 같은 액션은 통하지 않는다. 널리 보급된 비디오와 TV 덕분에, 적어도 액션영화를 보는 눈에는 전문가가 따

로 없고 관객 하나하나가 비평가를 빰친다(〈프레데터〉를 여섯 번 본 관객과 〈프레데터 II〉가 나온 줄도 모르는 비평가 중 누가 더 전문가이겠는가?). 그러므로 좀더 기발한, 스케일 큰, 화끈한, 스턴트와 폭발과 SFX가 요구된다(당연히 제작비는 치솟고, '뱁새'인 다른 나라 영화들은 '황새' 헐리우드 따라가기가 그만큼 어려워진다). 다음은? 당연히 '스타'이다. 그것도 남성-액션 스타이다. 꼭 슈왈제네거나 스탤론 같은 근육질이 아니어도 좋다. 톰 크루즈나 멜 깁슨 같은 '매력형'도 통하고, 〈베트맨〉이 나왔으니 마이클 키튼도 잘하면 대열에 낄지도 모른다. 이러한 스타의 중요성은 누구보다도 스타들 자신과 그들의 매니저가 잘 안다. 그래서 그들은 '몸값'을 올려 부르며, 스튜디오는 그들의 요구에 응하고, 그리하여 제작비는 또한번 치솟는다.

잭 니콜슨, 〈베트맨〉—흥행수익 배당 포함하여 약 5,000만 불.

실베스타 스탤론, 〈록키 V〉—시나리오 고료 포함하여 2,000만 불.

아놀드 슈왈제네거, 〈토탈 리콜〉—1,000만 불.

톰 크루즈, 〈폭풍의 질주〉—900만 불.

에디 머피, 〈속 48시간〉—900만 불.

브루스 윌리스, 〈다이 하드 II〉—750만 불.

(이상 90년 8월 5일 집계)

**슬리퍼(Sleeper) 히트**: 그러나 헐리우드가 스타와 SFX와 대작에만 목을 걸고 있을 만큼 어리석지는 아니하다. 관객들도 때로는 기분전환이 필요하며 연인과 함께 로맨틱한 환상에 빠지고 싶거나 '현실'의 모습을 안전한 거리에서 한번쯤 바라보고 싶을 때도 있는 법이다(액션 영화와는 달리, 이러한 종류의 '부드러운' 영화는 도대체 이 시점에서 관객이 '무엇'을 원하는지 감을 잡을 수 없다는 것이 헐리우드 기획자들의 고민이다). 그래서 이러한 말 그대로의 '소프트웨어'들이 비교적 적은 예산으로 조용히들 만들어지는데, 그중에는 가끔 〈사랑과 영혼〉이나 〈귀여운 여인〉처럼 엄청난, 예상 밖의 '슬리퍼' 히트들이 숨어 있기 마련이다. 〈로저래빗을 누가 모함했는가?〉는 이탈리아에서 공전의 히트를 기록했고, 〈죽은 시인의 사회〉는 파리, 런던, 서울에서 크게 성공하였다. 흥행의 '보증수표'와 '의외성'은 이리하여 헐리우드를 굴러가게 하는 두 바퀴의 역할을 한다.

**'환상'의 헐리우드 영화**: 전세계 어디에서나 그해 흥행 1위를 기록할 것임이 확실한 헐리우드 영화를 만든다면, 어떤 모습을 띠게 될까? 위의 조건들, 헐리우드의 자원, 세계 관객의 성향들을 생각한다면 대충 다음과 같은 인원들로 구성된 프로젝트일 것이다.

기획: 피터 거버와 존 피터즈(〈레인맨〉 〈베트맨〉의 공동기획자이며 현재 소니 소유인 컬럼비아의 회장).

제작총지휘: 스티븐 스필버그.

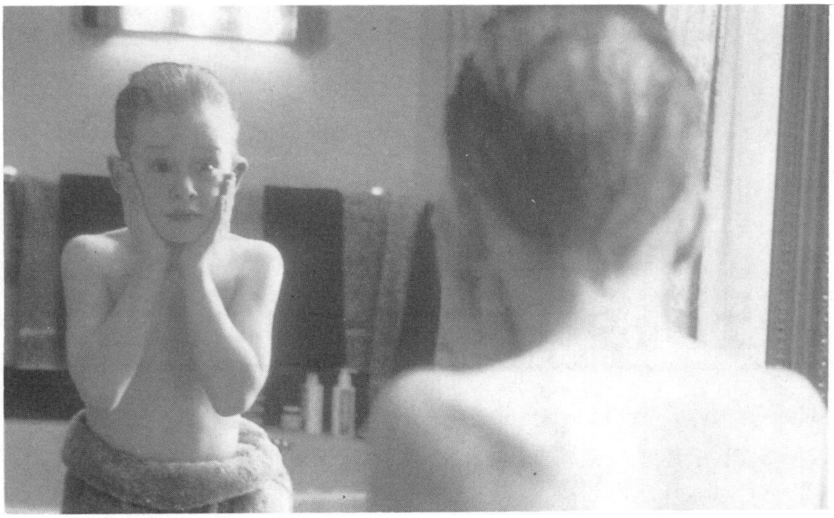
〈나홀로 집에〉. 크리스 컬럼버스 감독. 1991년.

감독: 폴 바호벤(단 연기지도는 올리버 스톤).

촬영: 비토리오 스토라로(〈지옥의 묵시록〉, 〈딕트레이시〉, 〈마지막 황제〉)— '고급'관객도 끌어들이기 위한 이름임.

주연: 아놀드 슈왈제네거.

조연: 잭 니콜슨, 킴 베신저.

음악: 엔니오 모리꼬네(〈황야의 무법자〉에서 〈미션〉에 이르기까지…).

주제가: 마돈나.

안무: 폴라 압둘.

특수효과: 조지 루카스의 아이엘엠(ILM).

무술지도: 성룡, 정소동.

제작회사: 컬럼비아(소니), 유니버샬(마쓰시다), 카롤코, 골든 하베스트 공동제작……

마지막으로, 몇개의 숫자들: 1990년도 한국영화 홍행순위 1~10위 관객합계: 191만 8천 명.

1990년도 국내 상영 외국영화 홍행순위 1~10위 관객합계: 427만 3천 명.

1990년도 한국영화 홍행순위 1~5위 편당 평균관객수: 32만 1천 6백 명.

1990년도 국내상영 외국영화 홍행순위 1~5위 편당 평균관객수: 52만 4천 명.

# 6. 헐리우드 '게임의 규칙'과 데이비드 퍼트냄

데이비드 퍼트냄(David Puttnam)은 80년대 영국 영화의 '르네상스'와 동의어이면서, 또한 헐리우드의 냉혹한 논리에 따라 좌절을 맛본 80년대에 가장 화제가 되었던 헐리우드 제작자의 이름이기도 하다. 런던의 무명 독립영화 제작자에서 시작하여, 자신의 기획작품으로 칸느와 아카데미를 휩쓸고, 대서양을 건너 헐리우드 메이저의 우두머리로 앉았다가 쫓기듯 떠나기까지의 역정에는 '작가(auteur)'로서의 제작자가 무슨 역할을 할 수 있었으며, 어떠한 영광이 주어졌고, 그리고 야심과 실패의 과정이 어떻게 전개되었는지가 그야말로 한 편의 영화처럼 흥미진진하게 담겨 있다.

퍼트냄은 1941년 영국 런던에서 태어났다. 대학을 졸업한 뒤 그는 광고계에 발을 들여놓았는데, 광고기획일을 하면서 후에 자신이 제작할 영화의 감독이 될 많은 '친구'들을 알게 되었다. 당시 영국의 영화산업은 헐리우드 영화가 국내시장을 잠식해 온 결과 사양길에 접어들었고, 영화작가를 꿈꾸는 젊은이들은 침체한 영화계보다는 활기차게 성장하는 신종 매체산업, 곧 광고와 TV 쪽을 택하는 수가 많았다. 그것은 그들이 작가로서의 수업을 쌓기 위한 현장경험과 직접 작품을 제작할 수 있는 기회를 얻기 위하여 어쩔 수 없이 택하였던 고육지책이기도 하였다. 그래서 런던의 광고계와 TV 프로덕션에는 많은 재능 있는 영화인력이 잠재해 있었고, 퍼트냄이 영화제작을 시작했을 당시는 이러한 환경에서 많은 미래의 영화작가들이 자신의 위치에서 방향전환을 모색하던 분위기가 지배적이었다.

퍼트냄의 제작자로서의 변신은 그의 친구이던 워리스 후세인이 감독한 극영화 〈멜로디(Melody)〉(72)에서 이루어졌다. 알란 파커(후에 감독이 됨)가 시나리오를 쓰고 비지스와 크로스비 스틸즈 앤내쉬의 음악이 사용된, 국민학교 꼬마들의 사랑을 그린 다분히 무정부주의적인 주제의 이 영화는 당시의 영국 영화로서는 드문 '반문화적'인 감수성을 보여주며 주목을 끌었다. 이후 퍼트냄은 BBC 프로듀서, CF 프로덕션을 거쳐 극영화 감독이 된 컨 러셀의 〈말러(Mahler)〉, 〈리조매니어(Listzomania)〉 등의 제작에 참여하여 기획자로서의 실무를 익혔다.

본격적인 '퍼트남 프로젝트'는 그의 광고계 동료였던 알란 파커의 데뷔작 〈벅지 맬론(Bugsie Malone)〉(76)부터 시작하였다. 출연자 전원이 12세 이하의 아동(아역이 아님!)으로 구성된 갱스터—뮤지컬 영화인 〈벅지 맬론〉은 그 아이디어의 기발함으로 화제가 되었다. 그리고 퍼트냄 제작, 알란 파커 감독의 두번째 작품 〈미드나이트 익스프레스(Midnight Express)〉의 대성공으로 둘은 일약 국제적인 명성을 얻게 되었다. 이후 10년 가까이 퍼트냄은 "신인감독 발굴→고급영화제작→국제영화제 수상→전세계 홍행성공"의 공식을 만들어내며 '영국영화의 르네상스'를 이끈 핵심인물로 부각되었다.

### 데이비드 퍼트냄의 '영화'아이들

**리들리 스코트**(Ridley Scott): 1939년 영국생. 무대예술과 회화를 전공하고 영국 BBC-TV에서 무대장치일을 하다가 TV시리즈 연출로 전환하였다. 방송국을 나와 그의 동생 토니 스코트(Tony Scott: 〈탑건〉 〈비벌리힐즈 캅 II〉의 감독)와 함께 CF 회사를 차려 일급 CF 감독으로 인정받았다. 데이비드 퍼트냄의 권유로 〈듀얼리스트(The Duelists)〉(77)로 극영화 감독을 데뷔했으며, 이 영화로 칸느영화제 심사위원 특별상을 수상했다. 이후 헐리우드로 진출, 〈에이리언〉, 〈블레이드 러너〉, 〈블랙 레인〉 을 감독한 당대 최고의 비주얼리스트.

**빌 포사이드**(Bill Forsyth): 1947년 스코틀랜드 생. 10대에 영화회사에서 일하며 실기를 익혔으며 고향인 그래스고우 시에서 친구들의 도움으로 만든 〈그 가라앉는 기분(That Sinking Feeling)〉(79)과 〈그레고리의 여자(Gregory's Girl)〉(81)에서 독특한 개성을 보여 주었다. 퍼트냄에 발탁되어, 버트랭카스터가 주연한 코미디 〈지방 영웅(Local Hero)〉(83)을 감독하였다.

**휴 허드슨**(Hugh Hudson): 1936년 영국생. CF, 다큐멘터리 편집을 하다가 1970년부터 리들리 스코트의 CF 프로덕션에서 일했으며 〈미드나이트 익스프레스〉에서 조감독을 맡았다. 퍼트냄이 제작한 〈불의 전차(Chariots of Fire) 〉(81)로 감독 데뷔, 그해 미국과 영국의 아카데미 작품상을 한꺼번에 거머쥐었다. 이후 〈그레이스토크 타잔(Grestoke; The Legend of Tarzan, Lord of the Apes)〉(84), 〈알 파치노의 대망 (Revolution)〉(85)을 만들었으나 데뷔작의 수준에 훨씬 미치지 못한다는 평가를 받았다.

**롤랑 조페**(Roland Joffe): 1945년 영국생. 연극 연출, BBC 방송극 연출생활 후 퍼트냄 제작 〈킬링 필드(The Killing Field)〉(84)로 데뷔. 그리고 역시 퍼트냄 제작인 다음 작품 〈미션(MIssion)〉(86)으로 칸느 영화제 그랑프리 수상. 심각한 주제, 최고 수준의 배우·스탭진, 인류공통으로 이해할 수 있는 이야기 등 퍼트냄식 영화의 전형이라 할 만한 위의 두 작품들로 명성을 얻었으나 그 이후의 활동은 미미함.

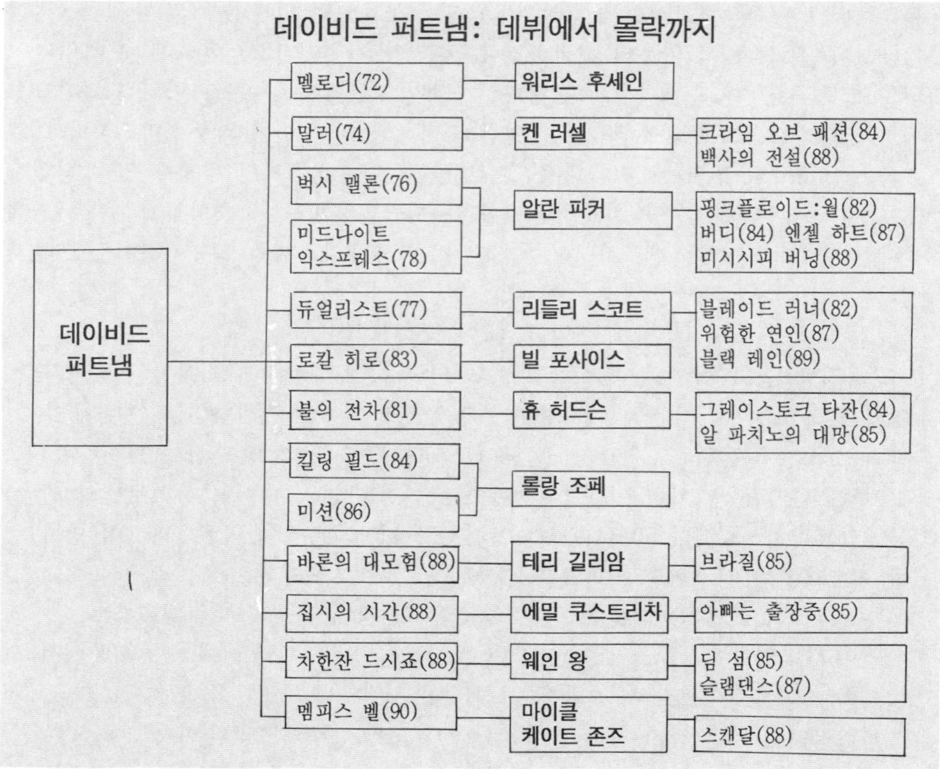


〈불의 전차〉, 〈킬링 필드〉, 〈미션〉의 연이은 성공은 퍼트냄의 기획·제작자로서의 명성을 확고부동하게 만들었고, 1986년 코카콜라 회사는 자회사인 컬럼비아 영화사에 퍼트냄이 회장으로 취임하게 되었다는 충격적인 발표를 하였다. 퍼트냄의 '헐리우드 진출'이 충격적일 수밖에 없었던 이유는, 영국 출신의 독립프로듀서가 메이저 스튜디오의 우두머리로 오게 됨이 헐리우드 역사상 유래없는 일이었다는 사실과 함께, 퍼트냄이 그동안 만들어온 고급 영화들이 10대 관객의 취향에 끌려가던 당시의 헐리우드 영화의 추세와 너무도 거리가 있기 때문이었다. 그리고 많은 사람들의 우려(?)대로, 헐리우드에서의 퍼트냄은 헐리우드에 자신을 맞추기보다는 자신의 방식에 맞게 헐리우드를 바꾸려는 쪽을 택하였다. 이것은 하나의 도박이었으며, 우여곡절 끝에 퍼트냄이 그의 위치를 잃고 1년 뒤 보따리를 꾸리는 것으로 결판이 났다.

퍼트냄이 컬럼비아 회장직을 사임한 표면적인 이유는 소유주인 코카콜라 회사 경영진과의 영화사 운영에 관한 견해 차이로 발표되었다. 그러나 실제 내용은 훨씬 복잡한 여러가지의 요인이 얽혀 있었던 것으로 알려지고 있다. 그의 자유분방하고 직선적인 경영스타일은 헐리우드의 '내부세계'에 들어온지 얼마되지 않아 그의 주변에 많은 적을 만들었고, 그가 내부의 적들과 싸우며 힘겹게 덩치 큰 스튜디오를 끌고

나가는 사이에 그가 추진했던 신작 프로젝트들은 완성기일을 넘겼고, 예산을 초과했고, 그리고 마무리된 작품들은 흥행에 실패하였다. 1986년 컬럼비아의 유일한 히트는 〈베스트 키드 Ⅲ(The Karate Kid Part Ⅲ)〉(그해 흥행순위 4위)였고, 1987년에는 컬럼비아 작품이 흥행순위 10위 이내에 한편도 끼지 못하였다. 퍼트냄의 결정으로 컬럼비아가 배급한 〈마지막 황제〉의 아카데미상 9개 부문 석권도 대세를 돌이키지는 못하였다. "나는 3년만 회장자리에 있으며 그 동안 스튜디오를 바꾸어 놓겠다"고 공언했던 퍼트냄은 3년을 못 채운 채 도중하차했다. 영국으로 돌아간 그는 〈수수께끼(Enigma)〉 프로덕션을 창립, 다시 독립프로듀서 시절로 되돌아갔다. 그리고 그가 재직 당시에 선정·후원했고 떠난 후 완성된 작품들은 최고 경영진과 소유주가 바뀌는—코카콜라는 '골치덩어리' 컬럼비아를 매각하기로 결정, 오랜 협상 끝에 1989년 일본의 소니(Sony) 회사에 영화사를 팔았다—와중에서 '공중에 뜬' 신세가 되었다. 이들 중에는 뛰어난 작품성에도 불구하고 흥행의 미지수 때문에 극장개봉을 못한 웨인 왕의 〈차 한잔 드시죠(Eat a Bowl of Tea)〉, 외국어 작품이라 냉대받은 에밀 쿠스트리차의 〈집시의 시간〉, 그리고 광고 캠페인의 실패로 지지부진한 흥행성적을 보인 테리 길리암의 〈바론의 대모험(The Adventures of Baron von Munchausen)〉 등이 포함되어 있었다. 퍼트냄의 취임에서 퇴임에 이르기까지의 경과는 80년대의 헐리우드가 어떠한 논리에 따라 움직이는 곳이었는지를 분명하게 보여주고 있다. 그리고 헐리우드는 거기서 아무런 교훈을 얻지 못한 채, 뒤돌아봄 없이 90년대로 질주하였다. 근본적으로는, 아무것도 변하지 아니하였고 변할 수도 없었던 것이다.

# 7. 헐리우드와 USA '작은' 영화

미국영화에서 독립영화(independent film)와 주류(mainstream) 영화의 구별은 제도권/비제도권식의 확연한 것이 아니다. 어떠한 영화라도 의도하는 관객들과 만날 수 있을 만큼 다양한 배급체제가 존재하는 한편으로, 그러한 배급체제들 중 어느 것도 헐리우드의 영화자본으로부터 자유롭지 않기 때문이다. 그러므로 '독립'이라는 말은 언제나 상대적인 의미로 쓰이게 마련이다. '독립제작소(independent production)'는 보통 헐리우드의 메이저 스튜디오(7대 메이저 및 오라이온, 카롤코 등의 대자본 스튜디오)를 제외한 나머지 군소제작업체를 가리키는 말로 쓰인다. 이러한 제작소들은 〈인디아나 존스〉나 〈토탈리콜〉 같은 불특정 다수 관객을 겨냥한 대작 대신 특수한 관객층의 기호에 맞는 작가/소재/스타일의 영화를 만들어낸다. 그리고 이러한 영화들 중 많은 부분이 메이저에 의하여 선택되어 광범위하게 배급되기도 한다.

'독립'이 제작소가 아니라 '감독' 앞에 붙게 되면 그것은 다른 의미를 띤다. '독립영화작가(independent filmmaker=indie: 인디)'들은 제작자의 '지배'로부터 독립된 상태에서 자신의 작품에 전적인 '창작의 통제권(creative control)'을 행사할 수 있는 작가들을 나타내는 말로 보통 받아들여진다. 이들은 스스로가 소규모의 자본을 가지고 제작소를 소유하기도 하고, 중간급 메이저 스튜디오와 일종의 전속상태에서 스튜디오의 간섭 없이 작품을 만드는 특권을 누리는 경우도 있다. 규모에 관계 없이, 자신의 '프로덕션'을 통해 작품을 제작하는 대부분의 '인디'들이 전자의 예라면, 특정한 스튜디오와 관계를 맺고 있는 일부 작가들—오라이온(Orion)과 우디 알렌의 예처럼—이 후자의 예일 것이다.

그러므로 미국영화에서 독립영화는 헐리우드에 대항하는 성격을 띠기보다는 헐리우드와 공생관계에 있거나 헐리우드 자본이 미치지 않는 특수시장의 빈틈을 파고드는 영화에 더 가깝다(물론 대항적이며 체제비판적인 영화들은 싫든좋든 '독립영화'로 남아 있을 수밖에 없는 일이다). 이들 인디들은 80년대 초반에 갑자기 각광을 받기 시작하였는데, 〈플래툰〉, 〈거미여인의 키스〉 등의 인디 작품들이 흥행에서 메이

〈양들의 침묵〉. 조나단 드미 감독. 1991년.

저 못지 않은 성공을 거둔 것이 직접적인 계기였다. 또한 비디오라는 새로운 시장이 급속히 성장하여 독립영화의 제작비 회수가 더욱 쉬워지는 호조건이 마련된 것도 독립영화의 붐을 일으킨 중요한 원인이었다.

그리하여 독립영화의 제작과 배급을 전문으로 하는 회사들이 속속 등장하였고, 이들중 일부는 미니-메이저라 불리울 만큼 인상적인 활동을 보였다. 이들은 헐리우드 메이저의 주류영화와 차별화하여 (청소년보다는) 성인관객을 위한, (특수효과보다는) 줄거리와 등장인물에 의존하는, (대규모 제작비가 아니라) 적은 제작비 투자로, (기성감독보다는) 신인이나 외국 출신의 유망감독을 기용한 영화들을 내놓았다. 그러나 80년대 후반 이 영화사들은 거의 파산상태로 돌아섰고 인디 붐은 '반짝'경기에 그친 옛날일이 되고 말았다.

여기에는 여러 요인이 복합적으로 작용하였다. 지나치게 자신감을 얻은 인디 영화사들이 작품의 규모를 키워서 메이저의 시장을 넘보다가 흥행실패로 허물어지고 만 기획의 실패, 전반적인 제작·배급비용 상승으로 인한 위험부담의 커짐, 헐리우드 자본이 지배하는 거대배급망의 외면과 보이코트, 그리고 뒤늦게 각성(?)한 메이저들이 성인관객을 의식한 '고급'영화로 맞붙어 인디 영화의 관객들을 빼앗아간 것 등이 그 요인들이다.

희망과 절망이 교차되는 가운데에서도 작가들은 여러가지 방법으로 살아남았다. 인디로 출발하여 메이저로 간 감독들이 있는 한편, 독립영화의 영역을 고수하며 꾸준히 '작가영화'를 만드는 이들도 있다. 다음은 그들중 비평가와 관객들로부터 가장 주목받는, 90년대의 활동이 기대되는 5명의 독립영화작가에 대한 소개이다.

스파이크 리(Spike Lee): 양심과 용기로 미국사회의 인종차별주의를 고발하는 젊은 흑인 영화작가. 1957년에 태어났으며 뉴욕 대학(NYU) 영화학과를 졸업하였다. 날카로운 풍자, 도회적인 감각과 흑인/대중문화의 감수성이 그의 영화에는 언제나 배어 있다. 〈조의 베드-스터이 이발소: 머리를 칩니다(Joe's Bed-Stuy Barbershop: We Cut Heads)〉(80), 〈그녀는 그걸 가져야만 해(She's Gotta Have It)〉(86), 〈스쿨 데이즈(School Daze)〉(88), 〈모베터 블루스(Mo'Better Blues)〉(90), 〈옳은 일을 해라(Do the Right Thing: 우리나라 비디오 출시명 '똑바로 살아라')〉(89) 발표.

조엘과 에단 코엔 형제(Joel and Ethan Coen): 형 조엘은 57년생, 뉴욕대학(NYU) 영화과 졸업. 동생 에단은 60년생, 프린스톤 대학에서 철학 전공. 단지 4편의 영화를 만들었을 뿐이지만 가장 주목받는 신예작가가 이들이다. 조엘은 감독, 에단은 기획을 맡아 공동작업으로 만드는 이들의 영화는 참신한 아이디어, 지적이면서도 유희정신을 잃지 않는 화면구성, 그리고 기존의 장르와 스타일을 배합·재구성하여 자기들의 것으로 만드는 탁월함으로 특징지워진다. 〈블러드 심플(Blood Simple: 비디오 출시명 '분노한 저격자') 〉(84), 〈아리조나 키우기(Raising Arizona: 비디오 출시명 '아리조나 유괴사건')〉(87), 〈밀러즈 크로싱(Miller's Crossing)〉(90), 그리고 〈바튼 핑크(Barton Fink)〉(91).

짐 자무쉬(Jim Jarmusch): 빔 벤더스 감독의 후원으로 성장한 뉴욕대 영화과 출신의 펑크-스타일리스트 감독. 1953년생이며 영화의 형식적 실험에 끈질긴 관심을 보이고 있다. '예술'영화를 신봉하는 구미의 영화광·영화학도들의 우상이라 할 만큼 각광을 받고 있음. 그의 네번째 영화인 〈미스테리 트레인〉은 일본의 전자회사 JVC가 미국에 세운 라르고 엔터테인먼트(Largo Entertainment) 회사의 첫번째 제작 작품이다. 그밖에 〈영원한 휴가(Permanent Vacation)〉(80),〈천국보다 낯설은(Stranger Than Paradise)〉(84), 〈다운 바이 로(Down by Law)〉(88).

존 세일즈(John Sayles): 1950년생. 보스턴 윌리암즈 대학에서 심리학 전공중 단편소설을 쓰기 시작하였으며 78년 단편집 〈무정부주의자들의 전당대회(Anarchists' Convention)〉로 오헨리상을 수상하였다. 그후 B급 공포영화 〈식인어 피라나〉, 〈엘리게이터〉, 〈하울링〉의 시나리오를 쓰면서 영화에 관심을 갖게 되었다. 결국 시나리오에서 번 돈을 털어 넣어 〈세코커스 7인의 귀환(Return of the Secaucus Seven)〉(80)을 만들었다. 60년대 반전운동의 '동지'였던 7명의 친구들이 10년만에 다시 만나 서로의 변화를 확인하는 이야기에서 세일즈의 영화에 일관된 태도인 미국사회의 '이상

## 인디시네아스트의 계보

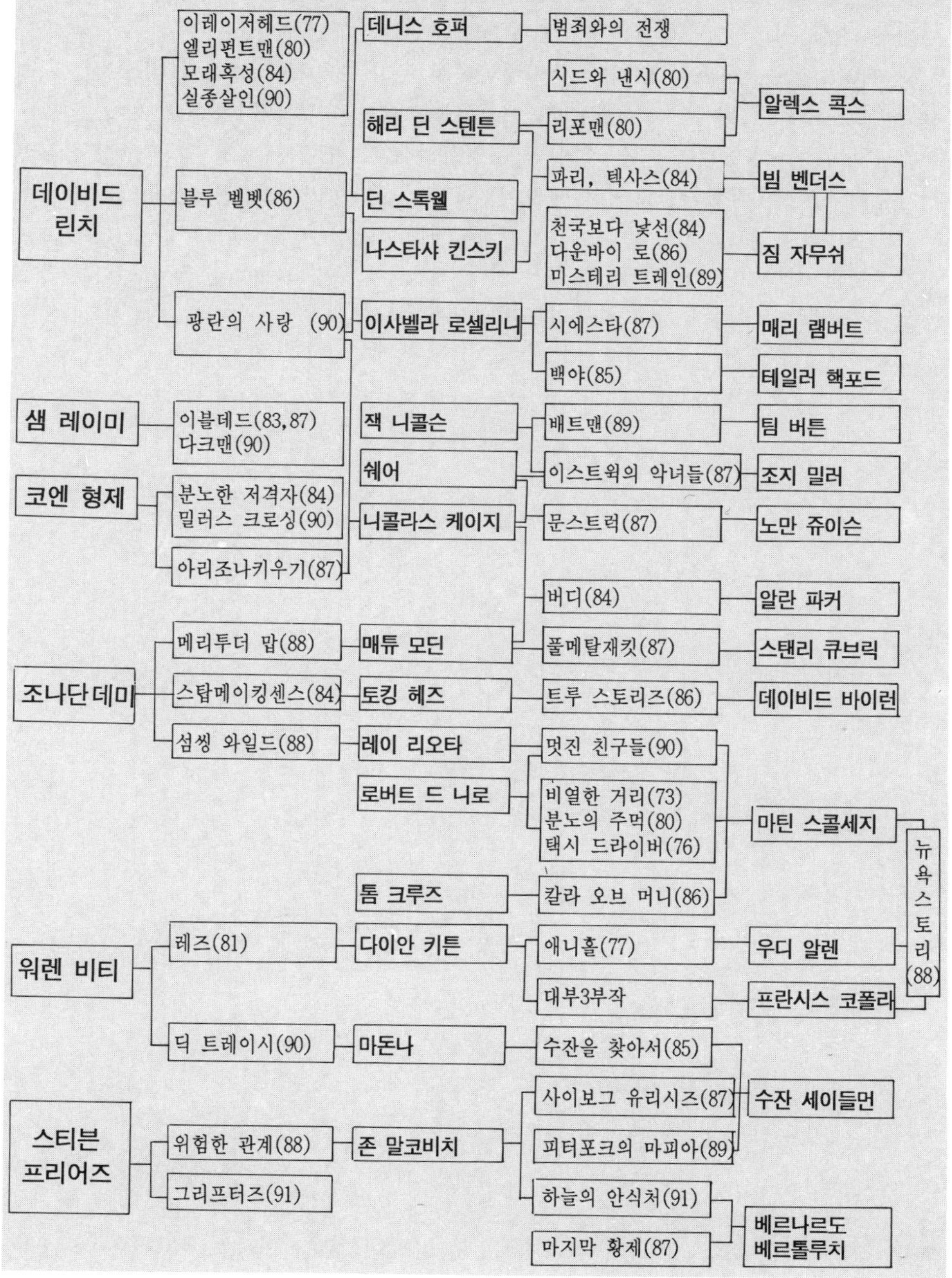

데이비드 린치
이레이저헤드(77)
엘리펀트맨(80)
모래혹성(84)
실종살인(90)
블루 벨벳(86)
광란의 사랑 (90)
데니스 호퍼
범죄와의 전쟁
해리 딘 스텐튼
시드와 낸시(80)
리포맨(80)
알렉스 콕스
딘 스톡웰
나스타샤 킨스키
파리, 텍사스(84)
빔 벤더스
천국보다 낯선(84)
다운바이 로(86)
미스테리 트레인(89)
짐 자무쉬
이사벨라 로셀리니
시에스타(87)
매리 램버트
백야(85)
테일러 핵포드
샘 레이미
이블데드(83,87)
다크맨(90)
잭 니콜슨
배트맨(89)
팀 버튼
쉐어
이스트윅의 악녀들(87)
조지 밀러
코엔 형제
분노한 저격자(84)
밀러스 크로싱(90)
아리조나키우기(87)
니콜라스 케이지
문스트럭(87)
노만 쥬이슨
버디(84)
알란 파커
조나단 데미
메리투더 맙(88)
매튜 모딘
풀메탈재킷(87)
스탠리 큐브릭
스탑메이킹센스(84)
토킹 헤즈
트루 스토리즈(86)
데이비드 바이런
섬씽 와일드(88)
레이 리오타
멋진 친구들(90)
로버트 드 니로
비열한 거리(73)
분노의 주먹(80)
택시 드라이버(76)
마틴 스콜세지
뉴욕스토리(88)
톰 크루즈
칼라 오브 머니(86)
워렌 비티
레즈(81)
다이안 키튼
애니홀(77)
우디 알렌
대부3부작
프란시스 코폴라
딕 트레이시(90)
마돈나
수잔을 찾아서(85)
수잔 세이들먼
스티븐 프리어즈
위험한 관계(88)
그리프터즈(91)
존 말코비치
사이보그 유리시즈(87)
피터포크의 마피아(89)
하늘의 안식처(91)
마지막 황제(87)
베르나르도 베르톨루치

주의'에 대한 성찰이 이미 드러나고 있다. 이후 영화에 재미를 붙여(?) 〈리아나(Lianna)〉(83), 〈행성에서 온 형제(Brother from Another Planet)〉(84), 〈메이트원(Matewan)〉(87) 〈에이트맨 아웃(Eight Men Out)〉(88)을 계속 만듬.

샘 레이미(Sam Raimi): 미시간 주립대학에서 문학·역사·인류학을 공부하다 중퇴하고 친구들과 함께 프로덕션을 만들어 영화를 시작한 독특한 경력을 가지고 있다. 첫작품 〈이블 데드〉(79)는 상투적인 공포영화의 틀을 벗어난 재치 있는 영상들로 비평가들의 시선을 끌었다. 코엔 형제의 시나리오를 가지고 〈크라임 웨이브(Crimewave)〉(85)를 만들었고, 〈이블데드 II〉(87)를 거쳐 최근작 〈다크맨(Darkman)〉(90)에서 작가로서의 기량이 크게 성장했음을 보여주었다. 공포영화(horror movie)라는 장르에서 작가영화의 실험을 계속하는 희귀한 경우.

# 8. 7대 메이저 스튜디오: 헐리우드판 '7인의 사무라이'

## I. 컬럼비아/트라이스타(Columbia/ Tri-Star)

1924년에 조 브란트, 잭 콘, 배리 콘에 의하여 창립되었다. 처음에는 군소 제작업자 중의 하나에 불과했으나 급속히 성장, 30년대에는 메이저의 위치에 올랐다. 60년대의 '청년문화'의 등장에 가장 먼저 적응하여 제2의 전성기를 맞이하였으나, 70년대 후반의 침체를 이겨내지 못하고 1981년 코카콜라 회사에 팔렸다. 1986년 영국의 명기획자 데이비드 퍼트냄이 사장으로 취임, 야심적으로 옛 영광의 재현을 꾀하였다. 그러나 연이은 흥행실패와 내부갈등으로 퍼트냄은 1년 뒤 사임, 영국으로 돌아갔으며 코카콜라는 1989년 일본의 소니(Sony) 회사에 컬럼비아 영화사를 팔아넘겼다. 일본 자본의 헐리우드 진출 1호.

주요제작영화: 〈스미스 씨 워싱턴에 가다(Mr. Smith Goes to Washington)〉(프랭크 카프라, 39년), 〈상하이에서 온 여인(Lady from Shanghai)〉(오손 웰즈, 48년), 〈워터프론트〉(엘리아 카잔, 64년), 〈아라비아의 로렌스〉(데이비드 린, 62년), 〈이지 라이더〉(데니스 호퍼, 69년), 〈택시 드라이버〉(마틴 스콜세지, 76년), 〈미지와의 만남〉(스티븐 스필버그, 79년), 〈간디〉(리차드 아텐보로우, 82년), 〈고스트 버스터〉(이반 라이트만, 84년), 〈해리가 샐리를 만났을 때〉(로브 라이너, 89년).

## II. 디즈니/터치스톤(Disney/ Touchstone)

1925년에 월트 디즈니가 창립하여 만화영화·아동영화·기록영화에 주력하며 '미국의 신화'를 대표하는 스튜디오의 자리를 지켜왔다. 그러나 1970년대에는 변변한 히트를 내지 못하고 내리막길을 걸었는데, 디즈니 그룹의 회장

마이클 에이스너가 파라마운트로부터 스카웃한 제프리 카첸버그가 1984년 사장에 취임하면서 경이롭게 부활하였다. 여기에는 "성인용 영화는 만들지 않는다"는 디즈니 스튜디오의 전통을 깨고 '터치스톤(Touchstone)'이라는 자회사를 설립, 과감하게 소재를 개방(?)한 전략이 큰 역할을 하였다. 한국을 비롯한 해외시장에는 워너 브라더스를 통하여 영화를 배급하고 있다.

주요제작영화: 〈백설공주〉, 〈신데렐라〉, 〈피노키오〉, 〈밤비〉, 〈판타지아〉, 〈인어아가씨〉 등 모든 '디즈니' 만화영화. 〈누가 로저래빗을 모함했나?〉(로버트 제메키스, 88년), 〈죽은 시인의 사회〉(피터 위어, 89년), 〈뉴욕 세 남자와 아기〉(레너드 니모이, 87년〉, 〈딕 트레이시〉(워렌 비티, 90년).

## Ⅲ. 폭스(Fox)

1935년에 윌리암 폭스와 대릴 자누크가 창립하였다. '20세기 폭스(20th Century Fox)'라는 이름으로 40년대에는 많은 사회물들을 내놓았고, 50년대에는 마릴린 몬로의 전속회사로 유명하였다. 1986년에 오스트레일리아의 매스컴 재벌 루퍼트 머독(Rupert Murdoch)이 전격 매입, 헐리우드에 충격을 던지며 외국자본의 메이저 스튜디오 지배시대를 열었다.

주요제작영화: 〈분노의 포도〉(존 포드, 40년), 〈클레오파트라〉(조셉 만키에비츠, 63년), 〈스타워즈〉(조지 루카스, 76년), 〈에이리언〉(리들리 스코트, 79년), 〈다이하드〉(존 맥티어낸, 88년), 〈다이 하드 II〉(레니 할린, 90년).

## Ⅳ. 엠지엠—유 에이(M.G.M.-U.A.)

엠지엠-유 에이는 1973년 엠지엠(Metro-Goldwyn-Mayer)과 유나이티드 아티스트(United Artists)가 합쳐져 만들어졌다. 엠지엠 스튜디오는 1924년 루이스 메이어에 의하여 창립된 이래 그레타 가르보, 쥬디 갤런드, 에바 가드너, 클라크 게이블, 제임스 스튜어트 등 기라성 같은 스타들을 전속으로 거느리며 최고의 스튜디오로 군림해왔다. 특히 4, 50년대에는 수많은 대작 뮤지컬들을 제작하여 명성을 더하였으나, 스튜디오 시스템의 해체 이후에는 예전의 화려함을 잃은 채 여러 차례 주인이 바뀌어왔다. 지금은 이탈리아의 재벌 지안 카를로 파레티에게 소유권이 넘어간 상태이다. 유니버샬, 파라마운트와 함께 유아이피(United International Pictures)를 설립, 해외시장에 영화를 배급하고 있다.

주요제작영화: 〈바람과 함께 사라지다〉(빅터 플레밍, 39년), 〈사랑은 빗줄기를 타고〉(진 켈리와 스탠리 도넌, 52년), 〈벤허〉(윌리암 와일러, 59년), 〈닥터 지바고〉(데이비드 린, 65년), 〈레인맨〉(배리 레빈슨, 88년).

## V. 파라마운트(Paramount)

1912년 아돌프 쥬커가 창립하였다. 파라마운트는 '감독들의 스튜디오'라고 불리울 만큼 당대의 대표적인 감독들과 관계를 맺어온 것으로 유명했고, 주로 도시의 세련된 관객들의 기호에 맞추어 영화를 제작해온 전통을 갖고 있다. 1980년대 초반에 젊은 층을 겨냥한 과감한 기획들이 성공, 80년대 10년간 헐리우드 스튜디오 중 정상이 흥행성적을 올렸다. 1967년 이래 걸프-웨스턴그룹이 소유하고 있으며, 유아이피(UIP) 구성원 중의 하나이다.

주요제작영화: 〈십계〉(세실 비 드밀, 23년), 〈사이코〉(알프레드 히치콕, 60년), 〈러브스토리〉(아더 힐러, 70년), 〈대부〉시리즈, 〈인디아나 존스〉시리즈, 〈비버리 힐즈 캅〉(마틴 브레스트, 84년), 〈탑건〉(토니 스코트, 86년), 〈위험한 정사〉(애드리언 라인, 87년), 〈붉은 10월〉(존 맥티어낸, 90년) 그리고 〈사랑과 영혼〉(제리 쥬커, 90년).

## VI. 유니버샬(Universal)

1912년 칼라 에물이 창립하였다. 다른 메이저 스튜디오에 비하여 상대적으로 적은 예산을 들인 소규모 제작물에 치중하였으며, 호러와 웨스턴 장르를 개척한 스튜디오이다. 1959년에 엠시에이(Music Corporation of America)에 소유권이 넘어갔는데, 엠시에이가 1990년 일본의 마쓰시다 전기에 팔림으로써 컬럼비아에 이어 일본자본에 넘어간 또 하나의 메이저 스튜디오가 되었다. 유아이피의 일원.

주요제작영화: 〈드라큘라〉(토드 브라우닝, 31년), 〈프랑켄슈타인〉(제임스 훼일, 32년), 〈스팔타커스〉(스탠리 큐브릭, 60년), 〈조스〉(스티븐 스필버그, 75년), 〈E·T〉(스티븐 스필버그, 82년), 〈백 투더 퓨쳐〉시리즈, 〈아웃 오브 아프리카〈(시드니 폴락, 85년), 〈7월 4일생〉(올리버 스톤, 89년), 〈전선 위의 참새〉(존 바댐, 90년).

## Ⅶ. 워너 브라더스(Warner Bros.)

1923년 워너 4형제에 의하여 설립된 워너 브라더스는 헐리우드 영화사중 처음으로 사운드 영화—〈재즈 싱어(Jazz Singer)〉(27년)—를 제작하여 대성공을 거두고 단숨에 메이저의 자리로 뛰어올랐다. 30,40년대에는 갱스터 영화가 워너 브라더스의 주무기였으며, 험프리 보가트, 제임스 캐그니, 제임스 딘을 '발견', 스타로 키운 스튜디오다. 1989년 〈배트맨〉 대성공으로 승승장구하고 있는 중.

주요제작영화: 〈재즈 싱어〉(27년), 〈말타의 매〉(존 휴스턴, 47년), 〈스타 탄생〉(조지 쿠커, 54년), 〈리오 브라보〉(하워드 호크스, 59년), 〈우리에게 내일은 없다〉(아더 펜, 67년), 〈엑소시스트〉(윌리암 프리드킨, 73년), 〈그렘린〉(조 단테, 84년), 〈배트맨〉(팀 버튼, 89년), 〈리썰 웨폰〉(리차드 도너)시리즈.

〈사랑과 영혼〉. 제리 쥬커 감독. 1990년.

# 6장 장르연구/ 헐리우드:웨스턴에서 SF까지

## 1. 웨스턴, 역사와 신화

헐리우드 영화의 여러 장르 중에서 웨스턴(혹은 서부극)은 가장 먼저 장르로서의 틀을 갖추었고, 적어도 60년대 후반까지 꾸준히 만들어졌던 긴 역사를 지니고 있다. 웨스턴은 단순히 '서부'라는 지리적 배경뿐 아니라, 미국 역사의 특정한 시기에 일어난 사건들을 다루고 있다는 공통점에 의해서도 정의되는 장르이다.

웨스턴 영화의 시대배경은 대부분 19세기 후반, 1850년대에서 1890년대까지의 비교적 짧은 기간에 집중되어 있다. 이 시기의 역사적 사건들은 남북전쟁, 유럽 이민의 대량 이주에 의한 서부의 '개척', 원주민 인디언 부족들에 대한 연방 정부군의 대대적인 '토벌'전쟁, 대륙횡단철도의 부설, 대목장주와 자영농민 사이의 끊임없는 마찰, 그리고 북·동부의 신도시를 중심으로 급속히 진행된 공업화 등으로 특징지어진다. 한마디로 이 시기는 미국이 농업국가에서 공업국가로 바뀌어가며 근대국가의 틀을 갖춘 과도기였고, 북미대륙내에서의 지리적 팽창을 완료한 전환기였고, 다인종사회이며 자본주의체제라는 미국의 기본성격이 형성된 기간이었다.

그러나 웨스턴이 이러한 역사적 사실들에 대한 진지한 탐구를 동기로 하여 발생한 것은 아니었다. 1910년대를 전후하여 초창기의 헐리우드 자본은 막 형성되기 시작한 관객층을 대상으로 다양한 영화상품을 내놓았으며, 그러한 과정에서 관객의 기호와 맞아떨어지며 크게 성공한 것이 웨스턴이 장르로서 성립하게 된 시초였다. 웨스턴의 상업적 성공은 무엇보다도 그것이 '활동사진/스펙터클'로서의 영화의 특성에 잘 들어맞는 장르였다는 데서 찾아야 할 것이다. 광활한 평원과 황무지의 시각효과, 말을 탄 사나이들의 역동적인 움직임, 그리고 총격전으로 집약되는 폭력의 영화적 쾌감은 외국의 관객들에게도 선·악의 이분법이 분명한 내러티브와 함께 손쉽게 받아들여질 수 있었다. 1920년대에 이미 헐리우드 영화의 세계시장 지배는 거의 기정사실이 되었고, 채플린의 코미디 영화와 함께 웨스턴은 전세계적으로 가장 많은 관객이 정기적으로 즐기는 장르 영화가 되었다.

헐리우드 스튜디오 시스템의 탄탄한 구축과 함께 웨스턴은 1930~40년대에 그 성숙기, 이른바 '고전 웨스턴(Classic Western)'의 시기를 맞이한다. 존 포드(John Ford), 킹 비더(King Vidor), 라울 월슈(Roul Walsh) 등의 작가들과 함께 기억될 이 시기의 웨스턴 영화들은 단순한 '구경거리'에 그치지 아니하고, 미국의 역사를 해석하는 특정한 이데올로기적 입장을 표면에 드러내었다. 이 입장을 떠받치는 것은 한편으로는 서부의 개척을 '문명'의 건설·전파라는 역사적 소명으로 받아들이는 백인우월주의적 세계관이었으며, 또 한편으로는 법·질서·가족의 유지·수호에 최선의 가치를 두는 부르주아 이데올로기였다. 이러한 점에서 웨스턴은 적어도 미국 관객들에게는—당대의 중산층·백인 관객들에게는—다른 장르 영화들과 달리, 끊임없이 재생산·소비되는 '건국신화'의 기능을 수행하였다고 볼 수 있다.

1950년대에도 웨스턴은 여전히 대량으로 만들어졌고, 새로운 테크놀로지—색채화면, 시네마스코프, 입체음향—을 발빠르게 채용하여 스펙터클로서의 장점을 발휘하였다. 그러나 이 시기에는 장르의 관습과 이데올로기에 회의를 나타내는 '심각한' 웨스턴들이 또한 만들어지기 시작하였는데, 도덕적 딜레마에 빠진 주인공들, 부르주아 사회질서에 맞서는 '아웃사이더'들에 대한 동정적 해석, 그리고 인디언 문화에의 관심과 인디언 절멸에 대한 죄의식 등이 일부 웨스턴 영화들에 보여졌다.

이러한 수정주의적(revisionist) 경향은 1960년대에 만들어진 웨스턴에 와서는 커다란 주류를 이루며 장르의 관습을 거의 역전시키기에 이르렀다. 이것은 소수민족들의 민권투쟁, 월남전과 반전운동, 새로운 세대의 청년문화 등의 영향으로 미국사회 기존의 가치체계가 흔들리면서 관객집단의 감수성에 커다란 변화가 왔고, 이에 맞추어 헐리우드가 상업적 전략을 수정한 데서 비롯된 것이었다. 따라서 이 시기에 만들어진 '수정주의 웨스턴'들—샘 페킨파의 〈와일드 번치〉(70), 존 포드의 〈샤이엔족의 최후(Cheyenne Autumn)〉(64), 랄프 넬슨의 〈솔저 블루〉(70), 아더 펜의 〈리틀 빅 맨〉(70)—은 전대의 웨스턴들에 비하여 상대적으로 역사를 '덜' 미화하거나 감추어졌던 사실들을 폭로하기는 하지만, 좀더 진보적인 역사의식에 바탕을 두고 만들어졌다고 보기는 어렵다.

웨스턴의 탈신화화와 진정한 미국역사에의 접근은 오히려 '변종'웨스턴인 이탈리아의 마카로니(혹은 스파게티) 웨스턴에 의하여 이루어졌다. 특히 셀지오 레오네의 일련의 작품들은—클린트 이스트우드를 스타로 만들며—상업적으로 크게 성공한 오락영화이면서, 동시에 기존의 웨스턴이 왜곡해온 미국의 역사에 대한 비판적 텍스트이기도 하다. 1970년대 이후, 장르로서의 웨스턴은 급속히 쇠퇴하였고 거의 더 이상 만들어지지 않고 있다. 그 대신 웨스턴의 오락적 요소들은 〈인디아나 존스〉나 〈스타워즈〉 등의 다른 장르 영화들에 흡수되어 부분적으로 남아 있을 따름이다.

## '웨스턴' 추천목록 10

(1) 백주의 결투(Duel in the Sun)
킹 비더(King Vidor) 감독. 1946년.

미국. 138분.

존 포드의 〈황야의 결투(My Darling Clementine)〉와 같은 해에 나온 〈백주의 결투〉는 〈바람과 함께 사라지다〉에 필적하는 걸작을 웨스턴으로 남기려던 프로듀서 데이비드 셀즈닉의 야심에서 만들어진 영화였다. 셀즈닉의 야심은 채워지지 못하였으나, 〈백주의 결투〉는 스펙터클로서의 웨스턴의 면모를 가장 잘 보여주는 작품의 하나로 평가된다.

(2) 하이 눈(High Noon)

프레드 진네만(Fred Zinnemann) 감독.
1952년. 미국. 85분.

게리 쿠퍼, 그레이스 켈리 주연. 모든 마을 사람들이 외면하는 가운데 단신으로 악당들과의 대결을 기다리는 보안관을 주인공으로 한 심리묘사가 탁월한 영화이다. '정의'와 '폭력'의 의미를 다시 물어보는 '성숙한' 웨스턴의 대표적인 작품.

(3) 추적자들(The Searchers)

존 포드(John Ford) 감독. 1956년.
미국. 120분.

작가주의 비평가들에 의하여 '발견'된 존 포드 감독의 최고 걸작. 조카딸을 유괴해간 인디언의 무리를 추적하는 존 웨인— '고전' 웨스턴의 주인공의 이미지를 '결산'한 역할—을 중심으로 이야기가 전개되는 이 영화에서 존 포드는 자신이 정립한 장르인 웨스턴을 스스로의 손으로 수정·반성한다. 헐리우드 상업영화의 완성도에서 절정을 이룬 작품이면서, 가장 중층적이고 정교한 미국영화 텍스트의 하나로 꼽힌다.

(4) OK 목장의 결투(Gunfight at the O.K. Corral)

존 스터지스(John Sturges) 감독. 1957년.
미국. 122분.

'서부개척사'에서 유명한 사건중의 하나였던 보안관 와이어트 어프와 클랜튼 농장 일가간의 'OK 목장에서의 총격전'은 웨스턴에서 여러번 다루어진 소재였다. 같은 사건을 다룬 존 포드의 〈황야의 결투〉(46)가 로맨틱한 영웅담이라면, 스터지스의 영화는 와이드 스크린을 한껏 활용한 오락활극에 치중하였다. 가장 상업적으로 성공한 웨스턴 중의 하나. 버트 랭카스터와 커크 더글라스가 주연하였다.

(5) 리오 브라보(Rio Bravo)

하워드 호크스(Howard Hawks) 감독.
1959년. 미국. 141분.

호크스 감독의 대표작으로 꼽히는 웨스턴. 스펙터클보다는 인물들의 성격과 집단으로 결속되어가는 개인들의 행위를 강조한 작은 규모의 작품이며, 보안관 역의 존 웨인은 존 포드 영화에서와는 또다른 개성을 보여준다. '실내'웨스턴이라 불리울 만큼 제한된 공간을 배경으로 한 점도 특징이다.

(6) 옛날옛적 서부에서(Once Upon a Time in the West)

셀지오 레오네(Sergio Leone) 감독.
1969년. 이탈리아. 165분.

존포드의〈젊은 날의 링컨(Young Mr. Lincoln)〉(39)에서 링컨 역을 맡았던 헨리 폰다에게 악당역을 맡긴 데서 드러나듯, 레오네 감독은 웨스턴 장르의 관습을 뒤집음으로써 '신화' 아닌 '역사'로서의 웨스턴을 만들려 하였다. 베르나르도 베르톨루치가 마르크시스트의 시각으로 각본을 쓴, '비판적 웨스턴'의 결정판이라 할 작품.

(7) 와일드 번치(The Wild Bunch)

샘 페킨파(Sam Peckinpah) 감독. 1969년.

미국. 145분.

샘 페킨파 감독은 '사라져가는' 서부의 총잡이들의 최후를 그림으로써 사라져가는 장르 웨스턴의 마지막을 사실상 이 영화로 장식하였다. 서사시적인 화면은 존 포드의 걸작들과 비교될 만하고, 폭력의 영화적 표현에서 신경지를 개척한 점에서는 레오네의 이탈리아제 웨스턴들과 쌍벽을 이루는 중요한 작품.

(8) 작은 거인(Little Big Man)
아더 펜(Arthur Penn) 감독. 1970년.
미국. 147분.

60년대의 감수성으로 서부의 신화를 재해석한 '포스트-웨스턴.' 인디언과 백인사회를 오락가락하며 살아온 주인공(더스틴 호프만)의 눈을 통하여 '원주민'인디언의 수난이 그려진다. 심각한 주제들—특히 인디언 학살이 상기시키는 베트남 전쟁의 범죄들—에도 불구하고 유머와 아이러니의 감정을 잃지 않는 영화이다.

(9) 불타는 안장(Blazing Saddles)
멜 브룩스(Mel Brooks) 감독. 1974년.
미국. 93분.

웨스턴을 코미디로 패로디하여 흥행·비평 양쪽에서 모두 성공한 것으로 아마도 유일한 사례로 기록될 영화. 멜 브룩스는 헐리우드 웨스턴의 관습을 뒤엎고, 깨뜨리고, 과장하고, 여기에 엎치락뒤치락 식의 코미디를 덧붙였다(흑인 보안관이 주인공으로 나오는 유일한 웨스턴!).

(10) 천국의 문(Heaven's Gate)
마이클 치미노(Michael Cimino) 감독.
1980년. 미국. 219분.

〈천국의 문〉은 엄청난 제작비와 더욱 엄청난 흥행실패라는 스캔들에 가려져 제대로 평가받지 못한 '불운한' 웨스턴이다. 그러나 주로 유럽의 비평가들—삭제되지 않은 원판을 볼 수 있었던—에 의하여 이 영화는 웨스턴이 다루어온 미국 역사를 진지하게 재검토한 걸작으로 뒤늦게 재평가받았다. 대목장주들의 횡포, 여기에 맞서 싸우는 농민들, 싸움의 한편에 서기를 선택해야 하는 지식인들의 이야기에서 미국의 이상과 양심이 벌거벗겨진다.

## 2. 갱스터, 범죄와 자본주의

### 30년대 금주시대에서 80년대 범죄기업으로

범죄자 혹은 범죄집단을 다룬 영화는 무성영화시대에도 드물지 않게 만들어졌지만 갱스터/범죄영화가 하나의 독립된 장르로 성립한 것은 보통 20년대 헐리우드에서라고 이야기된다. 여기에는 두 가지의 큰 사건이 중요한 계기로서 작용하였다. 첫번째는 1920년에 발효된 '금주령(Prohibition)'으로서 연방정부에 의하여 미국 전역에 걸쳐 주류의 제조와 유통이 불법화된 것이었다. 그 결과 합법적으로 채워질 수 없었던 술에 대한 수요에 부응(?)하여 밀주의 생산·배급망과 이를 조종하는 조직범죄집단—곧 갱스터(gangster)—이 급성장했고, 일반 시민들이 '범죄'를 일상생활의 한 부분으로 자연스럽게(?) 여기게 된 사회분위기의 변화가 일어났다. 그리하여 조직범죄집단에 대한 대중의 관심—호기심, 두려움, 친근감이 복합된—을 타고 헐리우드는 갱스터들을 주인공으로 한 영화들을 만들기 시작하였고, 이 영화들은 대도시 관객들로부터 출발하여 점점 관객의 폭을 넓혀갔다. 먼저 성립된 웨스턴 장르가 역사적 사실을 소재로 '신화'를 상품화했다면, 갱스터 장르는 당대 사회의 실상에 대한 '보고서'를 오락의 형태로 만든 것이었다.

또 하나의 사건은 발성영화의 출현이었다. 초기의 갱스터 영화들은 관객들이 살고 있던 바로 그 시대의 미국사회를 배경으로 하였으므로, 자연히 극적효과를 위하여 어느 정도 충실하게 당대의 현실을 재현해내야만 했다. 발성영화의 출현으로 화면에 생생한 현실의 소리, 무엇보다도 대사가 자막의 도움 없이 덧붙여짐으로써 갱스터 영화는 필요한 만큼의 현실성을 확보할 수 있게 되었다. 특히 새로이 등장한 전문 시나리오작가군은 도회적 감각의 압축된 문장, 다양한 화자(narrator)의 도입, 계층에 특유한 말투의 채용 등 '발성영화다운' 시나리오의 기법을 실험·발전시키는 데 갱스터 장르를 활용하였다. 발성영화의 테크놀로지를 처음 상업화시킨 워너브라더즈 스튜디오가 갱스터 장르를 주도한 것은 따라서 당연한 결과였다.

20년대 후반에서 30년대 전반까지 만들어진 갱스터 영화들은 상당히 모호한 메시지를 담고 있었다. 영화 속에서 갱스터들은 '악당'답게 거칠고 야비하게 묘사되지만—그리고 그들은 대개 '권선징악'의 논리대로 비참한 최후를 맞이하지만—그들이 속해 있는 갱스터 집단이 '사업'과 '조직'을 꾸려가는 방법은 미국사회를 지배하는 대기업(Big Businesses)들과 근본적으로 다르지 않음이 또한 암시되었다. 말하자면 '갱스터=악당'의 등식은 관객들에 의하여 '갱스터→자본가=악당'으로 얼마든지 읽힐 수 있었다. 30년대초, 영화에 대한 검열이 강화되면서—갱스터 영화의 경우는 '범죄의 미화 및 지나친 폭력묘사가 청소년에게 끼칠 악영향을 고려하여'라는 이유로—이러한 경향의 영화들은 거의 자취를 감추었다. 이것은 갱스터 영화가 잠재적으로 지니고 있었던 불온한(?) 경향을 제재하기 위한 도덕적 명분이었다고 볼 수 있다.

30년대 후반의 갱스터 영화들은 그리하여 '조직'보다는 범죄자 '개인'에 초점을 맞추었다. 이 영화들의 주인공은 주로 하층계급 출신으로서 '환경'에 의하여 범죄의 세계에 빠져든 것으로 묘사되었고, 사회의 냉대와 부조리로 비판의 대상이 한정되었다. 이들의 범죄 또한 조직적인 '비지니스'가 아닌, 소영웅주의에 가까운 개별적인 행위로 그려졌다. 그리고 사회의 모순에 희생된 자들의 집합소이자 이들을 '순화'하고 '갱생'시키는 기관으로서의 감옥을 배경으로 한 영화들이 갱스터 장르의 아류로서 많이 만들어진 것도 이 시기의 일이었다.

1939년에 만들어진, 갱스터 영화의 집대성이라 할 〈포효하는 20년대(Roaring Twenties)〉를 끝으로 2차 대전의 시작과 함께 갱스터 장르의 전성기는 막을 내렸다. 이후의 갱스터 영화들은 크게 보아서 이전의 두 조류, 곧 '조직범죄'영화와 '고독한 범죄자' 영화의 전통에서 크게 벗어나지 아니하였다. 단지 50년대 이후의 갱스터 영화가 20~30년대의 장르 전성기와 결정적으로 다른 점이 있다면, 이제 갱스터 영화가 다루는 사건들이 동시대의 '실제상황'보다는 20~30년대를 회고하는 복고풍의(nostalgic) 영화가 되었다는 것이다. 또한 장르로서의 통일성이 무너진 대신 갱스터영화의 영향은 '범죄'를 다룬 당대의 영화들—예컨대 클린트 이스트우드의 〈더티 해리〉시리즈—에 많은 흔적을 남겼으며, 〈대부〉 등의 영화에서는 미국 자본주의를 이야기하는 장치로서 20년대와 유사하게, 그러나 더욱 정교하게 사용되었다. 자본주의가 범죄와 떨어질 수 없듯이, 갱스터영화가 자본주의에 대한 비판적인 텍스트가 될 가능성은 언제나 열려 있었던 것이다.

## '갱스터' 추천목록 10

(1) 리틀 시저(Little Caesar)
머빈 르로이(Mervyn LeRoy) 감독. 1930년. 미국. 80분.

30년대 갱스터 영화의 시대를 연 고전. 영화 속 암흑가 보스의 이미지—잔인하고, 허영심과 질투에 가득차 있고, 사악한—는 주연 에드워드 로빈슨(Edward Robinson)의 뛰어난 연기에 의하여 완성되었다. 도덕적 설교에는 신경을 쓰지 않는 르로이 감독의 직선적인 연출은 이후의 갱스터 장르의 방향을 결정짓다시피 하였다.

(2) 민중의 적(The Public Enemy)
윌리엄 웰만(William Wellman) 감독.
1931년. 미국. 84분.

뒷골목 깡패가 갱스터 두목이 되기까지의 과정이라는 갱스터 영화의 한 공식을 제시한 장르 초기의 걸작. 실존 갱스터들을 모델로 하여 등장인물들을 설정하였고, 그들의 '비지니스'의 사실적인 묘사는 당시로서는 충격적인 영화적 사건이었다. 〈리틀 시저〉의 에드워드 로빈슨, 〈스카페이스〉의 폴 무니(Paul Muni)와 함께 갱스터 연기의 '원형'이 된 제임스 캐그니(James Cagney) 주연.

(3) 스카페이스(Scarface)
하워드 호크스(Howard Hawks) 감독.
1932년. 미국. 90분.

장르 영화와 떼어서 이야기할 수 없는 하워드 호크스 감독의 '갱스터 부문' 대표작이며, 이 장르의 '기념비'이자 '고전'의 이름에 값하는 작품. 실존인물인 알 카포네가 모델임을 당대의 관객들은 쉽게 알아챘고, 당시로서는 지나치게 잔혹하게 여겨졌던 폭력묘사 때문에 검열과 씨름한 사건으로도 영화사에 기록된다. 드 팔마의 〈스카페이스〉(83)와는 거의 비슷한 점이 없는 영화이다.

(4) 포효하는 20년대(The Roaring Twenties)
라울 월슈(Raoul Walsh) 감독. 1939년.
미국. 106분.

세미 다큐멘터리 스타일로 만들어진 갱스터 장르의 총결산. 1차 대전에서 돌아온 세 귀환병(제임스 캐그니, 험프리 보가트, 제프리 린)은 갱스터의 세계에 얽혀들며 제각기 운명의 길을 간다. 속도감 있는 편집과 20년대 사회상의 재현이 돋보이며, 대공황기의 미국에서 '죄를 짓지 않고 살아가기의 어려움'이 선명한 주제로 새겨지는 작품이다.

(5) 건 크레이지(Gun Crazy)
조셉 루이스(Joseph Lewis) 감독. 1949년.
미국. 87분.

거의 알려지지 않은 감독이 적은 예산으로 만든 B급 영화이지만, 갱스터 영화의 역사에서 빼놓을 수 없는 숨은 걸작. 한 쌍의 무장강도 남녀를 주인공으로 한 설정, 형식에 얽매이지 않은 분방한 스타일, 비극적인 결말 등에서 20년 뒤에 만들어진 〈우리에게 내일은 없다〉(67)와 자주 비교된다.

(6) 미국의 암흑가(Underworld U.S.A)
사뮤엘 퓰러(Samuel Fuller) 감독.
1960년. 미국. 99분.

컬트 무비의 거장 사뮤엘 퓰러가 만든 개성 있는 갱스터 영화. FBI와 조직범죄집단의 대결을 마치 '미국'이라는 영토를 장악하기 위한 전쟁처럼 묘사하고 있으며, 도덕적 우월성과는 관계 없이 수단과 방법을 가리지 않고 싸움으로써 FBI-국가가 승리하는 것으로 결론을 짓는다.

(7) 보니와 클라이드(Bonnie and Clyde)
아더 펜(Arthur Penn) 감독. 1967년.
미국. 111분.

워렌 비티, 페이 더너웨이, 진 해크먼이 주연한 60년대의 리바이벌 갱스터 영화. 우리나라에는 〈우리에게 내일은 없다〉라는 제목으로 소개되었다. 조직범죄의 세계가 아니라 1930년대에 실존했던 인물들을 60년대식 '반영웅(anti-hero)'으로 묘사하여 당시 관객들로부터 큰 호응을 받았다.

〈대부〉 시리즈의 감독. 프란시스 코폴라.

(8) 대부(The Godfather, The Godfather Part Ⅱ)

프란시스 코폴라(Francis Coppola) 감독. 1971년, 1974년. 미국. 각 175분, 200분.

〈대부〉 시리즈는 단순히 마피아를 소재로 한 '범죄영화'가 아니다. 웰즈의 〈시민 케인〉이 그러하듯, 이 영화는 미국 자본주의에 대한 비판적 알레고리로 읽힐 수 있는 풍부한 내용을 담고 있으며, 주제와 스타일에서 1930년대 갱스터 영화의 리얼리즘을 계승한 작품이다. 아류 '마피아 영화'중 어느 것도 〈대부〉가 성취한 수준에 도달하지 못하였다.

(9) 프리찌의 명예(Prizzi's Honor)

존 휴스턴(John Huston) 감독. 1985년. 미국. 129분.

필름 느와르의 사실상의 창시자 존 휴스턴 감독의 만년의 걸작. 〈대부〉가 갱스터 영화를 마피아라는 소재를 가지고 부활시켰다면, 존 휴스턴 감독은 똑같은 마피아 이야기—미국 자본주의를 비판한 텍스트로 읽힐 수 있다는 점까지도 〈대부〉와 비슷하다—를 정통 드라마가 아닌 블랙 코미디로 만들어냈다. '갱스터 영화'에 대한 '갱스터 영화?'

(10) 언터처블(The Untouchables)

브라이언 드 팔마(Brian de Palma) 감독. 1987년. 미국. 120분.

〈대부〉가 갱스터 영화의 리얼리즘을 계승했다면, 〈언터처블〉은 노스탈지어의 기분으로 갱스터 장르를 재구성하여 '신화'로 만든 영화이다. 등장인물들은 어딘지 고전 웨스턴의 영웅들을 닮았고, 〈전함 포템킨〉에서 '빌려온' 계단에서의 유모차 시퀀스는 '영화에 대한 영화'에 대한 드 팔마의 집착을 보여주고 있다.

## 3. 필름 느와르, 헐리우드에서 홍콩까지

웨스턴, 갱스터, 뮤지컬, 호러 등의 장르가 헐리우드의 산업적 필요와 관객의 요구에 의하여 만들어진 데 반하여, '필름 느와르(film noir)'는 비평가들에 의하여 인위적으로 분류되고 이름지어진 장르라는 특수성을 갖는다. '검은'이라는 뜻의 불어 '느와르(noir)'가 붙은 데서 드러나듯 이 용어는 처음 50년대 후반 프랑스《까이에 뒤 시네마(Cahiers du Cinéma)》의 비평가들에 의하여 사용되었다. 이들이 필름 느와르라고 이름붙인 영화는 2차대전 후 프랑스에 소개되기 시작했던 일련의 헐리우드 영화들 중 주로 적은 예산으로 제작된 'B급영화(B-movie)'이면서 어두운 분위기의 범죄/드릴러물들이었다. 작가주의(la Politique des auteurs)를 주장하였던 이들은 그때까지 영화기능공으로만 여겨졌던 헐리우드 감독들 중 상업영화의 틀안에서 일관된 자신의 스타일과 주제를 추구했던 '작가(auteur)'들을 '발견'하는 데 힘을 쏟았다. 그리고 이렇게 하여 찾아낸 작가들—프리쯔 랑, 존 휴스턴, 니콜라스 레이, 새뮤엘 퓰러—이 B급 드릴러들에서 자신들의 작가로서의 면모를 오히려 잘 드러내고 있음을 비평을 통하여 주장하였다.

장르로서의 필름 느와르는 이처럼 출발에서부터 관객 일반보다는 주로 비평가들과 영화작가들의 관심의 대상이었다. 따라서 필름 느와르라는 말이 많이 쓰이는 만큼 그 정의도 다양해질 수밖에 없었다. 산업적인 측면—헐리우드 영화자본의 입장에서 바라본—에서 필름 느와르는 갱스터 영화의 부속 혹은 아류 장르에 지나지 않았다. 그러나 갱스터와 필름 느와르를 별개의 장르로 구별하는 비평가들은 필름 느와르의 독특한 시각적 스타일을 구분의 기준으로 삼고 있다. 필름 느와르 영화의 무대는 폭력과 범죄, 허무주의와 절망에 가득찬 "타락한 세계"이다. 이 '어둠'의 세계는 필름 느와르의 시각적 모티브가 되는데, 여기에는 빛과 그림자의 강렬한 대비, 불균형·불안정한 구도, 문·블라인드·유리창 등을 사용한 중첩된 프레이밍, 극단적인 클로우즈 업이나 대담한 부감촬영 등이 포함된다.

이러한 시각적 스타일은 필름 느와르 영화들에 공통적인 주제와 내러티브에 잘 어울리며—혹은 그러한 주제와 내러티브를 효과적으로 표현하기 위한 수단으로써 작가들이 사용하였으며—동시에 상업영화에서 드물게 허용되는 미학적 실험의 여지를 작가들에게 제공한다(여기서 작가란 감독뿐 아니라 촬영·조명·편집 등의 '기술'스탭을 망라하는 말이다). 필름 느와르의 공간은 도시의 뒷골목, 탐정 사무실, 담배연기 자욱한 술집, 가로등이 서 있는 비에 젖은 거리이고, 중요한 사건들은 어두운 밤에 일어나며, 예정된 액션보다는 무엇인가 일어날 듯한 불길한 예감으로 영화의 긴장감이 유지된다. 필름 느와르 영화의 줄거리에는 또한 음모와 반전과 복선이 반드시 끼어 있기 마련이며, 이 점에서 보통의 갱스터 영화보다 훨씬 복잡하고 다층적인 내러티브 구조를 지닌 지적인(intellectual) 장르로 인식되기도 한다. 물론 이러한 평가는 어디까지나 '필름 느와르'라는 장르를 이름붙이고 정의한 후대의 비평가/영화광들에 의한 것이다. 동시대의 헐리우드 평론가들은 이들 '싸구려 드릴러'들을 항상 경멸의 눈으로 바라보며 진지한 영화평의 대상으로 삼으려 들지 아니하였다. 그들은 이 영화들을 보는 관객들의 '저급한 수준'을 개탄하였고, 영화속의 '불륜'과 '폭력'의 비도덕성을 경고하였을 따름이다.

필름 느와르의 '원전'들이 만들어진 시기는 1941년 〈말타의 매(Malteses Falcon)에서 1958년 〈악의 손길(Touch of Evil)까지로 봄이 일반적이다. 헐리우드의 B급 영화가 텔리비전의 대중화와 함께 상업적 타당성을 잃고 더이상 만들어지지 않으면서 필름 느와르의 생명도 끊겼던 것이다. 그러나 필름 느와르는 60년대의 누벨 바그 감독들—트뤼포, 고다르, 샤브롤—에 의하여 그들의 작품들 속에 '인용'과 '모사'의 형식으로 흡수·재창조되었고, 60~70년대 유럽과 미국의 작가영화에 가장 지속적인 영향을 미친 장르였다. 그러한 맥락에서 어떤 비평가들은 필름 느와르가 단순한 장르를 넘어서서 하나의 '운동(movement)'—마치 독일 표현주의나 이탈리아의 네오리얼리즘처럼—으로 간주될 수 있으리라고 제안하기까지 한다.

전시대의 장르영화, 혹은 특정한 작가의 영화에서 영감을 얻었거나 스스로가 그 영향을 받았음을 자신의 영화 텍스트 안에 영화작가가 어떤 방식으로든 나타낼 때 비평가들은 그것을 "오마쥬(hommage: '경의', '존경'이라는 뜻의 불어)"라고 부른다. 작가영화들 중에는 필름 느와르에 대한 '오마쥬'가 유난히 많이 발견되며, 새로운 기법과 감각으로 지금도 만들어지고 있다. 이것은 필름 느와르가 영화의 '스타일'을 중시하는 작가들을 끊임없이 자극하고 있다는 증거일 것이다. 필름 느와르는 또한 최근 헐리우드의 상업전략인 '잡종(hybrid)'장르 영화의 주요한 구성요소로서 나타나는가 하면, '홍콩 느와르'에서 볼 수 있듯 새로운 장르 영화가 만들어지는 밑그림의 역할을 하기도 한다.

## '필름 느와르' 추천목록 10

(1) 말타의 매(The Maltese Falcon)
존 휴스턴(John Huston) 감독. 1941년.

미국. 100분.

영화사상 가장 훌륭한 데뷔작 중의 하나. 필름 느와르의 출발점으로 불리우는 이 영화에서 험프리 보가트는 헐리우드 영화 속에서 '사립탐정'의 전형을 완성하였다. 도덕과 부도덕의 모호한 경계, 타락한 도회의 삶에 대한 냉소주의 등 필름 느와르에서 반복하여 다루어지는 주제가 여기서부터 본격적으로 나타난다. 수없이 모방되고, 또한 패로디되는 '원본' 필름 느와르.

(2) 교수집행인 또한 죽는다(Hangmen Also Die!)

프리쯔 랑(Friz Lang) 감독. 1934년. 미국. 131분.

히틀러의 박해를 피해 미국으로 망명한 프리쯔 랑이 헐리우드에서 만든 반나찌 선전(propaganda) 영화. 독일 표현주의의 시각 스타일을 필름 느와르 장르에 성공적으로 결합시켰으며, 마르크시스트 극작가 베르톨트 브레히트 각본과 중국 출신 헐리우드 카메라맨 제임스 윙 호우(James Wong Howe)의 촬영으로도 유명하다.

(3) 빅 슬립(The Big Sleep)

하워드 호크스(Howard Hawks) 감독. 1946년. 미국. 114분.

사립탐정 필립 말로우(험프리 보가트)가 경험하는 범죄와 음모의 미궁을 따라서 한없이 복잡하게 펼쳐지는 영화. 메이저 스튜디오에서 제작한 최초의 필름 느와르 영화 중의 하나이다. 웨스턴, 갱스터, 뮤지컬, 멜로드라마에 골고루 재능을 발휘한 하워드 호크스 감독의 대표적인 필름 느와르 작품.

(4) 밤에 살다(They Live by Night)

니콜라스 레이(Nicholas Ray) 감독. 1948년. 미국. 95분.

니콜라스 레이 감독의 데뷔작이며 가장 낭만적인 범죄영화로 꼽히는 필름 느와르 영화이다. 과거의 '어두운 그림자'를 떨치지 못하는 남자와 그를 따르는 여자를 주인공으로, 예정된 비극적인 결말을 향하여 레이 감독은 탄탄한 연출력으로 영화를 끌어나간다. 60년대의 반영웅(anti-hero) 영화를 한 세대 앞서간 선구적인 작품.

(5) 벌거벗은 도시(The Naked City)

쥴스 데신(Jules Dassin) 감독. 1948년. 미국. 96분.

살인사건의 범인을 추적하는 형사들의 이야기인 이 영화는 도시—뉴욕—의 일상생활의 사실적인 묘사와 여기에 결정적인 역할을 한 로케이션 촬영—거의 모든 장면을 세트가 아닌 실제 장소에서 찍었다—의 활용으로 유명하다. 네오리얼리즘의 영향을 추정하게 하는 독특한 스타일의 필름 느와르 영화.

(6) 악의 손길(Touch of Evil)

오손 웰즈(Orson Welles) 감독. 1958년. 미국. 108분.

〈시민 케인〉의 오손 웰즈가 감독·각색·주연한 필름 느와르의 걸작. 〈말타의 새〉에서 시작한 필름 느와르 영화는 웰즈의 손에서 마지막 걸작인 〈악의 손길〉을 낳았다고 이야기된다. 타이틀 백으로부터 이어지는 엄청나게 정교한 크레인 쇼트—롱 테이크로 촬영된—로도 유명하다.

(7) 피아니스트를 쏴라(Tirez sur le Pianiste)

프랑스와 트뤼포(François Truffaut)감독. 1960년. 프랑스. 80분.

누벨 바그의 기수 트뤼포 감독의 두번째 영화는 그가 비평가 시절 각별한 애정을 보

'홍콩 느와르', 〈첩혈가두〉. 오우삼 감독. 1990년.

였던 B급 필름 느와르에 바쳐졌다. 갱스터의 과거를 가진 외로운 피아니스트(가수이기도 한 샤를르 아즈나브르)의 사랑, 절망, 그리고 운명적인 결말까지 트뤼포 감독이 백과사전적인 영화지식을 자랑하듯(?) 다양한 스타일과 무드로 펼치는 영화.

(8) 차이나타운(Chinatown)
로만 폴란스키(Roman Polanski) 감독.
1974년. 미국. 131분.

40년대 필름 느와르 영화 속에서의 험프리 보가트는 더욱 냉소주의적인 모습으로 잭 니콜슨의 연기 속에 재현되고, 〈말타의 매〉로 장르를 개척한 존 휴스턴 감독이 악역 연기의 정수를 보여준다. 폴란드 출신인 폴란스키 감독이 예리한 감각으로 부활시킨 '70년대식' 필름 느와르 걸작. 30년대의 로스엔젤레스가 배경이다.

(9) 보디 히트(Body Heat)
로렌스 캐스던(Lawrence Kasdan) 감독.
1981년. 미국. 113분.

필름 느와르 영화의 기본 메뉴—탐욕, 음모, 배신, 살인, 그리고 '위험한' 여인—를 가지고 로렌스 캐스던이 각본·감독을 맡아 만들어낸 작가영화. 40년대와 70년대가 교묘하게 배합된 화면—영화 속에서 시대배경은 끝까지 불분명한 채로 남는다—을 사용함으로써 캐스던 감독은 '과거'의 장르인 필름 느와르를 '현재화'시키는 문제를 풀어나갔다.

(10) 블러드 심플(Blood Simple)
조엘 코엔(Joel Coen) 감독. 1983년.
미국. 99분.

60년대 프랑스의 누벨 바그가 〈네멋대로 해라〉로 미국 필름 느와르에 존경을 표시했다면, 80년대 미국의 독립영화는 〈블러드 심플〉에 필름 느와르에 대한 최고의 애정을 담았다고 부를 수 있을 것이다. 참신한 영상감각으로 고전 필름 느와르 걸작들의 분위기를 재현한, 놀랍도록 안정된 연출력을 보인 데뷔작(비디오 출시 제목은 〈분노한 저격자〉).

# 4. 멜로드라마, 가족/부르주아/여성

멜로드라마를 장르로서 정의하는 데는 약간의 혼란이 따른다. '멜로드라마'라는 말은 원래 주로 경멸적인 의미로서 사용되었다. 곧 "그렇고 그런 사랑 이야기로 관객의 값싼 감상에 호소하는 통속영화" 정도의 뜻으로 저널리즘에서 썼던 단어였다. 영화비평에서 멜로드라마는 또한 다양한 형태의 영화들을 가리키는 말로 폭넓게 쓰이는데, 범죄 멜로드라마, 심리 멜로드라마, 가족 멜로드라마 등의 구분이 있는가 하면 여성이 주인공으로 나오거나 애정관계를 다룬 영화를 모두 멜로드라마의 범주에 포함시켜 언급하기도 한다.

영화비평에서 지금까지 집중적으로 다루어진 멜로드라마는 50년대 헐리우드의 멜로드라마들이다. 웨스턴, 갱스터, 뮤지컬 등의 장르가 일찌감치 비평적 관심의 대상이 되었던 데 비하여, 멜로드라마는 비교적 최근인 70년대에 와서야 독립된 장르로서 논의가 시작되었다. 60년대까지의 구미 영화비평에서 멜로드라마는 주로 작가주의의 맥락에서 이야기되었다. 작가주의 비평가들은 개별적인 작가들의 일관된 주제와 스타일을 찾아내고— '작가'인 감독들과 그렇지 못한 감독들을 구별함을 전제로 하여—작품비평으로 그것을 증명하려 하였다. 그들이 '발견'한 헐리우드의 50년대 작가들은 스튜디오 시스템과 장르 영화의 관습이라는 제한에도 불구하고 자신들의 독창적인 영화세계를 추구한 것으로 이해되었다. 이들 중 니콜라스 레이, 빈센트 미넬리, 오토 프레밍거, 막스 오풀스 등은 멜로드라마 장르의 작품을 많이 남겼는데, 진부한 멜로드라마의 한계 속에서도 이만큼 '작가영화다운' 작품들을 만들어냈다는 것이 논의의 초점이었다.

1968년 이후, 프랑스의 《까이에 뒤 시네마》를 중심으로 활동한 비평가들은 이러한

'작가영화/기타의 통속영화'식의 이분법을 부르주아 비평의 엘리트주의에 다름아니라고 비판하였다. 이들은 영화가 작가·작품·그리고 관객의 삼각관계 안에서 이해되어야 할 텍스트라는 입장을 취했고, 작가 개인의 개성을 중시하는 대신 유사한 한무리의 영화들 사이에 공통적으로 발견되는 요소들을 파악하는 데 힘을 쏟았다. 따라서 '작가'보다는 '장르'가 더욱 중요한 분석의 대상이 되었고, 이전까지 비평의 관심에서 소외되었던 많은 상업영화들에 대한 본격적인 재평가가 이루어졌다.

이들의 이론적 출발점은 마르크시즘과 정신분석학이었으며, 영화는 단일한 이데올로기를 전파하는 무색투명한 매개체가 아니라, 서로 갈등하는 이데올로기적 경향들이 뒤섞여 존재하는 '텍스트'로 간주되었다. 이들이 멜로드라마 장르에 각별한 관심을 기울인 동기는 멜로드라마가 '이데올로기 국가기구(Ideological State Apparatus)'로서의 부르주아 가족의 주제를 가장 분명하게 다루고 있었기 때문이다. 멜로드라마는—특히 50년대 헐리우드 멜로드라마는—거의 모두 부르주아 사회에서 가족이 사회적 제도로서 존재하는 양식에 대한 이야기이며, 영화의 내러티브를 이루는 인간관계들은 반드시 부르주아 사회의 지배 이데올로기에 의하여 규정되거나 갈등한다. 또한 멜로드라마 속에서 자본주의 사회에서의 계급간의 관계가 가장 개인적이고 구체적인 정서와 감정의 모습으로 재현된다는 점이 마르크시스트 비평가들의 주목을 끈 큰 이유였다('회장 아드님'과 '여성노동자'의 사랑이 갖는 의미를 생각해 보라).

가족은 또한 가부장제 이데올로기를 재생산하는 제도라는 점에서 70년대에 등장한 페미니스트 비평의 주된 주제였다. 이데올로기 텍스트 비평의 이론적 성과를 흡수하면서 페미니스트 비평은 당연히 '여성'의 문제에 관심을 기울였는데, 멜로드라마 장르가 풍부하게 담고 있는 가부장제, 자본주의, 성, 계급, 부르주아 이데올로기에 대한 내용들이 분석·비판되었다. 가부장제 가족 내에서 여성이 받는 억압의 표현으로부터 해방된 여성이 치러야하는 대가의 묘사에 이르기까지 멜로드라마는 페미니스트 비평에 풍부한 재료를 제공하는 장르이다.

이데올로기 비평은—페미니스트 비평을 포함하여—영화 텍스트를 가치중립적 입장에서 분석하는 데서 멈추지 아니한다. 이데올로기비평의 궁극적인 관심은 진보적(progressive)인 영화 텍스트가 어떤 것인지를 가려낼 기준을 만들어 내는 데 있다. 만약 어떤 영화가 체제의 지배이데올로기를 거스르는 '불온한' 측면을 지니고 있다면, 관객들은 어떠한 방식으로 그 영화를 읽을 것인가? 멜로드라마는 과연 '불온한' 텍스트가 될 수 있는가? 갱스터 영화가 범죄와 자본주의와의 필연적인 관계를 다루기 때문에 자본주의에 대한 비판적 텍스트가 될 가능성을 갖듯이, 멜로드라마는 부르주아 가족을 다룬다는 점에서 역시 자본주의/가부장제에 대한 비판적 텍스트로 만들어질 수 있을까? 이러한 질문들에 대하여 이데올로기 비평은 기호학·정신분석학·구조주의 등에서 끌어온 다양한 방법론으로 접근하였다.

## '멜로드라마' 추천목록 10

(1) 스텔라 달라스(Stella Dallas)
킹 비더(King Vidor) 감독. 1938년.
미국. 105분.

신분상승을 위하여 부자집 아들과 결혼한 노동계급 출신의 여인 스텔라를 주인공으로 가족관계가 내러티브의 중심에 놓여 있는,

50년대 멜로드라마를 예비한 영화. 부르주아 도덕에 순종하는 '현모양처'와 거리가 먼 주인공은 당시의 헐리우드 영화로서는 예외적인 설정이었다.

(2) 카사블랑카(Casablanca)
마이클 커티즈(Michael Curtiz) 감독.
1942년. 미국. 102분.
이 영화 속에서 험프리 보가트와 잉그리드 버그만은 헐리우드 영화사상 가장 유명한 '사랑하기 때문에 헤어져야 하는' 한 쌍을 이룬다. '전쟁, 사랑, 이별'을 소재로 한 수많은 아류영화를 낳은 헐리우드 연애담의 전형.

(3) 모르는 여인으로부터의 편지(Letter from Unknown Woman)
막스 오풀스(Max Ophuls) 감독. 1948년.
미국. 90분.
남자를 사랑하고, 버림받고, 희생당하는 여자의 이야기를 그린 영화의 대표라 할 만한 작품. 여성의 심리를 가장 정확히 묘사하는 감독으로 정평이 나 있었던 오풀스는, 또한 카메라의 움직임으로 등장인물의 감정을 표출하는 기교가 가장 뛰어났던 작가로 평가되고 있다. 우리에게도 낯설지 않은 줄거리를 가진 50년대 헐리우드 멜로드라마의 '원조'.

(4) 젊은이의 양지(A Place in the Sun)
조지 스티븐스(George Stevens) 감독.
1951년. 미국. 122분.
데오도어 드라이저(Theodore Dreiser)의 원작 〈미국의 비극(An American Tragedy)〉이 미국 리얼리즘 소설의 큰 성취였음에 비하여, 스티븐스의 영화는—경멸적인 의미에서—멜로드라마의 한계를 벗어나지 못하였다는 평가를 받았다. '사랑'을 신분상승의 수단으로 이용하다가 파멸하는 남자의 이야기(멜로드라마의 주된 소재 중의 하나)이며, 몽고메리 클리프트와 엘리자베스 테일러의 연기로 기억될 영화.

(5) 이유 없는 반항(Rebel without a Cause)
니콜라스 레이(Nicholas Ray) 감독.
1955년. 미국. 111분.
제임스 딘(James Dean)의 최고 걸작으로 꼽히는 이 영화는 또한 니콜라스 레이의 작가영화로서 인정되기도 한다. 가족, 성, 부르주아 가치관 등 50년대 멜로드라마의 기본 주제가 깊이 있게 탐구되며, 레이 감독은 표현주의적인 화면구성으로 사춘기 청소년들의 감정의 흔들림을 사려깊게 그려내었다.

(6) 바람 위에 씌어진(Written on the Wind)
더글라스 서크(Douglas Sirk) 감독.
1956년. 미국. 99분.
독일출신의 감독 서크는 50년대 헐리우드의 멜로드라마를 독립된 장르로서 완성하였다. 이 영화는 그의 대표작 중의 하나이면서, 70년대의 비평가들에 의하여 50년대 헐리우드 영화가 재평가되는 계기를 제공한 핵심적인 텍스트라는 비평사적 의미에서도 중요한 영화이다. 대담하게 리얼리즘을 무시한 미장센의 뛰어남 또한 높이 평가되었다.

(7) 초원의 빛(Splendor in the Grass)
엘리아 카잔(Elia Kazan) 감독. 1961년.
미국. 124분.
워렌 비티(Warren Beatty)의 데뷔작이며 나탈리 우드(Natalie Wood)의 대표작으로 널리 알려진 영화이다. 공황기 미국 농촌에서 사춘기의 두 남녀가 '이룰 수 없는' 사랑에 빠진다. '최루성'멜로드라마이면서 억압된 욕망과 성에 대한 정신분석 텍스트.

(8) 남과 여(Un Homme et Une Femme)
끌로드 를루슈(Claude Lelouch) 감독.
1966년. 프랑스. 102분.
제목 그대로 남(장-루이 뜨랭띠냥)과 여(아누크 에메)의 극도로 단순화된 사랑이야기를 줄거리로 잡고, 60년대 모더니스트 작가영화에서 사용되었던 기법들을 총동원한 를루슈의 실험적 멜로드라마. 프랑스풍 멜로드라마에 대한 선입관을 전세계 관객들에게 심어준 영화이며, 50년대 이래 헐리우드 멜로드라마의 미장 센과는 또다른 감각과 인상으로 특징지워지는 새로운 계보를 시작하였다.

(9) 모드 집에서의 하룻밤(Ma Nuit Chez Maud)
에릭 로메르(Eric Rohmer) 감독. 1969년. 프랑스. 113분.
에릭 로메르의 〈도덕 이야기(Contes Moraux)〉 연작 중의 하나. 교회에서 만난 정숙한 여인과 결혼할 것을 결심한 남자, 자유분방하게 살아가는 이혼녀, 두 사람이 함께 지내는 하루밤 동안에 일어난—혹은 일어나지 아니한— 일을 통하여 로메르는 '도덕'과 '순결함'의 의미를 되짚어 본다. 멜로드라마의 전제들에 대한 성찰로 읽어야 할 영화.

(10) 불안은 영혼을 잠식한다(Angst Essen Seele Auf)
라이너 베르너 파스빈더(Rainer Werner Fassbinder) 감독. 1973년. 서독. 92분.
70년대의 '새로운 독일영화(New German Cinema)'를 주도한 파스빈더는 특히 50년대 헐리우드 멜로드라마 양식을 70년대 서독사회의 모순을 그리는 데 효과적으로 사용하였다. 독일인 할머니와 외국인 노동자인 흑인 청년간의 사랑을 소재로 한 이 영화는 더글라스 서크(Douglas Sirk) 감독의 1955년작 〈천국이 허락하는 모든 것(All That Heaven Allows)〉을 번안한 작품이다.

## 5. 뮤지컬, 브로드웨이 또는 MTV

뮤직 비디오의 시대에 사는 오늘의 관객들에게 영화와 음악의 관계는 새삼스러운 일이 아니다(〈사랑과 영혼〉에서의 '언체인드 멜로디', 〈나의 사랑 나의 신부〉에 삽입된 음악들, 〈천장지구〉의 화면 뒤에 깔리는 수많은 '주제가'들…). 그러나 '뮤지컬'이라는 장르는 반면에 어쩐지 생소하게 느껴질 것이다(물론 〈사운드 오브 뮤직〉이나 〈웨스트 사이드 스토리〉를 극장에서 본 연령층의 관객을 제외하고). 이러한 현상은 뮤지컬과 뮤직 비디오가 '음악'을 다루는 방식에 있어서 근본적으로 다르다는 사실에서 비롯된다. 영화의 역사에서 본다면, 뮤지컬이 장르로서 소멸하다시피한 것은 헐리우드의 경우 60년대의 일이고, 뮤직 비디오는 80년대에 등장한 새로운 영상형식이므로 관객층의 감수성과 수용태도에 단절이 있음은 시간적으로도 당연한 결과일 것이다.

뮤지컬은 발생영화의 출현과 함께 가능해진 장르였다. 그러나 최초의 상업발성영화인 〈재즈 가수(Jazz Singer)〉(27)는 몇개의 삽입곡이 있었을 뿐 뮤지컬의 형태를 갖추지 못하였다. 최초의 뮤지컬 영화는 브로드웨이 무대를 영화에 도입한 〈브로드웨이 멜로디〉(29)가 꼽힌다. 이 영화의 성공에 자극받은 헐리우드는 이듬해에만 70여 편의 유사한 영화를 만들었고, 뮤지컬은 새로운 유망장르로서 정착하기에 이르렀다. 초창기의 뮤지컬들은 브로드웨이 뮤지컬을 재구성한 춤과 노래 사이에 간단한 줄거리가 첨가된 버라이어티 쇼 같은 형식이 대부분이었으며, 인물의 성격창조와 드라마의 전개보다는 화려한 눈요기에 더 신경을 쓴 코미디물들이었다.

이러한 경향은 1930년대 대공황기에 도피주의적(escapist) 오락영화로서 대량으로 만들어진 MGM 스튜디오의 뮤지컬들에서 극치를 보였다. 안무가 출신인 버스비 버클리

〈오즈의 마법사〉.
빅터 플레밍 감독.
1939년.

(Busby Berkeley)가 이 시기를 대표하는 뮤지컬 전문감독이었는데, 수많은 무용수들과 어마어마한 규모의 세트로 화면을 채우고 현란한 카메라의 움직임으로 관객들을 '꿈나라'로 인도하는 듯한 스펙터클이 그의 특기였다. 뮤지컬은 또한 스타시스템에 철저하게 의존하는 장르였다. 〈오즈의 마법사(Wizard of Oz)〉(39)로 데뷔한 주디 갤런드(Judy Garland), 프레드 아스테어(Fred Astaire)와 진저 로저스(Ginger Rogers) 컴비, 그리고 진 켈리(Gene Kelly) 등의 스타를 발굴하고 전속으로 묶어둠으로써 MGM은 뮤지컬 장르에서 왕좌를 지켜나갔다. 또한 빈센트 미넬리(Vincent Minnelli), 스탠리 도넌(Stanley Donen) 등의 감독은 뮤지컬의 형식미—탄탄한 내러티브, 색채의 효과적인 사용, 무대와 의상 디자인의 세련미—를 이전의 영화들보다 한단계 끌어올리는 데 공헌하였다.

그러나 1950년대 들어 영화관객층의 기호가 일상생활의 정서와 구체적인 현실의 묘사를 선호하는 쪽으로 바뀌고, 뮤지컬의 제작비가 늘어남에 따라 대작 뮤지컬의 제작은 급속히 줄어들었다. 뮤지컬이 더 이상 흥행의 보증수표가 아님이 확실해지자, 헐리우드 스튜디오들은 위험부담이 큰 창작 뮤지컬 영화보다는 브로드웨이 무대에서 히트한 작품들을 '영화화'하는 쪽에만 치중하였다. 뮤지컬 장르의 전체적인 쇠퇴와는 대조적으로 이들 번안 뮤지컬들은 60년대에 전세계적으로 기록적인 흥행성과를 나타내기도 하였는데, 〈사운드 오브 뮤직〉(65) 등이 대표적인 예이다. 이들 뮤지컬의 성공에 자극받아 헐리우드는 대작 뮤지컬의 기획에 달라붙었으나, 성공은 반복되지 않았고 무모한 투자손실 때문에 그나마 유지되던 뮤지컬 장르의 몰락을 재촉했을 따름이다. 그리고 밥 포시(Bob Fosse)의 〈카바레(Cabaret)〉(72)와 〈올 댓 재즈(All That Jazz)〉(79)를 제외한다면 70년대에 뮤지컬은 거의 사라진 장르가 되었다.

80년대의 뮤직 비디오는 적어도 표면적으로는 뮤지컬의 전통과 아무 관계없이 출발하였다. 뮤직 비디오의 계보는 오히려 텔리비전 광고 쪽으로 연결되며, 예외적으로 켄 러셀(Ken Russell)의 〈토미(Tommy)〉 등 영화화된 록 뮤지컬을 뮤직 비디오의 고고학에 포함시킬 수 있을 것이다. 본래 레코드 판매의 보조수단으로 등장했던(따라서 그 자체로서 '음악'을 파는 '광고영화'였던) 뮤직 비디오는 MTV(Music Television: 미국의 뮤직 비디오 전문 유선방송)를 통하여 인기를 끌면서 노래도 영화도 아닌 또 다른 대중오락의 한갈래가 되었으며, 영화관객들이 영상과 음악을 '보며 듣는' 관습을 바꾸어 놓음으로써 헐리우드 영화가 음악을 다루는 방식에까지 큰 영향을 미쳤다.

뮤지컬 장르 영화는 한 영화내에서 음악의 동질성과 스타일의 통일을 유지한다. 이 원칙은 뮤직 비디오의 영향을 받은 최근의 영화들에서는 자주 무시된다. 이것은 뮤직 비디오의 뚜렷한 특징인, 한 작품 내부에 여러 시각적 스타일의 혼재가 스스럼없이 허용된다는 점과 연관을 갖는 듯하다. 그러나 뮤직 비디오와 영화가 맺을 수 있는 관계의 최고단계는, 한편의 극영화가 결국은 한편의 뮤직 비디오에 다름아니게 되는 사태(!)에서 찾을 수 있지 않을까?(〈사랑과 영혼〉이 '언체인드 멜로디'의 뮤직 비디오일 수도 있다는 생각은 가설로만 남겨두자)

## '뮤지컬' 추천목록 10

(1) 1933년의 황금광들(Gold Diggers of 1933)
머빈 르로이(Mervyn Leroy) 감독. 1933년. 미국. 96분.
워너 브라더스 제작, 버스비 버클리(Busby Berkeley)가 안무한 대공황시대 뮤지컬의 전형. 〈42번가〉에서 시작된 '브로드웨이 무대의 뒷 이야기'를 다룬 일련의 영화 중의 하나이며, 무엇보다도 노골적으로 통속취미에 영합하면서도 그 과도한 규모와 초현실주의적 발상으로 충격을 주는 노래/춤 장면들이 압권이다.

(2) 오즈의 마법사(The Wizard of Oz)
빅터 플레밍(Victor Fleming) 감독. 1939년. 미국. 101분.
헐리우드 최고의 해라 불리우는 1939년에 나왔으며 〈바람과 함께 사라지다〉와 함께—비디오로 나오기 전까지는—꾸준히 재상영되었던 뮤지컬/동화 영화의 고전. 가장 중요한 뮤지컬 스타중 한명이 된 주디 갤런드(Judy Garland)가 이 영화로 데뷔하였다.

(3) 빗속에서 노래를(Singin' in the Rain)
스탠리 도넌(Stanley Donen)/ 진 켈리(Gene Kelly) 공동감독. 1952년. 미국. 102분.
1950년대 헐리우드 뮤지컬의 대표작. 다이나믹한 춤, 표현주의적인 세트, 화려하면서도 균형잡힌 색채감각은 수많은 당대의 뮤지컬 중에서도 최고로 꼽힌다. 진 켈리가 빗속에서 부르는 주제가 장면은 가장 널리 인용되는 명장면 중의 명장면.

(4) 밴드 웨곤(The Band Wagon)
빈센트 미넬리(Vincent Minnelli) 감독.
1953년. 미국. 112분.
MGM 스튜디오 뮤지컬의 스타일을 대표하는 영화. 당시 미국 관객들의 우상이었던 뮤지컬 스타 프레드 아스테어(Fred Astaire)가 그의 전성기의 춤 실력을 보인다. 브로드웨이 뮤지컬의 제작과정을 소재로 하여 영화와 무대 뮤지컬의 관계를 보여준다는 점에서도 흥미롭다.

(5) 웨스트 사이드 스토리(West Side Story)
로버트 와이즈(Robert Wise) 감독.
1961년. 미국. 151분.
'대형화면'에 옮겨진 브로드웨이 뮤지컬의 대표적인 예. '로미오와 줄리엣'을 50년대 뉴욕의 빈민가로 옮겼고, 레나드 번스틴(Leonard Bernstein)과 스티븐 손다임(Stephen Sondheim)의 음악, 제롬 로빈스(Jerome Robbins)의 안무가 로버트 와이즈의 연출보다 더 뮤지컬로서의 성공에 기여하고 있는 영화이다.

(6) 메리 포핀스(Mary Poppins)
로버트 스티븐슨(Robert Stevenson) 감독.
1964년. 미국. 139분.
디즈니 스튜디오가 만든 이 뮤지컬은 줄리 앤드류스(Julie Andrews)를 스타로 만들었고, 〈로저래빗을 누가 모함했나(Who Framed Roger Rabbit)?〉(88)가 나오기까지는 가장 상업적으로 성공한—그리고 기술적으로 뛰어난—애니메이션과 실사촬영의 합성영화로 꼽혔다. 60년대의 블락버스터 뮤지컬—〈사운드 오브 뮤직〉(65), 〈화니걸(Funny Girl)〉(68), 〈지붕 위의 바이얼린(Fiddler on the Roof)〉(71)—붐을 불러 일으킨 영화.

(7) 하드 데이즈 나이트(A Hard Day's Night)
리차드 레스터(Richard Lester) 감독.
1964년. 영국. 85분
엄격히 말하면 다큐멘터리와—최소한의 허구적 줄거리를 가지고 있지만—뮤지컬의 중간쯤에 자리하는 영화(뮤직 비디오라는 것이 세상에 존재하기 전의 일이므로 이렇게 이야기할 수밖에 없다). 비틀즈를 주인공으로 한 영화이지만, 비틀즈의 음악과 무관하게 영화적인 재미로 가득찬 60년대 대중문화의 뛰어난 유산 중의 하나이다.

(8) 셀부르의 우산(Les Parapluies de Cherbourg)
자끄 드미(Jacques Demy) 감독. 1964년.
프랑스. 92분.
헐리우드 뮤지컬의 형식을 다른 문화권—이 경우는 프랑스—에서 빌려가 성공, 역수출까지 한 드문 케이스. 단순한 멜로드라마의 줄거리를 미셸 르그랑의 음악이 감싸고, 유려한 카메라 워크, 세련된 색채·미술감각, 카트린느 드느브의 연기가 덧붙여진다.

(9) 토미(Tommy)
켄 러셀(Ken Russell) 감독. 1975년.
영국. 108분.
그룹 더 후(The Who)의 '록 오페라(rock opera)'를 켄 러셀이 영화로 옮겼다. 대중문화의 여러 분야에서 풍부하게 인용된 이미지들로 가득차 있으며, 뮤지컬 장르보다는 스타일과 영화의 구성방식에서 80년대의 뮤직 비디오에 훨씬 가까운 점이 흥미롭다.

(10) 드릴러(Thriller)
존 랜디스(John Landis) 감독. 1983년.
미국. 8분.
마이클 잭슨(Michael Jackson)의 노래와

춤, 그리고 호러 무비에서 아이디어를 가져온 존 랜디스의 연출, 여기에 신생케이블 방송국 MTV의 영악한(?) 마케팅 전략이 어우러져 〈드릴러〉는 뮤직 비디오라는 새로운 장르를 만들어 낸 결정적인 계기가 되었다. 그리하여 영화와 음악의 관계는 새롭게 규정되었고, 80년대에 이루어진 영상·레코드 산업의 재편이 시작되었다.

# 6. 호러무비
## 클래식에서 컬트까지

영화의 장르를 이야기할 때 부딪치는 어려움 중의 하나는 장르를 정의하고 다른 장르와 구분짓는 기준이 일정하지 않다는 점이다. 영화의 장르들은 영화산업의 필요에 의하여—특정한 종류의 영화들이 고정관객을 확보했다는 판단이 섰을 때 유사한 영화들을 계속 공급하는 것이 흥행의 안전을 보장하므로—발생하였고, 그것을 이론화하는 작업은 언제나 같은 장르에 속하는 것으로 이미 받아들여지는 영화들 사이에서 공통된 특성을 발견하는 작업으로부터 시작한다. 그래서 이러한 특성들이 그대로 장르를 구분짓는 기준으로 사용되는데, 여기에는 역사적 배경(웨스턴), 내러티브와 시각적 스타일(필름 느와르), 다른 예술양식과의 결합(뮤지컬) 등이 포함된다.

호러 무비는 무엇보다도 관객과 영화의 관계에 의하여 정의된다. 곧 호러 무비는 "관객에게 '공포'를 경험하게 하려는 목적에서 만들어진" 영화이다. 호러 무비로 영화가 분류되는 기준은 '공포'라는 영화의 "효과"인 것이다. 이것은 관객이 호러 무비를 받아들이는 태도에도 드러난다. 호러 무비는 우선 '아무나 볼 수 있는' 영화가 아니다. 호러 무비라면 무조건 피하는 관객이 있는 반면에, 호러 무비만이 주는 매력에 빠져드는 관객층도 존재한다. 호러 무비의 관객은 다른 장르에 비하면 훨씬 제한되어 있는데, 반면에 그들과 장르와의 관계는 유난히 '끈끈하게' 유지된다. 다수에게는 외면받지만 소수의 열광적 지지를 받는 영화—곧 컬트(cult) 영화—중에 호러 무비가 상당한 부분을 차지한다는 사실은 이러한 이유로 설명될 수 있을 것이다.

헐리우드 스튜디오들은 호러 무비를—그것을 만들어서 '장사'한다는 사실마저 과히 떳떳하지 못한다고 생각한 데서 나타나듯—천박한 장르로 취급하였고, 호러 무비의 요소를 갖춘 영화라 할지라도 주류관객들이 발길을 돌리지 아니하도록 다른 장르영화로 재포장하여 영화들을 내놓았다. 호러 무비가 당당히 '작품'으로서 인정받기 시작한 70년대 이후에는 '고급'호러—예컨대 드 팔마(Brian de Palma)의 유사 히치코크(?) 영화들, 스티븐 킹 원작의 영화화들—와 '싸구려'호러—〈13일의 금요일〉 시리즈 등—을 구분하는 것이 새로운 경향으로 나타났다. 80년대 이후의 미국 영화에서 호러 무비는 다른 장르와 결합하는— '잡종'장르의 산파 역할을 하는—경향이 더욱 두드러지게 나타난다. 예컨대 〈배트맨〉은 원작만화의 코미디, 액션보다는 '호러'를 하나의 스타일로서 채용하고 있고, 스필버그 계열의 일련의 영화들은 SF이면서도 50년대 호러 영화의 존재를 강하게 의식하고 있음이 보인다(〈폴터가이스트〉, 〈그렘린〉, 그리고 50년대의 TV시리즈를 재현한 〈3차원의 세계(Twilight Zone: The Movie)〉 등.

호러 무비는 체계적으로 발전해 온 장르가 아니며, 단일한 계보를 가지고 있지도 아니하다. 호러 무비를 연구하는 비평가들은 호러 무비 속에 여러 나라의 영화문화에서 흘러 들어온 다양한 요소가 혼합되어 있음을 지적한다. '드라큐라'로 대표되는 유럽 중세 이래의 흡혈귀 전승, 그리고 그것이 소설화된 19세기 영국의 '공포문학', 독일표현주의(German Expressionism) 영화, 30년대 서유럽의 초현실주의(Surrealism) 등의 영향이 헐리우드 상업영화에 작용하며 호러 무비는 장르로서 성립하였다.

어떤 연기자들은 호러 무비가 '공포'의 효과를 창출하기 위하여 동원하는 대상들—괴물, 악마, 유령, 초자연적 현상, 광기—은 어떠한 문명에도 존재하는 인류공통의 문화요소임에 주목한다. 그래서 이들은 호러 무비가 특정한 사회·문화적 맥락을 뛰어넘어 인간의 근원적이고 보편적인 심성에 호소하는 영화임을 주장한다. 이들은 주로 정신분석학적인 개념과 방법론으로 호러 무비의 내용을 분석하는데, 이에 비하여 호러 무비가 생산·소비되는 과정의 역사성에 주의를 기울이는 연구자들은 다른 입장을 취한다. 후자의 연구자들은 특정한 시기에 특정한 종류의 호러 무비들이 나타난다는 사실에서 그러한 영화들을 유행하게 하는 사회적 조건과 호러 무비 사이의 감추어진 관계를 드러내려고 노력한다. 50년대에 만들어졌던 '돌연변이(mutant)' 괴물영화는 미국사회에서 2차 대전 후의 풍요한 사회 뒷면에 어른거리는 '진보를 추구하는 과학기술의 발달이 문명 그 자체를 파괴할 가능성'에 대한 공포를 표현한 것으로, 외계인의 침입에 대한 두려움은 냉전 이데올로기의 반영으로 해석하는 입장들이 그 예이다.

## '호러' 추천목록 10

(1) 노스페라투(Nosferatu)
뮈르나우(F. W. Murnau) 감독. 1922년. 독일. 약 60분.

흡혈귀 영화의 고전이며 가장 시적인 분위기의 호러 무비로 평가받은 작품. 흡혈귀 노스페라투는 부르주아 사회와 이성의 지배에 대항하는 위협적인 타자(other)로 해석되며, 표현주의 영화의 특성을 살린 화면은 헐리우드의 호러 무비에 큰 영향을 끼쳤다.

(2) 드라큐라(Dracula)
토드 브라우닝(Tod Browning) 감독. 1931년. 미국. 85분.

헐리우드에서, 영국의 해머(Hammer) 프로덕션에서, 코미디로, 만화영화로, 수없이 만들어진 드라큐라/흡혈귀 영화의 원조로 영화사에 기록될 영화. 물론 일반적 의미에서의 걸작은 아니지만, 높은 완성도를 지닌 '볼만한' 호러영화. 벨라 루고시(Bela Lugusi) 주연, 칼 프로인트(Karl Freund) 촬영.

(3) 싸이코(Psycho)
알프레드 히치코크(Alfred Hitchcock) 감독. 1960년. 미국. 109분.
흡혈귀와 괴물들의 세계였던 고딕 호러(Gothic Horror) 대신 드릴러의 전통에 이어지는 '히치코크식' 호러 영화. 헐리우드 극영화의 관습들을 조롱(?)하듯, 관객의 기대와 예상을 뒤엎으며 히치코크 감독은 거장다운 테크닉으로 영화를 끌고나간다. '공포'의 영화적 표현이 갖는 심리효과에서 최고의 수준에 도달한 영화 중의 하나.

(4) 살아 있는 시체들의 밤(Night of the Living Dead)
조지 로메로(George Romero) 감독. 1969년. 미국. 96분.
믿을 수 없을 만큼 적은 예산으로 만들어진 이 영화는 그때까지의 상업영화 호러 장르의 모든 관습을 무너뜨리며 관객에게 '공포의 극한'을 경험케 하였다(궁극적인 '선'의 승리는 부정당하고, 주인공처럼 보이는 인물들은 일찌감치 화면에서 사라진다). 이미 컬트 영화의 고전이 되었으며, '비정통' 호러 영화가 70년대에 유행하게 된 시초를 기록.

(5) 엑소시스트(The Exorcist)
윌리암 프리드킨(William Friedkin) 감독. 1973년. 미국. 122분.
주류 헐리우드 영화가 거의 '죽은' 장르로 단정지었던 호러는 프리드킨의 이 영화 한 편으로 되살아났다. 프로이드 심리학의 대중·통속화가 〈싸이코〉 이래 드릴러—호러를 유행시켰다면, 〈엑소시스트〉는 '초자연/악마'를 다시 호러 영화에 불러들였으며, 새로이 개발된 영화테크놀로지—음향효과, SFX—를 사용하여 호러를 스펙터클화하였다.

(6) 캐리(Carrie)
브라이언 드 팔마(Brian de Palma) 감독. 1976년. 미국. 98분.
70년대 그의 동료들—코폴라, 스콜세지, 루카스, 밀리어스—이 '대작'이나 '심각한' 영화로 미국 영화의 격을 높이는 데 노력했다면, 드 팔마는 '천대받은' 장르인 호러에 떳떳한 자리를 마련해 주려는 듯 호러 영화에 매달렸다. 〈캐리〉는 그러한 노력 중 가장 성공적인 예이며, 사춘기 미국 청소년들의 생활감정의 묘사는 루카스의 〈아메리칸 그래피티(American Graffiti)〉(73)에, 그리고 초자연적인 현상의 표현효과는 〈엑소시스트〉(Exorcist)(73)에 비견된다.

(7) 할로윈(Halloween)
존 카펜터(John Carpenter) 감독. 1978년. 미국. 91분.
〈싸이코〉의 영화적 기법들을 심리드라마가 아닌 '괴물'호러 영화에 다시 적용, 존 카펜터 감독은 새로운 전통을 출발시켰다. 빛과 어두움, 관객들의 기대와 영화와의 밀고당기는 게임, 그리고 보이는 것과 보이지 않는 것 모두에서 오는 공포를 경제적으로 표현한 70년대의 대표적 호러 영화. 〈13일의 금요일〉류의 값싼 모방작들이 따라올 수 없는 영화로 인정받고 있다.

(8) 샤이닝(The Shining)
스탠리 큐브릭(Stanley Kubrick) 감독. 1980년. 영국. 146분.
스탠리 큐브릭의 '작가'로서의 특징은 당

대의 장르 영화를 시기적절하게 '심각한' 영화로 끌어올린 것이었으며, 〈샤이닝〉은 그가 호러 무비에 손을 댄 결과이다. 작품이 상징하는 의미에 대한 비평가들의 구구한 해석과는 별도로, 매우 효과적인—충분히 공포를 주는—호러 무비임에는 틀림없다. 원작은 스티븐 킹(Stephen King).

(9) 플라이(The Fly)
데이비드 크로넨버그(David Cronenberg) 감독. 1986년. 미국. 100분.

같은 제목의 50년대 SF-호러 영화를 크로넨버그 감독은 80년대식 러브스토리로 바꾸어 재창조했다. '끔찍한' 상상력은 첨단 SFX로 화면 위에 '현실'이 되어 나타나고, '괴물'이 되어가는 주인공에게 관객이 혐오감과 동정심을 동시에 느끼도록 끌어가는 크로넨버그의 연출은 이 영화를 80년대의 호러 영화를 대표하는 작품의 하나로 불러도 손색이 없게 한다.

(10) 어두울 무렵(Near Dark)
캐트린 비글로우(Kathryn Bigelow) 감독. 1987년. 미국. 94분.

여류 감독 캐트린 비글로우가 〈블루 스틸(Blue Steel)(90)〉을 만들기 전에 완성한 독립영화 작품. 호러 영화의 뼈대에 웨스턴, 필름 느와르의 요소가 버무러진 '보증된' 컬트 영화. 조명·색채감각이 내러티브의 황당무계함을 잊게 할 만큼 뛰어나며, 호러 영화로서는 드물게 흡혈귀에게도 '구원'의 기회가 주어진다. '잡종장르'의 표본과도 같은 영화.

〈다크맨〉. 샘 레이미 감독. 1990년.

# 7. SF, 상상력과 테크놀로지

## 미래, 낙원에서 악몽으로

시각매체로서의 영화는 그 시초에서부터 '현실을 기록하는 수단'이면서 '불가능한 일을 사실처럼 보여주는 눈속임'이라는 양면성을 지니고 있었다. SF(Science Fiction)는 이러한 양면성의 후자를 대표하는 장르이다. 따라서 SF 영화는 우선 '상상력'으로부터 출발한다. 상상력은 또한 호러 무비의 원천이기도 하며, 이러한 공통점 때문에 많은 영화들이 SF와 호러 양쪽에 걸쳐지는 현상이 생겨난다. 일반적으로 호러 무비는 신화·전설·민담에서 소재를 구하는 면이 강하다면, SF의 주요대상은 과학기술문명이다. SF와 '테크놀로지(technology)'와의 관계는 여기에 그치지 아니한다. SF 장르의 기반이 또한 영화 테크놀로지의 개발—특히 특수효과에 의한 스펙터클의 창출은 필수적이다—이며, SF가 과학/기술에 대하여 취하고 있는 입장이 매우 복합적이기 때문이다.

장르 전체로서 볼 때 SF는 테크놀로지에 대하여 두 가지의 상반된 입장을 취한다. 첫째는 과학기술이 궁극적으로 문명의 진보를 보장할 것이라는 낙관적인 것이고, 둘째는 과학기술이 지닌 파괴적인 측면을 경고하는 입장이다. 전자를 유토피아적(Utopian)—광고에 쓰이는 '테크노피아', '컴퓨터피아'와 같은 맥락에서—비전이라 부른다면, 후자는 묵시록적(Apocalyptic)—종말론, 세기말의 위기의식을 동반하는—비전이라 부를 수 있을 것이다. 그러나 이 두 가지 입장에 따라 SF 영화들이 확연히 구분되지는 아니한다. 왜냐하면 SF 영화 속에서 이 두 상반된 입장은 흔히 같은 영화 속에서 함께 나타나기 때문이며, 때로는 내러티브가 표면적으로 드러내는 입장과 텍스트의 심층적 의미가 각각 다른 입장을 취하기도 하기 때문이다. 한 영화 속에서의 유토피아적 비전과 묵시록적 비전의 공존은 〈메트로폴리스〉

에서 〈미지와의 만남〉에 이르기까지 대표적인 SF영화 텍스트에 줄기차게 나타난다. SF영화가 특수효과에 의한 구경거리 이상인, '진지한 재미'를 줄 수 있다면 그것은 SF 장르에 특유한, 이러한 두 비전 사이의 긴장 때문일 것이다.

SF 영화는 또한 당대의 역사/사회와도 이중적으로 관계한다. 상상에 의하여 만들어진 시간/공간— '미래/외계'가 대표적이다—을 배경으로 한다는 점에서 SF는 표면적으로 탈역사화된 것처럼 보이나, 대부분의 SF 영화들은 당대 사회에 대한 은유로 읽힐 수 있다는 점에서 우회적으로 역사를 다루는 텍스트이기도 하다. 이것은 당대의 민감한 문제를 상업영화의 테두리 안에서 다루고자 작가가 짜낸 고육지책(?)일 수도 있고, 원작 SF 문학의 문명비판적 시각이 영화에 이전된 결과인 경우도 있다. 또한 장르영화의 관습을 재구성하여 자신의 작품세계 속에 끌어들인 유럽 영화작가들의 몇몇 작품—트뤼포의 〈화씨 451도〉, 타르코프스키의 〈솔라리스〉, 레네의 〈사랑해, 사랑해(Je t'aime, Je t'aime)〉—등을 여기에 덧붙일 수 있다.

이러한 이중성 혹은 자기모순의 결과 SF는 '열린'장르의 특징을 강하게 띤다. SF의 역사는 장르에 고유한 관습(convention)의 축적·발전보다는 다른 장르와의 끊임없는 접합으로 특징지워진다. 예를 들어 80년대 헐리우드에서 SF와 호러 장르의 결합, 70년대 〈스타워즈〉 이후 계속 변종이 만들어지는 액션—모험—SF 영화(이 잡종장르는 또한 웨스턴의 영향을 많이 보인다)의 출현 등이다. 특히 80년대 이후 헐리우드 영화에서 '순수한' SF영화는 거의 찾아볼 수 없고, 다른 장르와의 '잡종교배'에 의한 새로운 형태의 영화들이 대량으로 만들어져왔다. 장르 사이의 경계가 희미해지고 장르와 관습들이 변용·재구성됨이 80년대 헐리우드 영화의 큰 흐름이었으며, 그러한 현상의 중심에 SF 장르가 놓여 있었던 것이다.

## 'SF' 추천목록 10

(1) 메트로폴리스(Metropolis)
프리쯔 랑(Fritz Lang) 감독. 1926년.
독일. 약 130분.

SF 영화가 '문명비판'의 메시지를 담을 수 있음을 무성영화시대에 이미 증명한 작품. 21세기의 미래도시 '메트로폴리스'를 배경으로 억압적인 사회체제와 테크놀로지의 파괴적인 결과를 그리고 있다. 카메라 테크닉과 세트 디자인은 이후의 SF 영화들이 두고두고 참조하는 '교과서'가 되었다. 나찌 이전 독일 영화의 본거지였던 우파(U-FA) 스튜디오의 영광을 엿볼 수 있는 영화이다.

(2) 지구가 멈추던 날(The Day the Earth Stood Still)
로버트 와이즈(Robert Wise) 감독.
1951년. 미국. 92분.

어느날 갑자기 워싱턴에 비행접시 한대가 착륙한다. 그리고 거기서 나온 외계인은 지구의 지도자들에게 전쟁과 반목을 그치든지 아니면 외계인에 의하여 '종말'을 맞이하든지 양자택일할 것을 선포한다. 냉전시대의 불안감을 반영한 '평화'에의 갈구를 담은 SF 영화의 고전 중의 하나.

(3) 금지된 행성(Forbidden Planet)
프레드 윌콕스(Fred Wilcox) 감독.
1956년. 미국. 98분.

가장 성공적인 50년대의 '고급' SF 영화. 세익스피어의 '템페스트'를 외계의 행성으로 무대를 옮겨 번안한 이 작품은 특수효과, 연기, 시나리오, 촬영 등의 분야에서 50년대 SF 영화의 가장 높은 수준을 집약하여 보여준다.

(4) 신체강탈자들의 침입(Invasion of the Body Snatchers)

돈 시겔(Don Siegel) 감독. 1956년. 미국. 80분.

50년대 SF/호러 장르의 특징이 잘 드러난 영화. 한 소도시의 사람들이 그들과 똑같은 모습을 한 외계인에 의하여 바꿔침을 당하기 시작하며 혼란과 공포에 빠진다. 냉전시대의 편집광적 증후군에 대한 알레고리로 꼼꼼히 읽을 수도 있고, 잘 만들어진 드릴러로서 즐겨도 무방하다. 1978년에 필립 카우프만(Philp Kaufman: 〈프라하의 봄〉 〈해리와 준〉)에 의하여 다시 만들어지기도 하였다.

(5) 알파빌(Alphaville)

장 뤽 고다르(Jean-Luc Godard) 감독. 1965년. 프랑스. 98분.

기술문명사회에서의 '소외'의 문제를 고다르는 SF와 필름 느와르를 결합시킨 영화로써 이야기하고자 하였다. 내러티브와 등장인물의 대사에서 이 영화는 SF임을 느끼게 해 주는데, 라울 꾸따르(Raoul Coutard)는 현대의 파리 시내를 그대로 찍어냄으로서 비인간화된 미래도시를 화면에 창조하는 놀라운 솜씨를 보였다.

(6) 2001년(2001: A Space Odyssey)

스탠리 큐브릭(Stanley Kubrick) 감독. 1968년. 미국. 141분.

〈2001년〉은 그 '난해함' 때문에 각양각색의 설명과 억측(?)을 낳게 한 영화이자, 혁신적인 영화 테크놀로지의 사용으로 찬탄을 불러 일으킨 작품이다. 90년대의 시각에서 돌이켜보면, 다른 장르의 섞임을 거의 찾을 수 없는 '순수한' SF 영화에 가깝다는 점이 오히려 더 중요한 특징으로 느껴질지도 모른다.

(7) 솔라리스(Solaris)

안드레이 타르코프스키(Andrei Tarkovski) 감독. 1972년. 소련. 165분.

큐브릭의 〈2001년〉(68)에 대한 사회주의권 영화의 대응이라는 엉뚱한 평가를 받기도 하지만, 타르코프스키의 다른 작품들과 연관지어 볼 때만 올바른 평가를 내릴 수 있는 작품이며, 외계(그리고 외계의 생명체?)와 우주선이 등장한다는 점에서 일단 SF 영화의 넓은 테두리에 포함시킬 수 있는 영화.

(8) 미지와의 만남(Close Encounters of the Third Kind)

스티븐 스필버그(Steven Spielberg) 감독. 1977년. 미국. 135분.

1950년대 SF 영화의 상투적인 소재—외계인, UFO, 과학자—를 신선하게 재구성한 환상과 모험 이야기. 액션이나 호러에 의존하지 않았다는 면에서 동시대의 SF 영화 중에서는 예외에 속하는 쪽이며, 어두운 비전이 보이지 않는 가장 낙관적인 SF 영화의 하나이기도 하다.

(9) 스타워즈(Star Wars)

조지 루카스(George Lucas) 감독. 1977년. 미국. 121분.

"공상과학(Science Fiction)보다는 우주판타지(Space Fantasy)로 불러달라"는 루카스의 말대로, 〈스타워즈〉는 순수한 '오락', 곧 '스펙터클로서의 영화'에 가장 가까이 다가간 SF 영화이다(그런 점에서 〈스타워즈〉

는 장르 영화에 틀림없으나, SF가 아닌 새로운 장르의 이름이 필요할지도 모른다) 우주를 배경으로 한 '모험동화'이며 '테크놀로지'의 '신화'이기도 한 영화.

(10) 블레이드 런너(Blade Runner)
리들리 스코트(Ridley Scott) 감독.
1982년. 미국. 117분
고다르의 〈알파빌〉(65), 제임스 카메론의 〈터미네이터〉(84) 등에 비교되는 SF와 필름 느와르의 '합성'장르영화. 리들리 스코트는 특수효과보다는 조명과 세트의 미술로 21세기의 미래도시 로스앤젤레스를 '악몽'처럼 그려내었다. 80년대 영화중 최고의 시각효과를 경험할 수 있는 작품으로 공인된다.

'액션' 장르 영화. 〈장군의 아들〉. 임권택 감독. 1990년.

# 7장 제3세계/ 불타는 시간의 연대기

## 1. 제3세계, 헐리우드, 1990년

### 제3세계/영화

만약 "제3세계의 정의는 무엇인가?"라고 묻는 사람이 있다면, 그 질문은 "제3세계라는 개념은 아직도 유효한가?"라는 것으로 바뀌어야 할 것이다. 왜냐하면 '제3세계'의 가장 일반적인 정의는 '선진자본주의 국가군=제1세계'와 '발전된 사회주의 국가군=제2세계'의 대립을 전제로 한 분류에서 나머지 국가들, 곧 '종속', '저개발', '신식민주의'라는 접두사가 따라다니는 아시아·아프리카·남아메리카의 국가군을 가리키는 것이었기 때문이다. 그러므로 지금 '제3세계'라는 용어를 사용함에서 오는 당혹스러움은 '제2세계'의 해체(80년대의 후반 이래 동유럽에서 일어난 역사적 사건들에 비추어)와 제3세계 내부의 자본주의적 발전의 다양한 전개라는 엄연한 현실에서 비롯된 것이리라.

그러한 당혹감에도 불구하고 우리는 여전히 '제3세계 영화'를 이야기해야만 하는데, 그것은 지금까지 제3세계의 영화인들이 제기해온 각 나라의 고유한 문제들이 근본적으로 해결되지 않은 채로 있다는 영화외적인 조건과, '제1세계 영화'에 의한 '제3세계 영화'의 지배·종속관계가 시간이 갈수록 심화되고 있다는 영화내적인 조건 아래서 충분한 타당성을 갖는다(적어도 영화산업의 토대에 있어서는 '제2세계'의 정치적 변동이 그대로 '제2세계 영화'의 '제3세계 영화화'로 이어질 비관적 전망 또한 가능하다).

정치경제학적 개념으로서의 제3세계는 영화에 적용되는 역사적 개념인 제3세계 영화와 분리시켜 생각하여야 한다. 그리고 제3세계 영화라는 개념이 유효함은, 제3세계 영화를 정의해온 다음과 같은 요인들 또한 여전히 유효함을 의미한다.

—민족전통과 식민지 피지배의 역사에 의하여 형성된 사회구조의 특성.

—식민지 종주국에서 교육받은 지배 엘리트 집단의 형성과 그들의 문화생산자로서의 기능.

—'민족'과 '민족문화'를 정의하고 경계를 정하는 문제.

〈중국여인〉. 장 뤽 고다르 감독. 1967년.

—언어—영화에 사용된 언어와 '영화언어'라는 이중적 의미에서—와 문화적 아이덴티티의 관계.

—서구 자본주의의 산물로서 영화의 상품적 성격.

—자본주의 세계체제내에서 미국/헐리우드가 지배하는 영화배급이 수행하는 역할.

제3세계 영화의 올바른 수용은 이러한 요인들에 대한 정보와 이해가 축적되었을 때에 가능해질 것이다. 우리가 제3세계 영화를 대할 때 흔히 받는 낯선 느낌은 그러한 정보와 이해의 축적이 충분치 않음에서 발생하며, 우리들의 영화관이 그만큼 서구화/식민지화되었음을 나타내는 증거에 다름아니다.

## 헐리우드/민족영화

"영화에 관하여 이야기함은 곧 미국 영화에 관하여 이야기함이다. 영화의 영향력은 미국 영화의 영향력이며, 미국 영화는 미국 문화 중 가장 공격적이며 전세계에 널리 퍼진 부문이다. 따라서, 헐리우드 밖에서 만들어진 영화에 대한 모든 논의는 헐리우드로부터 시작되어야 한다." —글라우버 로샤(브라질 영화작가)—

서구인에 의하여 씌어진 역사가 흔히 그러하듯, 대부분의 영화사 서술에서 제3세계 영화는 아예 빠져 있거나 아니면 주변적인 영화로서 간단하게 취급되고만다. 그러므로 헐리우드와 유럽을 중심으로 기록된 대부분의 세계 영화사는 그 이면에 '제3세계 영화'라는 '타자'를 감추고 있는 것이다. 서구 중심의 영화사가 아니면 제3세계(혹은 특정한 비서구국가)만의 영화사로 확연히 이분법적인 구별에 매달려온 것이 서구의 영화 연구자들이 취한 태도였으며, 이 두 개의 평행한 영화사 사이의 관계를 재검토하여 하나의 세계영화사 서술체계를 수립하려는 노력은 극히 최근에 와서야 제3세계 출신의 영화 연구자들과 서구의 진보적인 동료들에 의하여 시작되었다.

제3세계 영화의 역사가 곧 헐리우드 영화에 의한 지배의 역사임은 부인할 수 없는 사실이다. 영화는 서구의 자본주의 국가에서 산업으로서 출발하였고, 영화가 제3세계에 전파된 경로는 식민주의가 확대되어간 자취와 일치한다. 많은 제3세계 국가에서 헐리우드 영화는 배급을 장악하였고, 관객의 기호를 결정하였으며 일단 개척된 시장의 지배를 영속화할 장치를 심어 놓았다. 그러나 이러한 헐리우드 영화의 독점체제가 모든 나라에서 똑같은 모습을 띠고 나타나지는 않았으며, 헐리우드 영화에 대한 대안으로서의 넓은 의미의 '민족영화' 또한 여러 갈래로 형성되었다. 그것은 크게 보아 다음의 세 가지로 분류될 수 있다.

첫째는 헐리우드를 모델로 한 상업영화 시스템이다. 사회주의권을 제외한 대부분의 국가에서 '제도권' 영화는 생산→배급→재생산구조의 상세한 부분까지 헐리우드식 양식을 모방하였으며, 일부 국가의 영화산업은 헐리우드 영화의 지배로부터 상대적인 자율성을 가지며 특정한 영화문화권내의 다른 나라들의 영화시장까지 헐리우드와 분할지배하는 성공(?)을 거두기도 하였다. 동남아(우리나라를 포함한)에서의 홍콩 영화, 중동지역에서의 이집트 영화, 그리고 단일국가이기는 하나 인디아에서의 봄베이 영화 등이 이러한 예에 속할 것이다.

둘째는 제3세계식 '작가영화'이다. 여기서 작가영화는 서구영화에서와 같은 의미로 받아들이면 되겠으나, 실제로 작가영화가 존재하는 방식에서는 서구와 제3세계 사이에 무시할 수 없는 현실적 차이가 있다(※ '작가영화' 는 작가주의 영화론(auteurism 또는 politique des auteurs)에서 나온 말로서, 보통 상업영화의 시스템 안에서 혹은 독립적으로 일련의 작품을 통하여 일관된 주제와 스타일을 추구하는 영화감독의 작업을 가리키는 것으로 이해된다). 서구의 선진자본주의 국가에서는 상업영화 시스템 속에서 활동하는 감독 중에서도 적지 않은 '작가'들을 찾을 수 있지만, 제3세계 영화인이 상업영화 감독이면서 동시에 '작가'인 예는 매우 드물다는 점이 바로 그것이다. 제3세계 영화가 상업영화로서 지닌 물적토대가—그 안에 '작가'의 존재를 허용할 수 없을 만큼—취약하다는 데서 이 현상의 이유를 찾을 수 있겠는데, 그래서 제3세계의 작가영화는 상업영화/제도권 영화의 바깥에서 제작되며 자기나라의 관객들보다는 외국의 관객들을 위하여 만들어지는(혹은 결과적으로 그렇게 되는) 경우가 많다.

셋째는 단순한 '대안적' 영화가 아닌 '대항적' 영화로서 솔라나스와 게티노에 의하여 '제3영화'라 정의된 영화이다. 이 영화는 때로는 작가영화의 형태를 띠거나 특수한 경우 상업영화 가운데에서 돌출하는 수도 있지만, 대부분은 영화를 변혁의 수단으로 생각하는 집단에 의하여 만들어지며 기존의 배급 시스템과 무관하게 여러—은밀하고, 위험한—경로로 대중들과 만난다. 부르주아 비평가들에 의하여 흔히 예술성이 모자란다는 이유로 천대받기 일쑤인 이 영화는, 그러나 단순히 선전·선동의 맥락에서만 만들어지고 있는 것은 아니다.

제3영화는 무엇보다도 투쟁의 전선에서 '무기'로서의 소임을 다해야 하지만, 동시에 정치적인 것과 미학적인 것의 관계를 변증법적으로 탐구해야 하는 과제를 스스로에게 부여하고 있는 것이다. 이데올로기 장치로서의 영화매체의 속성, 작가/제작집단의 계급적 배경과 그것이 영화가 겨냥하는 관객집단과의 의사소통에(영화의 물질적 힘에) 미치는 영향 또한 과제에 포함된다.

한 나라의 '민족영화'는 이러한 세 가지 종류의 영화들이 모인 총체이다. 그리고 그것은 예속과 저항, 보수와 진보, 서로 다른 이데올로기가 서로 작용하는 역동적인 관계의 장이다. 제3세계 영화를 이해하는 데 이 역동성은 필수적으로 고려되어야 할 것이다.

## 지금/여기

우선 지금/여기의 '우리'가 동일한 시각을, 동일한 이데올로기를 공유하고 있지 않다는 사실의 성찰에서 시작하여야 한다. 제3세계 영화를 어떻게 보며 수용할 것인가 하는 문제에서 '우리' 내부의 차이점은 첨예하게 드러날 것이다. 그렇기 때문에 제3세계 영화를 공통의 화제로 삼기 위하여는 어느 정도의 절충주의가 미덕이 될 듯하다. 제3세계의 작가영화들을 그 소부르주아적 한계에도 상대적 진보성을 인정하여 주고, 영화의 예술성을 우위에 놓더라도 '제3영화'의 역사적 맥락을 존중하는 태도가 필요한 때이다. 그것은 또한 "왜 제3세계 영화에 관심을 가지는가?"하는 질문에 대한 대답이 더욱 풍부한 영화적 실천에 이어지도록 하는 하나의 방법일 수도 있다.

# 2. 제3세계의 작가영화

## 사트야지트 레이(Satyajit Ray)

인디아 영화작가. 1921년 인디아 캘커타에서 출생. 캘커타에서 대학을 마치고 광고회사에서 일함. 1949년 인디아에서 〈강〉을 촬영중이던 장 르느와르를 만남. 1951년 첫번째 영화 〈길의 노래(Parther Panchli)〉 촬영 시작. 1964년, 1965년 베를린영화제 감독상 수상.

주요작품: 〈길의 노래〉(1955), 〈정복되지 않는 사람들(Aparajito)〉(1956), 〈아푸의 세계(Apu Sansar)〉(1959), 〈여신(Devi)〉(1960), 〈대도시(Mahanagar)〉(1963), 〈외로운 아내(Charulata)〉(1964), 〈먼 천둥(Asani Sanket)〉(1973), 〈가정과 세계(Ghare Baire)〉(1982).

사트야지트 레이는 일본의 구로자와 아키라 감독과 함께 아시아 영화예술의 존재를 세계에 알린 작가로 흔히 이야기되고 있다. 이들은 모두 "자기나라에서의 장편극영화 제작→서구의 영화제에 출품·수상→자기나라의 관객·영화인들에 의한 재평가"라는—이제 제3세계 영화가 인정받는 하나의 공식처럼 되어버린—경로를 밟았다. 또한 그들의 영화가 다룬 주제들을 비교적 손쉽게 서구 관객들이 이해할 수 있었다는 것도 둘 사이의 공통점이다(구로자와의 초기작들을 '신이 죽은 세계에서의 인간의 실존적 고뇌'로 해석하거나 레이의 영화에서 '자연과 인간의 교감을 바탕으로 한 시공을 초월한 휴머니즘'을 읽는 시각이 바로 그러하다).

그러나 구로자와가 일본의 주류/상업영화 제도권 안에서 성장하고 활동한 데 비하여, 레이는 철저하게 인디아 상업영화 시스템의 바깥에서 영화작업을 시작하였다. 헐리우드만큼이나 오랜 역사를 지닌 인디아 영화는 텔리비전이 보급되기 시작한 1970년대 이전까지 인디아 대중오락의 왕좌를 내놓지 아니하였다. 뮤지컬, 모험극, 멜로드라마가 혼합된 장르 영화이며 '스타'의 존재에 철저하게 의존하는 인디아의 상업영화는 주로 봄베이를 중심으로 힌디(Hindi) 언어로 제작되었으며, 연간 제작편수에서 세계 1위를 고수해왔다(연평균 700편 이상).

이러한 상업영화들이 인디아의 '제1영화'라면, 사트야지트 레이는 인디아에서 '제2영화'의 장을 연 최초의 작가로 기록될 수 있을 것이다. 그 자신의 재능과 노력에 덧붙여, 레이가 영화작가로서 성공할 수 있었음에는 다음과 같은 외부적인 조건 또한 작용하였다. 그것은 그가 식민지 영국 정부의 비호 아래 성장하였고 독립 후에도 기득권에 위협을 받지 않고 존속한 소부르주아 계급의 일원이었다는 점이다. 이들은 서구식 교육을 받았고(많은 이들은 '본국'인 영국에 유학하였고) 독립 전이나 후나 인디아 지식인·관료사회의 대부분을 차지하였다. 레이의 첫작품이 벵갈 주정부 교통부의 자금 지원으로—영화제작 지원기금은 물론 없었으므로 제목에 '길'이 들어 있다는 핑계로 예산을 전용(?)하였음—만들어질 수 있었다는 에피소드는 레이가 속한 계층의 벵갈 주에서의 권세를 짐작케 하는 대목이기도 하다.

이러한 식민지 지식인계층은 흔히 타협적인 세계관을 갖기 마련이며, '보편적 인간상'으로 그들에게 주입된 유럽인의 이미지와 자신들의 어쩔 수 없는 뿌리인 '민족적 현실' 사이의 괴리에서 심한 갈등을 겪는다. 그래서 이들의 문화활동은 이러한 갈등을 '뛰어넘는' 수단으로서 문화적 보편주의, 예술지상주의, 혹은 민족적 전통에의 회귀적 몰입 등의 다양한 경로를 밟는다. 레이의 영화가 적어도 1970년대까지는 인디아 사회의 '지금/여기'의 문제를 거의 언급하지 않고 정제된 형식의 탐구와 정서를 절제한 관찰의 시선을 닦는 데만 열중해왔다는 지적은 이러한 식민지 지식인계층의 이데올로기와 분리하여 생각할 수 없을 것이다.

레이는 또한 타고르로 대표되는 20세기 '벵갈 르네상스'의 한가운데에서 자라났다. 식민지 치하에서 유럽 문화에 친숙해진 벵갈 중간계급의 문화운동이었던 '벵갈 르네상스'는 서구문화와의 접촉에서 얻은 개념과 기법을 통하여 인디아 문화유산을 재발견하려는 움직임이었다. 이 운동은 "동서문화의 조화로운 결합"이라는 긍정적인 평가의 한편으로 "식민지 문화의 출발점"에 불과하다는 비판을 받기도 한다. 레이는 이러한 계급/문화적 배경에서 영화를 자신의 표현수단으로 선택했고, 그러한 배경이 가지는 장점을 잘 활용한 반면에 그것의 한계 또한 뛰어넘지 못했던 작가로 기록될 것이다. 이는 많은 제3세계 영화 '작가('작가영화'를 만든다는 제한된 의미로 사용)'들에게도 공통된 현상이다.

## 일마즈 귀니(Yilmaz Güney)

터키 영화작가. 1937년 남부 터키에서 태어나 1984년 프랑스 파리에서 죽음. 대학에서 법학과 경제학을 전공. 1958년 첫 단편소설 발표, 아티프 일마즈 감독의 조감독이 됨. 1961년 불온소설 발표라는 죄목으로 투옥. 1963년 출옥 이후 다수의 상업 영화에 출연, 터키 대중의 우상이라 할 만큼 인기스타로 활약. 감독, 배우, 시나리오 작가를 겸함. 1972년 범인은닉죄로 체포, 26개월간 수감. 1974년 대사면으로 풀려났으나 곧 살인죄로 다시 체포, 24년 중노동형을 선고받음. 1980년까지 6년간의 수형생활중에도 각본 집필 계속, 영화화 작업을 지휘. 1980년 9월의 군부 쿠데타 이후 그의 모든 영화가 상영금지되고 영화작업이 불가능해짐. 1981년 스위스로 탈출. 1982년 칸느 영화제에서 영화 〈길(Yol)〉로 그랑프리 수상. 1982년 프랑스에서 유작 〈벽(Le Mur)〉 완성.

주요작품: 〈배고픈 늑대들(Ac Kurtlar)〉(1969), 〈희망(Umut)〉(1970), 〈아버지(Baba)〉(1971), 〈친구(Arkadas)〉(1974), 〈가난한 사람들(Zavalliar)〉(1975), 〈소떼(Sürü)〉(1978), 〈적(Düsman)〉(1979), 〈길(Yol)〉(1981), 〈벽(Le Mur)〉(1982).

영화작가로서의 일마즈 귀니의 삶은 여늬 영화가 따라갈 수 없을 만큼 극적이면서 또한 진보적인 의식을 가졌으면서도 대중의 '우상'이라는 자리에서 그것을 표현해야만 했던 제3세계 영화인의 고뇌를 송두리째 드러내고 있다. 가난한 농업 노동자의 아들로 태어나 고학으로 대학을 마친 그가 중산층으로의 신분상승의 길 대신 왜 영화작가/배우의 길을 택하였는지에 대하여는 잘 알려지지 않았으나, 그가 흔히 오해되듯 비제도권에서의 '운동가'가 아닌 제도권 상업영화로부터 영화경력을 시작했고 거기서 벗어난 적이 없었음은 분명한 사실이다(물론 제도권=보수/비제도권=진보라는 이분법의 공식을 상대적으로 부르주아 민주주의가 기능을 발휘하던 1960년대의 터키에 적용하는 것은 타당치 아니하지만).

귀니가 인기와 명성을 얻었던 시기(1967~74)는 또한 상업적으로는 터키영화의 전성시대였다. 1년에 300편 이상의 영화들이 제작됐으며, '민족주의 영화' 혹은 '민중주의 영화'의 기치 아래 진보적인 내용을 담으려는 작가들도 다수 존재하였다. 그중에서도 배우/감독으로서 귀니의 이름은 터키의 대중들에게 가장 친숙한 것이 되었는데, 그것은 귀니 영화의 주인공들에게서 터키의 대중들이 스스로의 모습을 쉽게 찾고 공감할 수 있었으며, 나아가서는 그들의 억눌린 한을 주로 귀니가 연기한 주인공들의 행위를 통하여 대신 풀었기 때문이라고 이야기된다.

귀니는 그의 영화들 속에서 '못난이 왕'이라는 애칭으로 불리운 신화적 성격을 창조하였다. 이 현대판 민중의 영웅은 못생기고, 가난하고, 배고프고, 착취당하면서도 참고 또 참지만, 영화의 클라이맥스에서는 그동안 참았던 분노를 한꺼번에 터뜨리며 격렬하고 폭력적인 모습을 드러낸다. 이러한 분노를 '못난이 왕'은 대개 그때까지 그를 괴롭혀 온 '착취자'들에 대한 복수로 풀거나, 아니면 '정의'를 바로 세우기 위한 행동에 앞장섬으로써 표현한다. 이러한 인물에 터키 대중들은 열광하였고, 귀니는 상업영화 시스템 안에서 '스타'로서 자신의 영화작업을 계속 보장받을 수 있었다.

귀니의 영화에는 그러나 다분히 소영웅주의적인 주인공만이 부각되지는 아니한다. 그의 주요작품들에 공통적으로 드러나는 '배경'들은 그 자체로서 터키 사회의 어두운 현실의 묘사이자 비판으로 관객들에게 받아들여졌다. 여기에는 법과 질서의 수호자가 아니라 억압받는 이들의 운명에 무관심하기만 한 국가권력, 스스로를 방어할 힘도 상실한 채 무기력하게 운명을 받아들이는 농민들, 긍정적인 기능을 하지 못하는 종교, 사회의 성원이면서 아무런 활동에 참여하지 못하는 수동적 존재로서의 여성, 그리고 본능적인 반항의 수준을 넘어서지 못하는 범죄집단 등이 포함된다.

귀니는 언제나 혁명을 믿는 진보적 지식인으로서의 정치활동과, 대중관객과의 의사소통을 우선적으로 생각하는 자신의 영화활동을 구분하였다. 그의 초기작들이 주인공과 관객의 동화에 의존함으로써 대중의 의식을 일깨우는 데 거의 기여하지 못했다면, 그가 옥중에서 '원격조정'으로 연출한 후기작들은 터키 사회의 모순을 대중이 쉽게 이해할 수 있는 형식으로 이야기하고 탐구하려는 의도가 두드러진다. 그러나 그는 민중의 승리를 묘사하기보다는, 개인의 투쟁이나 해방이 전체의 변혁에 기여하지 못함을 보여줌으로써 오직 집단의 행위만이 진정한 변화를 가져올 수 있음을 암시하려 하였다. 이것은 그가 상업영화의 제도적 한계와 엄혹한 군사정권의 검열이라는 조건을 극복하기 위하여 택한 어쩔 수 없는 길이었는지도 모른다.

## 유세프 샤힌(Youssef Chahine)

이집트 영화작가. 1926년 이집트 알렉산드리아에서 출생. 아버지는 민족주의자이면서 영국 식민통치하에서 변호사로 활동. 영국식 교육을 받고 알렉산드리아의 대학에 다니다 미국으로 건너감. 캘리포니아의 파사데나 극단에서 2년간 수련. 1948년 이집트에 돌아와 조감독 생활. 1950년 감독 데뷔. 1963년 당시 이집트 대통령 나세르의 요청으로 대작 〈살라딘〉 감독. 1965-67년 이집트 정부와의 불화로 리비아에 일시 망명. 1975년 심장마비로 죽을 고비를 넘기고 자신의 영화인생을 재정립하게 됨. 1979년 〈알렉산드리아…왜?〉로 베를린 영화제 심사위원 특별상 수상.

주요작품: 〈카이로 역(Bad el Haded)〉(1958), 〈살라딘(El Naser Salah el Dine)〉(1963), 〈땅(El Ard)〉(1969), 〈선택(Al Ekhtiar)〉(1970), 〈참새(Al Asfour)〉(1973), 〈알렉산드리아…왜?(Iskindria… Leh?)〉 (1978), 〈이집트 이야기(Hadota Misreya)〉(1982), 〈안녕 보나파르트(Adieu Bonaparte)〉(1985), 〈알렉산드리아…왜?: 속편〉(1989).

유세프 샤힌과 사트야지트 레이는 모두 자국의 상업영화가 적어도 산업적으로는 활발하게 움직이는 나라들을 대표하는 작가로서 공통점을 갖는다. 또한 그들의 출신 또한 영국의 통치하에서 식민지정부와 협력/공생관계에 있던 소부르주아라는 점에서 유사하고(레이의 아버지는 작가이자 출판업자였고, 샤힌의 아버지는 변호사였다), 각각 영국식 엘리트 교육을 받으며 성장했다는 점도 마찬가지이다. 그러나 레이가 영화제도권 밖에서 처음부터 '독립'의 길을 간 작가인 반면, 샤힌은 상업영화권 내부에서 출발, 몇차례의 변신을 겪으며 '작가'로서 인정받게 되었다는 점에서부터 둘의 차이점이 드러난다.

이집트는 중동지역의 관객들을 대상으로 값싼 흥행영화를 꾸준히 양산·공급해왔으며 캘커타가 인디아 영화의 중심지듯 카이로는 '중동의 헐리우드'라 불릴 만큼 영화산업의 기지노릇을 멈추지 않았다. 샤힌은 서구의 비평가들로부터 경멸받던 이집트의 상업영화들을 거부하는 대신, 상업영화의 관습을 따르는—관객들이 이해할 수 있고 '흥행'이 되는—영화이면서 동시에 개인적인 스타일이 담긴 작품을 만들려고 노력하였다. 그의 초기작들은 멜로드라마의 구조를 가진 사회극들이 대부분인데, 여기에는 이탈리아 네오리얼리즘의 영향이 컸다. 그러나 샤힌의 작가적 태도는 정치와는 무관하다는 입장을 취했고, 그의 영화들 또한 이집트 사회의 단면들을 '묘사'는 하되 개인의 문제들을 사회 전체의 시각에서 파헤치려는 시도는 보이지 않았다.

정치적으로 나세르의 범아랍주의와 국가사회주의 노선을 지지했던 그는 유럽인들을 물리쳤던 중세 아랍의 영웅 살라딘에 대한 영화를 나세르의 요청에 의하여 제작하였다. 그러나 이스라엘과의 1967년 전쟁에서의 패배, 1970년 나세르의 죽음에 따른 사다트 정권의 성립 등의 변화를 겪으며 그는 이집트의 사회체제, 그리고 아랍세계의 문제들에 대하여 점점 비판적으로 변하여갔다. 1973년작 〈참새〉는 1967년 전쟁에서의 패배는 결국 이집트의 사회구조 때문이라는 메시지를 직설적인 방법으로 표현했고, 사다트 정부에 의해 이 영화는 2년간 상영이 금지되었다.

1970년대 중반, 50대에 들어서면서 그는 예기치 않았던 심장마비로 죽을 고비를 간신히 넘기고, 이를 계기로 자신의 삶과 영화를 다시 평가/성찰하기에 이른다. 그 결과가 3부작 〈알렉산드리아…왜?〉, 〈이집트 이야기〉, 〈알렉산드리아…왜: 속편〉이다. 이 영화들은 전통적인 리얼리즘 양식을 무시한, 마치 펠리니를 연상케 하는 자유분방한 형식 속에 감독의 자서전적인 이야기를 담고 있다. 샤힌 자신이 겪었던 이집트 현대사의 중요한 순간들을 시간의 축으로 하여 현실/환상, 극영화/기록필름, 그리고 샤힌의 이전 연출작품들의 인용화면들을 넘나들며 모자이크한 이 영화들은 제3세계 영화로서는 드물게 작가의 '자화상'을 보여준다.

샤힌은 상업영화 감독으로 출발하였고, 권력과 자본으로부터 '독립'하여 작업할 기회를 갖지 못하였다. 그는 또한 이집트 현대사의 격동기에 초연할 수 있는 위치에 있지 아니하였으며, 작가로서의 경력 또한 그에 따라 몇차례의 기복이 있었다. 그의 영화는 절충주의의 노선을 흔히 택하고 있으며, 그의 작품들에는 일관된 주제보다는 격변기 이집트 사회를 살아가는 다양한 종류의 삶들이 만화경과도 같이 보여진다. 그러나 상업영화를 거부하지 않으면서 자신의 스타일을 담은 영화를 만들어내고, 대중이 이해할 수 있는 형식으로 사회적·정치적 문제를 다루려 했던 그의 노력은 제3세계 영화의 한 모범으로 인정받아야 할 것이다.

## 우스만 상벤(Ousmane Sembene)

세네갈 영화작가. 1923년생. 1942년 프랑스군 병사로 아프리카에서 2차 대전에 참전. 1947년 세네갈의 수도 다카르에서 철도파업에 참여. 1948년 프랑스 마르세이유의 자동차공장에 취업. 1960년까지 프랑스에 머물며 노동운동을 계속함. 1955년 이후 프랑스어로 단편소설 발표. 1960년 세네갈로 돌아와 작가로 활동. 1961~1962년 영화를 배우기로 결심, 소련 정부의 장학금으로 모스크바의 고르키 스튜디오에 유학, 마르크 돈스코이(Mark Donskoi)와 세르게이 게라시모프(Sergei Gerasimof) 등의 지도를 받음. 1963년 모스크바에서 귀국, 말리(Mali)에서 다큐멘터리 〈송해이(Songhays)〉 제작(미발표).

주요작품: 〈보롬 사레(Borom Sarret)〉(1963), 〈니에예(Niaye)〉(1964), 〈…에서 온 흑인 소녀(La Noire de…)〉(1966), 〈우편환(Mandabi)〉(1968), 〈타부(Tauw)〉(1970), 〈에미타이(Emitai)〉(1971), 〈할라(Xala)〉(1974), 〈세도(Ceddo)〉(1977).

우스만 상벤은 당대 아프리카의 가장 중요한 소설가의 한 명이면서 동시에 아프리카 영화를 대표하는 인물이다. 1923년 프랑스 식민지였던 세네갈에서 태어난 그는 식민지 원주민들 대부분과 마찬가지로 거의 공식교육을 받지 못하였다(프랑스는 세네갈에 프랑스 문화에의 동화를 유도하는 유화적인 문화정책을 폈으나, 그 '혜택'은 대도시의 주민들과 '원주민 엘리트'에게 한정되었다). 전후 세네갈의 지배계급이 된 식민지 관료·지식인층과는 달리, 상벤은 프랑스에서의 노동운동 체험을 기반으로 하여 작가로서 출발하였다. 이 점에서 그는 유럽에서—파리의 고등영화학습원(IDHEC)이나 로마의 영화실험센터(Centro Sperimentale di Cinematografia) 등에서—처음부터 교육받은 아프리카 출신 영화인들과 확연히 구별된다.

상벤은 처음부터 영화 '예술'에 심취했거나 영화 '작가'가 되려고 했던 것은 아니다. 그의 문학적 성과가 그에게는 투쟁의 경험을 정리하고 널리 전달하려는 노력의 결과 이상이 아니었듯, 그는 영화 또한 자신의 일관된 사상—마르크시즘과 아프리카 민족주의로 요약될 수 있는—을 대중에게 전파하고 검증하는 수단으로서 선택하였다. 상벤의 고민은 그가 프랑스어로 소설을 써야만 했다는 데서부터 시작하였다. 프랑스에서 일하고 있는 아프리카 노동자들의 이야기면서도 대부분 문맹인 노동자들 자신은 그의 글을 읽을 수 없었던 것이다. 소설을 쓰는 행위가 상벤에게는 해방감을 경험하게 하였으나, 그것이 현실 속에서 지니는 물리적인 힘은 미미할 수밖에 없었다. 상벤은 계속 작품을 발표하여 작가로서 인정을 받았으나, 문학만으로는 자신의 고민을 극복할 수 없다는 생각에서 관심을 영화로 돌리게 되었다.

나이 40에 뒤늦게 유학의 길을 떠나 2년 뒤 세네갈로 돌아온 그는, 자신이 노동운동과 저술을 통해서 추구해 온 목표에 영화로써 다가가는 작가로서의 사명과 함께, 영화 불모지인 세네갈에 '민족적 영화산업'의 토대를 건설하는 임무를 한꺼번에 떠맡아야만 했다. 그의 세번째 영화 〈…에서 온 소녀〉(1966)가 아프리카 출신 흑인에 의하여 만들어진 최초의 장편 영화(상영시간: 65분)로 기록됨은 그가 작업했던 환경의 어려움을 말하고 있다.

다음 영화 〈우편환〉(1968)은 아프리카 언어(프랑스어가 아닌)로 만들어진 첫 영화가 되었다. 도시 서민들의 삶 속에 보여지는 탐욕과 질투의 모습을 희극적으로 그린 이 영화는 본격적인 정치적 영화에는 못미친 채 세태묘사에 그쳤다는 평을 받았다. 이후의 영화들에서 정치적인 주제들은 더욱 직접적이고 선명하게 다루어지는데, 프랑스 군대에 맞서 싸우는 아프리카인들의 투쟁을 그린 〈에미타이〉, 식민지 '독립'의 허구와 관료들의 부패를 희화화·폭로한 〈할라〉, 그리고 아프리카 토착종교, '외세'로서의 이슬람교와 기독교라는 세 힘의 충돌을 역사극의 형식에 담은 〈세도〉 등이 그들이다.

상벤의 영화가 더욱 세네갈의 체제에 대한 비판의 모습을 띠고, 정치적으로 민감한 소재를 다룸에 따라 세네갈 정부와 그의 관계 또한 멀어졌다. 작가로서의 명성과 세네갈 최초의 영화작가라는 위치를 가지고 그는 세네갈 정부의 크지 않은, 그러나 필수적인 지원에 힘입어 영화를 만들어왔었다. 그것은 또한 프랑스 식민지 중 '모범생'으로 뽑혀 특별한 대우를 받은 덕에 독립 이후에도 아프리카의 '문화중심'을 자처해온 세네갈 엘리트들의 '자존심'에서 나온 것이기도 하였다. 그러나 〈세도〉는 세네갈에서 상영금지당했고, 그 이후 아직까지 상벤은 새 영화를 만들지 못하고 있다.

## 글라우버 로샤(Glauber Rocha)

브라질의 영화작가. 1938년 브라질 바히아 주에서 태어나 1981년 브라질 리오 데 자네이로에서 죽음. 지방대학에서 법학을 전공하며 영화평론을 발표하였으며 연극운동, 시네클럽 조직에도 참여하였음. 1960년 리오 데 자네이로로 이주, 시네마 노보 운동의 창시자인 넬슨 페레이라 도스 산토스(Nelson Pereira dos Santos)가 이끄는 집단에 들어감. 1962년 첫 장편영화 〈바라벤토(Barravento)〉를 만들며 시네바 노보의 기수로 각광받음. 1970년 군부쿠데타 이후 망명. 이후 1976년 귀국이 허가될 때까지 이탈리아, 프랑스, 스페인에서 작품활동, 1980년 브라질 정부 지원으로 〈땅의 나이〉 만듬. 다음 작품 준비중 폐질환에 걸려 사망.

주요작품: 〈바라벤토(Barravento)〉(1962), 〈대지의 신과 악마(Deus o Diabo na terra do Sol/Black God, White Devil)〉(1964), 〈고뇌하는 땅(Terra emt ranse/Land in Anguish)〉(1976), 〈안토니오 다스 모르테스(Antonio das Mortes)〉(1969), 〈사자는 7개의 머리가 있다(Der leone have sept cabecas)〉 (1970), 〈땅의 나이(A idade da terra)〉(1980).

제3세계 영화의 역사에서 글라우버 로샤라는 이름은 언제나 시네마 노보(cinema novo)라는 영화운동과 함께 이야기된다. 포르투갈어로 '새로운 영화'라는 간단한 뜻을 지닌 이 이름은 브라질의 특수한 문화적 풍토와 특정한 시대의 정치적 배경에서 나온 영화운동을 가리키는 고유명사가 되었다. 1950년대말에서 1960년대초—정확히는 1964년의 군부 쿠데타—에 걸치는 기간 동안 브라질은 짧은 민주주의의 실험을 겪었는데, 이 시기에는 각 부문의 민중운동이 고양되면서 새로운 형태의 민중조직들이 건설되고 진보세력이 선거를 통하여 합법정치의 마당으로 급속히 진출하였다. 문화·예술 부문에서는 신식민지 문화의 특징인 맹목적 서구지향을 청산하고 '민중을 위한' 문예를 건설하자는 움직임이 젊은 지식인 작가들을 중심으로 일어났다.

시네마 노보는 이러한 움직임들이 영화에 반영된 결과였다. 글라우버 로샤, 넬슨 페레이라 도스 산토스, 루이 게라(Ruy Guerra) 등이 주도한 이 운동은 근본적으로 진보적인 성격을 갖지만, '지식인들의 민중지향적' 활동이 갖기 쉬운 모순된 모습들을 또한 보였다. 시네마 노보는 새로운 영화를 지향하면서 그 실천영역을 기존 상업영화의 제작·배급 시스템으로 스스로 정하였다. 그것은 진보적인 문예작품이 공개적으로 창작·보급될 수 있었던 사회적 여건을 활용, 최대한의 대중과 만나려는 의도와 함께, 지리멸렬한 상태에 있던—이 점에서 산업적으로 튼튼한 토대를 이미 갖춘 인디아나 이집트와는 구별되는—브라질의 제도권 영화를 '일으켜 세우려는' 목표를 동시에 추구한 까닭이었다.

시네마 노보의 작가들은 다른 제3세계 국가들의 경험보다는 유럽의 작가영화들의 사례에 의존하였는데, 그것은 역사적 현실을 그리는 형식으로서의 이탈리아 네오리얼리즘과, 창작과 비평의 방법론으로서 프랑스 누벨 바그의 작가주의 이론이었다. 그들은 또한 브라질의 문화적 전통—포르투갈인, 아프리카인, 원주민 인디언, 그리고 혼혈인들 각기의 문화전통이 융합된 다원적이면서도 일관된—을 '반부르주아'적인 새로운 영화형식과 접목시키려 했고, 단순한 역사적 사실의 재현이나 기록이 아니라 상징·우화·비유를 사용하여 현실을 분석적으로 제시하려 하였다.

이러한 상반된 경향들 사이의 모순은 시네마 노보의 작품들에 창조적 긴장을 부여했으나, 한편으로는 많은 문제점을 낳은 원인이 되었다. 낯선 영화형식, 지나치게 모호한 등장인물들의 성격 설정, 과도한 상징과 비유 등은 막상 '민중'들이 이 영화들을 받아들이기 어렵게 하였고, 정치적 효과보다는 미학적 탐구에 기울어진 작가주의의 폐해, 제도권에서 영화활동을 계속하기 위한 타협 등은 좌파 운동가들의 혹독한 비판을 받았다. 결국 시네마 노보 운동은 혁명적인 영화를 지향하면서도 지식인들만이 이해할 수 있는 영화를 만들었고, 외세종속적 문화를 거부했으나 유럽 영화에서 모델을 구했으며, 일관된 정치적 입장과 미학적 원칙을 견지하는 데 실패했다는 평가를 뛰어넘지 못했다.

브라질의 한 평론가는 시네마 노보가 지닌 모순의 근원을 다음과 같이 지적하였다. "시네마 노보는 스스로를 정치적·혁명적·민중적 영화로서 제시하였다. 그러나 사실 이것은 급진적인 하층 프티부르주아지의 모순들을 표현함에 다름아니었는데, 이들의 목표는 버려진 대중과 해방에의 길을 인도할 과업을 맡은 민족부르주아지 사이에 다리를 놓는 것이었다."

1964년 군부 쿠데타 이후 브라질 사회는 다시 반동·보수화의 길을 걸었고, 1970년 또 한 차례의 쿠데타는 시네마 노보 작가들의 활동을 불가능하게 하였다. 시네마 노보는 자체의 모순과 외부상황의 변화에 의하여 더이상 계속되지 못하였으나, 제3세계 영화운동사에 남긴 자취는 어느 의미에서든 커다란 것이었다.

## 우카마우 집단(Grupo Ukamau)

볼리비아 영화집단. 1968년 4명의 볼리비아 영화인—호르게 산지네스(Jorge Sanjines), 오스카 소리아(Oscar Soria), 리카르도 라다(Ricardo Rada), 안토니오 에구이노(Antonio Eguino)—에 의하여 만들어짐. 1971년 군부 쿠데타에 의하여 활동이 중지될 때까지 3편의 영화를 제작(그중 한편은 현상과정에서 필름분실)하였음. 〈콘돌의 피(Yawar Mallku/Blood of the Condor)〉(1969)와 〈민중의 용기(El Coraje del Pueblo/The Courage of the People)〉(1971) 발표.

우카마우 집단이 출범할 수 있었던 배경에는 볼리비아의 특수한 정치상황이 있었다. 1952년 조직화된 주석광산 노동자들(주석은 볼리비아의 거의 유일한 자원이며 국가경제에서 절대적인 비중을 차지하고 있다)의 봉기로 군부독재정부가 물러나고 민족혁명운동(MNR) 주도의 민간정부가 들어선 이래, 약 12년 동안 볼리비아는 '위로부터의 민주화'에 의한 진보적 사회개혁 프로그램들이 실행되었다. 우카마우 집단의 영화인들은 이러한 기간 동안에 성장하였고, 1952년의 '혁명'을 다룬 단편영화 〈혁명!(Revolution!)〉(1963)을 만든 젊은 영화인 산지네스(1936년생)는 1965년에 설립된 볼리비아 영화제작소장에 임명되었다.

산지네스와 볼리비아 영화제작소의 젊은 영화인들은 장편 극영화〈우카마우(Ukamau)〉를 1966년에 발표하였다. 볼리비아 공식언어인 스페인어 대신 인디언 언어인 아이마라(Aymara)어로 제작된 이 영화는 인디언 언어를 사용한 최초의 볼리비아 극영화였으며, 지배계층인 스페인계 백인의 시각이 아니라 인디언의 시각에서 그들의 이야기를 다룬 최초의 시도로 평가되었다(원주민인 인디언은 볼리비아 전체인구의 60%를 차지하고 있다).

〈우카마우〉는 아이마라어로 '있는 그대로'라는 뜻이었는데, 이 영화는 볼리비아 국내는 물론 해외영화제에서도 주목을 끌었으나, 볼리비아 정부는 영화의 내용이 '국위를 손상'했다는 이유로 제작진 전원을 해고했으며 볼리비아 영화제작소는 자동적으로 폐쇄되었다.

산지네스와 그의 동료들은 볼리비아 영화제작소를 떠난 뒤 우카마우 집단을 결성하였다. 이들은 자신들의 영화활동이 "라틴 아메리카의 해방투쟁을 돕기 위한" 것임을 분명히 선언하였는데, 이들의 큰 과제 중의 하나는 서구식 교육을 받은 지배계층 출신인 자신들과 볼리비아의 일반 민중(인디언과 메스티조—스페인 정복자들과 토착 인디언과의 혼혈후손들—로 대부분이 구성된)과의 간극을 극복하는 것이었다.

우카마우 집단의 첫 작업은 〈콘돌의 피〉였다. 미국 평화봉사단 의료팀에 의한 인디언 주민의 산아제한 프로그램에서 빚어진 실화를 바탕으로 한 이 영화는 케츄아 인디언들의 협조를 얻어 그들의 마을에서 그들의 언어로 촬영되었다. 영화의 줄거리는 본인도 모르게 자신의 아내가 미국인들에 의하여 불임수술을 당한 사실을 안 인디언 부락의 촌장이 이를 항의하다 경찰의 총에 맞는 것으로부터 시작한다. 그의 아내는 도시의 병원까지 그를 데려가고, 일찍이 마을을 떠나 공장노동자가 된 그의 동생은 수혈에 필요한 피값을 구하기 위하여 거리를 헤매지만 결국 그의 형은 죽고만다. 영화는 농촌과 도시, 그리고 다른 계급의 인간들을 대비시키며 볼리비아 사회의 모순을 드러내는데, 이러한 참담한 현실을 만든 주범이 미제국주의임을 강하게 암시하고 있다.

〈콘돌의 피〉는 공개 즉시 상영금지처분을 받았으나 격렬한 항의시위에 부딪치자 정부는 마지못해 상영을 허가하였고, 볼리비아에서만 25만 명이 관람하는 성공을 거두었다. 또한 미국 평화봉사단이 1971년에 결국 볼리비아에서 추방당하게 하는 결정적인 계기가 되었다. 그러나 영화의 상영과정에서 우카마우 집단은 이 영화가 기층 민중들에게는 메시지를 충분히 전달하지 못하고 주로 도시의 중간계급에게만 호소력을 갖는다는 약점을 깨달았고, 여기서 얻은 교훈을 다음 영화의 제작방식에 적용하였다.

〈민중의 용기〉는 1967년에 있었던 파업중인 광산노동자들의 정부군에 의한 학살사

〈밝음〉. 술레이만 시세 감독. 말리. 1987년.

건을 다룬 영화이다. 우카마우 집단은 다큐멘터리와 극영화를 혼합한 양식을 창출하였는데, 이 영화는 사건이 일어났던 바로 그 지역에서 촬영되었을 뿐 아니라 실제로 파업에 참여했던 광원들과 생존자들의 증언, 그리고 그들이 몸소 사건 당시를 재현(reenact)하는 장면들로 구성되었다. 여기에는 특정한 개인들이 주인공으로 부각되는 대신 마을공동체가 전체로서 묘사되며, 과감한 장면전환과 배경설명을 생략함으로써(따라서 이 영화가 다루고 있는 사건에 대한 역사적 지식을 관객은 미리 갖추고 보아야 한다) 이러한 기법의 효과를 극대화하였다.

우카마우 집단은 3년 동안의 활동의 결과로 단지 두 편의 영화를 남겼지만, 제3세계 영화운동에서 하나의 모범적 전형을 창출한 성공사례로 꼽힌다. 그것은 우카마우 집단의 성원들이 지식인 출신이었음에도 불구하고 기층민중과의 공동작업이라는 틀을 통하여 '작가영화'의 한계를 극복하였다는 점과, 영화가 대중을 투쟁의 전선에 세울 수 있는 무기임을 실제성과를 가지고 보여 주었다는 점에서이다.

# 3. 제3영화를 향하여

## '제3영화'의 개념

'제3세계'가 정치적 실체로서 등장한 것은 1960년대의 일이었다. 아프리카 구식민지의 독립국가로서의 재편성과 쿠바 혁명의 성공으로 시작했던 60년대는, 미국의 베트남전 개입과 이에 맞선 베트남 인민의 항쟁, 전세계적인 반전·반제국주의 세력의 연대, 남미 신식민지국가에서의 무장항쟁세력의 등장, 그리고 68년 유럽에서의 체제변혁운동 등의 세계사적 사건들로 특징지워진다. 이러한 역사적 맥락 속에서 영화운동이 변혁운동의 중요한 부분이 될 수 있다는 인식이 주로 라틴아메리카 영화인들의 작업에 의하여 떠오르게 되었다.

전세대의 제3세계 영화작가들이 소부르주아적인 '작가영화'의 영역을 벗어나지 못했다면, 60년대 이후의 영화'운동가'들은 영화를 민족해방운동과 계급투쟁의 '무기'로서 적극적으로 이용하려 하였다. 「제3영화를 향하여」는 이러한 작업/실천을 이론화하려는 시도의 산물이며, 쿠바의 훌리오 가르시아 에스피노자(Julio Garcia Espinosa)의 글 「불완전한 영화를 위하여」(1969)와 함께 이후 영화운동집단들에 의하여 가장 널리 읽히고 논의된 문건이 되었다.

이 글은 아르헨티나의 영화운동가 페르난도 솔라나스(Fernando Solanas)와 옥타비오 게티노(Octavio Gettino) 공동집필로 1969년에 발표되었다. 솔라나스와 게티노는 좌파 지식인들로 구성된 아르헨티나의 '해방영화집단(Grupo Cine Liberacion)'의 일원으로서 1966년부터 활동하였고, 남미의 식민주의와 민족해방운동을 다룬 분석적 다큐멘터리 〈불타는 시간(La Hora de los Hornos)〉(1968)을 제작하였다. 이 글은 제3세계의 신식민지의 문화적 상황에 대한 고찰에서 제3영화의 작업지침에 이르기까지 풍부한 내용을 다루고 있는데, 다음은 그 중에서 제3영화의 개념과 지향을 정리한 부분의 발췌·번역이다.

제3세계 및 제국주의 국가 내부 민중들의 반제국주의 투쟁은 오늘날 세계혁명의 축을 이룬다. 제3영화란 이러한 투쟁 속에 우리시대의 가장 거대한 문화적·과학적·예술적 표현이 있음을 인식하는 영화이다. 그것은 각 개인을 출발점으로 하여 해방된 인간형을 만들 수 있다는 위대한 가능성을 인정하는 영화, 곧 문화의 탈식민지화를 지향하는 영화이다…

영화의 역사(혹은 전사) 초기에는 명백히 구별되며 민족적 특성에 부합하는 독일, 이탈리아, 스웨덴 영화 등을 이야기 할 수 있었다. 오늘날 그러한 구별들은 사라져 버렸다. 영화들 사이의 경계는 미제국주의의 팽창과 함께 지워져버렸고, 그 자리에 강요된 영화 모델, 곧 헐리우드 영화가 들어섰다. 우리시대에는 자본주의 국가든 사회주의 국가든, '작가' 영화를 포함하여 상업영화의 영역에서 헐리우드 영화의 모델을 벗어난 영화는 찾아보기 힘들다. 헐리우드 영화의 영향력은 엄청난 것이어서, 소련 감독 본다츄크(Bondarchuk)의 기념비적 작품 〈전쟁과 평화〉 같은 것은 동시에 미국 영화산업에 의하여 강요된 모든 명제들(구조, 언어, 기타)에 대한 굴복, 곧 미국 영화식 개념들에 대한 복종을 보여주는 기념비적 예이기도 하다…

헐리우드식 영화는 틀림없이 제작집단의 상업적 이익을 충족시킬 뿐 아니라, 부르주아 세계관으로부터 나온 형식의 흡수라는 결과에 이르게 된다. 이 형식들은 19세기 예술, 곧 부르주아 예술의 연장이며, 이 속에서 인간은 단지 수동적인 소비자로서만 받아들여진다. 인간이 역사를 만들 수 있는 존재임을 깨닫게 하기보다는, 부르주아 예술은 인간이 역사를 읽고, 관조하고, 귀를 기울이며 경험하는 존재이기만을 허용한다. 소비를 위한 스펙터클로서의 영화가 부르주아 영화가 도달할 수 있는 최고점이다. 세계와 경험과 역사적 과정은 그림의 액자와, 연극무대, 영화 스크린에 의하여 둘러싸인다. 인간은 이데올로기의 창조자가 아니라 이데올로기의 소비자로서 간주된다…

우리는 이러한 형태의 영화를 제1영화라 부른다. 여기에 대한 첫번째 대안은 제2영화라 부를 수 있겠는데, 이른바 작가영화, 표현영화, 누벨 바그, 시네마 노보 등이 이에 포함된다. 영화작가에게 상투적인 영화언어의 틀을 깨고 자유로운 표현을 구사하기를 요구하는 한, 그리고 그것이 문화적 탈식민화에의 시도인 한 제2영화는 한발짝 전진한 대안이라 할 수 있다. 그러나 이러한 시도들은 이미 기존의 체제가 허용하는 한계에 다다랐거나 곧 다다르게 될 것이다. 고다르가 이야기하듯, 제2영화의 작가들은 "요새에 갇혀버렸"거나 갇히는 과정을 밟고 있는 것이다…

체제에 의하여 제공된 이러한 대안들과는 달리 진정한 대안은 다음 두 가지 요구사항 중 한 가지가 충족될 경우에만 가능하다. 첫째는 체제의 필요성을 벗어난, 체제가 동화시킬 수 없는 영화를 만드는 것이며, 둘째는 직접적이고 노골적으로 체제와의 싸움에 나서는 영화를 만드는 것이다. 제2영화가 제시하는 대안들 중 어느 것도 이 요구사항 중의 하나에 들어맞지 않는다. 이러한 요구사항들은 체제의 바깥에서 체제와 맞서는 영화를 향한 혁명적 열림 속에서, 곧 해방의 영화인 제3영화 속에서 찾을 수 있다…

오늘날 교육영화에서 사실이나 역사적 사건의 재구성에 이르기까지 폭넓게 쓰이는 개념인 다큐멘터리 영화는 아마도 혁명적 영화작업의 주된 기초가 될 것이다. 상황의 진실을 기록하고, 증언하고, 비판하고, 심화시키는 모든 영상에는 하나의 영화영상 혹은 순수한 예술적 사실 이상의 무엇인가가 있다. 체제는 결코 그 영상을 자신의 것으로 소화할 수 없는 것이다…

현실에 행위가 가해지지 않는 한, 모든 투쟁의 전선에서 현실의 변혁이 시작되지 않는 한, 현실을 안다는 것은 불가능하다. 널리 알려진 마르크스의 다음 말은 끊임없이 되풀이되어 마땅하다. "세계를 해석하는 것만으로는 충분치 아니하다, 이제 문제는 세계를 변화시키는 것이다."…

팜플렛 영화, 교훈적 영화, 보고영화, 수필영화, 증언영화 등 어떠한 전투적 표현양식도 유효하며, 미학적 작업규범을 미리 규정함은 어리석은 일일 것이다. 민중들의 모습을 그대로 받아들이고, 그들에게는 최상의 것을 주라. 혹은 체 게바라의 말처럼 "민중들을 존경한다면 그들에게 양질의 것들을 제공하라." 혁명적 예술가들에게 항상 잠재해 있는 한 경향에 비추어볼 때 이 말은 꼭 새겨둘 가치가 있다. 그 경향은 일종의 신민중주의의 하나로서, 현실탐구와 주제를 다루는 예술언어의 수준을 낮추어 잡으려는 것이다. 이러한 수준에 머문 작품들은 대중의 운동을 받칠 수는 있으나, 제국주의가 남긴 방해물들을 제거하는 데에는 도움을 주지 못한다. 가장 뛰어난 전투적 영화의 효과에서 볼 수 있듯, 사회적으로 뒤떨어진 계층으로 간주되는 사람들도 편집된 영상들의 정확한 의미와 화면구성의 효과를 느끼고 이해하며, 주어진 주제의 맥락 속에서 이루어진다면 어떠한 영화언어의 실험 또한 받아들인다. 나아가 혁명적 영화는 근본적으로 상황을 설명하고, 기록하고, 수동적으로 설정하는 영화가 아니다. 혁명적 영화는 상황을 추동하고 변혁하는 요소로서 상황에 개입하기를 꾀하는 영화인 것이다. 다시 말하면, 혁명적 영화는 변혁을 통하여 발견에 이르는 영화이다…

혁명적 영화의 존재는 실천, 연구, 실험에 있어서 지속적이며 체계적인 연습 없이는 생각할 수 없다. 마치 칼 한자루로 정글을 헤치며 스스로 길을 만들어나가는 게릴라처럼, 새로운 영화작가는 미지의 것에 도전하며 때로는 진공 속으로 뛰어드는 일에 자신을 내맡겨야 한다. 우리의 현실에 대한 더욱 깊이 있는 시각을 제시할 영화형식과 구조를 발견하며 발명할 가능성은, 스스로를 친근한 것들의 외적 한계에까지 밀어붙이고, 끊임없는 위험 속에서 전진하는 능력에 달려 있는 것이다.

우리의 시간은 이론보다는 가설의 시간이며, 진행중인 작업들의 시간이다. 이 작업들은 한 손에 카메라를, 다른 손에는 짱돌을 든 채 미완성으로, 질서가 갖추어지지 않은 상태로, 그리고 격렬하게 수행된다. 이러한 작업들은 전통적인 이론적·비평적 기준에 따라 평가될 수 없다. 우리의 영화이론과 비평은 금지를 없애는 실천과 실험을 통하여 태어날 것이다. "지식은 실천에서 시작한다. 실천을 통하여 이론적 지식을 얻은 후에는, 실천으로 돌아가는 것이 필요하다." 일단 이러한 실천의 길에 들어서면, 혁명적 영화작가는 수없이 많은 장애를 극복해야만 한다…

게릴라 영화이든 영화행위든, 제3영화가 포괄하는 무한한 범주들(영화편지, 영화시, 영화수필, 영화팜플렛, 영화보고서, 기타)에서 제3영화의 인간은 무엇보다도 영화산업에 대항하는 인간이다. 등장인물 중심의 영화에는 주제중심의 영화로, 개인들의 영화에는 대중의 영화로, 작가의 영화에는 참정보의 영화로, 도피의 영화에는 진실을 회복할 영화로, 수동성의 영화에는 공격성의 영화로, 제도권 영화에 그는 게릴라 영화로 맞서고, 구경거리로서의 영화에 행위와 행동의 영화로 겨룬다. 파괴의 영화에는 파괴적이며 동시에 건설적인 영화로, 낡은 인간형을 위해 만들어진 영화에는 우리 모두가 그렇게 될 가능성을 가지고 있는 새로운 인간상에 어울리는 영화로 싸운다.

영화작가와 영화의 탈식민지화는 각각이 집단적 탈식민화에 기여하는 만큼 동시적 행위이다. 전투는 우리를 공격하는 외부의 적에 대항해서뿐 아니라, 우리 자신의 내부에서 발견되는 적들의 사고와 모델에 대항해서 시작한다. 파괴와 건설·탈식민화 행동은 실천과 함께 가장 순수하고 활기찬 충동을 구원한다. 그것은 의식의 혁명으로써 정신의 식민화에 맞서 싸운다. 세계는 탐구되고, 드러나고, 재발견된다. 민중은 끊임없이 놀라와하며 제2의 탄생을 경험한 증인이 된다. 그들은 잃어버렸던 예전의 재능과 모험능력을 회복한다. 분노할 수 있는 능력이 잠에서 깨어나 살아오는 것이다.

## 4. '제3영화'로서의 다큐멘터리:〈칠레전투〉

〈칠레 전투(La Batalla de Chile; The Battle of Chile)〉(3부작: 각 1시간 30분)(1973-1979)는 아옌데 정부 통치기간 중 칠레에서 일어났던 거대한 실험, 곧 제3세계에서의 평화롭고 민주적인 방법에 의한 '사회주의로의 이행'과정과 그 좌절을 다룬 장편 다큐멘터리이다. 이 영화는 그러한 역사적 사실들을 기록할 뿐 아니라, 마르크시스트의 시각에서 기록된 사건들을 분석하기도 한다. 〈칠레 전투〉는 솔라나스와 게티노가 예견한 '제3영화'의 모범적인 사례로 꼽히고 있으며, 부르주아 비평가들도 다큐멘터리의 '새로운 경지를 개척'한 작품이라며 찬사를 아끼지 않은 탄탄한 구성과 '새로움'을 갖추고 있다. 그리고 작품과 그것이 다루고 있는 역사적 사건의 규모와 중요성에 비추어 '기념비적'이라는 수식어에 충분히 값하는 영화이다.

이러한 대작(?)의 촬영은 불과 다섯 명의, 다큐멘터리에 대한 경험이 거의 없는 진보적 영화활동가집단에 의하여 이루어졌다. 이들이 사용한 기재는 한 대의 16㎜ 에클레어(Eclair) 카메라, 한 대의 나그라(Nagra) 테이프 레코더, 그리고 외국의 후원자들이 보내 준 필름이 전부였다. 보다 평등하고 자유로운 사회의 건설을 요구하는 민중세력과 외세를 등에 업고 진보세력을 분쇄하려는 반동세력간의 갈등과 대립이 점점 첨예해지던 1973년 칠레의 정치적 상황을 '역사가 만들어지는 바로 그 자리'에서 기록하려는 것이 이들의 목표였다. 아옌데 정부가 군부 쿠데타에 의하여 무너지자 이들은 촬영을 중단하였고, 필름과 녹음 테이프들은 6개월에 걸쳐 외국으로 밀반출되었다. 칠레에 남았던 영화인들도 망명을 하지 않을 수 없었는데, 결국 이들은 쿠바의 영화예술산업원(ICAIC)에 머물며 6년에 걸쳐 3부작으로 이 영화를 편집하였다. 다음은 〈칠레 전투〉 제작 집단의 한 명인 감독 파트리시오 구즈만(Patricio Guzman)이 미국의 평론가 줄리안 버튼(Julianne Burton)과 한 인터뷰의 발췌이다(《Socialist Review》, # 35, Sept-Oct. 1977, pp. 36-68).

〈칠레 전투〉는 아옌데 정부의 마지막 해에 일어났던 정치적 사건들의 성격과 결과를 가능한 한 자세히 전달하려는 시도이다. 그때 칠레에서 일어났던 일은 칠레 내부에서뿐만 아니라 칠레 외부에서도 중요한 의미를 갖는데, 라틴아메리카 사람들뿐 아니라 국제적인 노동자운동에서도 그러하다.

칠레에서 일어났던 것은 일종의 20세기판 파리코뮌이라 할 수 있다. 마르크스와 레닌이 말한 주요한 생각들이 거의 전부 현실 속에 나타남을 보는 것은 놀랍고 흥미로운 경험이었다. 민중연합 집권 3년차였던 1973년에, 칠레의 민중은 레닌의 『국가와 혁명』이나 마르크스의 『프랑스에서의 내란』에 나오는 핵심적인 문제들에 매우 실제적인 수준에서 직면해야만 했다.

진행되고 있는 일들이 매우 흥미로웠으므로 우리는 우리의 카메라가 가능한 한 많은 것을 담아야 함을 깨달았다. 우리는 광각렌즈를 사용해야만 했고, 사건을 기록할 수 있을 만큼 가까우면서도 동시에 충분한 거리를 두고 카메라 위치를 잡아야 했다. 우리는 모든 과정이, 과정 전체가 영화 속에 담기기를 원했다.

이것은 또한 편협한 당파적 관점에 사로잡히지 않음을 뜻하였다. 우리는 단일한 관점에서 사건을 분석함은 실수라는 사실을 깨달았는데, 왜냐하면 좌파 내부의 모든 관점을 제시하는 것이야말로 흥미로운 것이었기 때문이다. 칠레에서 진행중이던 사상투쟁은 매우 유사한 방식으로 프랑스나 이탈리아에서 일어날 수 있었으며, 상황이 더욱 결정적 국면으로 발전하면 멕시코나 베네주엘라에서 일어날지도 모르는 것이었다. 칠레에서 시도되었던 정치적 모델의 원대한 의의야말로 우리가 이 영화를 만들게 된 동기 중의 하나라 할 것이다.

〈칠레 전투〉의 완전한 제목은 〈칠레 전투:비무장 민중의 투쟁(La Batalla de Chile: La Lucha de un Pueblo sin Armas/The Battle of Chile:The Struggle of a People Without Arms)〉이다. 제1부 「부르주아지의 봉기(La insurreccion de la burguesia/The Insurrection of the Bourgeoisie)」는 칠레에서의 핵심문제를 조명하는데, 그것은 바로 외세의 이익을 대변하는 매판세력과 합세한 중간층과 상류계층의 대중봉기와 함께, 도를 더해가는 우익의 봉기를 억누르기 위해 정부와 좌파가 전체로서 취했던 행동들이다. 제1부에서 기본모순은 파시즘/제국주의/부르주아지와 노동대중 사이에 존재한다. 제1부에서 대중들은 단지 언급의 대상으로만 나타나는데, 왜냐하면 이 부분은 우익이 어떻게 대중매체를 이용하고 제국주의 세력의 재정지원을 받아 부르주아와 군부의 모든 부문들로부터 광범위한 저항을 선동해냈는지를 보여주는 데 초점을 맞추고 있기 때문이다. 여기에는 프롤레타리아의 한 부문도 넘어갔는데, 엘 테니엔테 광산의 동광 광부들이 바로 그들이다.

제2부 「쿠데타(El golpe de estado/The Coup d'État)」는 동일한 모순을 중심으로 전개된다. 제2부는 민주적 민중세력에 맞서는 부르주아지의 대중선동의 모습을 계속해서 보여준다. 그러나 여기에는 제3의 차원이 덧붙여지는데, 그것은 좌익 내부의

여러 집단 사이에 존재하는 서로 경쟁하는 다양한 전략들이다. 이러한 이유에서 제2부는 제1부보다 어려운 영화가 되었다. 영화는 동일한 변증법적 나래이션 스타일(나래이터가 최소한의 필수적인 배경정보만을 전달하고, 대부분의 분석은 영화가 기록한 사건에 참여했던 사람들에게 직접 말하여지는 방식)을 유지하므로, 관객이 스스로의 힘으로 이러한 3중모순을 이해해야만 한다.

제3부「민중의 힘(El Poder Popular/Popular Power)」은 3부작 중 가장 단순하다. 이 부분은 민중연합정부 집권시, 특히 1973년에 존재했던 대중조직들에 대한 애정어린 회상이라 할 수 있다. 이들은 매우 실제적인 조직들이었으며, 식품과 일상용품의 공급, 곡물증산, 협동상점의 조직, 공장생산위원회의 구성 등의 문제들을 해결하기 위하여 만들어졌다.

칠레에서의 투쟁 도중 민중세력은 때때로 잠시 행동으로부터 한발짝 물러나 초기 건설단계에 있던 사회주의국가의 성격에 관하여 논의하곤 하였다. 이것은 매우 침착하고 신중한 과정이었으며, 때로는 무척 감동적이기도 하였다. 항상 자신들의 현실 경험에 기초를 둔, 노동자와 농민들의 이론적 발전은 지극히 인상적이었다. 이러한 내용을 담은 필름은 칠레 민중의 엄청난 성장도를 보여주는 가장 설득력 있는 증거이다.

제3부는 매우 부분적인 시각일 수밖에 없고 상부구조를 다루고 있지 아니하다. 정당들은 직접 나타나지 않는다. 단지 특정정당의 지도에 따르는 노동자들만이 있을 따름이다. 그러나 놀라운 것은, 부르주아 국가기구의 안에서, 민중연합정부의 모든 모순에도 불구하고, 그리고 바로 머리 위에 적들을 두고도, 칠레 노동자들은 미래에 관하여—극도로 침착하게—토론하였다는 점이다.

이 영화의 제작팀은 다섯 명으로 이루어졌다. 페데리코 엘톤은 재정과 기획을, 호르헤 뮬러는 카메라맨 겸 촬영감독, 베르나르도 멘즈는 사운드 기사, 호세 피노는 조감독 겸 조명, 그리고 내가 감독을 맡음으로써 집단작업내에서 역할분담을 하였다.

우리들은 1972년 12월에 모였으며 바로 그 시점에서 칠레에서 우리가 할 수 있는 가장 중요한 일은 매일 일어나고 있는 일들에 대한 영화를 만드는 것이라는 데 동의했다. 어떠한 극영화 시나리오도, 줄거리를 가진 어떤 영화도, 도저히 현실 속의 사건들 자체를 따라가지 못하는 것처럼 보였다.

우리는 1973년 2월에 촬영을 시작하였다. 처음부터 우리는 선동영화(agitational film)가 아니라 분석영화(analytical film)를 만들 생각이었다. 물론 우리는 칠레 관객을 대상으로 삼았다. 당시 우리나라에는 세 개의 가능한 길이 있었다. 첫째는 실제로 후에 일어났던 파시스트 쿠데타의 길이요, 둘째와 셋째는 내란의 발발에 따른 민중세력의 승리 또는 패배라는 길들이었다. 당시의 상황이 오랫동안 현상유지되리라고 믿는 사람은 우리들 중 아무도 없었다.

우리는 모두 내란이 일어날 경우 민중세력이 승리하리라고 믿었다. 우리는 군부가 분열되기를 기대했으나, 아옌데에게 충성하는 군인들이 9월 11일 쿠데타 이전에 모두 숙청되었으므로 그런 일은 일어나지 않았다.

만약 내란에서 민중세력이 승리한다면, 우리의 영화는 노동자, 농민, 그리고 모든 칠레 사람들에 매우 유용할 것이라고 우리는 생각하였다. 우리가 내란에서 승리를 거두고 새로운 사회주의적 국가건설의 첫 단계가 시작되면, 지나간 일들을 분석함이 매우 중요해지는 과도기가 올 것이었다. 우리의 목표는 당시 칠레에서 일어났던 일들의 증인 역할을 하는 것이었다.

만약 쿠데타가 일어난다면—실제로 그렇게 되었는데—우리가 하는 일은 더욱 타당성을 갖는데, 왜냐하면 우리의 영화는 민주적 민중정부가 들어섰던 몇년 동안 칠레 민중이 이룩해 놓은 것들에 대한 기념물이며 헌정품이 될 것이기 때문이었다.

이 영화는 국제적 연대의 추구가 기본목표인 영화나 역사적 배경에 의존하는 선동영화가 아니다. 이 영화는 칠레 민중을 도와달라는 감상적 호소도 아니다. 그 대신, 이 영화는 우리 민중세력의 방향설정의 착오와, 우익이 조직한 대규모의 공격과 좌파의 내부분열을 숨김없이 드러낸다. 그러나 이 영화는 상황을 신비화하지 않으며, 어두움을 걷어내고 사물을 있는 그대로 보여준다. 이 점에서 이 영화는 낙관적인 영화이다. 왜냐하면 영화가 무슨 일이 있었는지 보여주는 한 민중은 영화에서 배우고, 교훈을 끌어내고, 그리고 계속 투쟁할 것이기 때문이다.

〈백색 건조기〉. 유잔 팔시 감독. 1989년. 영국. 110분.

# 5. 제3세계 영화의 전망과 반성

'제3세계'란 말이 나오기 전이나 다음이나 할 것 없이, 서구의 영화비평가들은 대부분의 '비유럽 영화'를 무관심과 무시로 대하였고, 어쩌다 한 편의 예술영화나 한 명의 영화 작가를 발견(?), 소개하는 것으로 생색을 내려 한다. 제3세계로부터 온 작가영화들은 주로 서구 대도시의 중산층/지식인 관객들의 낯선 풍물에 대한 호기심을 충족시키는 상품으로서 소비되거나, 속류 비평가들에 의하여 '고유한 민족적 양식'에 인류의 보편적 메시지'를 담았다는 식의 무지몽매(!)한 찬탄의 대상으로 취급되었다. 어느 경우에나, 영화가 만들어지고 보여진 민족/국가의 정치적·문화적 맥락은 무시되었고, 제3세계 영화는 헐리우드 영화로 가득 차려진 식탁 한구석에 놓인, 초라하지만 독특한 맛을 지닌 '별미'로서 배부른 서구의 관객들에게 봉사하여왔다.

제3세계의 진보적인 영화들은 그나마 제3세계의 작가영화가 자기나라 안에서 누리고 있는 특권—'국위선양'의 대가로 주어지는—을 지니지도 못한다. 그 대신 진보적 영화작가들을 기다리고 있는 것은 검열과 감시, 압수와 투옥, 그리고 추방과 망명이다. 그러므로 제3세계의 진보적인 영화들은 투쟁에 대한 영화일 뿐 아니라, 영화 자체가 투쟁의 과정이며 산물이라는 맥락에서 읽혀져야 한다.

서구에서의—그리고 비서구, 제3세계 국가 상호간의—제3세계 영화에 대한 관심은 당연한 일이겠으나 지극히 미미한 수준에 머물고 있다. '작가영화=제2영화'는 그래도 사정이 나은 편인데, 그것은 비디오 문화의 급속한 확산에 따른 관객층의 다양화·특성화에 힘입어 많은 제3세계 작가영화가 새롭게 소개된 데 힘입은 바 크다(물론 이것은 특수한 '고급'관객을 겨냥한 산업적 전략의 산물로 보는 것이 정확한 관찰일 것이다). 그러나 진보적인 영화들은 여전히 서구의 대중들과 만날 통로를 넓히지 못하고 있다. 극히 소수의 배급회사들을 통해 운동단체·주민단체·학교 등에 대여되어 소수의 관객집단에게 보여지는 것이 이러한 통로의 전부라 하여도 지나친 말이 아닐 것이다.

반면 각 나라 안에서의 진보적 영상/영화운동은 어디에서나 비디오 테크놀로지에 힘입어 다양화·특성화·대중화 됨이 80년대의 특징적 현상이기도 한데, 이러한 새로운 세대의 영화운동가들은 전세계가 묵시적으로 인정했던 '안전판'으로서의 서구 영화평단으로부터의 명망성 획득에는 전혀 관심을 두지 않는다. 이들은 자기나라내의 민중들과의 계급·계층적 연대를 상업영화나 혹은 작가영화와의 유대보다 우선적으로 생각하고 있다. 특히 진보적 영화운동의 가장 중요한 부분인 다큐멘터리 부문에서 비디오 테크놀로지의 확산은 가히 혁명적인 변화를 가져왔다. 60년대초의 영화테크놀로지의 개혁—16㎜ 동시녹음 카메라, 나그라 녹음기, 고감도 필름—이 주로 서구의 다큐멘터리 작가들에 의해 수용되었다면, 기동성·복제성·현장성에서 16㎜ 영화보다 앞선 비디오는 주로 제3세계의 영화운동에서 다양한 잠재력이 탐구되고 있다(오스트레일리아의 원주민 공동체와 엘살바도르의 라디오 벤세레모스 집단의 경우가 가장 널리 알려진 예라 할 것이다).

영화운동의 중심이 비디오로 옮겨감은 많은 제3세계 국가에서 영화운동의 대중적 확산을 의미했지만, 역설적으로 그러한 운동의 성과인 '작품'들이 서구에 알려지는 데는 도움이 되지 못하였다. 그것은 전통적으로 제3세계 영화의 진출 창구였던 서구의 영화제들이 대개 비디오 부문을 두지 않고 있다는 조건과, 70년대까지와는 달리 제3세계의 영화운동가들이 16㎜ 영화를 거의 만들지 않고 있다는 사실이 복합된 결과였다(〈칠레 전투〉가 전세계에서 처음 공개된 곳은 칸느 영화제 자리였고, 〈칠레 전투〉가 만들어질 때 비디오라는 대안은 아직 출현하지 않았었다). 그래서 서구에 소개된 자료만을 본다면 마치 제3세계의 진보적 영화운동이 쇠퇴·침체의 길을 걷고 있는 듯한 인상을 받게 되지만, 그것보다는 새로운 테크놀로지(곧 비디오)와 사회적 배경의 변화에 의하여 근본적으로 달라진 제3세계 영화운동의 양상이 제대로 알려지지 않고 있음으로 이해해야 할 것이다.

서구가 세계 영화의 '중심'행세를 하는 이상, 제3세계/비서구 영화는 '주변적'영화일 수밖에 없고, 따라서 서구 비평가들에 의하여 씌어진 제3세계 영화에 관한 글 또한 많지 아니하다. 제3세계 영화가 버젓이(?) 진지한 영화평론의 대상으로 대접받기 시작한 것도 그나마 1970년대의 일이며, 몇몇 영화학자의 작업에 의하여 1980년대에는 제3세계 영화에 대하여 미흡하나마 체계적인 서술이 이루어졌다. 영어권에서 출판된 책들 가운데 제3세계 영화를 다룬 대표적인 것들은 다음과 같다.

(1) 가브리엘 테숌(Gabriel Teshome) 지음, 『제3세계의 제3영화(Third Cinema in the Third World)』, 1982, Ann Arbor, Michigan: UMR Research Press.

(2) 로버트 필립 칼커(Robert Philip Kolker) 지음, 『변화시키는 눈(The Altering Eye)』, 1982, New York: Oxford University Press.

(3) 로이 암즈(Roy Armes), 『제3세계 영화와 서구(Third World Filmmaking and the West)』, 1988, Berkeley: University of California Press.

(4) 존 다우닝(John D. H. Downing)편, 『제3세계의 영화와 정치(Film and Politics in the Third World)』, 1987, New York: Autonomedia.

다음은 『제3세계 영화와 정치』에서 다우닝이 쓴 후기의 발췌·번역이다.

'제3세계' 영화작가들은 새로운 '제3'영화를 창조하였는가? 1969년에 두 아르헨티나 영화작가에 의하여 발표된 한 논문(솔라나스와 게티노의 「제3영화를 향하여」를 가리킴—역자 주)은 제3영화가 헐리우드 영화 및 50년대와 60년대의 유럽 전위영화에 의식적으로 대항하여 만들어졌다고 주장하였다. 이러한 입장은 1980년대초에 에디오피아 출신 영화학자 가브리엘 테숌(『제3세계의 제3영화』의 저자—역자 주)에 의하여 더욱 자세하게 발전되었다.

…'제3영화'의 옹호자들은 '제3세계'에서 만들어지는 영화에는 오직 한 종류, 곧 '해방'영화만이 있는 듯이 이야기하려는 경향이 있다. 또한 그들의 영화 속에서 서구의 문화적/영화적 영향이 완전히 지워진 것처럼 이야기한다. 그들의 말을 완전히 재해석해 본다면, 비서구 국가에서의 영화운동은 그들 자신의 맥락 속에서 해방의 문제를 다루고 있지만, 또한 비교조적인 사회주의 예술가들의 경험과 교훈에 의지하고 있음을 이야기하고 있는 듯하다. 네 명만 예로 들자면, 소련의 지가 베르토프, 독일의 베르톨트 브레히트, 이탈리아의 로베르토 로셀리니, 프랑스의 장 뤽 고다르 등일 것이다. 이러한 의미에서 그들의 주제와 기법은 분명히 '제1'이나 '제2'영화와 다르다고 볼 수 있다. 그러나 그들의 고도로 정치화된 영화들이 어떻게 쿵후 영화나 문화혁명 창극영화나, 이란 왕실이 돈을 댄 홍보 다큐멘터리나, 싸구려 흥행영화들과 한덩어리로 취급될 수 있겠는가? '제3'영화의 이론가들은 또한 체제전복적이며 권력구조에서 독립되었다고 일컬어지는 영화들의 상당수가 국가의 재정지원에 의하여 만들어져왔다는 사실에 내포된 정치적 의미를 짚고 넘어가지 않는 경향이 있다.

정치적 영화를 지향하는 제3세계 영화작가들에게는 그들 사이의 논쟁이 더 큰 자극이 될 것이다. 이 논쟁에서는, 급진화되었으나 관례적인 모델에 기초하여 그 나라의 영화/텔리비전을 창조하는 일과, 수퍼 8㎜나 비디오와 같은 값싸고 운반이 쉬운 테크놀로지를 이용하여 기초적인 제작기술을 가능한 한 광범위하게 발전시키는 것 중 어느 쪽에 우선순위를 매겨야 할지가 토론되어야 한다. 이러한 문제들은 중대한 문화적·정치적 질문을 던지는데, 현재의 서구 영화비평은 이 질문들을 실질적으로 전혀 조명하지 못하고 있다.

따라서 '제3세계의 정치와 영화'는 복합적인 관계를 나타낸다. 또한 희소한 자원과 정치적 전투성간의 변증법은 이 주제를 매우 치열한 것으로 만들고 있다. 그러나 한 가지 사실만은 분명하다. 1930년대의 몇몇 잘 만들어진 중국영화로부터 시작하여 영화의 말, 소리, 영상은 제3세계 나라들에서 정치적·미학적 의식을 깨우치는 데

〈틸라이〉. 이드리사 우에드라오고 감독. 부르키나 파소. 1990년.

역동적으로 기여하는 형식들에 점진적으로 뿌리내려왔다는 것. 이것은 비서구—그리고 서구—에게 되돌릴 수 없는 문화적 전진을 가져왔다.

정치적 영화 상상력은 오랫동안 관객을 불사를 수 있는 불꽃이며, 이것은 국가와 대륙과 심지어는 계급의 경험을 뛰어넘어 번질 수 있다. 그것은 정치적 운동의 최전선과 내부에서 토론과, 자기이해와, 연대를 촉발하는 데 쓰일 수 있다. 그것은 제3세계 영화의 여러 범주 속에서 풍부하고 열렬하게 나타나는 것이다.

# 8장 홍콩영화/ 홍콩 느와르, 1997 그리고 천안문

## 1. 주윤발, 천안문 그리고 1997

서기 2050년쯤, 서울에서 출판될 한 백과사전의 '홍콩'항목은 아마도 이렇게 시작할 것이다.

"홍콩(Hong Kong, 香港)(1898-1997): 현 중화인민공화국 남부에 자리잡은 항구도시의 옛이름. 1898년 청조 말기 대영제국에 식민지로 할양되었으며, 1984년의 영-중 조약 체결에 따라 1997년 중화인민공화국에 반환되었음. 중국대륙과 동남아 해양국가를 연결하는 전략적 요충지. 금융, 교통, 무역의 중심지로 발전하였으며 특히 20세기 말엽에는 '아시아의 네 마리 작은 용'의 하나로 꼽힐 만큼 눈부신 경제성장을 이룩하였으나 1997년의 중국 재편입을 전후하여 극심한 사회혼란과 경제침체를 겪음. 현재는 중개무역과 관광산업이 이 도시의 경제활동의 대부분을 차지하나 영국 식민지시절의 영화를 되찾지는 못하고 있음. 한때는 '동양의 헐리우드'라 불리울 만큼 세계에서 가장 활발하게 영화제작이 이루어지던 곳 중의 하나였음. 우리나라와는 한때 국제시장에서 경쟁관계에 있던…"

물론 이러한 예상은 하나의 막연한 추측에 지나지 않는다. 그러나 1989년 6월, 북경의 천안문 광장에서 벌어진 일들을 보는 홍콩사람들은 1997년 이후에 걸었던 한가닥 희망마저 포기하고, 홍콩 1990년대의 마지막 7년을 "도피냐 잔류냐"를 결단하는 고민의 시대로 보내기를 강요받는다.

구룡반도와 몇개의 섬이 청나라로부터 떨어져나온 이래, 홍콩은 항상 두 개의 대립항 사이에서 부유하는 '이분법에 사로잡힌' 장소였다. 그곳은 도시이면서 동시에 국가였고, 유럽의 식민지면서 또한 스스로를 "중화(中華)"라 부르는 한 아시아 민족의 땅이었다. 시한부의 삶을 살고 있는 홍콩식 자본주의는 결국 중국식 사회주의의 일부가 되는 운명의 길을 앞에 두고 있고, 영어와 광동어와 북경어의 혼재 속에서 살아왔던 홍콩사람들은 영어문화권과 한자문화권의 나라들 중에서 자신들의 최종목적지를 선택하게 될 것이다.

그리고 그러한 대립항들로 이루어진 이분법에 근거한 홍콩사람들의 삶은 세계 어

〈종횡사해〉. 오우삼 감독. 1991년.

느 곳에서도 찾아볼 수 없는 독특한 영화문화가 자라는 토양이 되어왔다. 60년대 검술영화가 가부장적 질서와 유교적 세계관에 아직 이의를 제기하지 않는 '대륙성' 영화자본가와 영화작가에 의하여 완성되었던 반면에 홍콩 '느와르'로 대표되는 80년대의 새로운 세대는 이제 난숙한 홍콩식 자본주의에 들어맞는 좀더 개인주의적이고 자유분방한 모습을 영화작품의 안팎에서 내보이고 있다. 그러나 이러한 표면적인 일치에도 불구하고 동세대의 홍콩영화 속에는 항상 대립항들의 싸움이 있어왔다. 그것은 때로는 관객들의 모국어인 광동어(Cantonese) 대신 대륙의 표준어인 북경어(Mandarin) 를 고집한 장철과 호금전의 집착에서 보였고, 때로는 전무후무한 환상적 영화공간을 '홍콩'이라는 실재하는 지명 위에 지으려는 오우삼의 포스트 모더니즘으로 나타났다.

그러나 이러한 대립항들의 팽팽한 긴장, 혹은 대립항들 사이의 '여분의' 공간에 안주해왔던 홍콩식 삶은 그 가짜 화려함과 허영을 벗어던져야 할 날을 눈 앞에 두고 있다. 그리고 바로 '1997'이라는 숫자로 요약되는 그날은 1989년의 천안문이라는 그늘 속에 자리잡아 이미 홍콩사람들을 짓누르고 있다.

그리하여 1990년, 세기말의 10년을 시작하는 홍콩에서 가장 번창하는 장사가 '영화업'과 '이민중개업'이라는 지적은 단순한 비아냥거림이 아니다. 현실이 상상을 추월하는, '천국보다도 더 낯선' 홍콩이라는 공간에 사는 사람들에게는 일용할 양식만큼의 절실한 욕구충족의 메커니즘을 가리키는 말인 것이다. 홍콩 느와르 한 편을 시끌벅적한 극장에서 보고, 일본 다국적기업의 네온이 찬란한 거리를 지나 책방에 즐비하게 널린 '이민가는 길'로 유혹하는 책들 앞에서 넋을 놓는 홍콩의 시민들에게는,

이 모든 것들이 한반도의 남쪽에서 홍콩영화를 '소비'하는 우리들에게 무슨 의미가 있는 것일까? '윤발이'에게 열광하는, 유덕화를 '지존무상'의 자리로 밀어올리는, 홍콩영화의 저질과 폭력을 개탄하는, 영웅본색 2편과 3편을 동시상영으로 내거는, 타르코프스키와 스파이크 리를 이야기하는, 이 모든 목소리들 앞에 홍콩영화는 과연 무엇일까? 물론 해답은 하나일 수 없다. 그러나 이것만은 분명하다. 이제 우리는 더 이상 홍콩영화를—혹은 모든 '대중' '통속' 상업문화를—진지한 탐구의 대상으로 삼기를 회피하여서는 안 된다는 것. 그리고 이 작은 글의 출발을 홍콩이야기로부터 시작함은, 바로 그러한 진지함이 작품과 스타와 SFX를 이야기하기 전에 '홍콩'을 이야기함으로써 표출되어야 한다는 주장을 돌려 표현한 것에 지나지 않는다.

여기서부터 우리의 홍콩영화 탐색은 출발한다. 그 여행의 종착역이 '더 나은 내일(A Better Tomorrow; 〈영웅본색〉의 영어이름)'이 될지, 아니면 또 하나의 '중국귀신이야기(A Chinese Ghost Story; 〈천녀유혼〉의 영어이름)'가 될지 우리는 아직 모르지만.

# 2. 홍콩영화의 연대기 : 1934-1979

숫자(연도)와 사건의 이름이 나열된 역사의 다이제스트판-연표는 역사서술의 가장 간략한 형태이다. 따라서 그것은 역사를 살아온 사람들의 피와 땀과 눈물을 이야기해 주지 않는다. 그러나 역사의 겉모습을 한눈에 훑어볼 수 있는 연표의 편리함을 부정할 수는 없다. 그래서 우리의 홍콩영화 역사공부를 우선 연표를 읽는 것으로부터 시작하기로 하자. 그 속에 등장하는 몇개의 이름들이 상기시키는 울림과 떨림을 기억하면서.

1934; 쇼 브라더스의 맏형, 룬드 쇼 홍콩에 정착. 최초의 홍콩영화를 광동어로 제작하다.

1940; 미국 샌프란시스코에서 이소룡(미국명 Bruce Lee) 태어나다.

1941-1945; 일본군, 홍콩 점령통치.

1949; 국공내전 종식. 중화인민공화국 선포.

1958; 런 런 쇼(Run Run Shaw) 등 쇼 브라더스(Shaw Brothers;소씨형제공사) 창립.

1961; 최초의 시네마스코프 영화제작.

1965; 〈방랑의 결투〉 한국개봉(한국에 수입된 최초의 홍콩 검술영화).

1966; 호금전의〈대취협(Come Drink with Me)〉과 장철의 〈의리의 사나이 외팔이(The One-Armed Swordsman)〉 동시에 흥행 성공. 홍콩 검술영화의 전성시대 도래.

1967; 문화대혁명 중국본토를 휩쓸다.

호금전의 〈용문의 결투(Dragon Gate Inn)〉, 헐리우드 영화를 제치고 그해 홍콩 흥행 1위에 올라선 최초의 홍콩영화가 되다.

1968; 장철의 〈의리의 사나이 외팔이〉, 호금전의 〈용문의 결투〉 한국개봉. 수많은 '국적불명'의 충무로판 모작을 낳을 만큼 대히트하다.

1970; 레이먼드 초우(Raymond Chow)의 골든 하베스트(Golden Harvest)사 창립, 쇼 브라더스의 아성에 도전.

1971; 골든하베스트 제작, 이소룡 주연의 〈당산대형(The Big Boss)〉 전세계적으로

성공. 이소룡을 수퍼스타로 만들고 골든하베스트를 탄탄대로에 올려 놓음.

1973; 4편의 작품을 남기고 이소룡 돌연 사망(7월 20일).

1974; 사이공, 인민해방전선에 함락. 수많은 베트남 거주 화교들 홍콩으로 이주(〈영웅본색 Ⅲ〉의 배경이 된 바로 그 시절).

1975; 칸느 영화제에서 호금전의 〈협녀(A Touch of Zen)〉(1970년작) 공개, 비평가들의 격찬 속에 기술대상 수상.

1977; 제1회 홍콩 국제영화제 개최.

1979; 성룡 주연의 〈취권〉, 서울 국도극장에서 개봉, 181일 상영에 89만 동원이라는 흥행기록 수립.

허안화(Ann Hui), 서극(Tsui Hark) 감독 데뷔. 홍콩 뉴 웨이브의 개막.

그리고 여기까지를 우리는 홍콩느와르의 전사(前史)라고 부를 수 있을 것이다. 그리고 위의 연표는 그러한 사실을 분명히 드러내 주지 않으나, 홍콩 느와르의 성립이 80년 이전 세대가 추구했던 영화세계와 근본적으로 무관하지 않으며, 또한 홍콩사회의 현실에 눈길을 돌리기 시작한 뉴 웨이브 작가군(방육평, 허안화, 엄호 등)과의 끊임없는 교류와 자극 속에서 이루어졌다는 사실을 우리는 일단 기억해야 한다.

그리고 70년대의 홍콩영화에 대한 노스탈지아를 불러 일으키는 두 이름, 곧 장철과 호금전을 우리는 또한 주목해야 할 것이다. 그들은 쇼 브라더스라는 거대 영화공장에 고용된 '감독'이라는 이름의 기술자였으나, 그들이 몸을 담았던 시스템을 뛰어넘는 영화를 만들고자 시도했고, 또한 부분적인 성공을 거둠으로써 80년대의 '작가시대'를 예비한 '거목'들이기 때문이다.

호금전(King Hu)은 그 자신의 출생지인 북경에 뿌리를 둔 경극(京劇, Peking Opera)을 과감하게 자신의 영화에 도입함으로써 홍콩 검술영화가 일본 사무라이 영화의 아류에서 벗어나는 데 결정적인 기여를 하였다. 하늘을 가르는 검객들의 무용에 가까운 환상적인 동작과 유려한 카메라 워크로 특징지워지는 그의 영화는 〈천녀유혼〉과 〈소오강호〉를 통하여 다음 세대의 손으로 계승되고 있다. 그러나 정작 '사부님'인 호금전 자신은 아직도 홍콩영화로 돌아오지 못하고 있음은 아이러니 이전에 홍콩영화의 비극이라 불러도 지나치지 않으리라(그는 1979년 대만으로 이주한 이래 아직까지 홍콩에서 영화를 연출하지 않고 있다).

장철(Chang Cheh)은 왕우, 강대위 등과 함께 1960년대말 70년대초에 소년기를 보낸 한국의 관객들에게 요즈음의 서극, 주윤발만큼이나 친숙한 이름이었다. 〈외팔이〉 시리즈에서 〈대협객〉, 〈단장의 결투〉, 〈심야의 결투/금연자〉로 이어지는 그의 영화들은 미지의 언어인 중국어가 주는 묘한 분위기와 함께 호금전보다 훨씬 '남성적'인 격렬한 칼과 피의 액션으로 관객을 흥분시켰다. 그리고 검술영화의 퇴조와 함께 그가 새로운 장르의 개척을 시도했던 〈복수〉(1970), 〈권격〉(1971) 등의 영화는 홍콩 느와르의 예언, 혹은 최초의 홍콩 느와르로 분류하여도 무방할 것이다.

장철과 호금전이 대륙문화의 전통적 교양과 경극, 무술의 동작을 홍콩영화의 미학 속에 끌어들였다면, 80년대의 홍콩영화는 이 대가들이 이룩한 영화 전통을 해체하고 재구성하는 작업에서 꾸준히 영감을 얻고 있다(그것은 바로 전세대의 작가들에 대한 그들의 존경과 애정의 표시이기도 하다). 그러므로 우리는 이렇게 이야기할 수 있을 것이다. 홍콩 느와르는 바로 장철과 호금전의 '아이들'에 의하여 만들어졌다고.

〈첩혈가두〉 촬영현장.

# 3. 홍콩 느와르, 세기말의 영웅담

홍콩 느와르. 1980년대 한국 대중문화의 수사학에 덧붙여진 새로운 말. 아직은 세계 어느 곳에서도—당연히 한국은 제외하고—공식적으로 인정받지 못하고 있는 용어. 어쨌거나 이 땅에서는 영화잡지에서 비디오 광고포스터에 이르기까지 전천후로 쓰이고 있는, 그리하여 '느와르'가 '영화'의 홍콩식 발음이 아닌가 하는 오해까지 불러일으키는 어휘. 이미 어원을 따지기에는 너무 멀리, 널리, 많이 쓰이고 있는 우리나라 말(우먼 느와르, 느와르 제2세대, 한국적 느와르…).

우리의 관객이 소비하는 엄청난 양의 홍콩영화들, 그것에 우리나라 사람들이 쏟아붓는 시간과 돈을 생각한다면 우리가 한무리의 홍콩영화를 무슨 이름으로 부르건 그것은 떳떳하고 당당한 우리들의 권리행사에 속한다. 그러나 비록 현학적인 제스쳐라는 비난을 받더라도 그 말의 '진짜' 어원을 한 번 따지고 넘어감이 홍콩영화의 이해에 도움이 된다면 그 번거로움을 감수할 가치는 있을 것이다.

'홍콩 느와르'라는 말은 〈영웅본색〉으로부터 그 '본색'을 드러내기 시작한 일군의 홍콩판 액션·드릴러·현대물을 가리키는 뜻으로 한국의 영화 저널리스트들이 처음 쓰기 시작하였다. 이 말의 아버지격인 표현은 "필름 느와르(film noir)"라는 프랑스 합성어이다. 1950년대말 파리의 영화청년들이 주도하던 영화평론지 《까이에 뒤 시네마(Cahiers du Cinéma; 직역하면 '영화공책' 정도의 뜻)》는 당시까지만 해도 천대받던(?) 2류 헐리우드 영화의 한 장르를 가리키기 위하여 이 말을 만들어냈다.

주로 2차 대전을 전후한 10여 년 동안 헐리우드 메이저와 독립 프로덕션에 의하여 만들어졌던 필름 느와르 영화들은 애초에는 추리소설이나 싸구려 애정소설 독자들을 겨냥한 기획의 소산이었다. 이 영화들은 작은 자본으로 단기간에 제작된 흑백영화가 대부분이었으며 당대의 미국 대도시를 무대로 탐정, 형사, 갱스터들이(물론 그들과 관계를 맺게 되는 여인들과 함께) 주인공으로 등장하는 추리물이었다.

시네마스코프와 테크니컬러로 관객들을 유혹하던 당시의 대작영화들과는 달리, 필름 느와르의 영화들은 도시의 변두리나 중심가의 허름한—우리나라의 재개봉관쯤에 해당하는—극장에서 상영되었고, 영화평론가와 고급관객들의 무관심 속에서 홍행수명이 다하면 곧 잊혀져갔다. 그리고 전후 유럽의 영화배급을 장악한 미국회사들은 수많은 스크린을 채우기 위하여 이 '싸구려' 홍행영화들을 유럽 구석구석에(특히 자기나라 영화산업이 전멸하다시피한 프랑스와 서독에) 풀었다.

따라서 이 영화들을 보며 자라 청년기를 맞은 프랑스의 젊은 평론가들이 가장 먼저 착수한 작업중의 하나가 이들 '2류 미국영화'들의 재평가·재해석이었음은 단순한 비평적 관심의 탓만은 아니었다. 이들은 어두움과 그림자가 지배하는 음울한 흑백화면에서 웨스턴과 뮤지컬의 화려함에 대항하는 우상파괴의 영화언어를 읽었고, 음모와 배신이 난무하는 도시라는 정글을 표류하는 주인공들에게서 향수, 패배주의, 허무감으로 대표되는 세계대전 후의 서구인의 전형을 찾아내었다. 그리고 이러한 특성들을 한마디로 표현하는 단어, 불어 '느와르(noir; 검은, 어두운, 우울한, 비관적인)'이라는 말을 이 영화들에게 봉헌하였다.

이 영화청년들이 곧 하나둘씩 스스로 영화를 만들기 시작하였고, 이렇게 나온 작가군을 영화사에서는 프랑스의 '누벨 바그(Nouvelle Vague: '새로운 물결'이라는 뜻의 불어. 곧 영어의 뉴 웨이브—New Wave)'라 부름은 널리 알려진 사실.

그렇다면 '홍콩느와르'라는 말은 얼마나 그 어원에 값하는 무게를 가지는 것일까? 일단 대도시라는 배경, 암흑가를 누비는 주인공들, 좌절과 패배가 예정된 결말, 영화와 관객이 맺는 통속적인 관계 등에서 우리는 공통점을 찾을 수 있을 것이다. 그러나 그러한 공통점만큼이나 중요한 차이점들 또한 홍콩 느와르의 정의에 덧붙여져야 한다.

필름 느와르가 이전의 헐리우드 영화전통에 대한 대항적 텍스트로 읽힐 수 있는 반면에, 홍콩 느와르는 그 자체로서 '잡종(hybrid)' 장르라는 특징을 갖는다. 필름 느와르에서는 볼 수 없는 휘황찬란한 총격전, 화려한 영화적 기교에서 우리는 그 증거를 볼 수 있다. 여기에는 장철과 호금전이 완성한 홍콩 검술영화의 전통이 들어있으며, 한편으로는 세르지오 레오네(〈황야의 무법자〉 〈원스어폰어 타임 인 아메리카〉), 샘 페킨파(〈스트로 독〉 〈가르시아〉), 월터 힐(〈48시간〉), 브라이언 드 팔머(〈언터처블즈〉〈캐리〉〈스카페이스〉) 등의 서구 영화작가들이 추구해온 '폭력의 미학'이 새롭게 추가된다. 이것을 표절로 부르건 모방이라 부르건 그것은 개인의 주관에 맡길 일이지만, 적어도 홍콩 느와르의 작가들이 자신들의 영화전통을 흡수하는 한편 서구의 영화 텍스트들을 나름대로 꼼꼼히 읽어내는 부지런함만은 인정해야 할 것이다(비록 그것이 순전히 장사속에서 비롯되었다 할지라도!).

동양적 정서와 서구적 감수성의 혼재, 유교적 세계관과 냉혹한 자본의 논리가 공존하는 공간, 세기말의 도시에 잘못 들어온 지나간 시대의 '영웅'들의 이야기, 이것들을 우리는 홍콩 느와르의 특징으로 이야기할 수 있다.

# 4. 영웅본색 3부작, 신화와 역사

주윤발이라는 낯선 배우가 〈영웅본색〉이라는 촌스런(?) 이름의 영화에 등장했을 때, 그리고 '강호의 의리가 땅에 떨어졌다'라는 고색창연한 대사를 전혀 장난기 없이 읊조렸을 때, 우리의 관객들은 이 이상스러운 영화/배우 대사에 경악을 금치 못하였다.

그러나 그 경악은 곧 찬탄으로 바뀌었고 얼마 안 가 다시 열광으로 폭발하여 '주윤발 신드롬(증후군)'이라는 신조어까지 낳게 되었다. 〈영웅본색〉에서 〈영웅본색 II〉로 이어지는 홍콩 느와르의 진군은 그 과정에서 1년 사이에 홍콩영화의 한국판권을 200~300 퍼센트 인상시키는 결과를 가져왔고 억울하게도(?) 주윤발이라는 새로운 우상이 그 주범으로 꼽히는 지경에까지 이르렀다.

그러나 기대감에 가득차서 극장을 찾아온 〈영웅본색 III〉의 관객들은 또다시 경악을 금치 못하였는데, 왜냐하면 그것이 〈영웅본색 I, II〉와는 너무도 다른 영화였기 때문이었다. 대부분의 관객들은 실망과 배반감(?)을 감추지 못하며 극장을 나섰고, 당연히 흥행은 참패를 기록하였다.

영웅본색 시리즈의 흥행결과를 놓고 따지는 일은 일단 이 글의 몫이 아니라 치고, 여기서는 〈영웅본색 I, II〉와 〈영웅본색 III〉 사이의 단절이 무엇을 의미하는지 살펴보기로 하자.

오우삼은 〈영웅본색 I, II〉의 성공을 이렇게 설명한다.

"영웅본색의 성공은 제작과 연출의 요인은 물론이고 내가 보기엔 영화의 내용과도 깊은 관계가 있다고 생각합니다. 왜냐하면 영화의 느낌은 특수한 심리상태 (1997년 홍콩이 영국에서부터 중국으로 반환된다는 사실에 대한 불안감)에 놓인 홍콩사람들에게 큰 영향을 미칠 수 있기 때문입니다. 앞에 놓인 사실들에 대해 막막함을 느껴 어찌할 줄 모르는 그들은 자연히 이런 세태를 완전히 바꾸어 줄 수 있는 영웅의 출현을 기대하고 있습니다. 주윤발이 맡은 '마크'와 같은 인물은 모든 사람이 가슴속에 바라고 있는 영웅의 형상인 것입니다."

곧 오우삼은 주윤발을 대중의 무의식 속에 자리잡은 영웅의 이미지에 맞추어 연출해냈고, 그것이 홍콩관객뿐 아니라 유사한 갈망을 지니고 있던 우리나라 관객들에게도 맞아 떨어졌다고 하겠다.

그렇다면 서극이 보는 〈영웅본색〉은 어떠한 것일까? 그는 오우삼보다 한결 비관적인 쪽으로 초점을 맞춘다.

"이 영화는 내가 홍콩을 이해하는 방식입니다. 홍콩이라는 아주 이상한 사회를 배경으로 그러한 경제상황 속에서 살아야 하는 주인공들은 자신들이 생존할 수 있을까를 의심합니다. 그리고 살아 있는 순간은 항상 외롭다고 느낍니다. 바로 일반 관객들은 그런 주인공들에게 감정적으로 공감대를 형성한 것입니다. 어떤 의미에서는 〈영웅본색〉은 홍콩에 대한 아주 혹독한 비판적 시네마입니다."

오우삼의 영웅이 대중의 억압된 갈망을 대리충족시키는 초인적 능력의 인간이라면 서극의 영웅은 예정된 결말, 패배와 상실과 허무의 자리로 고독하게 걸어가는—마치 웨스턴의 마지막 장면처럼—아웃사이더의 모습을 강조하고 있는 셈이다. 그리고 이러한 상반된 이미지를 하나의 성격 속에 절묘하게 버무리고 있음에 주윤발이 표현한 영웅의 이상스러운 아름다움(!)이 있는 것이 아닐까. 또한 〈영웅본색 I, II〉편의 내러티브에 스며 있는 팽팽한 긴장감도 많은 부분이 이러한 인물창조의 성공에 힘입은 바라 할 수 있을 것이다.

그렇다면 〈영웅본색III〉은 서극이 감독으로서의 무능함을 드러낸 실패작일까? '홍행'과 '재미'로만 본다면 물론 그렇다. 그러나 우리가 홍콩 영화가 자라온 풍토를 좀더 이해한다면, 그리고 작가 서극의 말에 약간의 참을성을 가지고 귀를 기울인다면, 그 실패에는 우리 관객들이 참고할직한 의미가 있음을 알게 될 것이다.

〈영웅본색 I, II〉가 홍콩이라는 '영화 속의' 공간에서 주로 이루어지고 있는 반면에, 〈영웅본색III〉은 1974년의 월남패망과 화교들의 베트남탈출이라는 역사적 사실을 소재로 삼고 있다. 이러한 방향전환을 서극 자신은 다음과 같이 설명한다.

"〈영웅본색〉 시리즈는 III편에서 이제 홍콩이라는 아무런 시간도 없는 공간·무대에서 베트남전이라는 구체적인 역사를 배경으로 갖게 됩니다. 만일 최근의 중국과 홍콩 사이의 변화가 없었다면 1997년 홍콩반환을 베트남전으로 풀어나가리라고는 감히 상상도 못했을 것입니다. 그런 점에서 미국에서 만들어진 베트남전 영화와는 아주 다른 형식이 될 것입니다."

서극 자신의 이 말이 명쾌하게 모든 것을 설명하고 있다 하여도 지나친 표현이 아니다. 그는 1974년 베트남에서의 '화교'들의 운명을 1997년 홍콩에 대한 메타포로 사용하였고, 그 결과 〈영웅본색〉 시리즈는 I편과 II편에 묘사된 신화의 공간에서 갑자기 역사의 현실 앞으로 끌려나오게 된 것이다. 이러한 방향전환은 관객들에게 호응을 받지 못하였지만, 그러한 시도의 영화적·역사적 의미를 우리는 서극이라는 작가의 이름과 함께, 그리고 어쩌면 우리들 자신의 우리의 영화와 함께 하나의 화두로서 생각해 보아야 하지 않을까?

석견(주윤발의 숙부역): 홍콩으로 가자고? 이 가게를 버리고? 그리고 1997년 이후에는 또 어디로 간단 말이냐?

주윤발: 아직도 23년이나 남았는데 뭘 벌써부터 걱정하세요?

—〈영웅본색Ⅲ〉의 대사에서—

# 5. 첩혈쌍웅, 또는 느와르 블루스

우리가 홍콩 느와르를 하나의 장르로서 받아들이는 데 인색하지 않는다면, 그 다음 질문은 아마도 어느 영화가 홍콩 느와르의 진정한 걸작이냐는 것이 되리라.

물론 홍콩영화는 아직 종말을 맞이하지 않았고—1997년까지는 몇년이 남아 있으므로—그 사이에 지금까지의 작품들을 모든 면에서 앞지르는 명작이 등장하지 말라는 법은 없다. 그러나 일단 시점을 1990년대의 벽두에 고정시키고 되돌아보면 홍콩 느와르의 모든 특징을 완벽하게 담아낸 작품을 찾는 것은 그리 어려운 일이 아니다. 그리고 그 영화를 우리는 〈첩혈쌍웅〉 혹은 〈킬러(The Killer)〉라고 부른다.

왜 〈영웅본색〉이 아니고 〈첩혈쌍웅〉인가? 그 이유는 이렇다. 〈영웅본색〉은 홍콩 느와르의 출발점에 지나지 않았고, 그것이 완성된 것은 〈첩혈쌍웅〉에 와서이기 때문에.

〈영웅본색 I〉은 검술영화에 대한 노스탈지아를 홍콩의 당대풍으로 표현하고자 하였던 오우삼 감독의 아이디어로부터 출발하였다. 그리고 서극의 기획력, 정소동의 액션 연출—헐리우드 영화와는 구별되는 진정한 의미에서 '안무'라 불리워져 마땅한—주윤발이라는 이름의 새로운 영웅의 발견이 그의 아이디어를 뒷받침하였다. 영화 전체의 시각적 설계(visual design)에서, 예전에는 볼 수 없었던 전혀 새로운 '경천동지'할 총격전의 모습에서, 그리고 유교문화권의 문화적 기호체계(cultural code)에서 벗어나지 않는 내러티브에서 〈영웅본색 I〉은 홍콩 느와르라는 새로운 장르의 출현을 알리기에 손색이 없는 작품이었다.

〈첩혈쌍웅〉은 바로 이러한 〈영웅본색 I〉(그리고 2편)의 새로움을 더욱 순수한 형태로 결정화하고 있다. 스크린은 빛과 그림자, 밝음과 어두움, 차가움과 따뜻함의 극렬한 대비로 연속되고, 카메라의 움직임은 〈영웅본색〉에서보다 더욱 적극적으로 인물들의 성격과 액션에 개입해 들어온다(의자에 앉아 생각에 잠긴 주윤발과 이수현을 번갈아 보여주며, 연속된 카메라 이동으로 그들의 '피를 나눈' 동일성을 노골적으로 나타내는 장면은 그 대표적인 예이다).

〈첩혈쌍웅〉에서의 폭력묘사 또한 〈영웅본색〉에서 한걸음 더 나아가 있다. 영화를 여는 '밀실에서의 암살' 장면은 〈영웅본색 I, II〉를 통해 우리가 익숙하게 보아온 것과 다를 바 없다. 그러나 바다에서 육지로 이어지는 추격전과 엽청문의 아파트에서의 총격전을 거치며 액션은 점점 추상화되고, 액션 연출은 검술영화에서의 무사들의 몸짓에 더욱 가까와진다. 그리하여 클라이맥스인 '성당에서의 결투' 장면에 이르면 '총'은 이미 탄환을 발사하는 무기가 아니라 이미 검사들의 몸의 일부가 된 '칼'과 다름없이 묘사된다. 적어도 스타일과 액션에서, 오우삼·정소동은 홍콩 검술영화의 최고의 형태를 홍콩 느와르의 공간 속에 완벽하게 재현하는 데 마침내 성공한 것이다.

주윤발과 이수현 사이의 내러티브 속에서의 관계설정 또한 필름 느와르나 미국의 갱스터 영화를 뛰어넘는다. 다른 세계에 몸담은 두 남자 주인공 사이의 '갈등→우정'이라는 도식은 어느 나라 영화에나 있으며, 특히 로드 무비에서는 거의 정석이라 할 만큼 나타난다.

그러나 서구영화에서 이들의 우정은 그야말로 '친구 사이의 정'으로 끝난다. 이들이 '피를 나눈 동지'가 되는 것은 그들이 우연히(?) 같은 직업을 가진 경우가 대부분이다(〈리셀 웨폰〉의 멜 깁슨과 대니 글로버처럼). 그러나 〈첩혈쌍웅〉의 마지막은 이러한 전형을 거부한다. 죽음의 고비를 함께 넘기며 주윤발과 이수현은 서로를 애칭으로 부를 만큼 끈끈한 우정으로 맺어지지만, 마지막에서 이수현이 '범죄자(심지어 요인암살까지 자행한!)' 주윤발의 빚갚음을 함은 이미 우정의 차원을 뛰어넘는다. 법과 질서의 수호자인 형사 이수현은 자신의 사회적 존재를 부정하고 주윤발이 상징하는 의리의 세계로 뛰어들고마는 것이다. 이제 '영웅'의 강호는 오우삼의 영화 속에서 완성을 선포한다. 그것은 또한 홍콩 느와르라는 장르의 완성이기도 하다.

영화사 속에서 새로운 장르는 모두 유사한 운명을 갖는다. 그것은 전시대 영화유산의 재해석·재구성으로부터 출발하여, 몇명의 뛰어난 작가들에 의하여 완성되고, 열광적인 대중의 호응과 숱한 모방 속에 전성기를 맞았다가 이윽고 활력을 잃고 쇠퇴하면서 다음 세대의 영화교양의 일부로 자리잡는 길을 밟는다. 그리고 여러가지 정황은 홍콩 느와르가 이제 그 전성기를 지나 막 쇠퇴기로 접어들고 있지 않나 하는 예감을 주고 있다. 이러한 예감이 '불행히도' 들어맞는다면, 역설적으로 〈첩혈쌍웅〉의 홍콩 느와르 안에서의 자리매김은 더욱 확고해질 것이다.

# 6. 홍콩영화의 르네상스, 서극

서극(徐克, Tsui Hark). 1951년 베트남 출생. 1966년 홍콩으로 이주. 1969년 도미. 1975년 미국 오스틴의 텍사스 대학 영화과 졸업. 1977년 홍콩으로 돌아오기까지 뉴욕의 차이나타운에서 신문편집, 다큐멘터리 제작에 관계함. 홍콩 텔리비전 방송국에서 드라마 연출과 각본을 쓰다가 1979년 〈접변(The Butterfly Murders)〉으로 감독 데뷔. 주요 연출작으로는 〈촉산(Zu: Warriors from the Magic Mountain)〉(83), 〈상하이 블루스(Shanghai Blues)〉(84), 〈도마단(Peking Opera Blues)〉(88), 〈영웅본색(A Better Tomorrow) Ⅲ〉(89), 〈소오강호(Swordsman)〉(90)가 있음. 그가 만든 모든 영화뿐 아니라 〈영웅본색〉, 〈천녀유혼〉 시리즈, 〈첩혈쌍웅〉 등의 영화를 기획함. 1988년 자신의 제작사 '전영공작실(Cinema Workshop)' 설립. 바로 그 서극이 자기 자신에 대하여 이야기함.

〈출발〉 나의 본격적 영화수업은 1970년 텍사스 대학 영화과에 입학하면서 시작하였다(부모님은 내가 약학을 전공하고 있는 줄 아셨지만!). 졸업후 나는 뉴욕으로 가서 다큐멘터리와 독립영화 제작에 참여하면서 차이나타운의 화교신문에 글을 썼다. 1977년 내가 돌아왔을 때 홍콩 텔리비전은 도약기를 맞이하고 있었고, 나는 손쉽게 기획-연출 자리를 텔리비전 방송국에서 얻을 수 있었다.

〈전세대〉 나에게 영화적으로 가장 많은 영향을 끼친 작가는 프리쯔 랑(Fritz Lang) 감독이라고 생각한다. 그가 표현주의 시대에 만든 무성영화들은 나에게 큰 감명을 주었다. 그 중에서도 〈메트로폴리스(Metropolis)〉(26)는 내 영화 속에서 여러가지의 유사한 스타일로 나타나고 있음을 인정한다. 그는 의식에 관한 경험을 아주 낯선 체험으로 바꾸어 놓은 점에서 아무도 능가할 수 없는 뛰어난 감독이다.

그리고 홍콩영화의 거목인 호금전과 장철 감독을 당연히 덧붙여야 한다. 그 두 감독이 없었다면 오늘의 홍콩영화는 감히 상상도 할 수 없었을 것이다. 우리세대는 그 누구라도 그들의 영향을 받으면서 자라났다.

〈이야기〉 중국의 역사와 고전문학 속의 이야기들은 항상 나를 매혹한다. 나는 그

〈상하이 블루스〉. 서극 감독. 1984년.

이야기들을 읽고, 사람들에게 들려주기를 좋아한다. 그 속에는 나를 웃고 울게 만드는 강한 힘이 들어 있다. 그리고 그것들을 영화로 만들어 볼 생각을 하는 것만으로도 즐겁다. 따라서 내 영화는 이야기에 대한 내자신의 열광으로부터 아주 자연스럽게 시작한다고 할 수 있다. 나는 로맨티시즘과 철학과 몽상이 합쳐진 영화를 만들고 싶다. 그래서 내 영화의 주제는 항상 형제애, 가족, 그리고 로맨스와 같은 것이 되는데, 그중에서도 로맨스, 바로 그것이야말로 내가 영화를 만드는 가장 기본적인 감정이다.

〈상하이블루스〉 1910년대에서 30년대까지 중국인들은 서양문화를 받아들이기에 바빴다. 그리고 1940년대에 와서야 중국인들은 서양문화를 받아들인 바탕 위에 성숙한 중국문화를 세울 수 있었고, 영화도 예외가 아니었다. 나는 이러한 문화적 시기를 〈상하이블루스〉 속에서 재현하고자 하였다. 40년대의 상하이는 또한 오늘날의 홍콩과 여러 면에서 유사하다. 예컨대 무역의 중심지라는 점에서. 그러나 나는 이 영화에서 코미디라는 우회적인 방법으로 정치를 이야기해야만 했다. 80년대의 홍콩 관객들은 정치적인 주제를 정면으로 받아들이려 하지 않기 때문에.

〈다음세대〉 홍콩작가들은 좀더 내용이 알찬 영화를 만들어야 한다. 홍콩 젊은이들은 이제 더 이상 책을 읽지 않는다. 그들의 삶을 지적으로 균형잡히게 해 주는 것은 우리 영화작가들의 의무이다.

홍콩에 영화학교가 없음은 큰 문제이다. 학원이 하나 있지만 그것만으로는 부족하다. 나는 거기서 9년 동안 가르쳐왔는데, 지금 30명의 학생이 나에게 배우고 있다. 나는 그들에게 8mm 카메라를 한 대씩 나누어 주고는 "나가서 찍어라! 무엇이든지 좋으니, 애인이든 강아지든, 하여튼 카메라를 들고 찍어와라!"고 내몬다. 내 충고를 받아들이는 학생들은 7~8명 정도이고, 나머지는 자신의 기재에 손도 안 대는 눈치다.

〈1997〉 내가 1997년에 대하여 무어라 대답하기를 원하는가? 아무도 해답을 갖고 있지 못하다. 단지 여기 버티면서 문제를 직시해야 할 뿐. 그리고 해결책을 찾으려 노력할 따름이다. 사람들은 이 도시가 지금 죽어가고 있다고 이야기한다. 며칠 전 새벽에 나는 떠오르는 해를 배경으로 멀리서 이 도시를 보게 되었는데, 그것은 말할 수 없이 멋진 광경이었다. 홍콩은 마치 미래의 도시처럼 빛나고 있었다. 죽어가는 모든 것들은 어떤 아름다움을 담고 있는 것일까. 사람들이 이 도시에 좀더 애착을 느낀다면 그 죽음은 그만큼 늦어질 것이다.

# 7. 천녀유혼 : 전설 / 테크놀로지 / 노스텔지아

"환상(fantasy)에의 추구는 중국문화의 뿌리깊은 전통 가운데 하나이다. 그리고 오늘날의 영상 테크놀로지는 그러한 환상들을 구체적으로 시각화(visualization)함을 가능하게 하고 있다." ─서극─

최첨단 SFX, 고전적이며 동시에 현대적인 로맨티시즘, 화려한 중국 미술과 유현한 귀신들의 세계. 〈천녀유혼〉은 걸작이 될 수 있는 조건을 충분히 갖추고 있다. 1987년 7월, 극비리에 제작을 마치고 홍콩에서 처음 공개된 이래, 이 영화는 열광적인 반응을 일으키며 홍콩과 동남아를 휩쓸었고, 한국에 상륙해서는 '주윤발 신드롬'의 대를 잇는(?) 장국영/왕조현 신드롬을 일으켰다. 또한 20개 이상의 세계영화제에 초대되었거나 수상하였으며, 유럽의 대도시에서도 개봉되어 관금붕 감독의 〈인지구(Rouge)〉, 허안화 감독의 〈투분노해(Boat People)〉, 서극 감독의 〈도마단(Peking Opera Blues)〉 등과 함께 80년대의 홍콩영화를 아트 필림의 반열에 올려놓는 데에도 지대한 공헌을 하였다.

〈천녀유혼〉의 최초의 아이디어는 홍콩영화의 르네상스맨 서극에 의하여 이루어졌다. 1766년에 씌어진 중국 청조시대의 고전기담집 『요재지이(聊齋志異)』에 실린 설화 「섭소천」을 영화화한 기획이었다. 서극의 의도는 단순히 중국 전설을 소재로 한 공포 괴기영화를 만들려는 것이 아니었다. 그는 중국 진실이 담고 있는 동양적인 유현한 정서의 세계를 표현주의 영화의 영상 속에 재현해내기를 원하였다. 그래서 그가 추구한 것은 삶과 죽음이 반영된 로맨틱하면서도 화려한 귀신이야기였고, 그것을 시각화하는 데 현대 영화 테크놀로지의 SFX를─독일 표현주의 영화작가들에게는 아직 현실이 아니었던─활용하기로 결심하였다.

그러나 〈천녀유혼〉에서 서극은 매우 신중하게 SFX를 사용한다. 그것은 〈촉산〉에서의 실패를 되풀이하지 않겠다는 배려에서이다. 미국의 특수효과 팀(조지 루카스의 ILM에서 온)이 전담한 〈촉산〉은 동양적 정서에 헐리우드식 표현기법을 갖다붙인 기묘한 부조화와 불균형에 가득찬 영화가 되고 말았다. 서극은 이점을 깊이 반성하고 자신의 프로덕션인 전영공작실 안에 '시네펙스 워크샵(Cinefex Workshop)'을 세웠다. 조지 루카스의 ILM 모델을 본뜬 이곳은 SFX만을 전문으로 연구하는 특수촬영 전담반이다. 특히 갈수록 고난도 액션이 요구되는 홍콩영화의 실정에 비추어, 흥행성공을 위하여 영화의 완성도를 높일 수 있으리라는 점에서도 이것을 적절한 투자였다. 그리고 이 전문집단이 올린 최초의 개가가 〈천녀유혼〉의 성공이었다.

〈천녀유혼〉의 제작팀은 헐리우드와 그 아류 영화에서와는 전혀 다른 방식으로 SFX를 구사한다. 그들은 물량이나 정교함에서는 도저히 헐리우드를 따라갈 수 없음을 잘 알고 있다. 그래서 복잡한 테크놀로지가 요구되는 합성촬영이나 애니메이션 효과보다는 조명, 편집, 음악, 음향들 기본적인 영화 문법의 활용을 통해 환타지를 만드는 쪽을 택한다. 그러므로 헐리우드 영화에서—또한 〈촉산〉에서—나타나는 'SFX가 영화 전체를 말아먹는' 부작용을 피하게 된 것이다.

여기에는 정소동 감독의 유려한 액션 연출이 크게 한몫을 하였다. 허안화 감독의 연출부로부터 시작하여 〈영웅본색〉 시리즈의 액션 연출로 이름을 날린 그는 호금전 이래 사람의 몸놀림의 아름다움을 가장 다이나믹하게 스크린에 옮길 줄 아는 홍콩 감독이다. SFX에 대한 이해와 절제, 정교한 촬영과 편집, 그리고 인체의 동작의 영화적 표현에서의 철저함, 이것이 모두 〈천녀유혼〉에 포함되어 있다.

그러나 〈천녀유혼〉의 비밀은 정작 다른 데에 있다. 서극은 첨단 SFX를 중국의 문화양식 속에 융합시키지 않으면 안된다는 집착을 가지고 있다. 여기서 그가 발견한 것이 중국의 의복문화와 그것의 전통무용에서의 쓰임새이다. 섭소천(왕조현)의 기나긴 옷깃과 짙푸른 녹색 풀밭 위를 달빛 아래 스쳐 지나가는 의상의 바람결처럼 섬세한 흔들림에는 수천년 내려온 중국예술의 가장 여성적이고 부드러운 면모가 깃들어 있다. 부드러움, 흔들림, 어디인지 모를 곳으로부터 스며드는 불빛, 바람과 창살이 만나는 소리, 그리고 연못, 목욕통, 비, 안개, 무지개로 이어지는 물의 이미지가 섭소천의 의상 속에 압축되어 나타난다.

의상의 움직임은 두 주인공 사이의 '이루어질 수 없는 사랑'을 떠받치며 영화를 한폭의 애잔한 감정의 풍경화로 만드는데, 그 가장자리에 서극은 다시 로맨티시즘과 결투, 고전주의적인 서정과 냉소적인 비애를 그려넣었다. 그리하여 이 슬프도록 아름다운 '중국귀신 이야기'는 중국인들의 마음 속에 담겨진 밤의 세계를 재현하는 데 성공하였다.

그러나 왜 밤인가? 그것은 1997년에 중국으로 반환되는 홍콩의 불안, 포스트 모더니즘의 급류에 휩쓸려 잊혀져가는 중국 전통, 그리고 자신이 누구인지를 거듭 물어야 하는 중국인들의 고민에서 비롯된 허무주의의 다른 말이 혹시 아닐까? 아니면 그들은 '대륙'에의 노스탤지아를 귀신이야기라는 장치를 통하여 달랠 수밖에 없는 것일까?

# 8. 성룡스토리, 龍에서 成까지

우리가 '성룡'으로 친숙하게 알고 있는 스타는 1954년 4월 7일 '항생'이라는 본명을 가지고 태어났다.

몸에 밴 가난과 홍콩 경극학교에서의 혹독한 수련 속에 그는 소년기를 보냈고, 17살에 '진원룡'이라는 예명으로 처음 성인역을 맡아 영화에 발을 들여놓는다. 그에게 돌아온 역은 주로 주연에게 신나게(?) 얻어터지는 단역 아니면 앳된 얼굴에 걸맞게 들러리(sidekick)로 등장하는 조연 역할이었다.

1974년 〈광동소노호〉에서 처음 대망의 주연을 맡았으나 그 결과는 신통치 않았다. 이후 1976년까지 그는 대만, 한국, 그리고 부모가 살고 있는 호주를 전전하며 젊은 날의 방황을 겪었다. 1976년, 그는 홍콩으로 돌아와 예명을 다시 성룡으로 고치고 오우삼 감독의 〈신정무문〉에 주연으로 출연, 이때부터 스타로서 승승장구의 길을 건는다. 1978년작 〈취권〉의 대성공으로 홍콩영화 속에서의 그의 위치는 확고부동한 것이 되었고, 특히 한국에서 〈취권〉 개봉 이래 치솟은 그의 인기는 성룡이라는 이름을 '흥행의 보증수표'로 통하게 만들었다.

1979년 최초의 감독작품 〈소권괴초〉를 발표한 후, 꾸준히 권격영화에 출연하여 쿵후스타의 자리를 유지하면서 그는 부지런히 새로운 '이름'의 가능성을 모색하였다. 아시아권 영화인들—사실 유럽 영화권도 마찬가지다—이 흔히 지니고 있는 '본바닥' 헐리우드 영화에의 동경은 그를 〈캐논볼〉류의 미국영화에 출연하도록 이끌었지만, 그것은 한때의 외도에 그쳤고 그는 다시 홍콩영화를 자신의 설 자리로 확인하게 된다.

1985년작 〈프로젝트 A〉는 젊은 날의 방황에 종지부를 찍고, 성룡이라는 영화작가의 새로운 출발을 알리는 동시에, 〈폴리스 스토리〉(85), 〈용형호제〉(88)를 거쳐 이윽고 〈미라클〉(89)에 이르는 대장정의 시작이기도 하였다. 그는 홍콩 느와르의 도전(!)과 온갖 장르의 북새통 속에서도 꾸준히 자신의 색깔을 지켜왔고, 항상 새로운 아이디어와 지칠 줄 모르는 영화에의 열정—그리고 그 유명한 사람좋은 미소—로 관객들을 매료시켜왔다.

'들러리'시대, '코믹 쿵후스타' 시대, 그리고 '작가'시대를 거쳐 온 그가 현재의 성실함을 유지한다면 90년대는 계속 '성룡의 성공시대'로 이루어질 것이 거의 확실하다.

이소룡의 출현과 더불어 우후죽순처럼 나타난 수많은 '용(龍)'중의 하나로 출발하여, 이제 '대영제국의 문화발전에 끼친 공로'를 인정받아 귀족의 칭호까지 수여받은 '써(Sir)' 재키찬(Jacky Chan). 그는 그야말로 '성(成)'이라는 이름자에 어울리게 입신양명을 이룬 셈이다.

작가로서의 성룡은 소박한 리얼리스트와 까다로운 완벽주의자의 면모를 동시에 지니고 있다. 그가 리얼리스트라는 지적은 사회적 관심이나 역사의식을 나타내는 말이 아니다. 그것은 그가 뤼미에르 이래 영화가 지켜온 전통의 한 기둥, 곧 '있는 그대로 고스란히 보여준다'는 것을 신조로 삼고 있다는 뜻이다. 그는 고지식하게도(!) 그것을 자신의 액션 연기·연출에 그대로 적용한다. 자신의 육체와 기술로 해낼 수 있는 최대치의 액션을 그대로 화면에 담아내는 것, 뛰어내림도, 손놀림과 발놀림도, 장대끝에 올라감도, 모두 눈속임 없이 해내는 것, 그리하여 아무도 흉내낼 수 없는 자기자신을 보이는 영화를 만드는 것이 성룡 나름대로의 영화철학이다. 그리하여 그의 영화들은 때로는 성룡이라는 인간이 보여주는 곡예의 다큐멘터리로도 읽혀지고,

〈미라클〉. 성룡. 1989년.

관객들은 까맣게 잊었던 전시대의 '구경거리'에 대한 기억—서커스일 수도 있고 떠돌이 사당패일 수도 있는—을 무의식 속에 떠올리고 열광하는지도 모른다.

그러나 작가로서의 성룡의 숨은 야심은 자신의 기예를 화려하게 펼쳐 보이는 데 그치지 않는다. 그는 언젠가 자신의 입으로 "내 최대의 야망은 이소룡과 호금전의 이름과 나란히 후대에 기억되는 것이다"라고 말한 바 있다(1984년, 《까이에 뒤 시네마》 인터뷰). 그리고 많은 사람들은 그가 그 이상—예컨대 채플린—의 시네아스트가 되기를 꿈꾸고 있다고 추측한다. 그리고 그 질문에 성룡은 아직 겸손한(?) 미소로 답할 따름이다.

여기서 성룡과 채플린의 같음과 다름을 보여주는 두 이미지가 떠오른다. 하나는 〈모던 타임즈〉에서 기계의 톱니바퀴 틈에 끼어 쩔쩔매는 찰리의 유명한 장면이다. 또 하나는 〈미라클〉의 끝 부분, 본영화의 줄거리가 완결된 두 타이틀과 함께 나오는 '촬영장 낙수' 장면에서 스스로 스테디캠(Steady-Cam)을 둘러매고 돌진하는 성룡의 모습이다. 테크놀로지에 대한 20세기 인간들의 이율배반적인 관계를 이 두 개의 이미지가 극명하게 보여주고 있다고 이야기한다면 지나친 비약일까.

영화라는 공간 속에서 가능한 인간과 기계의 조화로운 만남, 그것을 보듬어 안은 일하는 사람들의 세계—홍콩이라는 세기말의 도시에서 성룡은 마지막 남은 '행복감(euphoria)'을 대표하는 기호가 아닌지.

# 9. 홍콩 뉴 웨이브 감독 열전

프랑스의 누벨 바그(Nouvelle Vague) 이래, 영화사에는 '새로운 물결'—뉴 웨이브(New Wave)—이라 이름붙여진 사건이 몇 차례 있어왔다.

대체로 그 사건의 내용이란, 특정한 민족·지역·국가의 영화산업이 상업적·미학적 침체에 빠져 있을 때, 일군의 젊은 작가들이 동시에 대거 출현하여 전시대와의 단절을 선언하며 새로운 영화를 만들어내고, 해외로부터의 인정—영화제 수상이 가장 일반적인 형태인—과 새로운 세대의 영화관객들의 호응을 기반으로 몇년이라는 비교적 짧은 기간 동안에 왕성하게 작품활동을 벌이는 것을 포함한다.

홍콩영화에서 '뉴 웨이브'라 불리우는 현상은 1979년을 기점으로 한다. 뉴 웨이브가 항상 그러하듯, 홍콩 뉴 웨이브도 홍콩영화산업이 안팎으로 극심한 혼란·침체를 겪고 있는 와중에 태어났다. 군소영화사와 독립 프로덕션의 난립, 현실도피적인 상업영화가 판치는 홍행시장, 그리고 전세대 영화작가들의 노쇠함 등이 홍콩 뉴 웨이브를 '요청'하게 된 원인이었다.

70년대 중반 이후 홍콩의 젊은 재능들은 영화보다는 TV쪽의 상대적인 자유로움과 창조적인 분위기를 택하거나 아니면 해외유학의 길을 택하였는데—혹은 'TV→유학→TV→영화'라는 우여곡절을 거치기도 하면서—이들이 민영 TV방송국 C-TV의 창립과 9개월만의 도산이라는 일대사건을 겪으며 다수 영화로 흘러 들어온 것이 1979년을 전후한 사정이었다. 곧 데뷔의 '동시성'이라는 조건은 거의 우발적인 사건에 의하여 충족된 셈이다.

이들 세대는 이전의 홍콩영화작가들과 구별되는 뚜렷한 특징을 갖는다. 전세대를 대표하는 장철, 호금전, 이한상들이 '본토'출신의 작가였음에 비하여, 뉴 웨이브 작가들은 홍콩에서 낳고 자라 영화에 입문한 첫 세대였다. 그들은 홍콩이라는 도시가 갖는 문화적 특성을 자신들의 감수성으로 받아들였고, 서구적 영상문화의 홍수 속에서 영화의 세례를 받은 최초의 '영상시대'작가군이었다(서극이 미국에 가서야 자신이 중국인일 수밖에 없음을 깨닫고 중국문화와 역사에 진지한 관심을 가지게 되었다

〈객도추한〉.
허안화 감독. 1990년.

고 고백한 점은 매우 의미심장하다).

이들 젊은이들이 TV에 몸담고 있던 시절에 만들었던 작품들은 주로 비디오나 16mm로 촬영한 멜로성 시리즈물이었는데, 여기서 홍콩 관객들은 처음으로(!) 지금까지의 홍콩영화가 포기하고, 회피하고, 무시했던 홍콩의 참모습—광동어의 독특한 억양, 뒷골목의 번잡함과 더러움, 네온휘황한 허깨비의 거리, 자신이 누구인가에 대한 물음을 짊어지고 살아가는 젊은이들—을 볼 수 있었다.

1년 남짓 사이에 60명 가까운 신인감독이 데뷔하는 수라장(?) 속에 이렇게 하여 홍콩영화의 80년대는 열렸고, 10년이 지난 지금 홍콩 뉴 웨이브는 그 마지막 단계, 곧 신인의 탈을 벗고 작가 한명 한명이 자신의 작품세계를 구축해 나가는 과정의 당연한 결과인 뉴 웨이브 해체기를 밟고 있는 것처럼 보인다. 그들 중 '살아남은' 주요작가들의 면모를 지난 10년간의 자취를 훑어봄으로써 살펴보자.

허안화(Ann Hui): 1947년 생. 홍콩 뉴 웨이브의 선봉장으로 해외에 널리 알려진 맹렬 여성감독. 호금전 감독의 연출부 출신으로 TV를 거쳐 79년 〈풍겁〉으로 감독 데뷔. 〈호월적고사〉(81), 〈투분노해(Boat People)〉(82), 〈서검은구록(The Romance of Book and Sword)(87), 〈객도추한(Song of the Exile)(90)이 대표작. 멜로드라마에서 검술 스펙터클에까지 모든 장르에 능한 90년대의 '대가예감'.

방육평(Allen Fong): 1947년 생. 우리나라에는 전혀 소개되지 않았으나 〈부자정(Father and Son)〉(81), 〈반변인(Ah Ying)〉(83), 〈미국심(Just Like Weather)〉(86) 등의 영화로 서구의 아트필름 팬들에게 널리 알려진 사회파 감독. 철저한 리얼리스

트이며 소시민적 정서를 잔잔하게 그려내는 연출이 장기. 뉴 웨이브의 '양심선언.'

관금붕(Stanley Kwan): 1957년생. 몽환적 영상과 도시인의 허무주의를 유럽풍의 화면으로 그려내는 뉴 웨이브의 이단아. 〈지하정(Love Unto Wastes)〉, 〈인지구(Rouge)〉(87)로 우리에게 소개되었으며 1989년 금마장영화제에서 후 시아오시엔의 〈비정성시(A City of Sadness )〉를 제치고 작품상을 받은 〈인재뉴욕(Full Moon in New York)〉가 최신작. 홍콩 아트필름의 현주소.

임영동(Ringo Lam): 1955년생. 홍콩 느와르의 폭력묘사를 메시지 영화에 담으려는 시도인 〈풍운〉 3부작—〈용호풍운〉(87), 〈감옥풍운〉(87), 〈학교풍운〉(88)이 대표작.

엄호: 1952년생. 런던 필름스쿨에서 수학후 TV를 거쳐 영화감독 데뷔. 4번째 작품인 〈사수유년(Homecoming)〉(87)은 '본토'와 '홍콩' 사이의 단절을 한 여인의 고향찾기라는 줄거리로 그려낸 서정적인 영상시로서 홍콩 영화평론가들에 의하여 80년대 홍콩영화 걸작 1위로 뽑힌 수작. 우리나라에는 〈곤곤홍진〉(91)이 소개됨. 뉴 웨이브의 '뿌리찾기.'

맥당웅(Tony Mack) 1949년생. 데뷔작인 〈성항기병(Long Arm of the Law)〉(84)에서 대륙으로부터의 밀입국자를 주인공으로 처절한 암흑가의 드라마를 연출하여 주목받음. 〈성항기병속집〉(86), 〈홍콩탈출〉(89) 계속 발표.

장완정(Maybelle Chang) 허안화 이후 가장 성공적으로 데뷔한 여류감독. 뉴욕 대학에서의 영화수업기의 경험을 〈비법이민(The Illegal Immigrants)〉(85), 〈가을날의 동화〉(87) 등의 영화 속에 잘 이용하고 있음. 여류감독다운 섬세함으로 그려내는 사랑이야기가 아직까지의 작품세계를 특징지움. 뉴 웨이브의 '청순가련.'

〈사족: 홍콩 영화평론가들이 뽑은 80년대 홍콩영화감독,
베스트10으로 본 뉴 웨이브 감독들의 '성적표'〉

1. 서극
   (동)허안화
3. 방육평
4. 임영동
   (동)엄호
6. 오우삼
   (동)관금붕
8. 홍금보
9. 맥당웅
10. 성룡

# 10. 〈 열혈남아 〉 VS 〈 몽콕하문 〉

한 영화작품의 성공과 실패를 가늠하는 기준은 관객들에 의한 '재미'의 정의만큼이나 천차만별일 것이다.

그러나 우리나라 영화시장에서 홍콩영화의 성패는 오직 하나의 기준, 곧 홍행성적에 의하여 정해짐이 아직까지의 현실이다. 물론 개봉관, 재개봉관 이하, 그리고 비디오의 시장성격에 따라 들쭉날쭉한 홍행결과를 보이는 홍콩영화의 불가사의함이 지금까지의 '홍행'에 대한 통념을 흔들고 있음 또한 사실이지만.

이런 와중에 숱한 영화들이 옥석을 가릴 틈도 없이 슬그머니 개봉되었다가는 퇴장하고, 혹은 동네 비디오가게 후미진 곳에서 먼지를 뒤집어쓴 채 잠이 든다. 대부분의 경우 그것은 '필름이 아까울' 지경으로 뽑혀나온 영화 스스로의 탓이지만, 개중에는 썩 잘 빠졌음에도 불구하고 불행히도 자신을 알아주는(?) 관객을 찾지 못하여 미아가 되어버린 작품도 간간이 끼어 있다. 그리고 우리나라에 소개된 홍콩영화 중에서 〈몽콕하문〉을 그 대표적인 예로 꼽을 수 있을 것이다.

〈몽콕하문〉(1988. 우리나라 개봉제목은 '열혈남아'. 최근 비디오로 출시되었음)은 왕가위라는 젊은 감독의 데뷔작이다. 홍행성적은 불문하고, 홍콩의 평론가들과 영화인들이 이구동성으로 이 영화를 "홍콩영화의 미래"라고 추켜세우며, 출연했던 배우마다 "가장 기억에 남고 애착이 가는 작품"이라 술회한다는 점에서도 일단 〈몽콕하문〉은 우리의 주목에 값한다.

이 영화는 지금까지 우리에게 소개되었던 홍콩영화와 전혀 다르다. 여기에는 오우삼의 박진감 넘치는 액션도, 서극의 현란한 SFX도, 성룡의 유모어와 스턴트도, 주윤발의 카리스마도, 장국영의 솜사탕도 없다. 홍행요소를 겨우 찾는다면 유덕화의 존재 정도인데, 그나마 〈지존무상〉으로 유덕화의 주가가 치솟기 전에 개봉되었으니 대부분의 관객에게는 하등 보아야 할 이유가 없는(?) 영화였을지도 모른다.

그러나 〈몽콕하문〉은 이러한 없음을 뛰어넘는 풍부함을 그 안에 감추고 있다. 수십대의 비디오 브라운관과 명멸하는 네온으로 홍콩이라는 도시의 세기말적 분위기를 드러내며 '무표정'하게 이 영화는 시작한다. 여기에 목표 없이 하루하루를 살아가는 뒷골목의 '쓰레기 인생' 유덕화가 등장한다. 그리고 그의 주위사람들, 곧 앞뒤 못가리는 고향후배이자 부하인 장학우, 도회를 견디지 못하는 시골여인 장만옥, 허세와 비열함이 주무기인 라이벌 깡패 두목 만자량, 이들 모두 어딘가 모자라고 삐그덕거리는 삶을 살고 있는 인물들로 그려진다. 거칠고 음습한 도시의 뒷골목, 그리고 황량한 홍콩 변두리를 넘나들며 카메라는 이들이 마치 보이지 않는 손에 이끌리듯 좌절과 파멸에 이르는 과정을 집요하게 추적한다.

왕가위 감독은 영화 전체의 시각적 기조를 다큐멘터리에 근접하는 투박한 사실주의에 두고 있다. 형광등 불빛을 주조명으로 그대로 사용한 실내장면은 인물들의 얼굴을 창백한 푸른빛으로 채색하고, 완만한 리듬으로 끌고가던 카메라는 뜻하지 않았던 순간에 격렬하게 움직이며 간간이 폭발적인 에너지를 터뜨린다. 그것은 마치 짓밟히고 찢겨진 삶에 익숙해진 등장인물들의 내면에 잠재한 파괴성의 표현처럼 느껴진다.

이러한 비정함에 비추어 볼 때 이 영화의 마지막 장면은 다소 의외스럽기까지 하다. 죽은 줄만 알았던 유덕화는 반쯤 식물인간이 된 채 교도소에 들어와 있고, 면회온 장만옥이 자신을 알아보지도 못하는 유덕화 앞에 앉아 있는 것으로 영화는 끝난다. 보는 이에 따라 차이는 있겠으나, 뜻밖에도 낙관적인 이 결말을 통해 감독은 무엇을 말하려고 했을까? 만약 이 영화의 주인공들이 불안의 시대를 살아가는 홍콩사람들의 정서를 대표한다면 홍콩의 관객들은 유덕화의 살아남음과 장만옥의 기다림에서 무엇을 읽을까? 영화의 도중에 삽입되는, 편지를 읽는 장만옥의 따뜻한 목소리가 그들의 지친 영혼을 위로할 수 있을까?

다른 영화에서보다 월등 뛰어난 연기를 보이는 유덕화 · 장만옥 · 장학우 · 만자량의 앙상블 액팅, 홍콩의 중심가와 변두리의 분위기를 고스란히 잡아낸 영상, 그리고 냉정함 속에서도 서정을 잃지 않은 연출에 이 영화의 뛰어남이 있다. 그리고 "세기말의 도시에도 희망은 있다"고 속삭이는 작가의 목소리에서, 우리는 90년대의 홍콩영화가 그리 쉽게 자신의 땅을 버리지 않으리라는 예감을 얻는다.

홍콩 뉴 웨이브의 사회파 영화가 전혀 소개되지 않은 지금 〈몽콕하문〉은 우리가 아직 보지 못한 홍콩영화의 또다른 모습으로 신선하게 다가온다. 그리고 만약 단지 피비린내나는 액션과 황당무계한 귀신이야기가 홍콩영화의 전부라고 속단하는 성급한 영화광이 있다면, 〈몽콕하문〉이야말로 그들이 만사 제치고 보아야 할 영화이다.

# 11. 포스트 홍콩, 불안과 예감

"불안은 영혼을 잠식한다." 파스빈더의 이 영화제목만큼 홍콩사람들의 현재를 간결하게 표현한 말은 찾기 힘들 듯하다. 1989년의 천안문과 1997년이라는 세기말 사이에서 흔들리고 있는 홍콩사람들의 모습을 《뉴스위크》(Newsweek, 90년 4월 16일)지는 이렇게 전한다.

의사의 90 퍼센트, 공인회계사의 80 퍼센트가 이주를 준비하고 있는 도시. 1997년이 오기 전에 크게 한 건하고 튀자는 한탕주의가 만연하는 도시. 1년 사이에 강력범죄가 13 퍼센트 증가하고, 특히 살인사건은 43 퍼센트라는 폭등세를 보이는 땅. 젊은이들은 미국, 호주, 캐나다, 영국행 이민비자를 얻는 데 온정신이 쏠려 있고, 이 틈바구니에 온갖 이민 브로커와 사기꾼들이 판치는 곳(심지어 홍콩 주재 베네주엘라 총영사는 돈받고 이민비자를 팔아먹다가 들통나서 본국으로 소환되기까지 함). 대기업 간부들은 일찌감치 처자식을 외국에 보내놓고 자신은 주말마다 비행기로 태평양을 왕복횡단하는 '우주비행사' 신세가 되고, 늙은 부모를 입원시킨 자식들의 발길이 어느날 뚝 끊기면 의사들은 '이민갔구나'하고 넘어가는 세상. 외국어학원, 점술가집, 미장원마다 손님으로 '비정성시' 아닌 '문정성시'를 이루고, 일확천금을 꿈꾸며 몰려드는 사람들로 경마장이 미어터지는 세월.

위의 에피소드들이 보여주는 홍콩의 오늘은 어떤 홍콩영화도 미처 그려내지 못한 혼돈과 절망의 모습을 드러낸다. 이러한 소용돌이 속에서 '스타'들은 차분히 자신이 이주할 땅을 마련하지만, 그들을 포함한 모든 홍콩영화인들은 '홍콩이냐 이민이냐'라는 질문을 '영화인가 포기인가'라는 질문과 결코 분리하여 생각할 수 없을 것이다.

혼란과 탈출과 유형·무형의 폭력이 이미 예감이 아니라 현실이 되어가는 90년대의 홍콩, 따라서 홍콩 느와르의 퇴조는 당연한 것일지도 모른다. 현실이 영화보다 앞서가 버릴 때, 혹은 영화가 고통스런 현실과 너무도 비슷한 것으로 다가올 때, 관객들은 영화를 외면한다는 손쉬운 선택쪽을 택하기 마련이므로.

그러나 홍콩영화는 쉽사리 자신을 포기하지 않는다. 그들은 장르의 변신을 꾀하고 관객의 정서에 맞추어 새로운 스타와 소재와 흐름을 계속 만들어내려 시도한다. 그것이 상업주의적인 프로페셔널리즘으로 나타날 때 우리는 '도박'의 세계 속에서 홍콩 느와르를 재구성하는 〈지존무상〉을 만나게 되고, 아니면 대다수의 홍콩인이 자신의 미래가 되리라 예감하는 '화교'—곧 해외거주 중국인—이야기를 진지하게 다룬 일련의 작품들을 대하게 된다. 여기에 뉴 웨이브 사회파 감독과 새로운 세대들이 꾸준히 그려내는 홍콩사람들의 '진짜 살아가는 이야기'를 더하면, 19세기말에서 20세기말에 이르는 세월을 반짝하다 사라져갈 이 불가해한 도시의 자화상이 완성될 것이다.

또다른 '천하대란'이 일어나지 않는 한 홍콩은 예정된 길을 갈 것임이 확실하다. 스타들은 뿔뿔이 흩어져 미국으로, 대만으로, 호주로, 일본으로—아직은 아무도 한국에 오겠다고는 하지 않는다—떠날 것이고, 영화자본과 그동안 축적된 기술인력 또한 낯선 땅에서 새로운 삶을 시작할 것이다. 그리고 우리의 관객들도 그때쯤이면 홍콩영화를 잊고 다른 종류의 꿈을 꿀 것이다.

그러나 과연 그것으로 '상황끝'일까? 영화의 역사는 그렇지 않다고 대답한다. 당대의 우리가 미처 깨닫지 못하고 있는, 혹은 애써 무시하고 있는 홍콩영화의 다양함과 풍부함은 반드시 새로운 세대에 의하여 재발견될 것이다. 홍콩영화에 대한 최종적인 평가는 그러므로 아직도 너무 이르지만, 그것에 대한 진지한 관심의 시작은 빠르면 빠를수록 좋으리라. 바로 우리 자신의 영화문화를 위하여서도. 그리고 홍콩영화에 대한 좀더 깊이 있는 평가가 내려질 때, 그 주역이 될 세대가 '홍콩 느와르'라는 이름을 어떻게 다시 부를지는 시간만이 알고 있을 것이다.

# 12. 대륙, 항구, 섬 그리고 차이나타운 : 3과 1/2 '중국인' 영화

80년대의 세계영화 속에서 '중국인'에 의하여 만들어진 영화들은 만만치 않은 자리를 차지한다. 서구의 영화비평가들과 영화제는 그들이 유럽문화권 밖의 영화에 관심을 돌릴 때마다 항상 그러하였듯 '발견'이라는 말로 이 영화들에 대한 자신들의 관심을 표현하지만, 중국·중국계 영화인들의 노력이 단지 서구인들의 눈에 띄기 위한 혹은 그들과 어깨를 나란히 하기 위한 동기에서 비롯된 것은 아닐 것이다.

홍콩영화는 이들 '중국인 영화'의 한 부분이다. 그리고 그것은 대륙—우리가 한때 '중공'이라 불렀고, 지금은 '중국'이라는 이름으로 복권되어 이 글의 문맥에 혼란을 일으키는—과, 외교적으로 모호한 위치에 있는 섬나라 대만과 그리고 식민지 항구도시인 홍콩이라는 세 꼭지점을 연결하는 중국인 영화산업의 삼각형 속에 자리한다. 이 삼각형의 바깥에 우리는 '화교'라 불리우는 재외 중국인들에 의하여 만들어진 일련의 영화를 놓을 수 있을 것이다.

80년대는 이들 '3과 1/2' 중국 영화가 서로 직접적인 관련 없이 각개약진을 계속한 시기였다. 홍콩 영화의 오락산업으로서의 지속적인 성장, '제5세대'로 대표되는 중국 본토영화의 주목할 만한 등장, 그리고 80년대의 마지막을 〈비정성시〉(후시아오시엔 감독)의 베니스 그랑프리 수상으로 장식한 대만 영화의 성취 등을 결실로 들 수 있다.

한자리에 모아놓고 볼 때, 이들 중국인 영화인들은 80년대에 어떤 다른 민족의 영화도 성취하지 못한 상업적·예술적 성공을 거두었다 해도 지나친 말이 아니다. 그리고 그 중의 몇몇 주요한 작품들—〈부용진〉, 〈붉은 수수밭〉, 그리고 〈비정성시〉—은 우리나라에도 일반공개되어 '다른' 중국영화들의 면모를 살필 기회를 주었다.

80년대에 중국인 영화인들이 이룩한 성과가 90년대에 어떻게 계승·발전될지는 아직 미지수이다. 홍콩, 중국 그리고 대만은 모두 정치·사회적으로 격변기를 지나고 있으며 이러한 환경에서 영화작가들의 입장은 매우 미묘하고 어려운 것일 수밖에 없기 때문이다.

〈연연풍진〉.
후 시아오시엔 감독.
대만. 1987년.

대륙의 제5세대 감독들은 개인적으로나 집단적으로나 천안문 사태 이후의 의기소침과 침체에서 벗어나지 못하고 있는 듯 보이며, 홍콩영화는 '1997년'을 어떻게 맞을지 결정하지 못하고 진로를 암중모색중이다. 그리고 〈비정성시〉에서 보여준 대만인의 역사에 관한 천착이 어디까지 나갈 수 있을지는 대만 민족주의의 앞날과 떼어놓고 이야기할 수 없을 것이다.

그러나 90년대의 중국인 영화들은 불확실할 망정 반드시 비관적인 조건에서 출발하지는 않는다. 80년대 이전의 정치적 상황이 서로 다른 땅에 몸담고 있는 중국 영화산업 · 작가 사이의 교류를 가로막는 장애물이었다면, 적어도 그러한 울타리는 90년대의 세계정세 속에 더 이상 존재하지 않기 때문이다. 서로가 서로를 소문으로만 전해 듣고 영화제에서나 만날 수 있었던 '이산가족'의 시대를 뒤로 하고, 90년대 초반의 중국인 영화작가들은 활발하게 연대와 합작의 길을 모색하고 있다. 그것은 '3과 1/2' 중국영화가 각각 당면하고 있는 문제를 해결하려는 진지하고 뜨거운 노력의 결과이기도 하다.

만약 80년대의 주목할 만한 중국인 영화들에게서 하나의 공통된 주제를 찾으라면 그것은 '중국인다움'에 대한 질문일 것이다. 중국인을 중국인으로 만드는 것, 중국인들이 공유하고 있는 중국문화라 부를 수 있는 것, 그리고 그러한 것들이 중국인들의 삶 속에서 드러나고 또한 바깥에서 온 것들과 충돌하는 모습. 이러한 주제에 의한 다양한 목소리의 변주가 대륙, 홍콩, 대만 그리고 화교 영화작가들이 공통적으로 추구하고 있는 작품세계이다.

〈붉은 수수밭〉에 보이는 건강한 민중성과 홍콩 느와르의 허무주의는 타이페이와 뉴욕의 거리만큼 멀게 느껴질지도 모른다. 그러나 질문은 이미 던져졌고, 90년대의 중국인 영화작가들은 좀더 분명하게, 좀더 직설적으로, 그리고 좀더 정치적으로 그들의 영화 속에서 이 질문 속으로 파고들 것이다. 그들과 멀지 않은 곳에서 우리의 관객들은 더이상 지역에 따른 분류가 필요치 않을 진짜 '중국'영화를 만나게 되리라.

# 13. 한국에서의 홍콩영화:언제나 그자리에

우리나라에 처음 수입된 홍콩 영화는 1956년 〈해당화〉로 기록되어 있다. 그리고 홍콩영화가 우리나라 시장에서 확고히 자리를 굳힌 것은 〈방랑의 결투〉가 개봉된 1965년 이후의 일이다. 왕우, 강대위 등의 이름을 당시의 젊은 관객들에게 친근한 것으로 만들며 계속되던 무협영화 붐은 70년대 초반에 사그러들었지만, 그 자리는 곧이어 등장한 이소룡 주연의 권격영화들에 의하여 메꾸어졌다.

소림사, 성룡으로 이어지는 무술영화의 성공은 87년 〈영웅본색〉이 홀연 나타나기까지 꾸준히 관객을 끌어모으며 한국영화 시장에서 외로이(?) 헐리우드 영화와 맞서 왔다. 〈영웅본색〉으로부터 시작된 이른바 '홍콩 느와르'의 진군은 다시 이 구조를 바꾸며 또 한차례의 홍콩영화 붐을 불러일으켰는데, 그것은 1965년부터 1988년까지 수입된 홍콩영화 총편수 144편 중 1/4이 넘는 37편이 1988년 한 해 동안 수입된 사실에 분명하게 드러난다. 그리고 비디오 시장의 폭발적 증가와 머지않아 현실화될 케이블 TV시대의 도래는 홍콩영화의 흥행수명을 더욱 연장하는 데 기여할 것이다.

〈방랑의 결투〉 이래 홍콩영화는 언제나 우리 관객들 옆에 있어왔다. 홍콩영화의 가장 열렬한 팬들은 언제나 '한창 공부해야 할' 나이에 있는 청소년층이었고, 이들은 홍콩영화의 폭력과 비교육적 내용에 대한 어른들의 숱한 충고와 훈계와 협박(?)에도 불구하고 끈질기게 홍콩영화의 편에 서 있었다. 그리하여 지금 30대 이하의 우리나라 사람들은 대부분 약간은 부끄러워하면서, 홍콩영화에 관한 추억을 한두가지쯤은 이야기할 수 있기 마련이다.

60년대 후반에 소년기를 보낸 홍콩영화팬 첫세대는 중국무사들의 고풍스런 의상과 그들이 펼치는 '의협'의 세계를 기억한다. 그 다음 세대 관객들은 이소룡의 날렵한 몸놀림과 쌍절봉의 바람 가르는 소리에서, 혹은 성룡, 홍금보, 원표 트리오의 좌충우돌 액션 속에서 홍콩영화를 만났다. 그리고 비디오의 탄생과 함께 자라난 첫세대인 80년대의 가장 새로운 관객들은 주윤발-장국영-왕조현-유덕화로 이어지는 '신드롬'을 형성하며 우리나라 대중문화의 한가운데에 '홍콩'이라는 고유명사를 깊이 새겨 놓았다.

그리하여 1990년대초, 서울은 어쩌면 세계에서 홍콩 다음으로 많은 홍콩영화를 동시에 극장에서 상영하고 있는 도시가 되어 있는 듯하다. 직배된 미국 영화, 몸살을 앓는 한국 영화, '고급'관객을 유혹하는 '예술'영화 광고들 사이에 칸막이처럼 끼어 있는 홍콩영화 광고의 이미 친숙해진 이미지. 그리고 재개봉관 영화광고란의 수많은 홍콩영화 제목들과 비디오가게마다 붙은 무수한 홍콩영화 포스터. 이것이 바로 오늘의 한국 영화관객, 그리고 미래의 한국 영화를 끌고나갈 새로운 세대들의 '영화환경'의 주요한 부분을 이루고 있음은 아무도 부인할 수 없으리라.

이제 홍콩영화는 과연 우리에게 무엇인가라는 질문으로 돌아가보자. 그리고 쉬운 해답을 찾기 전에, 그 질문에 답하기 위하여 무엇을 해야 할 것인지 생각해 보아야 할 것이다. 일방적인 훈계조의 비난도, 상업주의에만 급급한 수박겉핥기식 소개의 어느 쪽도 홍콩영화 그리고 영화 일반에 대한 우리 관객들의 이해를 돕지 못한다. 누가, 왜, 어디서, 어떤 영화를 보는지에 대한 꼼꼼한 짚음이, 홍콩영화의 우리나라에서의 수용이 우리나라 대중문화산업과 어떠한 연관을 맺으며 전개되어 왔는지에 대한 분석이, 그리고 홍콩영화의 주요작품에 대한 여러 각도에서의 텍스트 읽기가 자료정리와 함께 이루어져야 할 때이다.

누군가는 이렇게 반문할지도 모른다. 세상은 거칠고 할 일은 많은데, 우리가 언제 홍콩영화까지 챙길 틈이 있겠느냐고. 그러나 홍콩영화가 우리 관객들과 맺고 있는 오래고 끈끈하고 넓은 관계를 생각한다면 그러한 챙김은 분명히 누군가의 몫으로 돌아가야 한다. 그것은 다음 세대의 영화관객과 영화작가들에게 대한 지금 활동하는 세대의 책임이기도 하며, 한국영화와 헐리우드 영화 또한 이러한 탐구의 대상에서 제외되어서는 안 될 것이다.

우리의 영화에 관한 기억의 창고를 헐리우드 영화와 함께 '분할점령'해버린 홍콩영화. 그 창고 속에서 우리 자신의 영화의 자리를 넓히려는 노력의 일부에 홍콩영화의 올바른 평가와 이해가 반드시 포함되어야 한다.

# 9장 컬트 무비/ 영화광을 위한 진혼곡

## 1. 컬트 영화란 무엇인가 : 컬트 영화 10계명

**(1) 컬트 영화는 정의될 수 없고, 정의되어서도 아니된다.**

"도대체 컬트 영화란 무엇일까?"라는 질문은 '컬트(cult)'라는 외래어를 정의함으로써 답해지지 않는다. 그것은 컬트 '현상'을 가능케 하는 '문화/하위문화(subculture)'와 그 문화를 지탱하는 물적 토대를 이야기함으로써 비로소—우회적으로—대답할 수 있는 물음이다. 컬트는 쉬운 해답을 갖지 않은 문제라 생각하는 편이 컬트를 이해하는 지름길일지도 모른다. 왜냐하면 컬트의 의미는 미지의 세계를 향하여 열려 있고, 그 내용은 끊임없이 변화하기 때문이다. 컬트는 사전이라는 동어반복의 틀에 갇히기를 거부한다. 쉽게 정의될 수 있는 것은 이미 컬트가 아니며 고정불변의 컬트 또한 존재하지 않는다.

**(2) 컬트 영화는 관객이 만든다. 관객만이 마지막 판결을 내릴 수 있다.**

한 편의 평범한, 괴상한, 유별난, 형편없는, 또는 뛰어난 영화를 컬트로 만드는 것은 관객의 힘이다. 아무도 '예정된' 컬트 영화를 만들지 못한다. 이미 인정된 컬트 영화의 아류나 유사품을 만드는 일만이 가능할 따름이다. 한 편의 영화에 열광적으로 관객들이 따를 때 컬트 영화의 싹이 튼다. 그 싹을 키우는 토양은 영화가 수용되는 문화적 풍토에 다름아니다. 그리고 관객들은 재해석을 통하여, 관람경험의 '제의(ritual)'화에 의하여, 혹은 애증/찬탄/야유가 뒤섞인 관심으로써 컬트 영화를 길러낸다. 컬트는 상업영화의 생산/소비 메커니즘 속에 관객이 능동적으로 자신들만의 자리를 확보하는 유효한 방식이다. 관객만이 컬트를 결정하고, 최후까지 결정권을 지니는 것이다.

**(3) 컬트 영화의 관객은 언제나 소수이다. 그리고 그들은 자발적이고, 열광적이며, 때로는 광신적인 소수이다.**

다수의 관객 대중에게 버림받고 외면당한 영화는 컬트가 될 수 있는 가능성을 가진다. 그것이 소수의 지지자/후원자들에게 발견되면서 이 '미운 오리새끼'는 컬트 영화로서 새로운 생명을 얻는다. 이들은 자신만이 그 영화를 '발견'했다고 생각하다가, 뜻을 같이 하는 다른 이들이 있음을 알게 되면서 '확신'을 가지고 컬트 영화에 사랑과 존경을 보낸다. 이 극장 저 극장을 쫓아다니며 수십번씩 같은 영화를 보고, 주인공들의 분장과 몸짓과 대사를 흉내내고, 주위사람들의 옷소매를 잡아끌며 '전도'에 열을 올리는 소수의 '광(狂)'들이 컬트 영화의 진정한 주인들이다. 그리고 이들이 컬트 영화와 맺는 관계의 모습은 컬트 영화의 종류들만큼이나 다채롭고 기발하다.

**(4) 컬트 영화의 자격은 영화의 상업적 성공과 관계가 없다.**

"관객동원( '동원'이라는 말에 숨은 이데올로기에 주목할 것)"에 실패한 영화는 일단 '소수'만을 위한 영화라는 컬트의 조건에 들어맞는다. 그러나 흥행에 실패한 영화가 모두 컬트 영화가 되지는 않는다. 그것은 그 영화가 소수의 열광적인 지지를 끌어낼 수 있는 '무엇'인가를 가지고 있을 때에만 가능하다. 반대로 첫개봉에서 '떼돈'을 벌었다 하여 그 영화가 컬트 영화가 될 자격을 자동적으로 상실하는 것도 아니다. 영화가 상업적으로 성공한 것과는 전혀 다른 이유로—대다수 관객의 취향과는 무관하게—영화광들이 그 영화를 '재발견'할 때, 그것은 '대작흥행영화'에서 컬트 영화로 다시 태어날 수 있기 때문이다. 여기에 또한 영화가 수용되는 문화의 차이라는 요소가 덧붙여진다. 한 나라에서의 '흥행'영화가 국경을 넘어가면 '예술'영화가 되듯, 문화적 차이에 따른 관객의 오해(?)가 때로는 컬트 영화를 낳는 근거가 된다.

**(5) 컬트 영화는 반드시 관객공동체의 문화를 반영하며, 관객공동체의 대변자가 된다.**

컬트 영화를 만들고 키워나가는 관객들은 언제나 특정한 '집단'에 속한 사람들이다(때로는 거꾸로 컬트 영화가 만들어지는 과정에서 이러한 집단이 만들어지기도 한다). 이 집단은 공통된 기호와 취향과 나름대로의 규범을 가지며 공통의 정서로 끈끈하게 맺어진 '공동체'이다. 이들은 컬트 영화 속에 자신들만이 찾을 수 있는 그 '무엇'이 있다고 확신한다. 기존의 수많은 영화들 속에서는 찾을 수 없었던 자신들의 목소리를 컬트 영화가 대변해 줄 것을 그들은 기대한다. 그들—관객공동체라 불리울 수 있는 집단—이 소외되고, 박해받는 집단일수록 이러한 기대는 더욱 클 수밖에 없다.

**(6) 컬트 영화는 얌전한 영화가 아니다. 컬트 영화는 논쟁 속에서 태어나고 자란다.**

컬트 영화는 상식을 벗어나는 무엇인가를 가지고 있어야 한다. 그 상식은 '영화는 모름지기 이러이러해야 한다'는 충고로부터, '영화는 이러이러한 것을 다루어서는

〈택시드라이버〉(마틴 스콜세지 감독)의 오리지널 포스터.

안된다'는 경고에 이르기까지 다양한 내용을 담는다. 그리고 이러한 상식을 깨는 곳에서 컬트 영화는 출발한다. 기존의 영화형식을 거부하는 영화, 그 사회의 정치적·윤리적 금기를 건드리는 영화, 소외집단의 편에 서는 영화, 영화의 존재 자체가 '사건'이 되는 영화, 이런 영화들은 언제나 격렬한 논쟁을 불러일으키고, 그 논쟁 속에서 컬트 영화는 태어난다.

**(7) 컬트 영화는 단순히 구경거리로 취급되지 않는다. 컬트 영화를 관람함은 일종의 제사/의식에 참여함과 같다.**

컬트 영화와 관객이 만나는 경로는 매우 다양하다. 예술영화를 전문으로 상영하는 소극장에서, 대학 캠퍼스 한구석에서, 변두리 재개봉관에서, 어두컴컴한 밀실에서, '불법'비디오로, 낡은 16㎜ 필름으로 컬트 영화는 관객과 만난다. 때로는 주위의 눈을 피하여 비밀스럽게, 때로는 당당하게 '동지'들을 확인하며 관객들은 컬트 영화를 보러 모여든다. 컬트 영화는 영화 자체로서 존재하는 것이 아니다. 관객들은 컬트 영화를 한번 '소비'하고 잊어버리는 다른 영화처럼 취급하지 않는다. 컬트 영화를 관람하는 시간과 공간은 마치 일상을 벗어난 신비로운 체험의 자리와도 같다. 그것은 관객들의 삶 속에 '살아 숨쉬는' 경험으로 남는다. 그래서 컬트 영화는 종교를 모르는 사람에게 종교적 의식에 참여하게 하고, 마술을 믿지 않는 사람에게 마술의 신비를 느끼게 한다.

**(8) 컬트 영화는 비평가들을 속이고, 영화이론을 믿지 않으며, 제작자들을 배반한다. 그리고 그럼으로써 그들 모두를 구원한다.**

비평가들은 대부분 가장 많은 사람이 동의하리라고 여기는 기준으로 영화를 잰다. 그래서 컬트 영화는 그 기준에 '미달'됨으로써 비평가들의 손아귀를 벗어난다. 영화이론 또한 컬트 영화를 예상하지 못한다. 이론이 가능하다면, 그것이 컬트 영화를 뒤쫓아오며 '설명'하고 '해석'할 때뿐이다. 제작자들은 전혀 엉뚱한 관객들의 반응에 당황한다. 흥행의 공식을 컬트 영화는 여지없이 깨뜨리기 때문이다. 그러나 컬트 영화의 주인인 관객들은 이렇게 고정관념을 깸으로써 영화가 이론과 자본과 '여론'의 노예가 되는 것을 끊임없이 방해한다. 컬트 영화는 자신들이 '불온'하고 '불건전'하다는 딱지를 받기 일쑤지만, 그렇게 됨으로써 영화라는 문화현상이 사라져버리지 않고 계속 새로운 모습으로 이어나가는 데 기여한다. 비평가들과 영화이론과 제작자들도 살아남을 수 있도록.

**(9) 컬트영화는 멈추어 있지 않는다. 그것은 끊임없이 재발견, 재해석, 재평가된다.**

컬트 영화는 소수의, 소수에 의한, 소수를 위한 영화이다. 그러면서 컬트 영화 자체도 소수파가 된다. 컬트 영화라 불리울 수 있는 영화는 그리 많지 않다. 그리고 어렵사리(!) 컬트의 대열에 낀 영화가 그 자리를 언제까지나 지킬 수 있으리라는 보장은 없다. 처음부터 컬트적 요소를 풍부하게 가지고 있던 영화이건, '운명의 장난'에 의하여 컬트가 되고만 영화이건, 관객집단은 언제나 그 영화에서 미처 보지 못한 것을 찾으려 하며, 혹시 자신들이 속고 있는 것은 아닐지 의심을 품기도 한다. 시대가 바뀜에 따라, 사회적 맥락이 변함에 따라 관객은 변화하고, 그리하여 컬트 영화도 따라서 움직인다.

(10) **컬트 영화는 부정을 통하여 긍정으로 가는 영화이다. 영화문화의 한쪽 모퉁이에 뚫린, 미래로 열린 창이 컬트 영화이다. 그리고 다시 한번, 컬트 영화는 정의될 수 없고, 정의되어서도 아니된다.**

# 2. 저주받은 걸작의 계보학 : 통과의례로서의 영화

컬트 영화의 발생은 한 사회의 극장문화와 밀접한 관련을 갖는다. 한 사회의 극장문화는 또한 그 사회의 역사적 조건에 따라 결정된다. 그러므로 컬트 영화라 불리우는 현상은 각 사회의 극장문화의 차이에 따라, 그리고 시대에 따라 다른 모습을 띠고 나타난다.

유럽과 미국에서 컬트 영화라는 현상이 본격적으로 등장한 것은 1960년대의 일이었다. 반전, 반인종주의, 그리고 기존의 사회체제에 대한 회의가 격렬한 학생운동의 형태로 표현되었던 이 시기는 또한 대항문화(counter-culture)의 기치 아래 다양한 이데올로기와 미학적 실험이 청년/대중문화에 영향을 미치던 때였다. 유럽의 젊은 영화작가들, 그리고 미국의 독립영화·다큐멘터리·실험영화작가들 또한 이 거대한 '문화혁명'의 흐름에 몸을 던졌고 영화는 60년대 서구의 청년들(주로 대학생과 지식인층)에게 '필수교양'의 하나가 되었다.

기존의 보수적인 배급망을 타기 어려웠던 이 영화들은 처음 대학 캠퍼스나 소규모의 시네클럽들에서 틀어졌다. 그리고 이 영화들이 어느 정도 고정된 관객층을 확보하게 되자 주로 대도시의 학생 거주지역, 예술활동 중심지, 그리고 캠퍼스타운 언저리에 하나둘씩 레퍼토리 시네마(repertory cinema)라 불리우는 영화소극장들이 생겨나기 시작했다. 전국적으로 계열화되어 있던 기존의 영화관들과는 달리 이 소극장들은 독립적으로 운영되었고, 돈을 벌겠다는 목표보다는 자신들이 좋아하는 영화들을 더많은 사람들에게 보여주고 싶다는 영화광들의 소박한(?) 의도와, 자신들만의 문화공간을 갖고 싶어 하는 젊은 세대의 욕구가 맞아 떨어져 생겨난 경우가 대부분이었다. 누벨 바그의 영화들, 무성영화의 고전들, 베르히만과 펠리니, 그리고 일본을 비롯한 비서구영화들이 거의 매일 프로그램이 바뀌는 이 극장들의 스크린을 채웠다.

처음부터 작은 규모로, 소수의 관객을 대상으로 출발한 소극장은 따라서 컬트 관객이 형성될 수밖에 없는 조건을 처음부터 갖추고 있었던 셈이다. 프로그램 기획자들은 특정한 영화에 이유 없이(!) 관객들이 몰려드는, 그리고 그 관객들은 그 영화

〈시드와 낸시〉.
알렉스 칵스 감독.
영국. 1986년.

가 상영되기만 하면 반드시 나타난다는 현상을 발견하였다. 그리고 이들은 단지 영화를 '보러' 오는 것이 아니라, 영화를 집단적으로 관람한다는 '행사'에 참여하러 온다는 사실 또한 깨닫게 되었다. 적은 자본과 미약한 기획력으로 언제 극장문을 닫을지 모른다는 강박관념에 시달리던 이들 소극장의 경영주들(그들은 대개 '장사꾼'으로서는 아마추어의 수준을 벗어나지 못하였다)에게 이러한 관객군의 출현은 그야말로 하늘이 내린 복음이 아닐 수 없었다. 흥행—이래봐야 100~200석의 소극장이 꽉 차는 정도겠지만—의 '보증수표'인 이 영화들은 정기적으로 소극장에서 상영되는 단골 레퍼토리가 되었고, 언제부터인가 이들에게 '컬트'라는 이름이 붙여졌다. 그리고 이 영화들이 대부분 기존 영화의 금기를 깨뜨리거나 소외집단의 정서를 대변하는 것이었기 때문에, 컬트 영화는 언제나 반항적이고 '반사회적'이라는 선입관을 대중들에게 심어주게 되었다.

그러나 1960년대의 정치적·문화적 실험이 제대로 열매 맺지 못한 채 사그러들고, 청년세대가 기성체제에 편입되어감에 따라 영화소극장들도 쇠퇴의 길을 걷는다. 젊은이들은 다시 풍요하고 안락한 삶에의 꿈에 안주했고, 심각하고 불쾌한 영화를 즐긴다는 사실은 더이상 '폼나는' 일이 아니었다. 수많은 소극장들이 문을 닫거나 포르노 전용관으로 전락하였으며 컬트 영화들을 보는 일은 점점 더 어려워져갔다.

그럼에도 불구하고, 아니 그렇기 때문에 더욱 컬트 영화 관객들은 열성을 바쳐 컬트 영화를 지지하는 대열에 섰다. 그나마 몇개 안 남은 소극장들 또한 컬트 영화의 '안전한 흥행'에 크게 의존하는 처지라, 이제 컬트 영화/관객의 '발굴'이 이들의 운명을 좌우하는 중요한 일거리가 되었다.

컬트 영화 출현의 기반인 소극장들이 '멸종'되어갔던 반면, 헐리우드는 컬트 영화 시장에 주목하고 기존의 배급망을 통하여 컬트 영화를 돌리기 시작하였다. 1975년에 나온 〈록키 호러 픽쳐 쇼우(Rocky Horror Picture Show)〉의 대성공이 하나의 '모범적 사례'로 꼽힌다. 처음 극장 개봉에서 참패했던 이 영화는, 대도시의 특정지역에서 주말 심야프로로 천대받으며(?) 재상영되자 갑자기 사람들을 끌어모으기 시작했다. 극성팬들은 매주말마다 몰려와 극장을 채웠을 뿐 아니라, 영화관람 자체를 떠들썩한 축제 한마당으로 만들어 버렸다. 많은 극장들에서 〈록키…〉는 몇 년간 고정 주말 심야프로로 상영되었고, 현재까지 1억 5천만 불의 수입을 올려 그야말로 '티끌모아 태산'임을 증명하였다.

그러나 〈록키 호러…〉의 성공은 흔치 않은 예외에 속한다. 컬트 영화가 보여지는 공간은 갈수록 줄어만 갔는데, 비디오의 출현과 함께 컬트 영화광들은 비디오가 축복인 동시에 저주임을 깨닫게 된다.

# 3. 컬트 영화의 미래를 위하여 : 영화관에서 비디오로

컬트 영화의 요람이자 보금자리였던 레퍼토리 소극장들이 거의 자취를 감출 무렵인 1980년대 초반, 비디오라는 새로운 영상매체가 등장하였다. 상류계층의 '노리개' 정도로 인식되었던 비디오 플레이어는 점차 가격이 낮아지면서 급속히 일반에게 보급되었고, 이와 함께 우후죽순처럼 생겨난 비디오 대여점은 사람들이 영상매체를 대하는 습관을 근본적으로 바꾸어 놓았다. 한편으로는 영화-비디오에 대한 수요가 폭발적으로 늘어나면서 영화사의 창고에서 잠자던 숱한 필름들이—걸작이고 졸작이고 가릴 것 없이—비디오에 옮겨졌고, 한편으로는 '극장'에 가서 '영화'를 본다는 행위의 문화적인 의미가 새로워졌다.

컬트 영화팬들에게 비디오는 복음처럼 들렸다. 이제 그들은 자기가 좋아하는 영화를 기다릴 필요 없이 언제나, 마음껏 볼 수 있었고, 아직 그 영화의 '진가'를 모르는 주위사람들에게도 손쉽게 일차 관람하길 권할 수 있게 되었다. 그러나 컬트 영화의 흥행으로 근근히 유지해오던 소극장들에게 비디오는 결정적인 타격을 가하였다. 일부는 아예 비디오 대여업—주로 외국영화, 독립영화, 컬트 영화를 취급하는—으로 방향을 돌려 새로운 살 길을 모색하기도 하였다. 그러나 비디오는 컬트 영화를 보는 기쁨 중에서 가장 중요한 것, 곧 공동체의 관람경험에 '참여'하는 즐거움을 빼앗아 갔다. 소극장들이 없어지고, 영화광들이 뿔뿔이 흩어져 자신의 밀실에서 텔리비전 모니터를 지켜보고 있을 때 컬트 영화의 시대는 이미 끝나가고 있었다. 진짜 컬트 영화와, 진짜를 흉내내어 장삿속으로 만들어진 가짜 컬트 영화의 구별도 이제 점점 불가능해지고 있다.

그러나 이러한 추세는 컬트 영화라는 현상이 처음 나타났던 유럽과 미국의 경우이다. 컬트 영화라 할 만한 것이 존재할 수 있는 환경이 애당초 없었던 사회에서는 전혀 다른 방향으로 사태가 진전될 수도 있다. 그리고 여기서 시선을 우리 자신의 영화/비디오 문화에 돌려보기로 하자.

우리의 영화산업 자체가 서구의 것과는 매우 다른 모습으로 존재해왔고, 영화의 유통구조 또한 그러하였기 때문에 비디오 등장 이전의 한국 영화문화 속에서 컬트 영화의 흔적을 찾는 것은 의미가 없는 일이다(그리고 같은 논리가 다른 대중문화의 부분들, 곧 음악이나 문학에도 적용될 수 있을 것이다).

영화의 경우는 우리나라 영화보다는 엉뚱하게도(?) 외국 영화에서 컬트 현상이 나타났으니, 다름아닌 '홍콩 느와르'의 선풍이 그것이다. 그리고 여기에는 80년대 들어 소극장의 형태로 급속히 불어난 '재개봉관'들의 존재와 비디오의 광범위한 보급이 중요한 역할을 하였다. 한국에서의 홍콩영화붐에 불길을 당긴 것은 〈영웅본색〉이었는데, 이 '전설적' 영화의 개봉관에서의 흥행성적은 사실 신통치 않았다(서울의 경우 화양, 명화, 대지극장에서 87년 6월 23일부터 7월 9일까지 개봉, 9만 4천 604명을 동원). 그러나 〈영웅본색〉은 뒷골목과 변두리의 '동시상영'프로가 되면서 폭발적인 인기를 누리기 시작하였고, 급기야는 주인공의 옷차림과 제스추어를 모방하고 수십번씩 같은 영화를 되풀이해 보는 청소년 집단—'주윤발 신드롬'에 걸린(?)—이 나타나기까지 하였다.

'개봉관 실패→재개봉관 성공'의 과정은 〈천녀유혼〉의 경우에도 반복되었는데, 여기에 '극장에서의 실패→비디오로 재평가'라는 새로운 현상을 〈열혈남아〉가 보태었다. 이러한 사례들을 한국적인 '컬트'현상으로 볼 것인가 하는 물음과는 별도로, 80년대 한국의 대중문화에 홍콩 영화가 파고들어온 과정, 그리고 그것이 우리나라 관객에게 수용되는 양상을 이해하는 데 이들은 중요한 단서를 제공할 것이다.

비디오문화의 또 하나의 부산물은 쏟아져나오는 프로 테이프 덕분에(?) 우리들이

〈영웅본색〉의 오리지널 포스터.

말로만 듣던 '그들'의 컬트 영화를 볼 수 있게 되었다는 점이다. 물론 '그들'에게 컬트인 것이라 해서 '우리'에게도 컬트 영화일 수는 없다. 문제는 우리나라에도 컬트 영화가 존재하느냐 혹은 앞으로 나타날 것인가 하는 데 있지 않다. 컬트를 이야기함은 진지하게 영화를 대하는 사람들에게 영화를 '보고' '읽는'방법의 깊이와 너비를 더해 줄 수 있을 때에만 의미가 있는 것이다. 그리고 이 '진지한 사람들' 속에는, 상투적이지 않은 시각으로 영화의 '재미'를 찾으려는 '영화광'들도 당연히 포함된다.

# 4. 컬트 영화의 작가주의

## '저주'받은 거장 선언

**(1) 새뮤엘 퓰러(Samuel Fuller)**

1911년생. 미국 메사추세츠 주에서 출생. 갖가지 직업과 2차 대전 참전을 거쳐 1949년 시나리오 작가로 데뷔. 1948년(37세) 감독 데뷔.

새뮤엘 퓰러는 헐리우드 B급 영화—메이저 영화사가 직접 제작하거나 군소 프로덕션에 하청방식으로 만들어지는, 대도시의 '하층'관객을 겨냥한 '싸구려' 장르 영화를 일컫는 말—의 대부로 불리운다. 그는 또한 60년대 이후 새로운 비평가들과 영화작가들에 의하여 '발견'된 미국 영화감독중 가장 뚜렷한 개성을 지닌 '작가(auteur)'이기도 하다. 긴 영화경력과 작가로서의 명성에도 불구하고 그는 결코 일반관객들에게 폭넓게 받아들여질 수 있는 '대작'에 손대지 않고 오로지 B급 영화만을 고집하는 한 길을 가고 있어 컬트 영화광들에게 칭송(!)받는다. 우리에게는 아류 포르노로 오해된 〈마담 엠마〉와 소문 없이 출시된 〈마견〉으로 비로소 소개되었다. 새로운 영화세대가 꼭 주목해야 할, 누벨 바그로부터 미국 인디에 이르기까지 깊은 영향을 미친 영화작가.

* 비디오 출시 작품(년도는 영화의 제작년도 기준. 괄호안은 한국 출시 회사명.)

〈마견(White Dog)〉 1981년. (CIC)

〈마담 엠마(Street of No Return)〉1987년. (리스시네마)

**(2) 샘 페킨파(Sam Peckinpah)**

1925년 태어나 1983년 죽음. 미국 캘리포니아에서 출생. 연극 연출, 조감독, TV 프로듀서를 거쳐 1961년(36세) 감독 데뷔.

1970년대의 한국 관객들은 〈와일드 번치〉와 〈게터웨이〉가 보여준 '폭력의 미학'을 충격으로 받아들일 수밖에 없었다(홍콩 느와르의 오리지날이 바로 이 영화들 속에 있다 하여도 지나친 말이 아니다). 그 당시까지의 헐리우드 영화의 한계를 뛰어넘은 노골적인 폭력묘사, 그리고 권선징악이라는 교훈 따위는 아예 무시한 그의 영화들은 당대의 도덕군자들의 비난의 대상이 되었다. 그러나 너절한 흥행감독이라는 누명은 머지않아 벗겨졌고, 그가 웨스턴의 재해석에서 보여준 치열한 작가정신('미국'이라는 나라의 어두운 영혼을 벗겨내려는 시도들)과 도덕과 윤리의 기준이 무너져가는 모호한 시대를 살아가는 사람들의 모습을 '폭력'을 매개로 그려낸 솜씨는 갈수록 평가받고 있다. 그의 이름을 아직 모르는 영화광이 있다면 반드시 비디오가게를 뒤져 출시된 비디오를 감상할 것.

〈게터웨이(Getaway)〉 1972년. (SKC)

〈관계의 종말(Pat Garrett and Billy the Kid)〉 1974년. (대우)—밥 딜런 (Bob Dylan)의 영화음악에 특히 주목. 유명한 〈천국의 문을 두드리며(Knocking On Heaven's Door)〉가 이 영화의 삽입곡.

〈가르시아(Bring Me the Head of Alfredo Garcra)〉 1974년. (SKC)

### (3) 존 부어맨(John Boorman)

1933년 영국 태생. BBC 다큐멘터리 부장을 지낸 후 1965년 극영화 감독 데뷔.

존 부어맨 감독은 '걸작'〈엑스칼리버〉와 '졸작'〈엑소시스트II〉로 한국 관객에게 처음 소개되었다. 그의 영화세계에 대하여는 비평가들 사이에 찬반이 분분한데, 어떤 소재를 다루든 그는 신비주의적인 태도로 사물을 바라보는 입장을 바꾸지 않는다. 그의 영화에는 그래서 '마술'과 불가해한 존재로서의 '자연'이 언제나 등장한다. 거의 초현실주의에 가까운 이미지들, 논리적으로 설명할 수 없이 미묘한, 아마도 인류의 원초적 심성인 듯 싶은 정서들로 특징지워지는 그의 영화들은 일반흥행에서 수명이 다한 뒤에도 컬트 영화로 살아남는다. 실패작에서도 여전히 '매력'을 찾을 수 있는 영상마술사.

〈서바이벌 게임(Deliverance)〉 1972년. (SKC)

〈엑소시스트II(ExorcistII: The Heretic)〉 1974년.(SKC) 실패작. 그러나…

〈엑스칼리버(Excalibur)〉 1981년. (SKC) 중세유럽의 '원탁의 기사'전설과 첨단 SFX의 만남.

〈에메랄드 포리스트(Emerald Forest)〉 1985년. (세신) 아마존 정글에서 로케이션 촬영한 영화. 여기에 비하면 〈미션〉의 정글은 '식물원' 정도로밖에 안 보임.

### (4) 조지 밀러(George Miller)

1945년 오스트레일리아 태생. 의대를 졸업하고 개업의로 일하다가 영화로 진로를 바꿈. 1979년 〈매드 맥스〉로 혜성같이(!) 데뷔.

80년대의 세계영화 속에서 조지 밀러 감독은 〈매드 맥스〉 시리즈로 확고한 자리를 굳혔다. 수술대 위에 16mm 필름을 늘어놓고 습작영화를 편집했던 외과의사에서 호화캐스트를 이끌고 헐리우드 대작 〈이스트윅의 악녀들〉을 만든 중견감독의 자리까지 그는 계속 오르막길을 탄 셈이다. 그래도 많은 영화광들은 그를 〈매드 맥스(1편)〉와 〈로드 워리어(매드 맥스II)〉의 컬트 감독으로 기억하기를 택한다. 〈매드 맥스〉 시리즈는 마치 장르 영화의 박물관과도 같다. 사무라이 영화, 웨스턴, SF, 필름 느와르 등 온갖 장르에서 따온 요소들이 한데 어우러져 기발한 독창성으로 빛나는 한편, 짐짓 심각한 분위기로 끌고 가면서도 엉큼한(?) 유모어가 도처에 깔린—〈로드 워리어〉에서 악당들이 몰고다니는 '벌거숭이' 자동차를 보라—

그의 영화는 역시 컬트로 기억됨이 어울리는 듯 하다.

〈매드 맥스(Mad Max)〉 1979년. (대우)

〈매드 맥스 II(Road Warrior)〉 1981년. (SKC)

〈3차원의 세계(Twilight Zone:The Movie)〉 중에서 네번째 에피소드, "2천 피트 상공에서의 악몽" 연출. 1985. (SKC)

〈매드 맥스 Ⅲ(Beyond Thunderdome)〉 1985년. (SKC)

〈이스트윅의 악녀들(Witches of Eastwick)〉 1987년. (SKC) 악녀들도 악녀들이지만, 잭 니콜슨의 악마연기 또한 압권.

**(5) 존 카펜터(John Carpenter)**

1949년 미국 켄터키에서 태어남. 남가주대학(Univ. of Southern California)에서 영화전공. 14세 때부터 영화를 찍기 시작했으며 대학 졸업작품을 장편으로 늘린 〈어두운 별(Dark Star)〉로 데뷔.

존 카펜터는 아마도 미국 비평가들로부터 가장 줄기차게(?) 욕을 얻어먹는 감독일 것이다. 비평가들은 그에게 심한 불만을 품고 있는데, 그 이유는 다름 아니라 그가 초기작에서 보여주었던 가능성과 잠재력을 뒤에 나온 영화들에서 충분히 발휘하지 못하고 있다는 데에 있다(카펜터 감독의 장기는 SF와 공포물인데, 수많은 아류들에 비하면 그의 '졸작'도 잘 만들어진 편에 속한다). 열악한 제작조건을 아이디어로 극복한 '가난한' SF 〈어두운 별〉, 웨스턴의 구조에 좀비(미국판 강시?) 영화를 결합한 〈제13 경찰서 습격〉, 그리고 호러 영화의 새로운 장을 연 〈할로윈〉은 모두 컬트 영화의 대열에 올라가 있다.

〈뉴욕탈출(Escape from New York)〉 1980년. (세신)

〈괴물(The Thing)〉 1983년. (세신)

〈크리스틴(Christine)〉 1983년. (세신)

〈프린스 오브 다크니스〉 1987년. (세신)

〈빅트러블(Big Trouble in Little China)〉 1989년. (세신)

**(6) 존 랜디스(John Landis)**

1950년생. 〈애니멀 하우스(National Lampoon's Animal House)〉(1978)의 대성공으로 헐리우드 흥행감독으로 인정받은 독립영화 출신의 감독.

존 랜디스의 영화 속에서는 '심각함'의 그림자도 찾아볼 수 없다. 그의 영화는 항상 코미디 더하기 '무엇(=액션, 드릴러, SF, 뮤지컬, 호러…)'이라는 등식에 들어맞는다. 그리고 그의 코미디 속에는 우디 알렌 류의 깊은 통찰력이 깃들어 있지도, 랍 라이너 류의 세련된, 그러나 따뜻한 정서가 들어 있지도 않다. 좌우충돌의 액션과 웃음을 위한 웃음으로 일관하는 그의 영화는 그래서 기계적이고 메마른 느낌을 주기도 하는데, 그러한 웃음의—찰나적이고, 냉소적이며, 한없이 가벼운—정서가 미국 백인 중산층들의 감각에 가장 솔직하게 들어맞는다는 지적을 참고할 필요가 있을 것이다. 그는 헐리우드 감독으로서는 비교적 다작에 속하며, 80년대의 그의 작품 대부분이 이미 비디오로 출시되어 있다.

〈블루스 브라더즈(Blues Brothers)〉 1980년. (CIC)

〈대역전(Trading Places)〉 1983년. (CIC)

〈스파이 대소동(Spies Like Us)〉 1985년. (SKC)

〈밤의 미녀(Into the Night)〉 1985년. (CIC)

〈쓰리 아미고(Three Amigos)〉 1986년. (대우)

그리고 촬영중 헬리콥터 사고로 발생한 사망자(TV시리즈 〈전투〉로 알려진 빅 모로

우와 두 베트남 이민 어린이)가족들과의 재판이 정작 영화보다 더 유명해진 〈3차원의 세계〉중 첫번째 에피소드 연출. 1983년. (SKC)

### (7) 데니스 호퍼(Dennis Hopper)

컬트 영화에 떼어서 생각할 수 없는 인물. 전설적인 컬트 영화 〈이지 라이더〉의 각본·감독·주연(대마초가 입에서 떠나지 않는 장발 히피 빌리 역). 그리고 계속된 연출작품의 실패, 마약중독의 터널을 지나 80년대에 '갱생'의 길을 찾은 입지전적 인물. 그가 출연한 대표작들—빔 벤더스 감독의 〈미국 친구〉 및 데이빗 린치 감독의 〈블루 벨벳〉—은 아직 정식으로 소개되지 않았으나 우리나라에서도 일부 영화광들의 '필수'리스트에 올라 있음.

〈이지 라이더(Easy Rider)〉 1969년.(대우)

〈후지어(Hoosiers)〉 1986년. (데이빗 앤스포우 감독)(대우)—알코올 중독을 극복하고 농구팀 코치를 맡아 새 삶을 시작하는 데니스 호퍼의 연기가 일품. 바로 자신의 이야기라서 더욱?

〈이지 라이더〉. 데니스 호퍼 감독. 미국. 1969년.

# 5. USA 컬트 비디오 7

### (1) 도마도 공격대(Attack of Killer Tomatoes)

1978년. 감독·음악: 존 드벨로(John De Bello). 출연: 수많은 무명배우 및 무명 도마도들. (대우)

만약 '기성품 컬트(ready-made cult)'란 말을 사용할 수 있다면 바로 이런 영화를 가리키는 말이리라. 왜냐하면 〈도마도 공격대〉는 건전한(?) 상식으로는 도저히 받아들이기 힘든, '일부러' 못만든 영화이기 때문이다. 말도 안 되는 줄거리, 엉터리 촬영, 어색한 연기, 무엇 하나 제대로 된 것이 없는 영화이다. 그러나 이러한 지적은 곧 영화의 제작의도—노골적으로, 꾸밈없이 허점을 드러냄으로써 폭소를 자아내는, 그리하여 마침내는 관객으로 하여금 '잘 만든' 영화가 과연 어떤 것인지를 다시금 생각하게 하는—에 비추어 보면 하나도 흠이 되지 않는다. 멀쩡한 도마도들이 어느날 갑자기 평화로운 마을을 습격하면서 시작되는 이 영화는 50년대에 유행했던 '괴물/외계인 공격'류 SF를 철저하게 패로디하고 있으며, 관료, 군인, 대통령과 보좌관들, 그리고 이들 모두의 머리 위에 올라앉은 광고 전문가들의 묘사에는 미국사회를 '움직이는' 제도에 대한 날카로운 풍자가 숨어 있다. 긴장을 풀고, 영화의 완성도와 '예술성'에 대한 모든 기대를 포기(?)하고 보았을 때 가장 정확하게 이해할 수 있는 영화.

### (2) 존 트라볼타의 필사의 추적(Blow Out)

1981년. 감독 :브라이언 드 팔마(Brian de Palma). 주연: 존 트라볼타, 낸시 알렌(감독의 부인이기도 함), 존 리스고우. (아주)

우리에게는〈스카페이스〉와〈언터처블즈〉로 친숙해진 브라이언 드 팔마 감독의 야심작. 미국 민주주의의 '성지'인 필라델피아에서 독립 200주년 기념행사를 배경으로 사건이 벌어진다. 영화녹음기사 존 트라볼타는 우연히 자동차 사고를 목격하는데, 그의 녹음기에 담긴 사고 현장의 음향기록과 잡지에 난 사고장면의 연속사진(여기에 얽힌 복잡한 복선은 지면관계상 생략)을 단서로 하여 사건의 진상을 밝히려 노력한다. 그리고 여기서부터 일은 꼬이는데…

흥미진진한 드릴러로서, 미국의 정치와 사회에 대한(혹은 '미국 민주주의' 그 자체에 대한) 비판으로서, 영화의 메커니즘을 보여주는 '영화에 대한 영화'로서, 〈필사의 추적(이 황당한 번역 제목은 원작의 분위기를 전혀 살리지 못하고 있다)〉은 여러 층의 의미를 깔고 있으며, 어느 각도로 읽어도 나름대로 설득력을 지닌다. 심각한 영화광이라면, 이 영화가 안토니오니 감독의 〈확대(Blow Up)〉(1968)와 코폴라 감독의 〈대화(Conversation)〉를 '짬뽕'한 영화라는 사실 또한 고려해야 하리라. '창조적 표절'이란 표현이 딱 어울리는 숨은 걸작.

### (3) 비디오드롬(Videodrome)

1982년. 감독: 데이비드 크로넨버그(David Cronenberg). 주연: 제임스 우즈, 데보라 해리(일명 블론디). (CIC)

캐나다 출신 감독 크로넨버그의 영화는 '악취미'에 아슬아슬하게 접근하는—많은 사람들은 아예 그의 영화가 '선을 넘은' 것으로 간주해 버린다—'끔찍한' 영상과 칼날 같은 사회비판(문명비판)의 결합으로 정평이 나 있다. 〈비디오드롬〉은 그의 이러한 면모를 가장 잘 보여주는 작품으로 꼽힌다. 시청률을 올리기 위해서는 수단과 방법을 가리지 않는 케이블 텔리비전 프로그램 담당자 제임스 우즈(〈살바도르〉 〈원스 어폰 어 타임 인 아메리카〉)는 위성전파수신기에 잡히는 출처를 알 수 없는 텔리비전 프로그램에 마음을 빼앗기는데, 이로부터 그는 현실과 환각의 세계를 구별할 수 없는 '비디오드롬=비디오+신드롬: syndrome(증세, 증후군)〉'의 세계에 빨려들어간다. 이전의 영화에서는 볼 수 없었던 기발한 특수효과들이 속출하고, 감독의 상상력은 구역질이 날 만큼 생생하게 차마 이 자리에 묘사할 수 없는 장면들을 만들어낸다. 비위가 약한 관객은 피해야 하겠으나, 무작정 극단으로 치닫는 잔혹취향의 영화는 아님.

### (4) 분노한 저격자(Blood Simple)

1983년. 제작: 에단 코엔(Ethan Coen). 감독: 조엘 코엔(Joel Coen). 주연: 존 켓츠, 프랜시스 맥도먼드. (세신)

필름 느와르에 바쳐진, 오리지널보다도 더 필름 느와르다운(그래서 역시 '영화에 대한 영화'로 읽히게 되는) 80년대 미국 독립영화의 걸작. 미국 텍사스 주, 끈적끈적한 땀을 흘리며 사람들이 서로 속이며, 오해하고, 잘못된 결정을 내리다가 파멸로 치닫는 탐정/드릴러 드라마. 치밀한 내러티브와 성격묘사에 덧붙여 더욱 돋보이는 것은 영화광들을 위한 영화가 바로 이러한 것임을 보여주는 듯 참신한 아이디어로 구성된 화면의 시각효과이다. 제작·감독을 나누어 맡은 코엔형제팀은 이 영화 한편으로 일약 비평가들에 의하여 '미국영화의 새로운 기수'로까지 떠받들여졌다. 언뜻 보기에는 흔한 탐정영화와 크게 다르지 않은 듯 하나, 촬영·편집·조명에서 약간씩의 변화를 준 것이 비평가들로부터 점수를 딴 듯하다. 지나치게 '전문가' 관객들을 의식하고 만든 작품처럼 보임이 흠이랄까.

* 사족: 고심한 흔적은 보이나, 〈분노한 저격자〉라는 제목은 영화의 독창성을 전달하기에는 너무도 역부족이다. 그리고 누가 누구를 '저격'하는 건지?

〈에드워드 가위손〉. 팀 버튼 감독. 1991년.

**(5) 3차원의 세계(Twilight Zone: The Movie)**

1983년. 4부로 나뉘어진 옴니버스 영화. (SKC)

제1화: 존 랜디스 감독, 빅 모로우 주연. 한 지독한 인종주의자가 환각과도 같은 경험을—유태인 학살, 베트남전 등등—겪으며 대오각성한다는 설교조의 내용. 촬영도중 일어난 불행한 헬기 추락사고와 재판으로 유명해지다.

제2화: 다름 아닌, 스티븐 스필버그 감독. 뜻밖에도 가장 처지는 졸작이라는 데 만장일치. '은퇴할 때가 되지 않았느냐'는 수군거림이 돌았다는 망신살(?) 뻗친 에피소드.

제3화: 〈그렘린〉의 조 단테 감독. 그저 평년작 수준이라는 평을 받음.

제4화: 〈매드 맥스〉의 조지 밀러 감독. 악천후속을 뚫고 날아가는 비행기 속에 '갇힌' 고소공포증을 가진 사내(존 리스고우)가 비행기 날개를 갉아내는 정체불명의 괴물을 발견한다. 조지 밀러의 탄탄한 연출과 리스고우의 명연기가 어우러진 걸작.

그리하여 4명의 감독의 솜씨자랑은 다크호스 조지 밀러의 심판 전원일치 판정승으로 끝났는데, 비디오를 보며 나름대로 채점표를 만들어 보는 것도 흥미로운 경험이 될 것이다. 관객 각자의 취향에 따라 의외의 결과가 나올 수도 있겠고.

### (6) 리포 맨(Repo Man)

1984년. 감독: 알렉스 칵스(Alex Cox). 촬영:로비 뮐러(Robby Muller). 주연: 해리 딘 스탠튼(Harry Dean Stanton), 에밀리오 에스테베즈(Emilio Estevez). 음악: 이기 팝(Iggy Pop). (CIC)

알렉스 칵스 감독의 데뷔작인 이 영화는 나오자마자 미국·유럽에서 '그 해의 컬트영화'라 할 만큼 열광적인 반응을 불러일으켰다. 다양한 영화적 요소들을 뒤섞은 기묘한 분위기, 기발한 줄거리, 반쯤은 해학적이고 반쯤은 사회비판적인 대사, 심각함과 우스꽝스러움이 혼합된 '명장면'들의 연속, 그리고 격렬한 펑크 음악들이 담겨있다. 한마디로, 말로써 묘사하거나 설명하기가 불가능한, 직접 보고 들어야만 느낄 수 있는 영화이다.

영화광이라면 빔 벤더스의 촬영감독으로 널리 알려진 로비 뮐러의 유려하면서도 날카로운 화면, 〈파리, 텍사스〉의 해리 딘 스탠튼의 전혀 새로운 모습, 찰리 쉰(〈플래툰〉〈월 스트리트〉)의 형인 에밀리오 에스테베즈의 연기를 주목하는 데서 또다른 즐거움을 덧붙여 얻을 수 있을 것이다. 우리의 관객들이 이 영화의 '펑크'적 감수성에 얼마나 공감할지 심히 궁금해지는 영화.

### (7) 찰리 모픽(84 Charlie Mopic)

1989년. 제작·각본·감독: 패트릭 던캔(Patric Duncan). 음악: 도노반(Donovan) (정우)

그 생생한 전투 묘사의 '현장감'이라는 면에서 이전까지의 모든 베트남전 영화를 '잠재워'버린 독립영화. 1969년 베트남의 정글. 수색정찰을 나간 1개 공수분대(6인조)를 '전투교육용' 영화촬영반—모픽('찰리'는 '베트콩'의 미군 속어이고 '모픽'은 '모션 픽처'의 약자이다)—두 명이 동행하여 생생한 최전선의 모습을 필름에 담는다. 이틀 동안의 임무수행 기간중 이들에게 일어나는 일들이 영화의 전부인데, 특이한 것은 영화 전체가 '카메라의 시점'에서 보여진다는 점이다(따라서 이 영화를 '가짜 다큐멘터리'로 분류할 수도 있다. 그것도 아직 편집도 되기 전 '날것'그대로의 상태인 필름을 모방한). 현미경적이리만큼 치밀한 세부묘사, 병사들의 생생한 언어, 그리고 카메라의 '일인칭적 시점'이 강렬한 '간접체험'을 관객들에게 가져온다. 여기에 비하면 〈플래툰〉은 관광여행이나 다름없이 느껴진다고 할까.

# 6. 홍콩전영(香港電影)컬트비디오

**(1) 영춘각의 풍파(迎春閣之風波: The Fate of Lee Khan)**

1973년. 감독: 호금전(胡金銓, King Hu). (서진)

드디어 비디오로 햇빛을 본 거장 호금전 감독의 걸작. 60년대 후반에서 70년대 초반까지 많은 우리나라 젊은이들을 사로잡았던 홍콩 '검술영화'는 호금전이라는 뛰어난 작가에 의하여 완성되었다. 중국 고유의 연희 양식인 경극(京劇: Peking Opera)을 중후하고 세련된 영화적 기교에 접목시킨 그는 80년대의 홍콩 뉴웨이브들에게도 큰 영향을 미쳤다.

〈영춘각의 풍파〉는 〈협녀〉 〈산중전기〉 〈공산영우〉 등과 함께 그의 대표작의 하나로 꼽힌다. 원(元)나라 시절, 몽고족의 지배에 대항하는 한족(漢族) 무사들—대부분 여성 검사인—의 투쟁을 〈영춘각의 풍파〉는 담고 있다. 오늘날 우리가 보는 홍콩 TV 무협시리즈물과 비교될 수 없는 검술장면들은 무사들의 의상, 동작, 그리고 카메라의 움직임이 결합하여 환상적인 아름다움을 그려낸다. 그리고 유심히 화면을 들여다보면 금방 알 수 있듯이, 이 영화는 우리나라에서 야외장면이 모두 촬영되었다는 흥미로운 면을 지닌다. 홍콩 감독이 중국 본토를 밟을 수 없었던 시절, 우리나라의 산천이 중국대륙의 '대역'을 한 희한한 예이기도 한 셈이다. 본토 출신의(호금전 감독은 북경 태생이다) 감독이 한국에서 촬영한 홍콩 영화라는 이유만으로도 한번쯤 보아둘 영화. 그의 최근작이며 서극·정소동과 공동연출한 〈소오강호〉와도 재미있는 비교가 될 것이다.

**(2) 용쟁호투(龍爭虎鬪: Enter the Dragon)**

1973년. 감독: 로버트 클라우즈(Robert Clouse). 주연: 이소룡(李小龍: Bruce Lee), 석견. (SKC)

이소룡(1940-1973). 문자 그대로, 홍콩이 낳은 세계적인 스타. 생전에 단 4편의 영화를 완성하고 영화인생의 절정에서—제임스 딘이 그러하였듯—갑자기 세상을 뜬 '신화'. 수많은 추종자와 아류들이 도저히 따라갈 수 없는 신비한 마력의 인물. '유사품'에 식상한 관객이라면 '오리지널' 이소룡 영화를 보고 홍콩 쿵후영화를 재평가할 것.

〈당산대형(唐山大兄: Big Boss)〉(71) 이소룡의 주연 데뷔작. (세경)

〈정무문(精武門: Fist of Fury)〉(71) (삼화)

〈맹룡과강(猛龍過江: Way of the Dragon)〉(73) (세경)—이소룡과 척 노리스(Chuck Norris)의 대결!

〈용쟁호투〉는 생전의 이소룡이 마지막으로 완성한 영화이며, 미국 워너 브라더즈와 홍콩 골든 하베스트의 합작으로 만들어졌다(만약 이소룡이 계속 살았더라면 그는 아마 헐리우드 스타로 오늘날 알려졌을지도 모른다). 미국인 감독이 연출한 〈용쟁호투〉는 우리나라에 '미국'영화로서 배급망을 타고 있고, 그래서 가장 널리 보급된 이소룡 주연 비디오가 되었다.

### (3) 귀마지다성(鬼馬智多星: All the Wrong Clues for the Right Solution)

1981년. 감독: 서극(徐克: Tsui Hark) (D & S)

〈영웅본색〉〈천녀유혼〉의 기획자로서, 그리고 영화와 비디오로 소개된 많은 출연, 감독작품을 통하여 '서극'은 우리에게 낯설지 않은 이름이 되었다. 〈귀마지다성〉은 영화작가로서의 서극을 이해하는 데 많은 힌트를 주는 작품이다. 이 작품을 연출할 당시의 서극은 아직 〈영웅본색〉의 거물 프로듀서가 아닌, 데뷔 3년째의 '촉망받는' 뉴웨이브 신인감독의 티를 채 벗지 못하고 있었다. 헐리우드 갱스터 영화(그리고 제임스 본드-007시리즈)를 철저하게 코미디로 바꾸어 놓은 이 영화는 처음부터 끝까지 반짝이는 아이디어로 가득찬 '영상 개그(visual gag)'의 진수성찬이다(그러한 장면 하나하나가 영화 전체의 메시지와 무슨 관계가 있는지 확실치 않기는 해도, 어쨌든 '재미'있다). 젊은 감독다운 패기(또는 치기?)가 엿보이는, 서극 감독의 팬들이 꼭 보아야 할 영화이며, 헐리우드적인 요소와 홍콩/중국식 코믹 액션의 결합방식을 연구해 볼만 한 사례.

### (4) 지하정(地下情: Love Unto Waste)

1986년. 감독: 관금붕(關錦鵬: Stanley Kwan). 주연: 주윤발, 왕조위, 금연령, 온벽화, 채금. (동양)

감독—1957년생. TV와 조감독 생활을 거쳐 84년 〈여인심(女人心)〉으로 데뷔, 이후 〈지하정〉, 〈인지구(咽脂拘)〉(87), 〈인재뉴욕(人在紐約)〉(89) 발표, 서구적인 감각, 진지한 작가의식, 개성이 강한 연출로 작품마다 주목을 끄는 홍콩 뉴웨이브의 젊은 기수. 비디오 〈지하정〉이 출시되었으나 우리나라에는 아직 그리 알려지지 않았으며, 정식 수입된 그의 영화 〈인지구〉는 개봉되지 못한 채 창고에서 잠자는 중.

주연—최근 우리나라 젊은이들의 눈길을 끌기 시작한 청순한 마스크의 양조위(〈비정성시〉〈첩혈가두〉)가 철없이 공허한 삶을 사는 젊은이를 연기하고 형사 역의 주윤발(그는 이 영화에서 단 한번도 총을 잡지 않는다)이 짙은 허무주의를 설득력 있게 표현한다. 두 배우(스타)의 연기자로서의 저력을 느낄 수 있음.

작품—사람들이 상투적으로 갖고 있는 홍콩영화에 대한 선입관을 이 영화는 여지없이 깨뜨릴 것이다. 총격전이나 무술은 아예 그림자도 없고, 멜로드라마라기에는 너무도 '메말라' 있고(연애이야기 치고는 너무도 건조하게 감정들이 묘사된다), 줄거리의 전개방식 또한 일반영화와는 너무도 다르다. 이 영화가 '발견'이 될지 '실망'이 될지는 관객 각자가 결정할 일("세상에 이렇게 '예술적인' 홍콩영화도 있었나?" 또는 "세상에 이렇게 재미없고 지루한 홍콩영화가 다 있나?").

### (5) 노랑구소(老娘夠騷: Soul)

1986년. 감독: 서기(舒琪: Shu Kei). 주연: 엽덕목, 후 시아오시엔, 하일정, 금연린, 임채, 장학우.

관금붕, 왕가위 감독과 함께 90년대의 홍콩영화를 이끌어갈 재목으로 꼽히는 서기 감독의 두번째 연출작품. 〈비정성시〉의 후 시아오시엔 감독이 출연하였다는 점만으로도 이 영화에 관심을 가질 사람들은 많을 것이다. 〈지하정〉 못지 않게 '홍콩영화 답지 않은' 영화로 느껴질 이 숨은 걸작은, 분명히 우리나라에서 비디오로 출시되었음에도 그야말로 꼭꼭 숨었는지 도저히 찾아보기 어려운 영화이다. 만약 주변의 비디오 가게에서 구할 수 있다면 대단한 행운이 아닐 수 없을 듯.

### (6) 성항기병속집(省港旗兵續集: Long Arm of the Law, Part Ⅱ)

1987년. 감독: 맥당걸(麥當傑: Michael Mak). 주연: 서금강, 임국빈, 원일초, 만재량. (동아)

맥당웅(Tony Mac), 맥당걸 콤비는 1984년 작 〈성항기병〉 이래 일련의 작품을 통하여 (〈성향기병속집〉 〈성항기병 제3집—홍콩탈출〉) 집요하게 대륙의 사회주의 정권과 영국 식민지인 홍콩의 미묘한 관계를 추적해 왔다. 이 영화들은 모두 중국본토에서 홍콩으로 밀입국하는 이들('성항기병'은 이들을 일컫는 속어이다)의 운명을 홍콩 느와르의 틀 속에서 다루고 있다. 이런저런 이유로 사회주의체제에 적응하지 못하고 홍콩으로 '탈출'한 이들이 전혀 이질적인 홍콩사회에서 적응하려 발버둥치는 모습에서 홍콩관객들은 '1997년'이라는 발등에 떨어진 불을 상기할 것이다.

〈성항기병속집〉은 매우 암울하고, 무거운 톤으로 일관하며, 암흑가와 총격전을 다루면서도 〈영웅본색〉 〈첩혈쌍웅〉과는 전혀 다른 기분을 풍기는 영화이다. 홍콩 액션 영화의 한 예로서 가볍게(!) 보고 즐길 수도 있고, 사회주의/자본주의의 중국적 수용에 관한 알레고리로서 읽힐 수도 있는 영화.

### (7) 흑전사(黑戰士)

1989년. 감독: 오우삼(吳宇森: John Woo), 오마(午馬: Wu Ma). 제작: 서극. 액션연출: 정소동(程小東: Ching Siutung). 주연: 강대위, 이수현.(금성)

호금전과 함께 홍콩영화의 양대산맥을 이루었던 장철(Chang Cheh) 감독의 영화인생 40년을 기념하며 후배 영화인들이 '바친' 영화. 제작·출연진의 면모를 훑어보면 홍콩 영화계의 쟁쟁한 이름들이 줄줄이 끼어 있음에 놀랄 수밖에 없다. 뛰어난 완성도에도 불구하고 이 영화는 극장개봉에서 별다른 호응을 받지 못하였는데, 이제 비디오를 통하여 다시 평가될 기회를 갖게 되었다. 장철의 검술영화를 기억하는 30대는 미소년이었던 강대위의 나이든 모습에서 향수와 무상감을 느낄 수 있을 것이고, 홍콩 느와르의 팬들에게는 오우삼 감독과 정소동의 액션 연출 솜씨를 새삼 확인하는 즐거움을 줄 것이다.

# 7. 잡동사니 컬트무비 7

### (1) 금지된 장난(Les Jeux Interdits)

1952년. 감독:르네 끌레망(René Clement). 음악: 나르시소 예페스(Narciso Yepes). 주연: 조르쥬 푸줄리(Georges Poujouly). 브리지트 포세이(Brigitte Fossey). 흑백35㎜

〈금지된 장난〉은 여러 차례, 여러 경로를 통하여 우리나라에 소개된 영화이다. 흑백영화가 아직도 이 땅에 수입되던 1950년대에 처음 극장개봉되었고, 우리나라에 기타 교습붐이 일던 60년대 이후로는 주제곡이 널리 알려졌고, 그러한 '선전'탓인지 1970년대말 프랑스 문화원에서 16㎜로 상영될 때마다 인산인해(?)의 관객을 끌어모았다. 여기에 TV '주말의 명화'시간에도 몇번씩 소개되었는가 하면, 이제 비디오로 출시(서진)되기까지 하였으니 이만큼 다양한 경로로 우리나라 관객들과 만난 영화도 달리 없을 듯 하다.

2차 대전 중의 프랑스 농촌 마을을 배경으로 도시에서 피난오다 부모를 잃고 고아가 된 여자아이와, 그 아이를 '주워다' 기르는 집의 같은 또래 사내아이의 '로망스'를 잔잔하게 그린 영화. 네오리얼리즘의 영향이 엿보이는 흑백화면의 진솔함과, 단순하면서도 친근한 멜로디의 기타 주제곡의 어울림이 우리나라 사람들의 정서에 들어맞은 듯.

### (2) 아기레, 신의 분노(Aguirre, der Zorn Gottes)

1972년. 감독: 베르너 헤어조그(Werner Herzog). 음악: 포폴 뷰(Popol Vuh). 주연: 클라우스 킨스키(Klaus Kinski), 루이 게라(Ruy Gerra).

비디오가 아직 나타나기 이전인 1970년대, 한국의 영화학도들은 각국 문화원에서 어쩌다 틀어주는 16㎜ 필름을 가지고 '예술'영화에 대한 갈증을 달래야만 했다. 연중무휴 프랑스 영화를 상영했던 프랑스 문화원은 그들의 사랑방 역할을 하였고, 여기에 70년대의 '새로운 독일영화'를 집중적으로 소개한 독일문화원이 또한 영화광들의 소굴(?)로 덧붙여졌다. 이들은 독일 문화원에서 헤어조그, 벤더스, 파스빈더, 클루게, 쉴렌돌프 등의 영화를 보며 그 낯설음에 당황하기도 했고, 깊이에 심취했으며, 아름다움에 매혹되었다.

헤어조그의 〈아기레, 신의 분노〉는 독일문화원에서 선보인 영화중 가장 '인기'있는 영화의 하나였다. 황금의 도시 엘도라도를 찾아나선 16세기 스페인 '정복자'들의 이야기인 이 영화는 로케이션 촬영된 아마존강 유역의 밀림, 스페인 병사들의 고풍스런 복장, 그리고 클라우스 킨스키(나타샤 킨스키의 아버지)의 광기서린 연기 등 풍부한 볼거리로 눈을 끌어당긴다. 중세판 〈지옥의 묵시록〉이라 할 만한 이 영화가 본격적인 비디오시대를 맞이한 우리나라에 아직까지도 출시되지 않은 것은 다소 의외이기까지 하다(훨씬 '오락성'이 적은 유럽영화들이 많이 출시됐음을 고려하면 더욱 그러하다). 70년대의 영화광들에게 '추억의 명화'가 된 이 영화가 90년대의 새로운 세대에게 발견될 날은 언제쯤일까?

### (3) 슬램(Slam Dance)

미국. 1987년. 감독: 웨인 왕(Wayne Wange). 촬영: 아미르 목리(Amir Mokri). 주연: 탐 헐스(Tom Hulce). (미디아트)

홍콩출신 웨인 왕감독이 헐리우드에서 만든 영화. 〈아마데우스〉의 탐헐스(Tom Hulce) 〈칼라 오브 머니〉의 메리 엘리자베스 마스트란토니오(Mary Elizabeth Mastrantonio)가 주연. 동양인도 철저하게 '서구적'인 영화를 만들 수 있음을 감독이 증명해보려 한 것이 아닐까 의심이 들 만큼 감각적인 영상으로 가득찬 영화. 웨인 왕의 미공개 걸작 〈딤 섬〉 〈차한잔 드시죠〉에 비하여 작품으로서의 격은 떨어지지만, 뛰어난 촬영과 영화적 아이디어들은 평가해 줄 만한 영화였는데…무관심 속에서 관객과 비평가들이 스쳐가 버린 듯. 이 영화로 데뷔한 이란출신 촬영기사 아미르 목리는 웨인 왕의 〈차 한잔 드시죠〉, 캐트린 비글로우의 〈블루스틸〉, 그리고 최근작 〈패시픽 하이츠〉로 주목받고 있다.

### (4) 사랑과 경멸(Le Mépris)

1963년. 감독: 장 뤽 고다르(Jean-Luc Godard). 촬영:라울 꾸따르(Raoul Coutard). 주연: 미셸 피꼴리(Michel Piccoli), 브리지뜨 바르도(Brigitte Bardot), 잭 팰런스(Jack Palance), 프리쯔 랑(Fritz Lang). (대우)

고다르 감독의 초기 대표작 중의 하나이며, 그가 만든 영화중 가장 '상업적'인 영화. 프랑스 최고의 섹스 심볼인 브리지뜨 바르도가 주연으로 나와 몸매를 자랑하는 한편으로는, 독일 영화의 거장 프리쯔 랑(〈메트로폴리스〉 〈M〉)이 자기 자신으로 나와 '영화 속의 영화'를 찍는다. 여기에 '유럽 예술영화'를 한번 제작해보겠다고 덤비는—거칠고, 무식하고, 야비한—헐리우드 제작자 잭 팰런스와 "돈이냐 예술이냐" 고민하는 시나리오 작가 미셸 피꼴리가 덧붙여져서, 이들 사이의 복잡한 인간관계를 중심으로 이야기가 전개된다.

고다르는 '영화란 무엇이며, 사람들은 왜 영화를 만드는가'에 대하여 관객들이 생각해 보도록 하려는 것이 이 영화의 연출의도라고 밝힌 적이 있는데, 그의 영화가 일반적으로 그러하듯 영화가 끝나도 시원한 해답이 나오지 않는다. 통속적인 의미의 재미는 거의 없으나, 고다르의 이름을 기억하는 영화광이라면 놓치지 말아야 할 작품. 원제는 〈경멸〉인데 우리나라에서는 비디오로 출시되면서 〈사랑〉이라는 말이 덧붙여져 나왔다.

### (5) 암흑가의 세 사람(Le Cercle Rouge)

1970년. 감독: 장-피에르 멜빌(Jean-Pierre Melville). 촬영: 앙리 드까에(Henri Decaë). 주연: 알랭 들롱(Alain Delon), 이브 몽땅(Yves Montand), 앙드레 부르빌(André Bourvil), 장 마리아 볼롱떼(Gian Maria Volonté). (동양)

이 영화의 제목은 좀 복잡한 내력을 갖고 있다. 원래의 프랑스어 제목 〈붉은 원〉이 영어판에서도 그대로(〈Red Circle〉) 쓰였는데, 70년대에 우리나라에서 개봉될 때는 〈대결〉로 바뀌어 소개되었다. 그리고 비디오로 나오면서는 〈암흑가의 세 사람〉이 되었다. 아마도 알랭 들롱과 장 가방이 나오는 또다른 프랑스 갱영화 〈암흑가의 두 사람〉(동양에서 비디오 출시)에서 힌트(?)를 얻지 않았나 싶다(〈두 사람〉과 〈세 사람〉을 혼동하지 않도록 주의할 것).

멜빌 감독은 헐리우드의 B급 영화(주로 필름 느와르)를 프랑스적 기분으로 재해석하여 독특한 프랑스풍 갱영화 장르를 완성시켰으며, 이 영화는 그의 작품세계를 총결산하는 대표작이라 할 만하다. 탈옥수(볼롱떼), 보석털이 전문가(들롱), 총잡이(〈제트〉로 최근 우리에게 알려진 이브 몽땅), 이들 모두를 파멸로 몰고가는 끈질긴 형사(부르빌)의 뛰어난 연기도 일품이지만, 등장인물들의 성격에 홍콩 느와르의 '원형'이 숨어 있음을 놓치지 말고 보아야 할 것이다. 냉

〈신경쇠약 직전의 여자〉. 페드로 알모도바르 감독. 1988년. 스페인.

혹하고 이지적인 알랭 들롱의 모습과, '돈'보다는 자신의 '솜씨'를 되찾는 데 의미를 두는 이브 몽땅의 집념은 왠지 낯익지 않은가?(〈영웅본색〉 〈첩혈쌍웅〉 〈첩혈가두〉 〈종횡사해〉의 오우삼 감독이 멜빌 영화의 열렬한 팬임을 사족으로 남긴다.)

### (6) 돌아오지 않는 KAL 007(Shootdown)

"〈미궁—007기의 비밀〉 방영불가 의결. …영화심의소위는 지난달 31일, 한국방송공사가 지난 89년 8월 정부의 수입추천을 받아 3만 달러에 구입, 대한항공기 격추 7주년을 맞아 2일 제2텔리비전 〈일요특선〉 시간에 방영키 위해 심의신청한 미국 NBC-TV 제작 다큐드라마 〈미궁—007기의 비밀(원제 Shootdown)〉에 대해 '국익에 어긋난다'는 등의 이유로 방영불가를 의결했다…〈미궁—007기의 비밀〉은 지난 83년 9월 1일 사할린 상공에서 소련에 의해 격추된 대한항공 007기 사건을 한 미국인 희생자 유가족의 시각에서 다룬 다큐드라마로 지난 88년 미국 전역에서 방송된 이래 지난해 NHK를 통해 일본에서 방영됐다…"

—한겨레신문, 1990년 9월 4일자—

비디오 〈돌아오지 않는 KAL 007(Shootdown)〉. 주연: 안젤라 랜스버리, 조지 코이. 감독: 마이클 프레스맨. 판매: 대우비디오 클럽. 출시: 1989년 5월

### (7) 프로페서(Il Camorresta)

1987년. 감독: 쥬세페 토르나토레(Giuseppe Tornatore). (금성)

토르나토레 감독이 데뷔작인 이 영화를 들고 칸느에 왔을 때, 아무도 그를 주목하지 않았다. 그러나 그가 〈시네마천국〉을 가지고 다시 칸느에 오자, 심사위원들은 기립박수와 함께 심사위원 특별상을 그에게 안겨 주었다.

〈프로페서〉가 한국에 개봉되었을 때, 아무도 영화를 심각하게 받아들이지 않았다. 그러나 〈시네마천국〉이 소개되자, 많은 관객들이 호응하였고 감독의 예술적 재능에 찬사를 보냈다.

(그런데 같은 감독의 영화가 이렇게 다를 수도 있는 걸까?)

# 10장 작가노트/ 빔 벤더스(Wim Wenders), 독일, 영화

## 1. 벤더스를 읽는 세 가지 이유

"영화가 다루는 것은 삶이다. 다른 어떤 예술—연극, 음악, 미술—보다도 더욱 정확하게, 그리고 더욱 폭넓게 영화는 이 시대의 삶을 기록한다."

—빔 벤더스—

(1) 동시대의 그 어느 영화작가보다도, 벤더스는 영화라는 매체/예술에 대하여 굳건한 믿음을 가지고 있는 것처럼 보인다. 그러한 믿음(혹은 신앙)을 그는 자신의 영화 속에서 무척 다양한 방식으로 드러내는데, 따라서 그가 만든 모든 영화는 언제나 '영화에 대한 영화'로서 읽힐 수 있는 여지를 갖는다. 그러나 어떤 이들이 오해하듯, 벤더스가 '영화-예술지상주의자'인 것은 아니다. 그가 가지고 있는 영화에 대한 애정은 영화가 '현실'과 맺고 있는 끈끈한 관계에 대한 신뢰에서 비롯됨에 다름 아니기 때문이다. 혹은 자연인으로서의 그의 삶 자체가—적어도 그가 영화작가로서의 역정을 시작한 다음부터는—진부한 표현이 되겠지만 영화를 '떠나서는' 의미를 가질 수 없다는 점에서도 그러하다.

벤더스는 자신에게 있어서 영화란 "일(work)"이라고 간단하게 정의하고 있다. 그 일은 또한 당대의 사람들의 삶의 기록인 동시에 자신의 삶에 대한 성찰이기도 하다. 그에게 자신의 영화들이 가져다 준 세속적 성공과는 무관하게, 영화는 예나 지금이나 그의 삶의(그리고 그에게 바깥으로부터 주어진 삶의 조건들의) 거의 전부로서 일(혹은 노동)일 따름이며, 따라서 그의 영화들은 무엇보다도 그러한 '일'의 과정에 대한 기록물로 읽혀야 한다.

(2) 벤더스의 영화세계의 원천(또한 그의 감수성과 세계관을 규정한 문화적 배경)은 크게 두 가지이다. 하나는 분단독일의 서부라는 문화식민지적 토양에 이식된 미국의 대중문화이고, 또 하나는 수많은 영화를 '보고' '읽음'으로써 얻어진, 서유럽 지식인계층의 시각으로 수용된 영화적 교양이다. 초기의 영화 속에서 전자는 록큰롤 음악의 '삽입'으로, 그리고 후자는 그의 '영화기억창고'를 차지한 헐리우드 영화의

〈베를린의 하늘〉. 1987년.

인용과 '잃어버린' 독일 영화전통에 대한 노스탈지어로 표현된다(습작기의 단편영화들, 〈시간의 항해〉, 그리고 〈미국 친구〉가 이러한 경향들을 가장 뚜렷하게 보여주는 예이다).

초기의 영화들에서 이들 두 뿌리는 파편화된, 혹은 장식적인 요소로서 영화 텍스트 안에 자리할 따름인데, 그래서 〈미국 친구〉와 같은 영화는 영화광들에게 흥미로운 '숨은 그림찾기'를 제공하지만, 영화/문화에 대한 작가의 통찰력을 보여주지는 못한다.

그러나 '꿈의 공장' 헐리우드에서 수난시대(?)를 맛보고 '유럽/독일'로 돌아오면서 벤더스의 영화는 중요한 변화를 보인다. 문화적 정체성(cultural identity)에 집중되었던 관심이 '역사'로 옮겨가기 시작한 것이다. 물론 벤더스답게, 이러한 전환은 '영화의 역사'를 다루는 작업으로부터 조심스럽게 시작되었고(〈물위의 번개〉 〈도쿄-가〉 〈666호실〉) 〈베를린의 하늘〉에서 비로소 제대로 모습을 드러내었다. 따라서 탈정치, 탈이데올로기화한 '순수'한 영화텍스트로서 벤더스의 영화들을 읽어온 시각들은 바뀌어져야 하며, 앞으로의 그의 변화를 주의깊게 지켜보아야 할 것이다.

(3) 벤더스의 영화들은 관객을 '찾는' 영화들이다. 그의 영화들은 상업영화의 관

습에 이미 '길들여진' 관객들의 비위를 맞추려 하지 않는다. 그러나 동시에 그는 상업영화의 역사 속에 나름대로 존재하는 현실의 재현(representation)방식을 송두리째 부정하지도 아니한다. '비판적 관객(critical spectator)'을 염두에 두고, 이미 존재하는 관객집단뿐 아니라 미래의 관객들을 위하여 만들어진다는 점에서 그의 영화들은 고다르, 오시마, 타르코프스키의 영화들에 비교될 수 있다. 그리고 비판적 관객이 만들어지는 효과의 면에서 벤더스의 영화는 특히 '교육적'인데, 그것은 그의 영화들이 관객들에게 친숙한 이미지와 내러티브를 적절히 사용하고 있기 때문이다. 관객을 내려다보며 '계몽'하는 대신, 관객의 옆자리에 앉아 '영화를 보는, 곧 세계를 보는 방식'을 함께 생각하는 것이 벤더스의 방법이다.

"영화는 사람들을 그들의 소망과 두려움으로부터 소외시킴으로써 그들에게 해를 끼칠 수 있다…영화는 또한 삶을 열어보임으로써, 새로운 형태의 자유를 제시함으로써 사람들을 이롭게 할 수 있다." —빔 벤더스—

# 2. 벤더스 연대기(1945-현재)

1945년 8월 14일, 유럽 전선에서 2차 대전의 포성이 멎은지 3개월 후, 독일 뒤셀도르프의 중산층 가정에서 태어나다. 미군에 의한 점령통치, 나치 잔재의 청산, 그리고 전후 복구사업으로 뒤숭숭한 서독의 50년대에 유년기를 보내다. 십대의 벤더스는 록큰롤로 대표되는 미국 대중문화에 '중독'되어, 목사가 되겠다는 유년기의 꿈을 포기한다. 그림에 약간의 재능을 보이고 미국 음악을 유달리 좋아한다는 점을 빼면 평범하기 그지없는 소년으로 자라나다.

1964년-1966년. 뒤셀도르프 대학에 진학하여 아버지의 뜻에 따라 의학을 전공하였으나 2년을 다닌 후 포기하다. 이어서 가출(?), 화가가 되려는 생각으로 프랑스 파리에 가다. 파리의 시네마떼끄에서 영화를 '발견', 오즈, 브레송, 포드, 레이의 영화에 심취하여 영화작가가 되기로 결심하다.

1967년. 독일로 돌아와 뮌헨 영화학교에 입학하다. 최초의 단편영화 〈장소들(Schauplätze)〉을 만들다(16mm 흑백, 상영시간 10분).

단편영화 〈보너스 플레이(Same Player Shoots Again)〉(16mm 흑백, 12분).

1968년. 〈은빛도시(Silver City)〉를 만들다.

1969년. 〈알라바마—2000광년(Alabama—2000 Light Years)〉(35mm 흑백, 22분)을 만들다. 카메라맨 로비 뮐러를 만나 처음 함께 일하다. 페터 한트케의 각본에 의하여 〈3장의 미국 엘피(3 Americanische LPs)〉(16mm 색채, 15분)를 만들다.

1970년. 〈경찰영화(Polizeifilm)〉(16mm 흑백, 12분) 만들다.

영화학교 졸업작품으로 장편 극영화 〈도시의 여름(Summer in the City)〉(16mm 흑백, 125분)을 만들다.

1971년. 친구 페터 한트케 원작소설 〈페널티킥을 맞이하는 골키퍼의 불안 (Die Angst des Tormanns beim Elfmeter)〉(35mm 색채, 101분)을 신인감독 지원기금을 받아 완성하다.

1972년. WDR 텔리비전 제작 〈주홍글씨(Der Scharlachrote Buchstabe)〉(35mm 색채,

90분) 완성하다.

1973년. 〈도시의 알리스(Alice in den Städten)〉(16mm 흑백, 110분) 완성하다.

1974년. TV시리즈 일부로 〈악어가족으로부터(Aus der Familie der Panzerechsen)〉와 〈섬(Die Insel)〉 발표하다(16mm 색채, 각 25분).

1975년. 〈빗나간 동작(Falsche Bewegung)〉(35mm 색채, 103분) 완성하다.

1976년. 〈시간의 항해(Im Lauf der Zeit: 영어제목 Kings of the Road)〉(35mm 흑백, 176분) 완성하다. 칸느 영화제 국제비평가상 수상.

1977년. 〈미국 친구(Der Amerikanische Freund)〉(35mm 색채, 123분) 완성하다. 10월, 한국 방문하다.

1978년. 코폴라의 제안에 응해 미국에 머물며 조트로프 스튜디오에서 〈해밑(Hammett)〉 제작을 시작하다.

1979-1980년. 난항을 거듭하던 〈해밑〉 제작이 중단된 기간을 이용하여 니콜라스 레이와 함께 〈물위의 번개(Lightning over Water: Nick's Movie)〉(35mm 색채, 91분) 만들다.

1981년. 〈사물의 상태(Der Stand der Dinge: 영어제목 The State of Things)〉(35mm 흑백, 127분) 완성하다. 베니스 영화제 그랑프리 수상(1982년).

1982년 4년간의 각고 끝에 〈해밑〉 완성하다(35mm 색채, 94분).

프랑스 TV의 〈시네마, 시네마〉 시리즈를 위하여 단편영화 〈리버스 앵글(Reverse Angle)〉과 〈666호실(Chambre 666)〉 만들다(16mm 색채).

1983년. 〈도쿄-가(Tokyo-Ga)〉 촬영을 시작하다.

1984년. 〈파리, 텍사스(Paris, Texas)〉(35mm 색채, 146분) 완성하다. 칸느 영화제 그랑프리 수상.

1985년. 〈도쿄-가(Tokyo-Ga: 일어제목 東京畵)〉(16mm 색채, 80분) 완성하다.

1987년. 〈베를린의 하늘(Der Himmel über Berlin; 영어제목, Wings of Desire; 불어제목, Les Ailes de Désir; 일어제목, 베를린 천사의 시)〉(35mm 흑백/색채, 128분) 완성하다. 칸느 영화제 감독상 수상.

1989년. 칸느 영화제 심사위원장을 맡다.

〈의상과 도시에 관한 수첩(Carnet de Notes sur Vêtements et Villes)〉(비디오) 만들다.

1990년. 대작 로드무비 〈이 세상 끝까지(Till the End of the World; 불어제목, Jasqu'au Bout du Monde)〉 촬영을 시작하다.

1991년. 〈이 세상 끝까지〉(70mm 색채, 180분) 완성.

## 3. 잃어버린 언어를 찾아서

## 단절과 소외에서 구원과 화해로

벤더스의 극영화들은 내러티브의 흐름 속에서의 역할에 따라 인물의 성격이 설정—예를 들어 '선량한 시민' 대 '악당'이란 식으로—되는 것이 아니라, 인물에 주어진 성격이 내러티브를 규정하는 방식을 취하고 있다. 그래서 그의 영화는 '열린' 내러티브를 지니게 되며, 기승전결이 확실히 전개되는 고전적 내러티브 대신 거의 독립된 에피소드들의 연결로 영화가 진행된다. 이러한 에피소드들의 연결에 유기적 통일성을 주는 것은 '시간의 흐름'이며, 그의 영화가 대안적 내러티브의 성격을 가지면서도 시간적 선후관계만큼은 철저하게 지키고 있다는—플래쉬 백의 사용마저도 배제할 정도로—사실은 영화 전체의 '사실성'을 유지하기 위한 배려로 볼 수 있을 것이다.

〈페널티킥…〉의 내러티브는 철저하게 한 사람의 주인공, 골키퍼 브루노를 중심으로 전개된다. 벤더스는 브루노의 행위들에 관객이 '관습적'으로 기대하는 심리적 동기를 부여하지 않으며, 아무런 설명이나 복선 없이 단지 '시간의 흐름'에 따라 그의 행적을 묘사할 따름이다(왜 시합을 포기하는지? 왜 살인을 하는지? 그는 과연 로큰롤을 좋아하는 건지?—영화는 이런 질문들에 아무런 해답의 실마리를 제공하지 않는다). 브루노의 성격/심리의 거의 모든 부분을 벤더스/한트케는 영화/소설의 표면에서 제거하여버렸으며, 관객이 분명히 알 수 있는 유일한 사실은 그가 다른 사람들과의 의사소통에 완벽하게 실패하고 있다는 것뿐이다. 따라서 〈페널티킥…〉은 언어에 의한 일상적 커뮤니케이션의 가능성에 대한 회의를 표명하는 영화로 읽힐 수 있는데, 그것은 시각 이미지와 언어를 배제한 청각 이미지(주로 로큰롤 음악)를 관객과의 커뮤니케이션 통로로 사용하고 있음에서도 암시된다.

〈페널티킥…〉이 '말'에 의한 의사소통에

대한 회의를 표명한 텍스트라면, 〈파리, 텍사스〉는 대조적으로 '말'에의 믿음이 회복(최소한 그러한 가능성이 인정)되어가는 과정을 그린 텍스트이다. 〈파리, 텍사스〉의 첫장면에 등장하는 '말을 잃은' 사나이 트래비스는 〈페널티킥…〉의 마지막 장면에서의 브루노로 읽힐 수 있을 것이다. 〈파리, 텍사스〉의 내러티브는 트래비스가 언어/기억/가족을 연쇄적으로 복원해가는 과정에 다름아니다. 그리고 영화의 결말부분에서 트래비스와 그의 아내와의 만남은 '말'에 의하여 이루어지고, '말'의 힘으로써 화해와 구원이 가능함을 암시하며 영화는 끝난다.

## 페널티킥을 맞이하는 골키퍼의 불안
## Die Angst Des Tormanns Beim Elfmeter

1971년. 35㎜ 색채. 101분.
원작: 페터 한트케(Peter Handke).
각본: 빔 벤더스, 페터 한트케.
촬영: 로비 뮐러(Robbie Müller).
편집: 페터 프르찌고다(Peter Przygodda).
음악 : 위르겐 크나이퍼(Jürgen Kneiper).
출연: 아더 브로스(Arthur Brauss), 카이 피셔(Kai Fischer), 에리카 플루하르(Erika Pluhar), 마리 바디체프스키(Marie Bardischewski).

〈줄거리〉 독일 프로축구팀의 골키퍼 부르노(아더 브로스)는 시합 도중 경기장을 나와 버린다. 오스트리아 비엔나의 거리를 목적 없이 돌아다니다가 그는 처음 만난 극장 매표원 아가씨와 하루밤을 지내고, 이유없이 살인을 한 뒤 옛 애인이 사는 국경도시까지 장거리 버스여행을 한다. 그가 축구경기장에 가서 페널티킥을 맞이하는 골키퍼를 구경하는 데서 영화는 끝난다.

〈빔 벤더스의 말〉 "〈페널티킥…〉은 나와 작가 페터 한트케와의 우정에서 출발한 영화이다. 〈페널티킥…〉이 소설로 출판되기 전에 나는 초고를 읽을 수 있었다. 한트케에게 마치 영화를 본 듯한 인상을 받았다고 소설이 영화를 묘사하듯 씌어졌다는 느낌이었다고 이야기하자 한트케는 '자네가 영화로 만들어보겠나?'하고 제의했다. 결국 〈페널티킥…〉은 공식적으로—영화학교 졸업작품 〈도시의 여름〉을 제외한—나의 첫 장편영화가 되었다…

그때까지 나는 시나리오라고는 써본 적이 없었고, 어떻게 써야 하는 건지도 몰랐었다. 그래서 책을 읽어가며 소설의 부분들을 장면들로 나누는 것으로부터 시작하였다. 이 작업은 매우 손쉬웠는데, 왜냐하면 소설 자체가 영화적 구조를 지니고 있었기 때문이다. 한 단락이 거의 한 씬에 해당되었으므로 사실 내가 한 일은 별로 없었다…

이 영화 속에는 줄거리와 상관 없는 이미지들이 많이 삽입되었는데, 그것은 나와 로비 뮐러(촬영)가 처음부터 의도한 바였다. 우리는 이 영화가 두 개의 축을 가지고 진행되도록 하자는 아이디어를 가지고 있었다. 하나는 내러티브를 따라가는 축이고, 또 하나의 축은 이야기 없이, 화면에 보여지는 사물들의 연속으로 내러티브와 평행선상에서 진행되는 '상상적 영화'의 축이었다. 상상적 영화에 필요한 이미지들을 얻기 위하여 우리는 동시녹음용 카메라와 별도로 무성 카메라를 항상 촬영장에 준비해 놓았고, 장소를 이동하는 도중에라도 눈에 띄는 사물이 있으면 그 카메라로 찍어 두기를 게을리 하지 않았다…"

〈시간의 항해〉. 빔 벤더스 감독. 1976년.

**페터 한트케(Peter Handke)**: 60년대말 독일문단에 혜성처럼 등장한 작가. '순수'와 '대중'문학의 경계를 무시한 대담한 방식으로 희곡, 소설, 에세이를 잇달아 발표, 큰 반향을 일으켰다. 벤더스와는 서로 무명시절부터의 죽마고우. 〈페널티킥…〉 〈빗나간 동작〉 〈베를린의 하늘〉의 각본을 썼으며 우리나라에는 희곡 〈관객모독〉의 작가로 많이 알려졌음.

## 파리, 텍사스
## Paris, Texas

1984년. 35㎜ 색채. 146분.
원작: 샘 쉐퍼드(Sam Shepard).
각본: 샘 쉐퍼드, 빔 벤더스, 키트 카슨(Kit Carson). 촬영: 로비 뮐러. 편집: 페터 프르찌고다. 음악: 라이 쿠더(Ry Cooder). 출연: 해리 딘 스탠튼(Harry Dean Stanton), 딘 스탁웰(Dean Stockwell), 헌터 카슨(Hunter Carson), 나스타샤 킨스키(Nastassja Kinski), 오로레 끌레망(Auroré Clément).

〈줄거리〉 멕시코와의 국경지대, 텍사스주 사막에 한 사나이(스탠튼)가 나타난다. 말도 과거도 잊어버린 그를 LA에 사는 동생(스탁웰)이 자기집으로 데려간다. 서서히 말과 기억을 되찾은 그는 7살난 아들(카슨)을 다시 만나 함께 4년 전 자취를 감추었던 그의 아내(킨스키)를 찾으러 휴스턴으로 떠난다. 그리고 그들은 전혀 뜻밖의 장소에서 그녀를 발견하게 된다.

〈W.W.〉 "영화 〈파리, 텍사스〉의 기원은 내가 〈해밀〉 촬영기간의 우여곡절 도중에 샘 쉐퍼드(Sam Shepard: 미국의 작가이며 배우)를 알게 되었다는 사실에 있다. 나는 그가 해밑 역을 맡기에 가장 이상적인 배우라고 생각했고 그를 캐스팅하려 애썼으나 이런저런 사정으로 결국 실패하고 말았다…

내가 LA의 조트로프 스튜디오에서 〈해밑〉 2차 촬영에 들어갔을 때 그도 제시카 랭과 함께 헐리우드에서 〈프랜시스(Frances)〉에 출연중이어서 우리는 자주 만날 수 있었다. 가끔 그는 집필중이던 단편소설이나 시의 초고를 나에게 보여주었는데, 이 글들은 후에 〈모텔 연대기(Motel Chronicles)〉라는 책으로 엮어져나왔다. 나는 그가 보여준 글들을 좋아했지만 당시에는 그 이야기들로 영화를 만들 생각은 하지 않았다. 〈해밑〉의 다음 작품으로 기획했던 시나리오가 제작자를 구하지 못하자, 나는 급히 다른 작품들을 기획해야만 했고 그때 생각이 미친 것이 〈모텔 연대기〉였다. 그 책 속의 에피소드들을 바탕으로 샘과 나는 시나리오 작업에 들어갔고, 〈파리, 텍사스〉가 그 결과 만들어졌다…

작품의 무대를 텍사스로 잡은 것은 샘의 아이디어였다. 그는 텍사스가 미국의 '축소판'이라 하였고, 나는 그의 권유에 따라 텍사스의 이곳저곳을 여행해 보았다. '파리, 텍사스'는 그 여행 도중 내가 찾아낸 실재하는 지명이며, 그것은 오클라호마 주와의 경계에 가까운 텍사스 북부에 자리한 작은 시골마을이다. '파리'와 '텍사스'라는 두 이름의 충돌은 내게 있어서 '유럽'과 '미국'이라는 두 대륙의 본질을 각각 구현하는 듯이 느껴졌으며, 이러한 충돌의 의미가 시나리오 속에 여러 요소로 결정화되었다…"

**해리 딘 스탠튼과 딘 스탁웰:** 아역 배우 출신인 이 두 사람은 청년기에는 배우로서 빛을 보지 못하다가 중년에 접어들며 '재발견'된 경력을 가졌다는 공통점을 가진다. 80년대 미국영화에서 이들은 개성 있는 조연 전문연기자로서 대표적 존재들이 되었는데, 특히 데이비드 린치 감독의 〈블루 벨벳〉에서 스탁웰, 그리고 〈리포맨〉에서 스탠튼의 연기가 인상적이다.

# 4. 도시에 대한 두가지 시선

## 따뜻한 빛과 그림자, 차가운 색채

〈도시의 알리스〉는 벤더스의 초기작 중 '로드무비 3부작'(〈빗나간 동작〉과 〈시간의 항해〉를 포함하여)의 첫번째 작품이다. 미국 동부 대서양 해변에서 콧노래를 흥얼거리는( "Under the board-walk, down by the sea…") 필립의 모습에서 시작하여 라인강을 끼고 달리는 기차를 하늘에서 내려다보며 이 영화는 끝난다. 제목의 〈도시〉가 암시하듯, 이 영화는 주인공들의 여정을 따라 미국과 유럽의 도시들(뉴욕, 암스테르담, 부버탈…)을 다큐멘터리 영화를 연상케 하는 16㎜ 흑백화면으로 보여준다('도시'라는 수식어는 또한 TV와 로큰롤에 중독된 '도시의 아이'란 뜻도 내포하고 있다).

〈도시의 알리스〉에서 도시는 단순한 배경 이상의 중요성을 갖는다. 삭막하고 비인간적인 뉴욕의 거리에서 필립과 알리스는 처음 만나는데, 그들의 관계 또한 아직은 불편하고 껄끄럽다. 그러나 본의 아니게 알리스의 보호자가 된 필립이 점차로 알리스의 '되바라짐'을 받아들이면서, 그리고 알리스가 필립을 신뢰하고 '우정'을 나타내면서 영화는 점점 따뜻하게 바뀌어간다. 동시에 로비 뮐러의 카메라는 독일의 중소도시들을 부드러운 화조로 그려내는데, 각각의 도시가 지닌 시각적 특성을 배려한 섬세한 촬영이 이들에게 따뜻함을 부여한다. 〈도시의 알리스〉는 도시가 아직 '인간의 얼굴'을 가질 수 있음을 낙관하고 있는 것이다.

〈미국 친구〉 또한 도시에 관한 영화이다. 그러나 〈미국 친구〉에서 도시는 마치 악몽처럼 그려진다. 함부르크, 뉴욕, 파리가 사건의 배경을 이루지만, 이 도시들은 개성을 가진 실체가 아닌 하나의 거대한 세트처럼 촬영되었다(어떤 평론가는 이 영화의 배경이 'Hamburgparisnewyork'이라는 도시라고 표현하기도 했다). 강렬한 붉은 색과 금속성에 가까운 푸른 색을 충격적으로 대비시킨 화면들이 이러한 분위기를 더욱 강조하고 있다. 〈도시의 알리스〉에서 독일의 소도시들이 우정과 낭만적인(물론 약간은 슬픈) 여행의 배경 역할을 한다면, 〈미국 친구〉의 도시들은 후기산업사회의 '문명인'들이 허깨비 같은 삶을 이어가는 수용소처럼 보이는 것이다.

〈도시의 알리스〉와 〈미국 친구〉의 대조가 보여주듯, 벤더스는 어쩔 수 없이 삶의 터전이면서 삶의 내용을 파괴하기도 하는 현대의 도시에 대하여 애증을 동시에 가지고 있는 듯하다. 그러한 모호한 태도는 〈베를린의 하늘〉에서 비로소 극복되는데, 그것은 도시의 '역사'를 발견함으로써 가능해진다.

## 도시의 알리스
## Alice in den Städten

1973년. 16㎜ 흑백. 110분.
각본: 빔 벤더스. 촬영: 로비 뮐러.
편집: 페터 프르찌고다.
음악: 위르겐 크나이퍼. 출연: 뤼디거 포글러(Rüdiger Vogler), 옐라 로트랜더(Yella Rottländer), 리자 크로이쩌(Lisa Kreuzer).

〈줄거리〉 독일인 저널리스트 필립 윈터(포글러)는 잡지사 기사청탁을 받고 미국을 여행하지만 한 줄의 글도 쓰지 못한다. 글쓰기를 포기하고 독일로 돌아가던중 그는 본의 아니게 알리스(로트랜더)라는 소녀를 떠맡게 된다. 알리스를 버리고(?) 떠나버린 어머니를 찾아 암스테르담에서 라인강변까지 함께 여행하며 이들 사이에는 서서히 우정이 생겨난다.

〈W.W.〉 "〈도시의 알리스〉의 아이디어는 척 베리(Chuck Berry: 미국의 흑인 로큰롤 가수/기타 연주자)의 노래 〈멤피스(Memphis)〉에서 떠올랐다. 가사중에서 척 베리는 한 '여인'에 대해 노래하는데, 노래의 끝에 가서야 그 '여인'이 6살난 소녀임이 밝혀진다. 영화 〈도시의 알리스〉의 후반부에서 주인공 필립이 척 베리 컨서트에 가서 〈멤피스〉 연주를 듣는 장면을 넣은 까닭이 여기에 있다…

〈도시의 알리스〉는 또한 폴라로이드(Polaroid: '즉석인화 카메라'로 유명한 미국의 사진기재회사) 카메라와 '미국'으로부터 영감을 얻은 영화이다. 미국에 머물렀을 때 나는 찍자마자 눈앞에서 사진이 뽑혀나오는 폴라로이드 카메라에 매혹되었고 그래서 수많은 사진을 그 카메라로 찍었다. 나는 내가 폴라로이드로 찍은 첫 사진을 아직도 간직하고 있다…

〈도시의 알리스〉의 시나리오를 쓰던 중 나는 피터 보그다노비치(Peter Bogdanovich)의 〈종이달(Paper Moon)〉을 시사회에서 보고 큰 충격을 받았다. 왜냐하면 〈종이달〉의 내용과 인물설정이, 그리고 흑백영화라는 점까지도 내가 생각했던 〈도시의 알리스〉와 너무도 비슷하였기 때문이다. 낙담하여 포기상태에 빠진 나를 오히려 격려해 준 것은 새뮤얼 풀러(Sammuel Fuller) 감독이었다. 내 이야기를 듣자 그는 대답하길, "아, 그런 문제라면 나도 여러번 겪었지. 어차피 이야기거리는 한정돼 있기 마련이니까(There is only a handful of stories). 모든 영화는 제한된 숫자의 줄거리들의 변용일 따름이야." 우리는 〈종이달〉을 함께 다시 보았고, 그는 내가 그에게 〈도시의 알리스〉에 대하여 끊임없이 이야기하도록 시켰다. 그에게 '내 방식으로' 이야기하면서 비로소 나는 〈도시의 알리스〉가 '내' 영화라는 확신을 갖게 되었다."

솔베익 도마틴,
빔 벤더스.

> **새뮤얼 퓰러(Samuel Fuller)**: (1911-) '컬트'영화를 이야기할 때 빼 놓을 수 없는 미국의 원로감독. 1940년대에 시나리오 작가로 출발한 이래 아직까지 활동하고 있다. 〈미국 친구〉, 〈사물의 상태〉에 조연으로 나오기도 한 벤더스의 '미국 친구.' 우리나라에는 〈마담엠마(Streets of No Return)〉와 〈마견(White Dog)〉이 최근 소개되었다.

## 미국 친구
## Der Amerikanische Freund

1977년. 35㎜ 색채. 123분.
원작: 패트리시아 하이스미스(Patricia Highsmith)의 〈리플리의 게임(Ripley's Game)〉. 각본: 빔 벤더스. 촬영: 로비 뮐러. 편집: 페터 프르지고다.
음악: 위르겐 크나이퍼.
출연: 브루노 간쯔(Bruno Ganz), 데니스 호퍼(Dennis Hopper), 리자 크로이쩌, 제라르 블랭(Gérard Blain), 니콜라스 레이(Nicholas Ray), 새뮤엘 퓰러(Samuel Fuller), 빔 벤더스.

〈줄거리〉 함부르크에서 사는 액자공 조나단 짐머맨(간쯔)은 자신이 불치의 병에 걸린 시한부 인생이라는 사실을 정체가 분명치 않은 미국인 미술품 브로커 리플리(호퍼)로부터 듣게 된다. 리플리는 짐머맨에게 청부살인을 부탁하며 그 대가로 짐머맨이 아내와 아들에게 유산으로 물려줄 수 있는 거액을 약속한다. 리플리의 제안에 따르기로 한 짐머맨은 지시대로 파리의 지하철에서 한 사내를 죽이고, 음모와 우연과 모험이 뒤얽힌 세계로 빠져든다.

〈W.W.〉 "패트리시아 하이스미스(미국의 여류 추리소설 작가. 히치코크의 걸작 〈기차 속의 이방인들(Strangers on a Train)〉의 원작자)의 소설을 영화화하는 것은 나의 오랜 소망 중의 하나였다. 그러나 그녀의 주요작품들은 이미 영화화되었거나 영화판권계약이 끝난 상태였다. 그러한 나를 가엾이(?) 여긴 그녀는 집필중인 원고를 나에게 보냈는데, 〈미국 친구〉의 원작인 〈리플리의 게임〉이 바로 그것이다(벤더스는 친구 한트케를 통하여 하이스미스와 알고 지내는 사이였다). 원작의 주인공은 파리에 살면서 함부르크에 와서 첫 살인을 하는데, 나는 별다른 생각 없이 영화 속에서 두 장소를 바꾸어 놓았다. 이 '뒤집기'가 지닌 의미의 중요성을 나는 나중에야 깨달을 수 있었다…

주인공 리플리 역에는 처음부터 데니스 호퍼를 생각하고 있었다. 그러나 리플리의 '게임'에 희생자가 되는 조나단 역은 성격설정이 분명히 떠오르지 않았고, 그래서 캐스팅에도 어려움을 겪었다. 나는 우선 조나단의 직업을 정의하는 것으로부터 시작하였다. 나는 그가 나와 같은 직업을 가진, '액자 만드는 기술자=영어로 '프레임 메이커(frame maker)'=영화의 '프레임'을 만드는 사람=영화감독'이라는 데 착안하였다. 그는 영화의 '선사'시대에 등장했던, 착시현상을 이용한 시각기구들을 수집하고 있으며, 그의 집과 작업실 곳곳에 이 기구들을 진열해 놓았을 것이었다. 이런 식으로 그를 둘러싸고 있는 사물들, 그리고 그가 생활하는 공간들을 시각화 함으로써 조나단에 대하여 확실히, 구체적으로 성격을 부여할 수 있었다."

**〈미국 친구〉에 조연으로 출연한 8명의 감독:** (그리고 대표작 한편) 1. 데니스 호퍼〈이지 라이더〉 2. 니콜라스 레이〈이유 없는 반항〉 3. 새뮤엘 풀러 〈빅 레드 원〉 4. 제라르 블랭〈펠리칸〉 5.장 유스타슈 〈엄마와 창부〉 6. 페터 릴리엔탈 〈페퍼민트 검〉 7. 다니엘 슈미트 〈라 팔로마〉 그리고 8. 빔 벤더스

# 5. 문화, 산업, 예술

## 헐리우드와 유럽 사이

"양키들이 우리의 무의식을 식민지화했어(The Yanks have colonized our subconscious)." —〈시간의 항해〉에서—

벤더스에 관한 비평문들에서 위 대사는 '새로운 독일영화(New German Cinema)'작가의 하나로서 벤더스가 '문화제국주의(cultural imperialsm)'에 보인 관심을 압축한 귀절로서 흔히 인용된다. 그러나 벤더스의 영화들이 문화제국주의에 대하여 '심각하게' 생각한다고 보기는 사실 어렵다. 적어도 그가 미국의 대중문화(로큰롤과 헐리우드 영화)를 거부하고 있지는 않다는 것이 정확한 해석일 것이다. 미국 대중문화의 세례를 받으며 자라난 세대들이 '철'이 들어서야 자신들의 '민족적' 전통에 대하여 무지함을 깨닫고 느끼는 당혹감이 위 대사가 나타내고자 한 본래의 뜻에 가까우리라.

그러나 벤더스는, 마치 자신이 직접 만들어낸 위의 표현에 책임을 지려는 듯, '새로운 독일영화작가' 중 가장 먼저 헐리우드 '진출'이라는 모험을 감행한다. 그것은 '새로운 헐리우드'의 주역이 되기를 꿈꾸던 코폴라의 유혹(?)에 의하여 이루어졌다. 그러나 벤더스의 헐리우드 시기는 4년간의 우여곡절 끝에 완성된 〈해밑〉 한 편으로 마감되며, 이 기간 동안 그는 제작자와의 갈등, 수차례에 걸친 개작, 기약 없는 제작중단, 그리고 영화 전체를 다시 찍는 등 헐리우드 시스템의 온갖 '쓴맛'을 경험한다.

그래서 이 기간 동안 그가 만든 〈물위의 번개〉가 니콜라스 레이의 죽음을 다루고 있음은 각별한 의미를 띤다. 왜냐하면 레이는 벤더스가 도전했던—그리고 패배했던—헐리우드 제작시스템 속에서 살아남은 몇 안되는 '작가' 중의 하나였기 때문이다.

〈해밑〉의 경험을 바탕으로 벤더스는 〈사물의 상태〉를 만들게 되는데, 이 영화의 결말부분은 그가 체험한 헐리우드의 실체를 풍자한 복수극으로 읽힐 수도 있다. 〈사물의 상태〉를 발표함으로써 벤더스는 자신이 '유럽인'임을 확실히 선언했으며, 유럽의 영화인들은 이 작품에 베니스영화제 그랑프리를 줌으로써 '돌아온 탕아(?)'를 애정으로 받아들였다.

## 해밑
## Hammett

1978-1982년. 35㎜ 색채. 94분.
원작: 조 고어스(Joe Gores).
각본: 조 고어스, 탐 포프(Tom Pope), 데니스 오플래허티(Dennis O'Flaherty), 로스 토마스(Ross Thomas).
촬영: 조 비로크(Joe Biroc), 필립 라슬로프. 편집: 배리 맬킨(Barry Malkin). 음악: 존 배리(John Barry).
출연: 프레드릭 포레스트(Frederic Forrest), 피커 보일(Peter Boyle), 마리루 헤너(Marilu Henner), 로이 키니어(Roy Kinnear), 리디아 레이(Lydia Lei), 엘리샤 쿠크(Elisha Cook), 알지 암스트롱(RG Armstrong), 새뮤엘 퓰러.

〈줄거리〉 은퇴한 사설탐정 해밑(포레스트)은 그의 옛 동료였던 지미 라이언(보일)의 체험담을 소설화하여 잡지에 연재한다. 그러나 실존인물 라이언이 샌프란시스코에 다시 나타나자 해밑은 차이나타운 암흑가의 세계에 발을 디디게 되는데, 이때의 경험은 훗날 그가 발표한 걸작 탐정소설들의 바탕을 이룬다.

〈W.W〉 "〈해밑〉은 주문받은 작품이었다. 내가 코폴라로부터 대쉴 해밑(Dashiel Hammett: 미국의 대중소설작가. 〈말타의 매〉 등 필름 느와르 걸작들의 원작자로 유명함)에 관한 영화를 만들어 보지 않겠느냐는 제의를 받은 것은 1977년 크리스마스였다. 그때 나는 마침 해밑의 소설 〈붉은 추수(Red Harvest)〉를 다시 읽고 있는 중이었고, 이러한 우연의 일치 때문에 코폴라의 제안에 더욱 흥미를 느끼지 않을 수 없었다…

내가 이 영화를 만들고 싶었던 것은 해밑이라는 인물의 경력—탐정이었고, 병 때문에 탐정일을 못하게 되자 자신이 알고 있는 실화들을 쓰는 르포작가가 되었고, 마침내는 독특한 스타일을 창조한 소설가가 되기까지—이 강하게 나를 끌었기 때문이었다. 나는 한 사람의 독창적인 '작가'가 만들어지는 과정의 비밀을 파헤쳐 보겠다는 야심을 가졌으며 코폴라도 그러한 내 뜻에 동감하였다…

그러나 제작사 오리온은 '미국식' 액션영화를 원했으며, 1차 편집된 영화를 본 프로듀서 코폴라의 반응 또한 "제작사가 이 상태로는 받아들이지 않으리라"는 것이었다…

시나리오 작가가 3번 바뀌었고, 나는 영화 전체를 완전히 다시 찍는 경험을 해야만 했다. 마지막 편집을 마치고보니, 1차 촬영분이 영화 전체의 30%를, 그리고 2차 촬영분이 나머지 70%를 채우고 있었다…"

**프란시스 코폴라(Francis Coppola):** 〈대부〉〈지옥의 묵시록〉으로 알려진 미국 영화감독. 제작에도 손을 대어 "영화의 미래"를 보여주겠다며 조트로프(Zoetrope) 스튜디오를 설립, 운영하였으나 계속되는 흥행실패로 '거물제작자(mogul)'의 꿈을 이루지 못하였다. 벤더스, 구로자와 아끼라, 고다르, 오손 웰즈 등의 작품을 기획·지원하기도 함.

## 사물의 상태
## Der Stand Der Dinge /The State of Things

1981년. 35㎜ 흑백. 127분.
각본: 빔 벤더스, 로버트 크레이머(Robert Kramer).
촬영: 앙리 알르깡(Henri Alekan).
편집: 페터 프르찌고다.
음악: 위르겐 크나이퍼.
출연: 패트릭 바우커(Patrick Bauchau), 알렌 가필드(Allen Garfield), 이자벨 웨인가튼(Isabelle Weingarten), 새뮤엘 퓰러, 로저 콜만(Roger Corman), 제프리 캐리(Geoffrey Carey).

〈줄거리〉 유럽 대륙의 서쪽 끝, 포르투갈 해변에서 한무리의 영화인들이 '유럽식 예술영화'를 찍고 있다. 어느날 제작자가 미국으로 자취를 감추자 촬영이 중단되고, 영화인들은 도망간 제작자를 기다리며 하릴없이 하루하루를 흘려보낸다. 기다리다 못한 감독은 제작자의 행방을 좇아 헐리우드로 날아가는데, 그곳에서 그는 마피아에 쫓기고 있는 제작자를 발견한다.

〈W.W.〉 "1980년 겨울, 〈해밑〉의 1차 촬영과 2차 촬영 사이에 나는 잠시 스위스에 머물렀다. 친구 이자벨 웨인가튼이 그때 라울 루이즈(Raoul Ruiz) 감독의 영화 〈영토(Le Territoire)〉를 기획중이어서, 나는 그녀도 만날 겸 리스본 근처 바닷가의 촬영현장을 찾아갔다…

그곳은 영화 촬영하는 곳 같지 아니하였다. 꿈과 같은 분위기, 낙원인 듯, 피크닉 나온 듯, 그렇게 그들은 영화를 만들고 있었다. 나는 며칠 그곳에 머물며 촬영을 도왔는데, 〈해밑〉을 촬영하며 헐리우드식 제작방식에 지쳤던 나에게 그 며칠간은 꿈 같은 경험을 주었다. 숲에 둘러싸인 안식처에서, 평온하게 영화를 찍는 모습은 마치 잃어버린 낙원을 보는 듯 하였다…

그곳에서 나는 생각했다. '여기 영화를 만들기 위해 필요한 모든 것이 있다. 바다, 기막힌 풍경, 유럽의 서쪽 끝이면서 미국과 가장 가까운 장소, 그리고 이미 짜여진 배우들과 스탭의 팀까지.' 나는 이 장소가 갖는 의미를 당시의 나의 상황, 곧 헐리우드에서 영화를 만들고 있는 유럽 출신 감독의 고뇌, 두 '대륙' 사이의 갈등에 결부시키고 싶었다. 나는 촬영기사 앙리 알르깡을 비롯한 기술진들, 그리고 배우들에게 이 영화촬영이 끝나자마자 곧 같은 장소에서 한 편 더 영화를 찍을 수 있겠냐고 물었다. 그들은 모두 '물론'이라 대답했지만, 내 질문을 심각하게 받아들이는 눈치는 아니었다. 뉴욕에 돌아온 나는 급히 제작비를 끌어모았고, 한달 후 〈사물의 상태〉 촬영을 시작할 수 있었다…"

**앙리 알르깡(Henri Alekan):** (1909–) 프랑스의 '원로'촬영기사. 르네 끌레망 감독의 〈철도의 전쟁(La Batail du Rail)〉과 장 꼭또의 〈미녀와 야수〉가 대표작. 신비감을 자아내는 흑백화면과 유려한 카메라워크가 특징이다. 벤더스의 〈사물의 상태〉와 〈베를린의 하늘〉을 촬영.

# 6. 통일 이전의 독일 하늘 아래

## 천사의 눈과 역사의 장벽

습작기의 단편영화와 다큐멘터리를 제외한다면, 벤더스는 오리지널 시나리오에 의한 영화는 흑백으로(〈도시의 알리스〉, 〈시간의 항해〉, 〈사물의 상태〉), 원작소설을 각색한 영화는 색채로(〈페널티킥…〉, 〈주홍글씨〉, 〈빗나간 동작〉, 〈미국친구〉, 〈해밑〉, 〈파리, 텍사스〉) 찍는다는 자기 나름대로의 원칙을 변함없이 지켜왔다.

벤더스가 한트케와 함께 시나리오를 창작한 〈베를린의 하늘〉은 이러한 원칙을 따르듯 흑백화면으로부터 시작한다("천사는 색채를 느끼지 못하리라 상상했다"고 벤더스는 한 인터뷰에서 말했다). 그러나 영화 도중 천사 다미엘이 서커스에서 공중곡예를 벌이는 마리온을 처음 보는 시퀀스에서 갑자기 화면은 색채로 바뀐다(이때 마리온은 닭털로 만들어진 '가짜 날개'를 달아 천사의 모습을 흉내낸 형상을 하고 있다). 관객들은 이 장면에서 표현하기 어려운 충격을 받게 되는데, 그것은 벤더스가 자신의 원칙을 깬 데 대한 놀라움 때문은 물론 아니고, 마치 색채라는 현상을 난생 처음 느끼는 듯한 신선한 경험을 장면이 유도하기 때문이다. '천사의 시점=흑백화면' '인간의 시점=색채화면'이 〈베를린의 하늘〉에서 벤더스가 고안한 또 하나의 원칙인데, 여기서 또 다른 흑백/색채의 대비에 주목해야 할 것이다. 그것은 2차 대전의 폐허를 보여주는 흑백 다큐멘터리의 삽입장면과, 다미엘이 천사이기를 포기하고 인간이 되어 나타날 때 보이는 베를린 장벽 위 낙서들의 현란한 색채이다.

벤더스가 〈베를린의 하늘〉에서 흑백과 색채라는 영화의 메커니즘을 이전의 영화에서와는 다른 방식으로 사용하고 있음은 무엇 때문일까? 그것은 자신의 작품세계가 근본적으로 변화하고 있음을 그에게 이미 익숙해진 관객들에게 알리는 은밀한 메시지로 해석할 수도 있고, 자신의 영화를 세계의 '현실'과 떼어놓고 분석해 온 비평가들에 대한 불만의 표시일 여지도 있다. 그리고 이러한 추측은 〈베를린의 하늘〉이 벤더스 영화로서는 처음으로 '역사'를 텍스트 안에 구체적으로 끌어들이고 있다는 관점에서 볼 때 어느 정도 타당성을 지닌다.

## 빗나간 동작
## Falsche Bewegung

1975년. 35㎜ 색채. 103분.
원작: 괴테(Goethe)의 〈빌헬름 마이스터의 수업시대〉. 각본: 페터 한트케.
촬영: 로비 뮐러. 편집: 페터 프르찌고다.
음악: 위르겐 크나이퍼.
출연: 뤼디거 포글러, 한나 쉬글라(Hanna Schygulla), 이반 데스니(Ivan Desny), 마리안느 호페(Marianne Hoppe), 한스 블레흐(Hans Blech), 나스타샤 킨스키.

〈줄거리〉 독일 북부의 항구도시 글뤽스타트에 사는 청년 빌헬름(포글러)은 '작가가 되기 위하여' 무작정 가출한다. 여행을 떠난 그는 나이든 가수, 여배우, 서커스 소녀, 시인 등 기묘한 인물들을 만나 갖가지 경험을 하게 된다. 여행/영화의 끝에서 다시 혼자가 된 그는 독일의 남쪽 끝에 자리한, 독일에서 가장 높은 산에 오른다.

〈W.W.〉 "〈도시의 알리스〉를 완성한 후 나는 다음 작품에 대한 아이디어가 없어 쉬고 있었다. 그러면서 TV 방송국 청탁으로 단편영화를 만들던 중, 한트케가 전화를 걸어왔다. 〈페널티킥…〉을 찍을 때 이야기했던 우리의 계획, 괴테의 〈빌헬름 마이스터의 수업시대〉를 현대판으로 각색하는 작업을 계속하자는 것이었다. 우리는 〈빌헬름 마이스터…〉가 담고 있는 '해방된 움직임(예컨대 세계를 더 잘 이해하기 위하여 떠나는 '정처없는' 여행)'이 현대세계에서는 아무 곳에도 도달 못한 채, 아무 것도 얻지 못한 채 끝나리라는 점에 초점을 맞추기로 했다. 그래서 영화의 주인공은 세계를 이해하리라는 희망을 품고 길을 떠나는 젊은이로 정했고, 그가 여행을 계속할수록 오히려 점점 더 세계를 이해할 수 없게 되는 줄거리로 가기로 했다. 결국 영화의 끝에서 그는 자신의 노력이 헛되었음을, 자신이 출발한 곳에서 한치도 벗어나지 못하였음을 깨닫는다. 〈빗나간 동작〉이라는 제목은 그래서 나온 것이다…

한트케는 시나리오의 대사 부분만을 써서 나에게 보내왔다. 그 대사들을 토대로 나는 자유롭게 장면을 구사하고 연출을 하였는데, 한트케가 쓴 대사만큼은 단 한 단어도 바꾸지 아니하였다. 그리고 편집이 끝난 상태에서 영화를 함께 보며 주인공의 내면에서 나오는 독백들을 써서 첨가하였다…

서커스 소녀 미뇽(Mignon) 역을 맡을 십대소녀를 찾는 일이 큰 문제였다. 그러던 어느날 디스코데크에 갔다가 눈에 확 띄는 소녀를 발견하였다. 그녀는 진정 아름다웠고, 그녀의 눈과, 멈추고 움직이는 동작마다에 '무엇'인가가 깃들어 있었다. 그녀는 자신의 이름이 스타시(Stassi)라고 하였는데, 출연교섭을 위해 그녀의 부모를 만나고 나서야 우리는 그녀의 아버지가 배우 클라우스 킨스키임을 알았다. 그녀의 본명은 나스타샤 킨스키였다…"

**나스타샤 킨스키(Nastassia Kinski):**
〈테스〉〈캣피플〉로 우리에게 잘 알려진 여배우. 14세 때 벤더스의 〈빗나간 동작〉에 출연하면서 데뷔하였다. 9년 후 〈파리, 텍사스〉에서 다시 벤더스와 함께 일함. 아버지는 〈아기레, 신의 분노〉 〈노스페라투〉 등 헤어조그 감독 영화에서 열연한 배우 클라우스 킨스키.

## 베를린의 하늘
## Der Himmel über Berlin

1987년. 35mm 흑백/색채. 128분.
각본: 빔 벤더스, 페터 한트케.
촬영: 앙리 알르깡.
편집: 페터 프르찌고다. 음악: 위르겐 크나이퍼. 출연: 브루노 간쯔, 솔베익 도마틴(Solveig Dommartin), 오토 산더(Otto Sander), 쿨트 보이스(Curt Bois), 피터 포크(Peter Falk).

〈줄거리〉 분단 독일의 상징, 장벽이 있는 도시 베를린에는 사람들의 눈에 보이지 않는 수많은 천사들이 머물고 있다. 그중 두 천사, 다미엘(간즈)과 카시엘(산더)은 사람들의 내면의 목소리에 귀를 기울이고 기록하는 임무를 지닌 영생불멸의 존재들이다. 어느날 다미엘은 서커스에서 천사의 날개를 타고 줄타기 곡예를 보이는 여인 마리온(도마틴)을 보고 그녀를 사랑하기 위하여 인간이 되기로 결심한다. 따뜻한 몸을 지닌 인간으로 다시 태어난 다미엘은 자취를 감춘 마리온을 찾아 헤매고, 어느 록카페에서 그녀를 만난다.

〈W.W.〉 "〈파리, 텍사스〉를 완성한 이후 수년간 나는 베를린에서 살았다. 나는 오랜 시간 내 나라를 떠나왔던 사람의 눈으로 이 도시를 바라보면서, 조금씩 고향처럼 편안한 느낌을 받기 시작하였다. 〈이 세상 끝까지〉를 착수하기 전에 나는 한 편의 영화를 찍기로 하였는데, 그 영화를 베를린에서 찍어야겠다는 생각에서부터 〈베를린의 하늘〉은 출발하였다…

나의 메모에는 이렇게 기록되어 있다.

'나는 베를린에서, 베를린에 관한 영화를 만들고 싶다. 2차 대전 이후 지금까지 이 도시에 대한 생각을 담은 영화. 베를린에서 촬영된 다른 영화들이 놓친 것들을 마침내 드러낼 영화. 이 도시에서의 삶을 다른 도시에서의 것과 그토록 뚜렷이 구별짓는 무엇인가를 보여줄 수 있는 영화를…'

이 도시를 방문함은 내가 진정으로 독일을 체험할 수 있는 유일한 경험을 뜻한다. 왜냐하면 이 도시에서 역사는 물질로서, 그리고 정서로서 존재하기 때문이다. 독일연방공화국(서독)의 다른 곳에서 역사는 부정되거나 부재할 따름이지만, 이 도시에서 사람들은 역사를 '살고' 있는 것이다…베를린은 분열되어 있다. 우리의 세계, 우리의 시대, 남자와 여자, 구세대와 신세대, 부자와 가난한 자, 그리고 우리의 모든 경험처럼. 그래서 나는 이야기한다. 베를린은 다른 어떤 도시보다도 현실적이며, 그것은 하나의 도시 이상이라고…공통의 진실을 가진 도시에 살며, 미래와 과거에서 온 보이지 않는 인물들과 만나는 것. 이것이 나의 소망이며, 이 영화가 걸어갈 길이다."

**벤더스가 〈베를린의 하늘〉을 바친 3인의 영화작가:** 〈베를린의 하늘〉에는 "야스지로, 프랑스와, 안드레이에게"라는 자막이 영화의 마지막에 나온다. 이들은 각각, 오즈 야스지로(Yasujiro Ozu)(1903-1963): 〈도쿄-가〉를 보라. 프랑스와 트뤼포(François Truffaut)(1932-1984): 프랑스 누벨 바그의 대표적 감독. 안드레이 타르코프스키(Andrej Tarkowski)(1932-1986): 말년에 서방으로 망명한 소련 영화작가.

# 7. 영화, 삶과 죽음의 다큐멘터리

## '영화 아버지' 니콜라스 레이와 오즈 야스지로

벤더스의 모든 영화에 공통된 주제가 있다면, 그것은 아마도 '이미지'와 '현실'의 관계에 대한 성찰일 것이다. 〈페널티킥…〉에서처럼 그 주제는 극영화의 내러티브와는 관계없이 영화 속 '제2의 내러티브(벤더스의 표현에 따르면 '상상적 영화')'에 숨어 있기도 하고, 〈도쿄-가〉에서처럼 텍스트의 표면에 그대로 드러나 있기도 하다.

벤더스가 이미지와 현실의 관계를 관객에게 환기시키려 즐겨 사용하는 기법은 기존의 이미지를 '인용'하는 방식이다. 초기의 극영화들은 영화텍스트를 직접 인용하기보다는 특정작가의 스타일을 모방/인용하는데, 〈빗나간 동작〉과 독일 표현주의 영화의 유사성, '히치코크+레이+스콜세지'로 요약되는 〈미국 친구〉가 그러하다(〈시간의 항해〉는 또한 워커 에반스의 사진에서 영향을 받았음을 벤더스는 밝히고 있다). 그리고 그의 두 편의 장면 다큐멘터리, 〈물위의 번개〉와 〈도쿄-가〉에서 영화 텍스트가 직접 인용되고 있다.

〈물위의 번개〉에서 니콜라스 레이는 뉴욕의 한 대학의 초청으로 자신의 작품세계에 대하여 학생들에게 강연한다. 여기서 그가 학생들에게 보여주는 작품은 〈튼튼한 남자들(The Lusty Men)〉(1952)이다. 레이의 강연장면에 앞서, 벤더스는 이 영화의 한 시퀀스를 그대로 〈물위의 번개〉에 삽입해 넣었다. 〈물위의 번개〉에는 또한 레이가 벤더스와 함께 만들고 있던—〈닉의 영화(Nick's Movie)〉 라고 임시로 불리웠고, 끝내 완성되지 못한—영화의 장면들이 그대로 쓰이고 있다. 〈닉의 영화〉는 〈물위의 번개〉에 나오는 '영화 속의 영화'인 셈인데, 때로는 '본영화'와 '영화 속의 영화'의 구분이 모호하게 처리되기도 한다.

〈도쿄-가〉는 오즈 감독의 〈도쿄 이야기(東京物語: Tokyo Story)〉(1953)의 첫장면을 인용하면서 시작하고, 마지막 시퀀스를 또한 보여주면서 끝난다. 흥미로운 것은 인용장면들의 화면에 불어자막이 들어가 있다는 사실이다. 이 영화에 벤더스는 영어로 직접 나래이션을 넣었다. 그렇다면 왜 영어자막판 아닌 불어자막판을 인용하였을까? 이것이 의도적인 선택이었다면, 벤더스는 자신이 오즈의 영화와 처음 만났던 파리의 시네마떼끄를 떠올렸기 때문일지도 모른다.

## 물위의 번개, 닉의 영화
## Lightning over Water; Nick's Movie

1979–1980년. 35mm 색채. 91분.
각본 · 감독: 빔 벤더스, 니콜라스 레이.
촬영: 에드 라크맨(Ed Lachman),
마틴 쉐퍼(Martin Schaffer),
비디오촬영: 탐 파렐.
편집: 페터 프르찌고다, 빔 벤더스.
음악: 로니 블레크리(Ronee Blakley).
출연: 빔 벤더스, 니콜라스 레이,
수잔 레이(Susan Ray), 팀 레이(Tim Ray),
제리 배먼(Gerry Bamman), 로니 블레크리.

〈줄거리〉 암에 걸려 죽어가는 헐리우드 명감독 니콜라스 레이는 그의 마지막 영화를 빔 벤더스와 함께 만들기를 바란다. 레이의 뉴욕 아파트에서 촬영이 진행되는 한편 벤더스는 레이의 생활을 자신의 촬영팀을 끌고와 기록한다. '마지막 영화'를 완성못한 채 레이는 죽고, 벤더스와 스탭들은 뉴욕 항구에 띄운 중국 정크선 안에 모여 레이의 영화와 그들의 영화에 대하여 이야기한다.

〈W.W.〉 "〈해밑〉 제작이 중단되고 시나리오가 새로 씌어지던 몇주 동안의 기간에 나는 뉴욕으로 가서 니콜라스 레이를 만났다. 〈미국친구〉에 레이가 출연한 것을 계기로 우리는 친구처럼 지내왔는데, 이때 그는 세 차례나 수술을 받으며 암과 투병중이었다. '약간만 일할 기력이 있다면, 적은 돈으로 자그마한 영화를 하나 만들고픈데…' 라고 그는 이야기했고, 나는 친지들로부터 돈을 끌어모으고 촬영팀을 짜서 그의 희망을 현실로 옮기고자 노력하였다. 그가 이미 준비해둔 시나리오들을 찍기에는 예산과 시간이 부족하였으므로, 그는 〈미국 친구〉에서 자기가 맡았던 역에 자신의 현실이야기를 덧붙여 짧은 시나리오 한 편을 새로 써냈다…

내가 닉(니콜라스의 애칭)에게 직접 주연을 맡으라 권유하자 그는 이렇게 대답하였다. "찬성이네, 그렇지만 자네도 출연한다는 조건으로. 자네도 자신을 드러내야만 해(You have to expose yourself too)." 이렇게 해서 〈물위의 번개〉 촬영은 시작되었다. 나는 그의 건강을 염려하여 의사들에게 닉이 촬영작업을 견딜 수 있을지 물어보았는데, 그들의 의견은 '절망 속에 빠져 있느니 작업에 기운을 쏟는 편이 낫다'는 것이었다…

우리는 닉의 생애의 거의 마지막까지 작업을 함께 하였다. 우리는 심지어 그가 다시 입원하게 되자 병원까지 따라가 비디오로 촬영을 계속하였다…나는 연기경험이 없어서 철저하게 닉의 지도를 받아야만 했다. 나의 서투른 연기에 닉은 자주 웃음을 터뜨렸고, 그럴수록 나는 대사까지 까먹으며 쩔쩔매곤 하였다…"

**니콜라스 레이(Nicholas Ray)**:(1911–1980) 미국의 영화감독. 액터즈 스튜디오(Actor's Studio)에서 연기수업을 한 뒤 엘리아 카잔(Elia Kazan)의 조감독을 거쳐 감독이 되었다. 필름 느와르

〈그들은 밤으로 산다(They Live by Night)〉, 웨스턴〈자니 키타〉, 성서사극 〈왕중왕〉, 대작 〈북경의 55일〉, 그리고 제임스 딘 주연의 〈이유 없는 반항〉을 남김.

## 도쿄—가
## Tokyo-Ga/ 東京畵

1983-1985년. 16㎜ 색채, 80분.
각본: 빔 벤더스. 촬영: 에드 라크맨.
편집: 빔 벤더스, 솔베익 도마틴.
음악: 위르겐 크나이퍼.
출연: 빔 벤더스(나래이션),
류 찌스(笠智衆: Chishu Ryu), 아쯔다
유하루 (厚田雄春: Yuharu Atsuta),
베르너 헤어조그(Werner Herzog),
크리스 마르케르(Chris Marker)

〈줄거리〉 일본영화의 거목 오즈 야스지로(小津安二郎: Yasujiro Ozu)의 영화 〈동경이야기〉의 타이틀백 화면 위로 벤더스의 독백이 깔리면서 이 '영화로 쓴 일기'는 시작한다. 벤더스와 그의 카메라맨 에드 라크맨은 오즈의 영화 속의 일본과 오늘날의 일본을 비교하기 위하여, 그리고 오즈의 세계를 더 깊이 이해하기 위하여 16㎜ 카메라와 워크맨 녹음기를 들고 일본을 찾는다. 그들의 여행은 비행기 안에서 시작하여 도쿄의 오늘의 모습, 오즈 영화 대부분에 주연을 맡았던 류 찌스와의 인터뷰를 거쳐 오즈의 카메라맨 아쯔다 유하루와의 인터뷰에서 끝난다. 그리고 〈동경이야기〉의 마지막 부분을 인용함으로써 영화는 마무리 지어진다.

〈W.W〉 "〈도쿄가〉는 나의 개인적인 프로젝트로부터 시작하였다. 1982년 나는 프랑스 TV 방송국의 청탁을 받아 두 편의 '영화에 관한 단편영화'—〈리버스 앵글〉과 〈666호실〉—를 만들었고, 기회가 주어지면 그러한 작업을 계속하고 싶은 마음이었다. 〈파리, 텍사스〉 촬영이 시작되기 몇달 전 나는 도쿄에서 열린 독일영화 주간에 초대되었으며 이 기회를 또 한편의 '영화에 관한 영화'를 만드는 데 이용하기로 계획하였다.

나는 오즈의 자취를 더듬는 영화를 만들 생각이었지 도쿄에 대한 영화를 처음부터 의도했던 것은 아니었다. 단지 도쿄에 머무는 동안 몇 장소를 방문하여 약간의 장면들을 촬영해 두었을 따름이다…

나는 〈파리, 텍사스〉를 완성한 후에야 비로소 〈도쿄-가〉의 랏슈 필름을 보았고, 촬영후 2년이 지나서 편집을 마쳤다. 이 과정에서 나는 다큐멘터리의 편집이 극영화보다 훨씬 복잡하다는 것을 깨닫게 되었다. 이미지의 논리를 재발견하고 전체가 조리 있는 조화를 이루도록 형태를 부여하는 작업에서 다큐멘터리는 극영화보다 훨씬 더 끈질김을 요구하였다…"

**오즈 야스지로(小津安二郎):** (1903-1963) 1920년대 무성영화에서 1960년대초까지 활동하였던 일본 영화사상 최고의 거장. 일본 서민계층의 진솔한 묘사를 통해 현대 일본 사회의 풍속도를 그려낸 리얼리스트이며, 특히 후기작에서 보인 탈헐리우드적 영화언어의 구사는 이후의 영화작가들에게 커다란 영향을 끼쳤다.

# 8. 로큰롤, 로드 무비, 텍스트

# 내러티브로서의 사운드 트랙

벤더스 영화에서 음악은 내러티브를 뒷받침하는 '배경'이나 동화(identification)의 장치로서 사용되는 '주제가' 이상의 의미를 지닌다. 대부분의 영화 속에서 그는 '배경' 또는 '주제'음악과 그렇지 않게 쓰인 음악을 세심하게 구분하여 들려준다. 전자는 그 영화를 위하여 창작된—〈해밑〉, 〈파리, 텍사스〉를 제외하면 모두 위르겐 크나이퍼에 의하여—오리지날 음악이며, 후자는 무척 다양한 방식으로 '인용'되는 기존의 음악이다.

초기영화들 속에서 '로큰롤 세대'의 작가가 만든 영화임을 강조하듯 이러한 인용들은 다소 혼란스럽게, 단편적으로 이루어진다. '배우' 데니스 호퍼가 자신이 '감독'했던 영화 〈이지 라이더〉의 주제가를 흥얼거리는 〈미국 친구〉의 한 장면은 이러한 '인용'의 가장 파격적인 예가 될 것이다. 로큰롤 애호가들은 그래서 마치 보물찾기라도 하듯 벤더스 영화 속에 튀어나오는 애청곡(?)들을 발견하는 즐거움을 누릴 수 있겠지만, 로큰롤 문화에 생소한 이들은 미로를 더듬는 듯한 느낌을 받기 십상이다.

이러한 경향은 벤더스의 80년대 영화에서는 훨씬 절제된 양상을 보인다. 기존의 음악의 인용은 줄어들고, 대신 내러티브로서의 음악의 사용에 더 관심을 기울이는 것이다. 예외적으로 위르겐 크나이퍼 아닌 라이 쿠더(Ry Cooder)가 음악을 맡은 〈파리, 텍사스〉가 좋은 예인데, 컨트리-블루스 스타일의 영화음악은 단순히 장면들을 뒷받침한다기보다는 음악이 그 자체로서 연결된 내러티브를 갖는 것이다. 그리고 〈베를린의 하늘〉에서 위르겐 크나이퍼의 클래시컬한 주제음악과 컨서트 장면의 록 음악 '인용'들은 이질적인 음악들이 한 영화 텍스트 안에 적절히 배치됨으로써 서로 충돌하기보다는 상호연관성을 갖게 되는 좋은 예를 보여준다.

벤더스 영화에서 음악이 중요성을 갖는 또 한 가지 이유는 그의 영화들이 대부분 로드 무비(Road Movie: 주인공들이 여행하는 줄거리를 갖고 있으며, 실재하는 장소의 지명이 그대로 나오는 영화)라는 사실에서도 찾을 수 있다. 인물들 사이의 관계묘사와 특정한 사건들로 이루어진 에피소드 사이에 주인공들이 이동하는 시퀀스가 들어감이 로드무비의 전형적 구성이며, 이 시퀀스들에 사용되는 음악이 영화 전체의 '분위기' 뿐만 아니라 영화의 주제를 뚜렷하게 드러내거나 암시하기 때문이다.

## 시간의 항해
## Im Lauf der Zeit

1976년. 35㎜ 흑백. 176분.
각본: 빔 벤더스. 촬영: 로비 뮐러.
편집: 페터 프르찌고다.
음악: 위르겐 크나이퍼. 출연: 뤼디거 포글러, 한스 찌슐러(Hans Zischler), 리자 크로이쩌.

〈줄거리〉 아내에게 이혼당하자 집과 직장을 버리고 나온 로베르트(찌슐러)는 우연히 알게 된 영사기 수리기사 브루노(포글러)와 일행이 되어 함께 여행한다. 동서독 국경지대의 황량한 도시들을 순회하며 쇠락해가는 시골극장들의 영사기를 수리하는 것이 브루노의 일이다. 두 사내가 만나고, 여행하고, 헤어지기까지 벌어지는 에피소드들이 이 영화의 전부.

〈W.W.〉 "이 영화의 시각적 이미지는 워커 에반스(Walker Evans: 미국의 다큐멘터리 사진작가)의 사진들, 곧 대공황시대의 미국 남부의 농촌과 사람들을 기록한 사진들에서 비롯되었다. 워커 에반스가 황량한 대공황시대의 미국남부를 사진에 담았듯, 〈시간의 항해〉 또한 동독과 서독 '국경' 부근 '버려진 땅'의 서독 쪽의 모습을 배경으로 하고 있다. 모든 사람이 떠나간, 텅빈, 희망 없는 땅—그것이 시대와 나라를 달리하는 이 두 지역의 공통점이다. 그러한 장소를 찍는 시각을 우리는 워커 에반스로부터 배우려 했던 것이다…

촬영을 시작할 때, 나는 두 인물의 성격, 그들의 첫 만남, 그리고 그들이 함께 여행한다는 설정 외에는 아무런 아이디어를 갖고 있지 않았다. 배우까지 포함하여 14명을 넘은 일이 없었던 우리 일행은 기재 일체와 함께 몇대의 차에 나누어 타고 촬영여행을 떠났다. 나는 매일밤 두 명의 주연 배우와 토론하여 다음날 촬영분 시나리오를 쓰기 시작했는데, 며칠 못 가—지나친 시간소모와 작업량 때문에—이 방식을 포기하고 혼자 시나리오를 써나갔다. 촬영에는 8주가 걸렸고, 촬영은 정확하게 영화의 줄거리 진행에 따라 순서대로 이루어졌다…

워커 에반스의 사진들은 촬영기간 내내 우리의 시각을 인도하였다. 여행 도중 로비 뮐러와 나는 마주치는 풍경이나 건축물에 워커 에반스의 사진처럼 우리의 눈을 끄는 요소가 있다는 이유만으로 그 장소에서 장면을 구상, 촬영한 적이 여러번 있었다…

촬영준비를 위하여 우리는 동·서독 경계에 자리잡은 모든 영화관들을 조사하였다. 그리고 목록에 올라 있는 영화관들의 반 이상이 이미 문을 닫았다는 사실을 발견하였다…"

**로비 뮐러(Robbie Muller):** 벤더스 영화의 카메라맨으로 국제적 명성을 얻은 당대 최고의 촬영기사 중의 하나. 네덜란드 출신이며, 벤더스가 영화학교 학생일 때 만나 〈미국 친구〉까지 그의 모

W.W.

든 영화를 찍었다. 〈파리, 텍사스〉〈이 세상 끝까지〉 또한 그의 솜씨로 촬영됨. 알렉스 콕스의 〈리포맨〉, 짐 자무쉬의 〈다운 바이 로〉〈미스테리 트레인〉, 윌리암 프리드킨의 〈늑대의 거리(To Love and Die in LA)〉도 그의 촬영.

## 이 세상 끝까지
## Jusqu'au Bout du Monde /Till the End of the World

1990-1991년. 70mm 색채, 180분.
각본: 빔 벤더스. 촬영: 로비 뮐러.
출연: 솔베익 도마틴, 윌리암 허트(William Hurt), 뤼디거 포글러, 잔느 모로(Jeanne Moreau), 막스 폰 시도우(Max Von Sydow), 짐 자무쉬(Jim Jarmusch), 샘 닐(Sam Neil).

〈줄거리〉 (1990년 11월 현재 촬영이 진행중인 영화. 지금까지 알려진 줄거리를 요약하면 다음과 같다.) 서기 2,000년. 한 여인(도마틴)이 한 남자(허트)를 찾아 길고 먼 여행길에 오른다. 5대양 6대주를 가로지르는 여행끝에 오스트레일리아의 황무지, '세상의 끝'에서 모든 등장인물들은 서로 만나게 된다.

〈W.W.〉 "〈이 세상 끝까지〉는 내가 지금까지 만든 영화 중 가장 오랜 기간 동안 준비해온 작품이다. 나는 1977년 오스트레일리아 여행중 이 영화의 시나리오를 쓰기 시작하였다. 오스트레일리아 내륙의 붉은 사막지대가 주는 한없이 넓고 막막한, 거대한 공허감을 표현하고 싶었던 것이다…

원래의 시나리오는 SF의 형태를 갖춘 것이었다. 7년 뒤 나는 똑같은 장소를, 이번에는 솔베익 도마틴과 함께 방문하였다. 여전히 그 풍경은 나의 내면으로부터 이야기를 끌어냈고, 그리하여 SF에 이제 사랑의 이야기가 덧붙여지게 되었다…

이 영화 속에서는 여러가지 언어가 사용된다. 영어, 프랑스어, 러시아어, 독일어,

중국어, 일본어, 스페인어 그리고 포르투갈어. 이 언어들이 말하여지는 땅에서 영화는 또한 촬영될 것이다. 세계를 일주하면서…

종종 나는 벗들과 함께 일하는 즐거움을 위하여 영화를 기획하곤 한다. 이 영화에는 오랫동안 함께 일하지 못했던 뤼디거 포글러가 나오며, 촬영기사 로비 뮐러와는 6년만에 다시 작업으로 만나게 된다. 또한 이 영화는 로비와 내가 함께 찍는 최초의 시네마스코프 영화이기도 하다…

이 영화는 15개국을 돌며 촬영할 계획이고, 규모와 복잡성에 있어서 준비작업은 진짜 '오디세이'라 불러도 과장이 아닐 것이다. 최소한 1년, 어쩌면 그 이상 나는 이 영화에 매달려야 하리라…

지난 3년간 나는 영화를 만들지 아니하였다. 내 프로덕션 회사는 그래서 위기를 맞고 있는데 영화작업에 들어가지 않고서는 더 이상 내 동료들의 봉급을 확보할 수 없음이 현실이다."

**짐 자무쉬(Jim Jarmusch):** 80년대에 가장 주목받은 '새로운' 미국영화작가 중의 하나. 뉴욕대학(NYU) 영화학과 재학중 〈물위의 번개〉 제작에 참여, 벤더스를 알게 되었다. 벤더스가 〈사물의 상태〉를 찍고 남은 필름을 빌려다 출세작 〈천국보다 낯설은(Stranger Than Paradise)〉을 완성하는 등 벤더스의 후원으로 성장한 감독.

# 11장 영화사상 걸작선

# 1895 — 1991, 91편의 '고전'

## 1

### 시민 케인

**Citizen Kane**

오손 웰즈(Orson Welles).

1941년. 미국. 120분.

25세의 젊은 감독 오손 웰즈의 데뷔작이며 대표작인 〈시민 케인〉은 작품의 규모와 기술적 완성도에서 당시의 헐리우드가 이룰 수 있었던 최상의 수준에 도달하였다. 동시에 이 영화는 그때까지의 헐리우드 영화의 이야기 관습을 깨뜨리는 과감한 기법과 비판적 주제의식을 담은 반헐리우드적 영화이기도 하였다. 카메라맨 그렉 톨란드와 감독 웰즈는 화면 속 세계에 끝없는 깊이를 주는 딥 포커스(deep focus) 기법을 완성, 영화의 전쇼트에 사용하였는데, 이것은 영화 화면이 현실의 다양성과 함께 모호성까지 관객에게 제시함으로써 관객들이 '능동적'으로 화면을 읽고 해석하는 새로운 관람태도를 요구하는 것이었다. 약 50년 전, 새로운 영화시대의 개막을 알린 이 영화는 그 새로움과 깊이로 오늘날의 관객을 여전히 놀라게 한다. 그러나 이 영화는 당대의 대중관객들로부터 외면당하였고, 작가 오손 웰즈와 영화 자본가들과의 끝없는 싸움을 예정지은 '저주받은' 걸작이 되었다. 거의 모든 비평가들의 '베스트 10' 목록에 올라 있는, 미국과 자본주의에의 딥 포커스.

## 2

### 잔 다르크의 수난

**La Passion de Jeanne d'Arc**

칼 드라이어(Carl Dreyer).

1928년. 프랑스. 약 110분.

덴마크 출생 감독 칼 드라이어가 프랑스에서 만든 무성영화의 걸작. 마녀로 몰려 화형에 처해진 소녀 잔 다르크의 재판을 소재로 한 이 영화는 영혼의 구원이라는 종교적 주제를 다룬 가장 성공적인 영화로 꼽힌다. 드라이어 감독은 끊임없이 이어지는 클로즈업—주로 잔 다르크와 재판관들의 얼굴—을 가지고 영혼을 이미지화하였다. 이 영화의 아름다움은 장식과 기교를 배제한 단순성, 그리고 인간의 얼굴의 미세한 표정의 떨림까지 집요하게 잡아내는 카메라에서 나온다. 주제와 스타일의 완벽한 조화, 리얼리즘과 형이상학이 만나는 곳에 놓인 초월적 이미지, 역사의 충실한 재현이면서 시공을 뛰어넘는 보편성을 획득한 이야기, 이러한 까닭에 〈잔 다르크…〉는 가장 많이 연구되고 분석되는 영화의 하나가 되었다. 영화가 이야기할 수 없는 것은 이 세상에 존재하지 않음을 증명하기라도 하는 듯한 걸작 중의 걸작.

## 3

## 전함 포템킨

**Bronenosets Potyomkin**

세르게이 에이젠스테인(Sergei Eisenstein).

1925년. 소련. 115분.

혁명을 통하여 역사상 최초의 사회주의 국가가 된 소련에서 영화는 가장 어린, 그러나 부르주아 예술의 폐해에서 가장 벗어나 있는 예술로서 본보기가 되리라는 기대를 걸머지었다. 에이젠스테인을 비롯한 혁명세대의 젊은 소비에트 영화작가들은 다양한 이론과 실천으로써 이러한 기대에 맞는 사회주의적 영화양식의 창조에 힘썼다. 1905년 혁명 20주년 기념으로 제작된 〈전함 포템킨〉은 에이젠스테인이 주장한 몽타쥬 이론이 적용된 대표작이면서, 민중의 힘과 혁명의 미래에로의 낙관주의를 당대의 소련 관객들에게 깊은 감동으로 심어주었다. 발표와 동시에 '고전'이 되었던 이 영화는 그 미학적 성취뿐 아니라 영화가 역사와 관계맺는 방식에 있어서 끊임없이 평가되고 연구되어왔으며, 사회주의/영화의 미래와 더불어 새롭게 조명되어야 할 것이다.

〈시민 케인〉. 오손 웰즈 감독. 미국. 1941년.

## 4

### 추적자들
**The Searchers**
존 포드(John Ford).
1956년. 미국. 120분.

첫 개봉 때에는 비평가들의 관심을 전혀 끌지 못했던 포드 감독의 이 웨스턴은, 10년 뒤에야 프랑스와 미국의 젊은 작가주의 비평가들에 의하여 발견되어 뒤늦게 평가받았다. 존 포드의 영화 중 가장 복합적이고 다층적인 의미를 내포한 이 영화는 유괴당한 조카딸을 유괴해 간 인디언의 무리를 5년간 추적하는 존 웨인(웨스턴 바로 그 자체인 배우!)을 중심으로 이야기가 전개된다. 그러나 이 영화에는 당대 미국 웨스턴 대부분의 특징이던 선한 백인 대 악한 인디언의 도식이 존재하지 않는다. 존 포드는 자신이 정립한 장르인 웨스턴을 스스로의 손으로 〈추적자들〉에서 수정·반성하는데, 이 점에서 이 영화는 포드의 걸작 중 가장 중층적인 의미를 지닌 복잡하고 정교한 텍스트가 되었다. 한편으로는 광활한 미국 서부—포드 영화의 시각적 테마가 되다시피 한 모뉴먼트 밸리(Monument Valley)—를 배경으로 한 모험극이면서, 시대의 흐름에서 밀려나는 옛 서부의 '진짜 미국인'들을 애정으로 묘사한 영상시. 〈시민 케인〉과 함께 헐리우드 영화가 성취한 또 하나의 큰 봉우리.

## 5

### 대지
**Zemlya**
알렉산더 도브첸코(Alexander Dovzhenko).
1930년. 소련. 약 80분.

〈대지〉는 자신의 고향 우크라이나의 자연과 농민들에게 도브첸코가 바친 영상시이다. 이 영화에는 뚜렷한 줄거리—새로운 영농법에 따라 협동하는 농민들과 이들의 단결을 깨려는 지주와의 갈등—와 분명한 정치적 입장—새로운, 사회주의사회 건설의 정당성—이 있지만, 도브첸코는 줄거리보다는 시각적 이미지로 영화의 의미를 전달하는 데 힘을 쏟았다. 이 영화는 삶에의 예찬을 담고 있으면서, 동시에 자연의 섭리로서 죽음을 기꺼이 받아들이는 다분히 동양적인 범신론적 세계관을 엿보인다(이 점이 사회주의 리얼리즘을 교조화한 비평가들에 의해 이 영화가 혹독하게 비판받은 이유의 하나이다). 〈대지〉의 단순명쾌한 화면은 특히 다큐멘터리 작가들에게 깊은 영향을 끼쳤고, 소련 내부 공화국들의 '토착 민족' 영화작가들에게 하나의 전형을 제공하였다. 또한 몽타쥬 이론이나 사회주의 리얼리즘과는 거리를 둔, 소련 영화사에서 '대안적' 영화전통의 큰 뿌리가 된 것으로 오늘날 평가받고 있다.

## 6

### 게임의 규칙
**La Règle du Jeu**
장 르느와르(Jean Renoir).
1939년. 프랑스. 110분.

유명한 인상파 화가 오귀스뜨 르느와르의 아들 장 르느와르가 만든 이 영화는 프랑스의 지배계층에 대한 야유와 풍자로 부도덕하다는 판정을 받아 거의 빛을 보지 못할 뻔 하였다. 1959년에야 검열삭제 부분이 복원, 완전한 모습으로 공개되어 곧 프랑스 영화의 고전이 되었다. 갖가지 계층의 프랑스 사람들이 모인 대저택에서 며칠간 벌어진 에피소드들로 이어지는 이 영화는 간단히 줄거리를 이야기할 수 없으며, 한마디로 주제를 정의하기도 불가능하다. "인생은 멈추어 있지 않고 항상 흐른다"는 것이 감독 스스로 이야기한 주제인데, 〈게임의 규칙〉은 특히 중첩된 내러티브, 즉흥연기로 구성된 장면들, 딥 포커스, 이동 카메라, 음악(특히 모짜르트)과 연극의 영향 등 다양한 측면에서 연구되는 영화이다. 〈전함 포템킨〉이 소련 몽타쥬의 '진수'를 보여준 영화라면, 〈게임의 규칙〉은 미장 센(mise-en-scène)의 '모든 것'을 담은 복잡하고 풍부한 내용의 영화라 부를 수 있을 것이다.

## 7

### 칠레 전투

**Batalla de Chile**

**파트리시오 구즈만(Patricio Guzman).**

**1973-78년. 칠레. 3부작(106, 99, 97분).**

〈칠레 전투〉는 현대사를 다룬 다큐멘터리 중 가장 중요한 작품이면서, 이 영화의 제작과 발표는 그 자체로서 큰 역사적 사건이었다. 아옌데 통치기간중 칠레에서 일어났던 평화롭고 민주적인 절차를 걸친 '자본주의에서 사회주의로의 이행'이라는 역사적 실험의 과정과 좌절을 '역사가 만들어지는 바로 그 자리'에서 기록한 영화가 〈칠레 전투〉이다. 이 영화는 또한 역사적 사건들을 기록할 뿐 아니라, 마르크시스트의 시각에서 기록된 사건들을 분석하여 관객을 각성된 인식으로 이끄는 제3영화의 모범을 보였다. 영화는 세계를 해석하는 것이 아니라 변혁시키는 도구일 수 있다는 믿음으로 만들어진, 칠레 민중의 위대한 투쟁에 바친 기념비적 영화.

## 8

### 거미집의 성

**蜘蛛巢城**

**구로자와 아끼라(黑澤明).**

**1957년. 일본. 110분.**

왜 〈7인의 사무라이〉, 〈살다〉, 〈란〉이 아니고 〈거미집의 성(영어 제명: Throne of Blood)〉인가(물론 한 뛰어난 영화작가의 '대표작'을 한 편 추리는 일은 결코 객관적일 수 없는 작업이다)? 첫째, 이 영화는 구로자와 감독 스스로가 가장 만족스럽게 생각한 촬영조건하에서 만들어졌다. 이전의 영화들의 흥행성공에 힘입어 구로자와는 마음껏 물량을 동원할 수 있었다. 둘째, 흑백영화의 미적 감각에서 이 영화를 능가하는 작품은 아직—그리고 시간이 흐를수록 더욱—나오지 못하였다. 스케일과 완성도에서 일본 영화의 절정을 이룬 화면들로 이 영화는 관객의 눈을 '홀리는' 것이다. 셋째, 이 영화는 셰익스피어의 희곡이 영화화되어 원작에 부끄럽지 않게(?) 성공한 동·서양을 통틀어 희귀한 사례에 속한다(이 영화는 〈맥베드〉를 일본의 중세로 옮겨 놓았다. 같은 감독이 〈리어왕〉을 번안한 〈란〉과 비교됨). 더구나 그것이 유럽—아시아의 문화적 차이를 가로질러, 어느 쪽도 희생하지 않고 이루어졌다는 점에서도 커다란 성취이다.

## 9

### 현기증

**Vertigo**

**알프레드 히치코크(Alfred Hitchcock).**

**1958년. 미국. 128분.**

무성영화 시대의 영국에서 출발하여 1970년대의 헐리우드에 이르기까지 히치코크는 50년간의 연출생활 동안 50여 편의 극영화를 완성하였다. 〈현기증〉은 그의 연출력이 절정에 이른 50년대말의 작품이며, '순수한' 미스테리/멜로드라마라는 표면 아래에 냉전시대의 불안과 광기를 감춘 헐리우드 사상 가장 어둡고 절망적인 영화이다. 죄의식, 성적 욕망, 강박관념, 자기동일성 등 정신분석학의 주제를 집요하게 추적한 이 영화는 냉전 이데올로기라는 악몽에 사로잡힌 당대의 미국사회에 대한 냉소적인 비판으로 읽힐 수 있을 것이다.

## 10

### 비정성시

**悲情城市**

**후 시아오시엔(侯孝賢).**

**1989년. 타이완. 158분.**

1989년 베니스 영화제에서 〈비정성시〉의 그랑프리 수상은 80년대 내내 꾸준히 성장해 온 아시아 영화의 저력을 입증한 사건이었다. 제목이 나타내는 그대로, 한 가족의 온전한 삶을 파괴하는 역사를 자기만의 독특한 형식으로 다룬 슬픈 이야기가 〈비정성시〉를 이룬다. 후 시아오시엔은 잘못된 역사를 디디고 살아나갈 사람들의 생명력을 암시함으로써 '슬픔' 저편의 낙관적 전망을 열어 보이는데, 90년대의 아시아 영화는 당

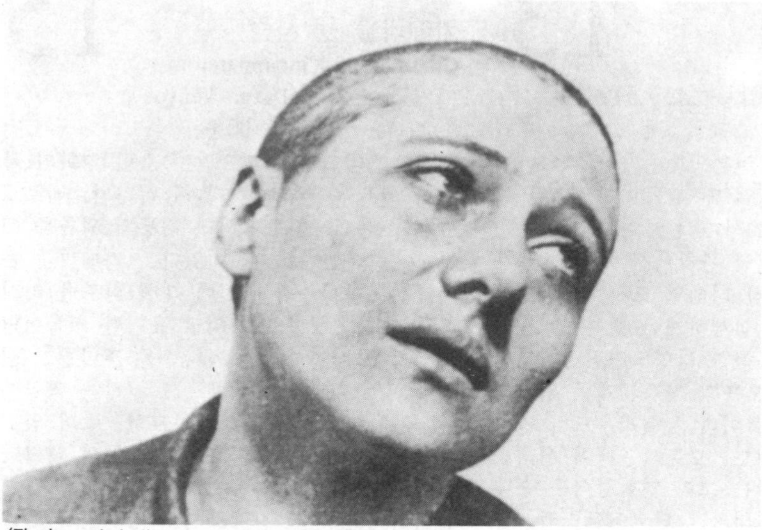
〈잔 다르크의 수난〉. 칼 드라이어 감독. 프랑스. 1928년.

연히 그 전망을 〈비정성시〉의 성공과 함께 나누어 가져야 한다. 그리고 그 성공이 지나간 역사와 동시대의 관객에 대한 책임을 진지하게 받아들인 영화작가의 땀과 눈물에서 비롯되었음을 교훈으로 받아들여야 할 것이다.

## 11

## 부르주아의 사려깊은 매력
**Le Charme Discrèt de la Bourgeoisie**
루이스 부뉘엘(Luis Buñuel).
1972년. 프랑스. 105분.

6명의 부르주아가 식사초대를 받고 저택에 도착한다. 그러나 격식을 갖춘 정찬을 함께 먹으려는 그들의 '욕망'은 온갖 사건에 의하여 방해받으며, 그럴 때마다 그들은 새롭게 시도하지만 번번히 좌절하고 정처없이 들길을 헤매는 데서 영화는 끝난다. 극영화의 틀을 갖추었으면서도 리얼리즘 영화의 모든 불문율을 깨뜨리면서 부뉘엘 감독은 부르주아지의 허세와 가식을 통렬하게 조롱한다. 코미디이자, 헐리우드 영화의 패로디이며, 부뉘엘의 이름이 처음 영화사에 나타난 〈안달루시아의 개(1929)〉의 초현실주의와도 연결되는 만년의 걸작.

## 12

## 스트레인지러브 박사
**Dr. Strangelove: Or How I Learned to Stop Worrying and Love the Bomb**
스탠리 큐브릭(Stanley Kubrick).
1963년. 미국/영국. 94분.

스탠리 큐브릭은 〈2001년〉 〈배리 린든〉 〈스팔타커스〉 〈샤이닝〉에서 영화 테크놀로지를 화려하게 구사한 감독으로 알려져 있다. 그러나 〈스트레인지러브 박사〉는 그가 단순히 테크놀로지에 의존하는 테크니션이 아니라 진정한 의미에서 '작가'임을 보여준다. 다큐멘터리 기법을 활용한 흑백촬영, 기상천외의 연기(피터 셀러즈의 1인 3역은 특히 압권), 그리고 핵의 위협에 대한 섬뜩한 메시지의 형상화에서 이 영화는 그의 대표작의 자리를 양보하지 않는다.

## 13

### 도쿄 이야기
**東京物語**
오즈 야스지로(小津安二郎). 1953년.
일본. 140분.

오즈 야스지로는 일본인들 자신에 의하여 공인된 가장 '일본적'인 감독이다. 그가 서민생활의 잔잔한 묘사에서 보여주는 일본은 서구인들의 피상적인 관찰에서 보이는 일본이 아니다. 철저한 디테일 묘사, 일상생활 속의 희노애락을 섬세하게 표현하는 시선, 그리고 그만의 독특한 촬영·편집방식에서 〈도쿄 이야기〉는 오즈의 작품세계를 집약하여 볼 수 있는 영화이다. 헐리우드식 영화문법을 벗어나면서도 모든 관객이 어려움 없이 이해할 수 있는 그의 영화형식은 후대의 영화작가들—벤더스, 타르코프스키, 앙겔로풀로스 등이 대표적임—에게 커다란 영향을 끼쳤다. 오즈의 세계에 입문하기 위한 '교양필수' 영화.

## 14

### 시티 라이트
**City Lights**
찰리 채플린(Charlie Chaplin).
1931년. 미국. 약 90분.

찰리 채플린 각본·감독·제작·편집·음악·주연. 상업적으로 성공한 마지막 무성영화. 무성영화에서 유성영화로 넘어가는 과도기였던 시기에 맞추기라도 하듯, 채플린은 자신의 그때까지의 영화세계를 〈시티 라이트〉 한 편으로 총결산하였다. 대공황의 와중에서 고통받던 당대의 미국 관객들은 이미 친숙해진 찰리의 모습과 따뜻한 휴머니즘에서 위안을 받았고, 비평가들은 유성영화가 관객들을 빼앗아가는 때에 무성영화를 만든 채플린의 용기에 찬사와 감탄을 보냈다. 영화작업에서의 완벽주의자로서 면모가 뚜렷이 나타난, '가장 채플린다운' 영화.

## 15

### 카메라를 든 사람
**Chelovek S Kinoapparatom**
지가 베르토프(Dziga Vertov).
1929년. 소련. 약 90분.

에이젠스테인과 푸도프킨이 소련 영화의 극영화 전통을 시작한 대가들이라면, 베르토프는 소련의 다큐멘터리 전통의 원류를 이룬 또 하나의 큰 이름이었다. 〈카메라를 든 사람〉은 사회주의 건설에 대한 낙관을 러시아 인민의 생활 스케치로 표명한 기록이면서, 카메라=영화의 메커니즘을 흥미롭고 신선한 방식으로 대중에게 '교육'하는 역할까지 해낸 영화였다. 카메라트릭, 슈퍼 임포우즈, 애니메이션, 슬로우모션 등의 테크닉들이 자유자재로 사용된, 혁명에 대한 다큐멘터리이면서 그 자체로서 혁명적인 영화.

## 16

### 히로시마, 내 사랑
**Hiroshima Mon Amour**
알랭 레네(Alain Resnais).
1956년. 프랑스. 91분.

인류 최초로 원자폭탄의 희생양이 된 도시 히로시마에 한 프랑스 여인이 찾아온다. 그녀는 한 일본인 남자를 만나고 사랑에 빠지지만 그들은 모두 불행한 과거의 기억에 사로잡혀 있고 사랑은 그들의 고통을 더욱 깊은 것으로 만든다. 레네의 이 영화는 극영화에서 '시간'이 다루어지는 방식에 혁명적인 변화를 가져왔다. 주인공들의 의식의 흐름에 따라 과거는 '기억'의 형태로 현재의 삶을 끊임없이 간섭하고, 레네는 미장센과 편집에서 과거/현재의 교차를 훌륭하게 형상화시켰다. 프랑스의 누보 로망 작가 마르그리뜨 뒤라스의 시나리오에 의하여 만들어짐.

## 17
## 메트로폴리스
**Metropolis**

프리쯔 랑(Fritz Lang). 1926년.
독일. 125분.

21세기, 노예제에 의해 지탱되는 거대도시(metropolis)를 배경으로 한 SF 영화의 고전. 나찌집권 이전의 독일 영화의 본산이었던 우파(UFA) 스튜디오는 패기만만하게 이 영화로 헐리우드에 도전장을 던졌다. 문명비판을 담은 내용은 80년대의 기준으로는 다소 진부하게 보이지만, 프리쯔 랑의 스케일 큰 연출은 60년의 세월을 뛰어넘어 빛을 발한다. 원판은 상영시간 4시간여의 흑백무성영화. 1984년에 조르지오 모로더의 음악감독과 록 음악 사운드트랙이 덧붙여진 83분짜리 축소판이 나옴.

## 18
## 쇼아
**Shoah**

끌로드 란쯔만(Claude Lanzmann).
1985년. 프랑스. 566분.

〈쇼아〉는 히브리어로 '절멸'을 의미한다. 제목이 암시하는 것은 나치에 의한 유태인 학살이다. 1925년생인 끌로드 란쯔만은 8년간의 촬영과 350시간분의 인터뷰를 9시간이 넘는 '대작' 장편 다큐멘터리로 완성시켰다. 이 다큐멘터리는 뉴스필름이나 당시의 기록필름을 단 한 커트도 사용하지 않았다. 유태인 학살의 실상은 화면에 등장하는 인물들의 '말'로만 존재할 뿐이다. 강제수용소의 생존자들, 나치 협력자들, 그리고 학살작업에 동원되었던 사람들은 고통스럽게 그들의 과거를 카메라 앞에 드러내는데, 그들 한명 한명의 고통스런 체험이 그들의 말 속에 들어 있다. '보는' 영화가 아닌, '체험'으로서의 역사.

## 19
## 흔들리는 땅
**La Terra Trema**

루키노 비스콘티(Luchino Visconti).
1948년. 이탈리아. 165분.

1947년 루키노 비스콘티는 두 명의 유능한 조감독—프란체스코 로지와 프랑코 제피렐리—을 데리고 다큐멘터리 영화를 찍기 위하여 시실리 섬을 찾았다. 그리고 7개월 후, 그들은 가장 급진적인 네오리얼리즘 영화로 꼽히는 〈흔들리는 땅〉을 완성하였다. 시실리 섬의 한 마을 사람들의 삶을 그린 이 영화는 이들의 생활을 지배하기 시작하는 자본주의가 그들의 삶의 근거를 어떻게 파괴하는지 보여주고 있다. 극영화이면서도 실제 마을사람들을 배우로 썼고, 그들의 이야기에서 소재를 구해 만들어졌다(〈시네마 천국〉에 인용된 주요영화 중의 하나).

## 20
## 안드레이 루블레프
**Andrei Roublev**

안드레이타르코프스키(Andrei Tarkovsky)
1966년. 소련. 185분.

〈노스탈지아(1983)〉, 〈희생(1986)〉 등 말년의 작품이 타르코프스키의 이름을 서구의 일반관객에게 알린 계기를 만들었다면, 〈안드레이 루블레프〉는 그의 뛰어남을 의심할 여지없이 확인하게 하는 걸작이다. 침략전쟁, 기아, 질병에 고통받는 러시아 민중의 삶을 배경으로 "예술이란 무엇이며, 무엇을 해야 하는가?" 묻고 있는 이 영화는 타르코프스키의 작품 중 역사에 가장 가까이 다가가고 있다. 유려한 흑백촬영, 스케일 큰 야외촬영 등 영화적 기교와 물량에 있어서도 '볼 거리'가 많은 영화.

## 21

### 나폴레옹
**Napoléon**

아벨 강스(Abel Gance).
1927년. 프랑스. 270분.

1920년대 후반, 유럽 무성영화의 전성기에 당시의 프랑스 영화산업에서 가능했던 모든 자원을 쏟아부은 문자 그대로의 거작. 헐리우드 영화들과 소련의 새 영화들에 자극받은 유럽 영화는 영화의 매체로서의 표현양식을 최대한 넓히는 데 관심과 노력을 기울였고, 〈나폴레옹〉은 그러한 20년대 유럽 영화 '예술'의 기념비라 할 영화이다. 카메라 움직임의 다양한 실험, 다채로운 옵티칼 효과의 사용은 오늘날에도 보기 힘들지만, 무엇보다도 압권은 3개의 35㎜ 화면을 동시에 와이드스크린으로 사용한 마지막 부분이다. 1927년 개봉 이후 원형대로 보여진 일이 없는 전설이 되었으나, 1981년 복원되어 되살아났다.

## 22

### 서학일대녀
**西鶴一代女**

미조구찌 겐지(溝口健二). 1952년.
일본. 147분.

오즈 야스지로와 함께 일본 영화의 '거장시대'를 대표하는 미조구찌 겐지가 후배 구로자와 아끼라의 베니스 영화제 수상( 1951년, 〈나생문(羅生門)〉)에 충격을 받고 만든 영화. 17세기의 일본 소설이 원작인 역사물이면서, 모든 가부장제 사회에 존재하는 보편적 주제—곧 여성에 대한 편견과 억압—를 다룬 작품. 유려한 카메라워크, 완벽한 심미안에서 나온 화면구성, 그리고 섬세한 내면연기로 끊임없이 찬탄과 존경을 불러 일으키는 걸작. 결국 베니스 영화제에서 수상함으로써 미조구찌 감독의 명예를 회복시켜 준 영화가 되었음. 영문 제목은 〈오하루의 일생( Life of Oharu)〉.

## 23

### 제네럴
**The General**

버스터 키튼(Buster Keaton).
1926년. 미국. 약 90분.

단 한번도 자신의 영화에서 웃음을 보이지 않았던 '무표정'의 배우/감독 버스터 키튼의 대표작. 정교하게 재현된 남북전쟁 당시의 전쟁터를 배경으로, 북군에게 빼앗긴 기차 제네럴호를 되찾아 오려는 기관사 키튼의 눈물겨운 노력이 웃음과 감탄을 자아낸다. 키튼의 증기기관차는 의지와 감정을 가진 생명체처럼 그려지며, 빛나는 아이디어, 경이로운 스턴트(눈속임을 절대로 쓰지 않는), 그리고 인간에 대한 통찰력으로 빛나는 무성영화 코미디의 고전.

## 24

### 적과 백
**Csillagosok, Katonák**

미클로스 얀초(Miklos Jancsó).
1967년. 헝가리/소련. 90분.

서구의 관객들에게 미클로스 얀초는 6, 70 년대의 헝가리 영화를 대표하는 이름으로 알려져 있다(그는 올림픽 기념 총체극 연출을 맡아 한국에 체류하기도 했다). 그의 영화를 특징지우는 것은 끊임없이 움직이는 카메라, 군중의 집단적 움직임, 평원 위에 펼쳐지는 설화적 줄거리, 그리고 무엇보다도 롱 테이크에 의존하는 긴 호흡의 연출이다. 〈적과 백〉은 10월 혁명 50주년 기념으로 헝가리/소련 합작으로 만들어졌는데, 볼셰비키 혁명군과 짜르 군대의 대결을 묘사한 영화이다.

## 25

### 무쉐뜨
**Mouchette**

로베르 브레송(Robert Bresson).
1966년. 프랑스. 90분.

브레송의 영화는 간결하고 직설적이며 모든 군더더기를 떼어낸 단순성을 특징으로 한다.

그 단순성으로 그는 인간의 죄와 공포와 구원을 이야기하며, 그의 영화들이 리얼리즘의 화면을 가졌으면서도 '초월적' 영화라는 평을 받는 이유도 그러한 단순성의 미학에 기인한다. 세상에서 버려지고 무관심 속에서 자살에 이르는 한 시골소녀의 이야기인 〈무쉐뜨〉는 단순함이 얼마나 많은 의미를 담을 수 있는가를 보여주는 영화이다. '영혼의 비밀을 들여다보는' 작가 브레송의 대표작.

## 26

### 빗속에서 노래를

**Singin' in the Rain**

스탠리 도넌(Stanley Donen)/진 켈리.

1952년. 미국. 102분.

헐리우드 뮤지컬은 1950년대에 그 전성기를 맞이하였다. 〈빗속에서 노래를〉은 그 정수를 담은 영화로 꼽힌다. 진 켈리의 안무와 표현주의적인 감각의 색채화면은—줄거리와 관계없이—영화의 '보는 즐거움'이 무엇인지를 알려주며, 이 영화는 또한 헐리우드 영화와 브로드웨이 뮤지컬의 세계를 배경으로 한 '영화에 관한 영화 텍스트'이기도 하다. 빗속에서 진 켈리가 주제가를 춤추며 노래하는 장면은 아마도 가장 널리 알려지고 인용되는 헐리우드 뮤지컬의 이미지일 것이다.

## 27

### 정사

**L'Avventura**

미켈란젤로 안토니오니

(Michelangelo Antonioni).

1960년. 이탈리아. 145분.

1960년 〈정사〉가 칸느 영화제에서 처음 공개되자, 관객들은 야유와 비난을 보냈다. 그러나 비평가들은 안토니오니가 창조한 새로운 영화언어에 찬사를 보냈고, 〈정사〉는 곧 60년대 '예술'영화의 고전이 되었다. 당대 유럽인들의 '실존적 고뇌'의 문제를 안토니오니는 줄거리와 등장인물의 성격이 아니라 시네마스코프 화면을 활용한 삭막한 시각 이미지를 가지고 그려내었다. 무미건조한 인간관계, 부조리와 소외로 가득 찬 유럽 부르주아들의 삶을 모더니스트의 어법으로 형상화한 영화판 "고도를 기다리며".

## 28

### 알제리 전투

**La Battaglia di Algeri**

질로 폰테코르보(Gillo Pontecorvo).

1965년. 알제리아/이탈리아. 135분.

1954년에서 1957년에 걸친 기간 동안 알제리 민족해방전선이 프랑스 식민통치에 대항하여 벌인 무장투쟁을 그린 극영화. 실제 일어났던 사건을 재구성하여 다큐멘터리 스타일로 묘사한 이 영화는 60년대 이후의 '정치영화(코스타-가브라스에서 남미의 '해방영화'들에 이르기까지)'에 내용·형식의 양면에서 큰 영향을 끼쳤다. 해방전선의 도시게릴라 전술, 식민지 경찰기구의 고문 등을 치밀하게 묘사하여 '정치적 폭력'의 의미를 함께 묻는 영화.

## 29

### 아라비아의 로렌스

**Lawrence of Arabia**

데이비드 린(David Lean).

1962년. 영국. 222분.

데이비드 린 감독, 로버트 볼트 각본, 프레디 영 촬영 트리오의 대작. 70㎜ 화면의 넓은 캔버스에 아라비아 사막의 장관을 마음껏 담아낸 이 영화는 역사적 맥락보다는 로렌스라는 인물의 내면에 초점을 맞춘 '스펙터클이면서 동시에 심리극'이다. 〈닥터 지바고〉가 세계적으로 성공한 것과는 대조적으로 〈아라비아의 로렌스〉는 관객과 비평가들로부터 큰 호응을 받지 못하였으나, 1987년 감독 자신이 직접 재편집한 '완전복원판'이 다시 공개되자 비로소 걸작으로 인정받았다. 피터 오툴, 오마 샤리프, 안소니 퀸의 연기로도 오래 기억될 걸작.

## 30

### 집시의 시간
**Dom Za Vesanje**
에밀 쿠스트리차(Emir Kustrica).
1988년. 유고슬로비아. 138분.

신비주의, 리얼리즘, 초현실주의…어떠한 테두리에도 가둘 수 없는 독창적인 영화. 쿠스트리차 감독은 현실/환상의 경계를 넘나들며 한 순결한 영혼이 찢기어가는 과정을 때로는 서정적으로, 때로는 차갑게, 때로는 하염없이 눈물겹게 그려낸다. 집시들과 생활을 같이 하며 그들을 이해하려 한 감독의 노력은 집시문화의 세밀한 묘사에 나타나고, 그들을 이국정서를 자아내는 신기한 구경거리가 아닌, 살아숨쉬는 '인간'으로 느끼게 하는 데 성공하였다. 낯선 아름다움에 가득찬, 그러나 친숙하게 '우리의 이야기'로 다가오는 영화.

## 31

### 협녀
**俠女**
호금전(胡金銓).
1969년. 홍콩. 175분.

서구인들에게는 킹 후(King Hu) 감독의 〈선(禪)의 감촉(Touch of Zen)〉으로 알려진 영화. 명나라 시대를 배경으로 한 이 작품은 홍콩 검술영화의 알짜를 보여주면서 단순한 액션 영화의 한계를 뛰어 넘은 걸작이다. 여기에는 중국의 문학전통, 경극(京劇: Peking Opera), 음악, 미술에 폭넓은 이해를 가진 호금전 감독의 '교양'이 고스란히 녹아들어 있다. 환상적인 검술의 엑스타시와 괴담과 궁정사극까지 장르를 포괄하는 폭에서 이후의 어떠한 유사영화도 도달하지 못한 높은 수준을 성취한 홍콩 영화의 신화. 칸느 영화제 기술 대상 수상.

## 32

### 8½
**8½(Otto E Mezzo)**
페데리코 펠리니
(Federico Fellini).
1963년. 이탈리아. 138분.

마르셀로 마스트로야니, 클라우디아 카르디날레, 아누크 에메 주연. 펠리니의 반자전적인 이 영화는 '창조력의 고갈'이라는 벽에 부딪친 영화감독을 주인공으로 한, '영화만들기에 대한 영화'의 대표적인 예이다. '예술적 영감'이라는 규정짓기 어려운 주제에 펠리니는 특유의 상징적인, 그러나 불가해한 이미지의 연속으로 접근하였다. 줄거리를 요약하는 것이—불가능하지는 않지만—무의미한, 지극히 개인적이면서 매혹적인 상상력에 근원을 둔 60년대 유럽 예술영화 리스트의 첫머리에 꼽히는 작품.

## 33

### 아푸 3부작
**Pather Panchali, Aparajito, Apu Sansar**
사트야지트 레이(Satyajit Ray).
1956년-1959년. 인디아.
각 112분, 108분, 103분.

구로자와 아끼라와 함께 아시아 영화의 존재를 세계에 알린 작가로 기억될 인디아의 사트야지트 레이 감독의 초기 걸작. 주인공 아푸의 소년시절에서 중년까지를 그의 가족사와 더불어 기록하듯 따라가는 이 3부작은 특유의 완만한 리듬과 작은 에피소드를 연결해가는 내러티브 방식으로 주목을 받았다. 예술로서의 비서구 영화를 이야기할 때 널리 언급되는 레이 감독의 뛰어남과 한계가 이 3부작 속에 이미 드러난다.

## 34
## 에디푸스 왕
**Edipo Re**

피에르 파올로 파졸리니(Pier Paolo Pasolini).
1967년. 이탈리아. 104분.

파졸리니(1922-1975)는 네오 리얼리즘의 영향에서 영화작업을 출발했지만, 후기작에서는 신화·전설·민담의 세계로 관심을 옮겼다. 〈에디푸스 왕〉은 고대 그리이스의 에디푸스—운명의 장난에 의하여 아버지를 죽이고 어머니를 아내로 삼은—비극을 재해석하여 이데올로기와 신화의 관계를 탐구한다. 황량한 사막풍경, 독특한 의상, 다양한 비서구음악을 사용한 사운드트랙이 특정한 시간·공간을 초월한 신화의 세계로 관객을 인도한다.

## 35
## 불관용
**Intolerance**

D. W. 그리피스(Griffith).
1916년. 미국. 약 195분.

'헐리우드'를 영화산업의 또다른 이름으로 만든 개척자 그리피스가 상상불허의 스케일로 제작·감독한 초대작. 고대의 바빌론, 예수 당시의 이스라엘, 종교개혁기의 유럽, 그리고 20세기초의 미국을 각각 배경으로 한 4개의 이야기를 동시에 진행시킨 편집방식은 당시의 관객들로부터 '이해할 수 없음'의 판정을 받았다. 그러나 그의 시도는 막 태어난 '어린' 예술 장르였던 영화에 뛰어든 많은 세계의 젊은이들에게 영감의 원천이 되었는데, 소련의 에이젠스테인 등 몽타쥬 이론가들도 그중의 하나였다. 고대 바빌론 장면의 세트는 규모와 웅장함에 있어서 영화사상 전무후무!

## 36
## 동풍
**Vent d'Est**

장-뤽 고다르(Jean-Luc Godard)
1970년. 프랑스/이탈리아/서독. 95분.

누벨 바그의 기수 고다르가 급진적 영화작가/운동가로 변신하여 내놓은 일련의 작품중 하나. 고다르는 이 영화를 '부르주아 영화에 대한 비판으로서의 영화'로서 만들었다. 그는 부르주아 영화—헐리우드 영화와 유럽의 작가영화들의 대부분—에서 일반적으로 사용되는 영화적 기법들의 숨겨진 이데올로기를 폭로하는 한편으로, 동시에 부르주아 영화에 대항하여 만들어진 그때까지의 '혁명적 영화(revolutionary cinema)'에 대한—자아비판을 포함한—반성을 꾀한다. 에이젠스테인, 지가 베르토프, 제3세계의 혁명적 영화, 그리고 자신의 지금까지의 영화의 한계를 극복할 진정한 '대안'을 기다리며.

## 37
## 저개발의 기억
**Memorias del Subdesarrollo**

토마스 구티에레스 알레아(Tomas Gutiérrez Alea).
1968년. 쿠바. 104분.

혁명 이후의 사회주의 사회에서 지식인- 소부르주아는 어떤 모습의 삶을 살아가는가? 〈저개발의 기억〉은 이 질문에 구체적인 해답을 주는 영화이다. 혁명의 이상에 공감하지만 아직도 건설 도상에 있는 새로운 사회에 참여하기를 머뭇거리는 지식인 주인공의 삶을 솔직하게 그려낸 이 영화는, '저개발'의 잔재를 청산하지 못한 쿠바 사회에 대한 자기반성이면서 새로운 사회가 요구하는 인간상을 간접적으로 제시하고 있다. 60년대의 예술영화 틈에서도 결코 '촌스럽게' 느껴지지 않을 만큼 탄탄한 테크닉으로 만들어진, 제3세계 영화의 '성숙'을 알린 작품.

## 38

### 400번의 매질

**Les 400 Coups**

프랑스와 트뤼포(François Truffaut).

1959년. 프랑스. 101분.

누벨 바그의 '서정시인' 트뤼포는 데뷔작인 이 작품에서 자신의 소년기의 불행했던 기억과 영화광으로서의 추억을 따뜻하게 회상하고 있다. 파리에 사는 13세의 소년 앙뜨완 드와넬이 이 영화의 주인공인데, 트뤼포 감독은 이 역을 맡았던 소년배우 장—피에르 레오가 성장해감에 따라 같은 배우에게 같은 주인공을 맡긴 4편의 영화를 더 만드는 보기 드문 기록을 남겼다. 아직 어떠한 작가도 그 '비밀'을 풀지 못한 마지막 장면—뒤돌아보는 드와넬의 얼굴을 클로우즈업하여 정지화면이 되는—의 감동만으로로 오래 기억될 영화.

## 39

### 시간의 항해

**Im Lauf der Zeit**

빔 벤더스(Wim Wenders).

1976년. 서독. 176분.

영어제목 〈길의 왕(King of the Road)〉—50년대의 컨트리 송 제목에서 따온—인 이 영화를 어떤 비평가들은 '로드무비의 왕 (King of the Road Movies)'이라고 부르기도 하였다. 35mm 흑백화면의 절제된 아름다움, 동·서독 경계지역의 황량한 풍경, 그리고 '뿌리'를 못 내리고 삶의 길 위로 '영화처럼' 걸어가는 두 남자의 우연한 만남, 여행, 헤어짐이 이 영화가 관객에게 보여주는 것들이다. 아직 유망한 청년작가 시절의 벤더스가 마음을 열어놓고 찍은 고백적인 영화이며 영화에 대한 사랑으로 만들어진 '영화를 위한 영화'.

## 40

### 롤라 몽떼

**Lola Montès**

맥스 오퓔스(Max Ophüls).

1955년. 프랑스/서독. 140분.

19세기 유럽 상류사회에서 '스캔달'의 대명사였던 실존인물 롤라 몽떼를 주인공으로 한 색채 시네마스코프 대작. 평범한 전기영화의 틀을 무시하고, 서커스의 '구경거리'로 몰락한 말년의 주인공의 회상 형식을 취한 '스펙타클에 대한 성찰'의 영화이다. 에로틱한 멜로드라마를 기대했던 당대의 관객들로부터 외면당했으나, 시간이 갈수록 가치를 인정받고 있는 걸작. 맥스 오퓔스는 마지막 작품이 된 이 영화에서 그의 특기인 '종횡무진으로 움직이는 카메라' 테크닉을 유감없이 발휘하며, 그것만으로도 이 영화는 계속 보여질 가치가 있다고까지 이야기된다.

## 41

### 메이트원

**Matewan**

존 세일즈(John Sayles).

1987년. 미국. 133분.

80년대 미국 독립영화 최고의 걸작. 소설가에서 시나리오 작가를 거쳐 영화작가가 된 존 세일즈는 1920년대 버지니아 탄광에서 일어난 광산노동자들의 투쟁을 헐리우드의 일류 촬영기사 해스캘 웩슬러의 카메라의 도움을 받아 '피와 땀과 눈물'로 그려내었다. '계급'으로 각성해나가는 노동자들의 모습, 인종의 장벽을 넘어 단결해나가는 과정, 그리고 탄압과 폭력을 차분한 스타일로 과장없이 그려나간 진실과 양심으로 만들어진 영화.

## 42

### 여름의 기록
**Chronique d'un Été**
장 루슈(Jean Rouch)/ 에드가 모렝 (Edgar Morin).
1961년. 프랑스 90분.

1960년 여름, 파리. 인류학자이자 다큐멘터리 감독인 장 루슈는 사회학자 에드가 모렝과 함께 '파리 시민'이라는 '부족(部族)'에 대한 기록영화를 만들기로 결정한다. 막 개발된 에클레어 16mm 동시녹음 카메라를 들고 그들은 파리 시민들을 인터뷰( "당신은 행복하십니까?"라는 질문 하나만을 가지고)했고, 몇명의 노동자, 지식인, 학생들의 일상을 추적하였다. 〈여름의 기록〉은 '시네마—베리떼(cinema verite)'로 불리우게 될 다큐멘터리 영화의 혁명을 시작한 기념비적 영화이며, 편집된 영화에 대한 등장인물들의 평가와 작가 자신들의 토론으로 마무리지은 구성은 90년대의 관객들에게도 참신한 아이디어로 보여질 것이다.

## 43

### 로마, 무방비도시
**Roma, Città Aperta**
로베르토 로셀리니(Roberto Rossellini).
1945년. 이탈리아. 101분.

이 영화가 걸작인 이유는 완성도가 뛰어나다거나 영화 형식의 혁신을 가져왔다는 데 있는 것이 아니다. 〈무방비도시〉는 거칠고, 불완전하고, 세련되지 못한 영화이다. 그러나 이 영화는 파시즘에 대항한 자유인들의 투쟁을 감동적으로 묘사하고 있음에서, 영화와 사회/역사의 관계에 진지하게 접근한 네오 리얼리즘 영화의 출발점으로서, 이후의 극영화와 다큐멘터리에 끼친 영향에서 아무도 무시하지 못할 것이다. 독일군 점령하 로마에서의 레지스탕스 운동가들의 이야기.

## 44

### 순응자
**Il Conformista**
베르나르도 베르톨루치(Bernardo Bertolucci).
1969년. 이탈리아. 115분.

'정상인'의 삶을 살기 위하여 파시스트가 되고, 결국 그것 때문에 파멸하는 주인공을 그린 베르톨루치의 이 영화는 여러 각도에서 읽힐 수 있다. 파시즘의 심리학적 분석으로서, 〈시민 케인〉에 버금가는 내러티브·촬영기법의 실험적 시도로서, 68년 5월 이후의 정치적 허무주의의 유럽 예술영화에의 반영으로서, 그리고 그의 이후의 작품 〈1900년〉 〈마지막 황제〉의 스타일을 규정한 '오리지날'로서. 영화광이라면 이 영화의 촬영을 담당한 비토리오 스토라로의 이름을 또한 기억해 둘 것! 〈마지막 황제〉 〈1900년〉 〈지옥의 묵시록〉 〈레즈〉 〈딕 트레이시〉를 모두 그가 찍었음.

## 45

### 플레이타임
**Playtime**
자끄 따띠(Jacques Tati).
1967. 프랑스. 152분.

1950년대에 일련의 코미디 영화(〈축제의 날〉 〈윌로 씨의 휴일〉 〈나의 아저씨〉)로 작품세계를 인정받은 자끄 따띠가 10년간의 준비와, 모든 재원을 털어 넣어 완성한 모더니스트 코미디. 강철과 유리로 만들어진 '영화 속의 파리'라는 공간 속에서 끊임없이 사람과 사물이 부딪친다. 일정한 줄거리 없이 자질구레한 '상황'들이 롱 테이크와 딥 포커스로 제시되는 이 영화를 제대로 보려면, 관객들은 우선 일반적인 극영화를 보던 관습을 버려야만 한다. 제목의 "즐기는 시간"은 영화의 의미를 강요받지 않고, 관객 스스로 화면의 구석구석을 읽고 의미를 만들어가는 '즐거움'을 가리키는 말로 이해되어야 함.

## 46
### 줄 위의 종달새
**Larks on a String**
이리 멘첼(Jiri Menzel).
1968년. 체코슬로바키아.

1950년대, 체코슬로바키아. '인민의 적' 들이 '재교육'을 받기 위하여 갇혀 있는 수용소에서 벌어지는 이야기. 고철더미에 둘러싸인, 철조망을 사이에 두고 남자들과 여자들이 눈짓을 교환하는 것 이상 다가갈 수 없는, 무의미한 노동이 매일 반복되는 황량한 이곳을 '인민의 적'들은 유모어와 부드러운 기지로 서서히 바꾸어 나가지만… 온화한 표면 밑에 칼날 같은 비판을 감춘, 스탈린주의의 오류에 대한 고발장과도 같은 영화이다. 1968년 완성과 동시에 상영금지. 1989년에야 '해금'되어 빛을 보았으며 〈뮤직박스〉와 함께 1990년 베를린 영화제 그랑프리 공동수상.

## 47
### 밴드 웨곤
**The Band Wagon**
빈센트 미넬리(Vincente Minnelli).
1953년. 미국. 112분.

빈센트 미넬리는 배우 라이자(Lisa) 미넬리의 아버지일 뿐 아니라, 헐리우드 뮤지컬의 전성시대를 대표하는 감독이기도 하다. 〈밴드 웨곤〉은 헐리우드가 '꿈의 공장(Dream Factory)'임을 보여주는 전형적인 예이며, 〈빗속에서 노래를(Singin' in the Rain)〉에 버금가는 뮤지컬 영화의 고전이다. 프레드 아스테어의 춤으로 더욱 유명한 미국인들의 문화유산. 1950년대 헐리우드 뮤지컬의 본산이었던, MGM 스튜디오에서 제작하였음.

## 48
### 불안은 영혼을 잠식한다
**Angst Essen Seele Auf**
라이너 베르너 파스빈더(Rainer Werner Fassbinder).
1983년. 서독. 92분.

36세의 짧은 생애에 무려 40여 편의 장편극영화를 남긴 파스빈더(1946-1982) 감독의 대표작을 고르기는 쉽지 않은 일이다. 〈불안은 영혼을 잠식한다(영어제목 〈Ali: Fear Eats the Soul〉로 널리 알려짐)〉는 그의 작품세계에 가장 손쉽게 다가갈 수 있는 영화이다. 독일인 할머니와 흑인청년간의 '이루어질 수 없는 사랑'을 그린 멜로드라마의 틀을 빌어, 파스빈더는 서독 자본주의 사회에 사는 사람들의 일상생활 속에 뿌리박은 파시즘을 낱낱이 드러내었다. 차가운, 그러나 '눈물'없이 보기 힘든 절망과 소외의 초상화.

## 49
### 판타지아
**Fantasia**
월트디즈니 스튜디오.
1940년. 미국. 135분.

판타지아=디즈니 애니메이션+[바하+차이코프스키+뒤카스+스트라빈스키+베토벤+폰치엘리+무소르그스키+슈베르트]+레오폴드 스토코프스키 지휘 필라델피아 오케스트라. 2년에 걸쳐 1,000명 이상의 인원을 동원, 완성시킨 월트디즈니 최고의 야심작. 〈백설공주〉〈피노키오〉 등 동화를 원작으로 한 이전의 내러티브 만화영화에서 벗어나, 클래식 음악을 모티브로 만든 옴니버스 장편 애니매이션을 시도, 첫 개봉에서는 흥행실패. 진부한 화면으로 클래식 음악의 고전들을 모욕(?)하였다는 악평과 다시는 만들어지지 못할 애니메이션의 금자탑이라는 찬사가 엇갈리는 문제작.

## 50 히틀러, 독일영화

**Hitler, a Film from Germany**

한스-위르겐 지버베르크(Hans-Jügen Syberberg).

1977년. 서독. 360분.

'히틀러'를 만들어 낸 독일 역사의 뿌리를 캐들어가는 지버베르크의 집요함이 6시간 동안 이 영화를 지탱해 나가는 힘이다. 브레히트적 영화의 모범이라 불러도 될 만큼 다양한 형식, 스타일, 영화적 장치가 '히틀러'라는 '역사현상'을 조명하기 위하여 여러 각도에서 사용된다. 예술, 역사, 이데올로기를 한 편의 영화 속에서 합쳐 이야기하려는 지버베르크의 야심이 보이는 영화(히틀러에 대한 다큐멘터리가 절대로 아님!).

## 51 자전거 도둑

**Ladri di Biciclette**

비토리오 데 시카(Vittorio de Sica).

1948년. 이탈리아. 90분.

그 자신 뛰어난 배우인 시카 감독은 연기경험이 없는 주연들로부터 뛰어난 연기를 끌어냈고, 세자레 자바티니의 시나리오는 2차 대전 직후 이탈리아 노동자들의 일상과 말투를 생생하게 묘사하였다. 휴머니스트로서의 데 시카—자바티니 콤비의 면모가 가장 소박하게, 그리고 효과적으로 드러난 작품. 당대 이탈리아의 궁핍한 현실을 일깨우기보다는 영화 속의 '보편적 주제'—아버지와 아들의 관계, 가난한 사람들의 온정—때문에 넓은 호소력을 갖는다.

〈비정성시〉. 후 시아오시엔 감독. 대만. 1989년.

## 52

### 해자왕
孩子王
첸 카이게(陳凱歌).
1987년. 중국. 106분.

'아이들의 왕(King of the Children)'이란 뜻의 중국어 제목. 중국 '제5세대' 감독의 하나인 첸 카이게의 세번째 작품. 문화혁명 당시의 중국 농촌 국민학교에서 일어나는 이야기—'책'대로 가르칠 것을 강요하는 국가와 스스로의 목소리로 말하고, 스스로의 머리로 생각하기를 가르치려는 교사—에서 첸 카이게는 중국 사회주의의 현실을 은유로 이야기한다. 데뷔작 〈황토지(Yellow Earth)〉로 중국 영화의 '새로운 탄생'을 알렸던 첸 카이게 감독은 이 영화로 〈황토지〉 이후 작품에 대한 기대를 뛰어넘었다.

## 53

### 미녀와 야수
**La Belle et la Bête**
장 꼭또(Jean Cocteau). 1946년.
프랑스. 100분.

화가, 소설가, 극작가, 영화감독이었으며 무엇보다도 시인이었던 장 꼭또가 동화에서 소재를 따와서 만든 이 영화는 서정시와 동화의 분위기를 그대로 살려내고 있다.
환상의 세계를 표현하는 데 특수효과 대신 조명과 세트에 의존하고 있으며, 단순한 테크놀로지에 의하여 만들어진 화면들은 오히려 그만큼 더 보는 사람의 상상력을 자극한다. 촬영을 맡은 앙리 알르깡(Henri Alekan)은 30여 년 후 빔 벤더스의 〈베를린 천사의 시〉에서 시적인 흑백화면 솜씨를 유감없이 발휘하기도 하였다.

## 54

### 대부 2부작
**The Godfather,**
**The Godfather Part II**
프란시스 코폴라(Francis Coppola).
1971년. 1974년. 각 175분, 200분.

더 이상의 소개가 필요없는 70년대 헐리우드 최고의 문제작—화제작—걸작. 비평가들에 의하여 '속편'이 전편보다도 뛰어나다는 인정을 받는 희귀한 예를 코폴라는 남겼는데, 90년말에 완성된 〈대부Ⅲ〉는 앞 두 편의 명성을 부끄럽게 한 실패작이라는 평가가 내려졌다.

## 55

### 루치아
**Lucia**
움베르또 솔라스(Humberto Solas).
1969년. 쿠바. 161분.

'루치아'라는 이름을 가진 여인이 주인공인 3편의 에피소드로 이루어진 이 영화는 쿠바 역사 속의 해방투쟁의 주요한 세 시기를 다루고 있다. 솔라스는 각 에피소드의 시대와 주제에 따라 영화의 스타일을 또한 바꾸어 가는데, 1890년대의 이야기는 서사적 멜로드라마로, 1930년대에는 복고풍의 화면으로, 그리고 혁명 이후 1960년대의 쿠바는 경쾌한 터치의 코미디로 그려낸다. 마르크시스트의 관점에서 역사를 해석한 급진적 영화이며, 혁명후 사회에도 여전히 남아 있는 남성우월주의를 풍자한 페미니스트 영화이며, 다채로운 영화어법을 구사한 60년대 진보적 영화의 성과.

## 56

### 셀린느와 줄리 보트타다
**Céline et Julie Vont en Bateau**
자끄 리베뜨(Jacques Rivette).
1974년. 프랑스. 192분.

자끄 리베뜨는 고다르, 샤브롤, 트뤼포, 로메르 등과 함께 60년대초 까이에 뒤 시네마를 주도했던 비평가/감독이다. 그는 누벨바그로 분류된 동료들과는 달리 지극히 개인적인 '작은' 영화만을 만들어왔으며, 〈셀린느…〉는 다른 어떤 영화와도 함께 묶어 '무엇'이라 분류할 수 없는 독특한 영화이다. 영화에 대한 상투적인 기대를 벗어난 '영화답지' 않은 영화이면서도, 불가사의한 매력으로 관객을 끌어당기는 보석과도 같은 영화.

## 57

### 페르소나
**Persona**
잉그마르 베르히만(Ingmar Bergman).
1966년. 스웨덴. 81분.

두 여인의 '관계'를 줄거리의 중심에 가져다 놓은, 그 이상의 요약이 불가능한 무한히 복잡한 영화. 베르히만 감독은 그가 즐겨 다루는 두 가지 주제, 곧 인간 사이의 커뮤니케이션의 어려움과 예술가의 '저주받은' 삶을 이 영화 속에서 집요하게 탐구하였다. 실험적인 내러티브와 심오한 상징들의 사용 때문에 이해하기 어려운, 그러나 깊이 있는 내용을 지니고 있는 문제작.

## 58

### 카사블랑카
**Casablanca**
마이클 커티즈(Michael Curtiz).
1942년. 미국. 102분.

우선 〈카사블랑카〉는 작가영화가 아니다. 또한 험프리 보가트와 잉그리드 버그만(Ingrid Bergman)이 생애 최고의 연기를 보여준 영화도 아니며, 줄거리 또한 이전에 나왔던 영화 몇개의 재탕일 따름이다. 기술적 완성도에 드러나는 헐리우드 스튜디오 시스템의 저력과 영화제작의 타이밍이 이 영화를 본의 아니게(?) 미국 영화의 고전으로 만들었다고 보여지는데, 이 점에서 〈카사블랑카〉는 '걸작'이라기보다는 20세기 대중문화의 '기념물'의 하나로서 보아둘 가치를 지닌다.

## 59

### 재와 다이아먼드
**Popiol i Diament**
안제이 와이다(Andrzey Wajda).
1958년. 폴란드. 104분.

"여기 남은 것은 재뿐이지만/잿속에서 다이아먼드가 솟아나리라"는 시 귀절에서 제목을 따온 폴란드 영화. 1945년, 나치 점령군으로부터 해방된 폴란드에서 '새로운 나라'의 건설을 두고 많은 정치집단이 투쟁을 벌인다. 함께 반나치 레지스탕스 운동을 하였던, 그러나 지금은 서로 죽고 죽여야 하는 입장에 선 두 젊은이의 이야기에서 와이다 감독은 전후 폴란드 역사의 비극을 압축하여 드러낸다. 〈철의 사나이〉〈대리석의 사나이〉〈당통〉 등에서 원숙한 연출력을 보여준 와이다 감독의 패기만만한, 실험정신에 가득찬 초기 걸작.

## 60

### 교사형
**絞死刑**
오시마 나기사(大島渚).
1968년. 일본. 117분.

일본 여자를 살해한 '조선인' R의 교수형 집행장면으로부터 영화는 시작한다. R의 육체가 죽기를 거부하고 기억상실 상태로 계속 살아남자, 교도소 관리들은 R의 죄를 일깨워주기 위하여 그의 삶의 주변사람들, 일본 속의 조선인으로서의 삶, 살인에 이르기까지의 과정을 보여주며 R의 기억을 되살리려 애쓴다.
그들의 의도와 어긋나게, R은 자신의 '죄'의 진정한 의미—일본제국주의의 역사, 재일교포에 대한 차별에서 비롯되는—를 깨닫고 '의식화'되어간다. 60년대 일본 뉴 웨이브의 가수 오시마가 브레히트적 수법으로 만든, 일본인의 '역사에 대한 불감증'을 비판한 문제작.

## 61

### 유랑극단
**O Thiassos**
테오도르 앙겔로풀로스(Theodor Angelopoulos).
1975년. 그리이스. 230분.
1939년에서 1952년 사이의 그리이스 현대사를 한 유랑극단의 방랑기 속에 함축한 앙겔로풀로스의 상징적 정치영화. 격동의 60년대에 각성한 좌파 지식인 감독 앙겔로풀로스는 군사독재의 서슬이 시퍼렇던 1970년대의 그리스에서 지극히 불온한 이 영화를 검열과 감시의 눈을 피해 완성하였다. 사색하는 듯한 완만한 리듬의 롱 테이크와 한 쇼트 안에서 시제를 넘나드는 기법이 특징적인, 앙겔로풀로스의 의지의 승리.

## 62

### 말타의 매
**The Maltese Falcon**
존 휴스톤(John Huston).
1941년. 미국. 100분.
존 휴스턴 감독의 데뷔작이며 필름 느와르(film noir) 장르의 첫걸음을 내디딘 탐정영화. 사립탐정 샘 스페이드(험프리 보가트)의 눈을 통하여 관객들은 탐욕과 배신으로 파멸하는 인물들을 지켜본다. 대쉴 해밋의 소설을 원작으로 한 이 영화로 헐리우드 영화에서 '탐정'의 전형은 완성되었다. 독일 출신 배우 페터 로레(〈M〉으로 유명)의 명연기도 빼놓을 수 없는 포인트.

## 63

### 민중의 용기
**El Coraje del Pueblo**
우카마우 집단(Groupo Ukamau).
1971년. 볼리비아. 94분.
볼리비아의 혁명영화집단 우카마우가 만든 다큐멘터리/극영화 혼합양식의 영화. 1967년에 볼리비아에 있었던 광산노동자들의 파업과 학살을 다룬 이 영화에서 우카마우 집단의 카메라는 관찰자의 시점에 머물지 않고 노동자들을 작업주체로 참여시키는 역할까지 맡는다. 기층민중과의 공동작업과 실질적 연대를 통하여 작가영화의 한계를 극복한 제3세계 영화의 한 이정표.

## 64

### 이레이저헤드
**Eraserhead**
데이비드 린치(David Lynch).
1976년. 미국. 89분.
〈와일드 at 하트〉 〈블루 벨벳〉으로 명성을 거머쥔 데이비드 린치의 데뷔작 격인 장편 실험영화. 거친 톤의 흑백으로 촬영된 이 영화는 표현의 '기괴함'과 독창성에서 유례를 찾아볼 수 없을 만큼 강렬한 인상을 남긴다. 데이비드 린치의 개성을 가장 잘 드러낸, 그의 이후의 작품세계를 이해하는 모든 단서를 제공하는 영화이며, 의심할 여지없는 컬트 영화의 고전. 문자 그대로 이 영화는 '악몽'임!

## 65

### 성난 황소
**Raging Bull**
마틴 스콜세지(Martin Scorsese).
1980년. 미국. 129분.
〈비열한 거리(Mean Streets)〉, 〈택시 드라이버〉 이후 내리막길을 걷는 듯하던 마틴 스콜세지는 1980년 아무도 예상치 못했던 이 흑백영화로 관객과 비평가들의 신뢰를 회복하였다. 미들급 세계챔피언이었던 복서 재이크 라모타의 삶을 소재로 한 이 영화는 전기영화가 아니며—로버트 드니로가 라모타의 청년에서 중년기까지를 훌륭하게 연기해내지만—권투영화는 더욱 아니다—눈을 믿을 수 없을 만큼 생생하게 촬영·편집된 시합장면들에도 불구하고. 흑백화면의 아름다움을 80년대에 되살린, 완벽한 형식미를 갖춘 걸작. 비디오 출시명 〈분노의 주먹〉.

## 66

### 옛날옛적 서부에서

**Once Upon a Time in the West**

**셀지오 레오네(Sergio Leone).**
**1968년. 이탈리아. 165분.**

〈원스 어폰 어 타임 인 어메리카〉가 있기 전, 〈옛날 옛적 서부에서〉가 있었다. 이 두 편은 레오네 감독의 대표작의 자리를 놓고 계속 다툴 터인데, 미국인들의 '신화'인 웨스턴을 해체·탈신화화한 후자가 완결된 작품으로서의 탄탄함에서는 더 뛰어나다. 두 총잡이—그중 악당 역은 헨리 폰다가 맡아 미국 관객들을 경악하게 하였는데—와 한 여인을 중심으로 전개되는 줄거리의 배경에는 '개척지' 서부를 그 영토로 흡수하며 밀려오는 자본주의의 물결이 깔린다. 총잡이들의 시대가 끝났음을 알리며.

## 67

### 블레이드 런너

**Blade Runner**

**리들리 스코트(Ridley Scott).**
**1982년. 미국. 117분.**

시각효과에서 80년대 영화 중 최고라는 평을 받았으나 개봉 당시 관객을 찾지 못한 '저주받은 걸작'. 〈에이리언〉〈블랙레인〉의 리들리 스코트 감독은 2019년의 로스앤젤리스를 하이 테크놀로지와 제3세계가 뒤섞인 '악몽의 도시'로 '예언'하고 있다. 인간보다도 더 인간다운 '인조인간(복제인간; replicant)'과 그들을 '제거'하며 인간성을 잃어가는 '블레이드 런너'의 대비에서 이 영화가 단순한 SF 오락물 이상임을 읽을 수 있다. 더글러스 트럼벨의 특수효과와 반젤리스(Vangelis)의 음악 또한 압권.

## 68

### 나쁜 피

**Mauvais Sang**

**레오 까라(Léos Carax).**
**1986년. 프랑스. 119분.**

누벨 이마쥬 세대의 천재 영상시인 레오 까라의 두번째 영화. 로맨틱 드릴러의 틀을 빌어 까라 감독은 밤, 영혼, 비, 그리고 사랑, 배반, 공포 등의 감정을 자유분방하게 표현하였다. 새로움 때문에 낯설고 매혹적인, 해석과 설명을 쉽사리 용납하지 않는 '이미지'와 '무드'의 영화.

## 69

### 파드레 파드로네

**Padre Padrone**

**파올로와 비토리오 타비아니 형제 (Paolo/Vittorio Taviani).**
**1977년. 이탈리아. 113분.**

'아버지(padre)'가 곧 '주인님(padrone)'인 사르디니아의 농촌가정에서 자란 주인공이 '바깥' 세상에 나가 성장하며 자신을 억압해온, 내면화된 '아버지'의 모습을 극복한다. 단편적인 에피소드의 연결로 이루어진 대안적 내러티브의 영화이면서, 가부장제 사회에서 남성이 받는 억압—아버지와 아들의 관계를 통하여 묘사되는—에 관한 성찰.

## 70

### 탐욕

**Greed**

**에릭 폰 스트로하임 (Erich von Stroheim).**
**1923년. 미국. 약 150분.**

미국의 자연주의 소설가 프랭크 노리스 작 〈맥태규(McTaegue)〉의 영화화. 스트로하임 감독은 처음 7시간 짜리로 영화를 편집하였으나, 제작사는 엄청난(!) 상영시간에 놀라 감독의 의사를 무시하고 몇차례에 걸쳐 150분까지 영화를 재편집하였다. 돈에의 탐욕 때문에 파멸해가는 세 명의 하층 중산층 인물들의 이야기를 스트로하임은 철저하게 '현실'에 가까운 영화로 만들어내려 하였다. 무성영화 시대의 헐리우드가 남긴 리얼리즘 영화의 희귀한 예이며, 원판을 복원할 길이 없어 오늘날 '단축판'만이 보여짐에도 불구하고 걸작으로 인정받는 영화.

〈아라비아의 로렌스〉. 데이비드 린 감독. 영국. 1962년.

## 71

### 독 스타 맨

**Dog Star Man**

스탠 브래키지(Stan Brakhage).

1965년. 미국. 83분(또는 270분)

미국 언더그라운드 영화의 '전설' 스탠 브래키지의 작품중 가장 자주 언급되는 영화. 83분짜리 〈독 스타 맨〉은 4부로 이루어졌으며 각 부분은 모두 두 겹에서 네 겹으로 이르는 수퍼임포즈된(화면 위에 또 다른 화면이 투명하게 겹쳐지는 기법) 이미지로 구성되었다. 270분짜리는 이렇게 수퍼임포즈한 화면들을 구성단위별로 해체, 83분짜리 뒤에 〈시각의 예술(The Art of Vision)〉 이란 제목으로 덧붙인 것이다. 상식과 논리를 뛰어넘는 이미지의 흐름, 그리고 상상가능한 거의 모든 실험적 기법을 적용한 언더그라운드 영화의 교과서.

## 72

### 멈추어, 누워, 일어서

**Zamri Oumi Voskresni**

비탈리 카네프스키(Vitali Kanevski).

1989년. 소련. 105분.

1990년 칸느 영화제 신인 감독상 수상작 (55세의 감독 카네프스키의 데뷔작임). 2차 대전 직후 소련 극동지방을 배경으로 두 어린이의 눈을 통하여 본 어둡고 혼란한 어른들의 세계를 그린 흑백영화. 현재 소련 사회의 문제를 직접 다루는 대신, 시적인 영상으로 묘사한 비극적인 에피소드들로 문제의 뿌리에 접근하려는 작가의 의지가 담겨 있다.

## 73

### 마지막 웃음

**Der Letzte Mann**

F. W. 무르나우(Murnau).

1924년. 독일. 105분.

후에 헐리우드에서 활동한 독일작가 무르나우는 당시의 무성영화가 아직 '개발'하지 못했던 테크닉을 〈마지막 웃음〉에서 구사하였다. 줄거리를 전달하는 데 있어서 주관적인 카메라 시점의 활용을 비롯하여, 영화의 '시각'에 의한 표현영역을 넓힌 독일 영화의 고전.

## 74

### 맨하탄

**Manhattan**

우디 알렌(Woody Allen).

1979년. 미국. 96분.

뉴욕의 지식인사회를 유머러스하게 그린 영화를 꾸준히 만들어온 우디 알렌의 가장 완성도 높은 작품. 고든 윌리스(〈대부〉시리즈의 촬영기사)는 복고적인 흑백화면으로 뉴욕의 도회정서를 풍경을 통하여 효과적으로 표현하였고, 다이안 키튼, 마리엘 헤밍웨이, 메릴 스트립, 마이클 머피의 연기도 훌륭하다. 미국 영화의 '작은' 거장 우디 알렌의 소품 명편.

## 75

### 안토니오 다스 모르테스

**Antonio-das-Mortes: O Dragão da Maldade Contra o Santo Guerreiro**

글라우버 로샤(Glauber Rocha).

1969년. 브라질. 95분.

브라질 시네마 노보(Cinema Novo)운동의 기수 글라우버 로샤의 대표작. 실재 인물이었으면서 많은 브라질 민담에 등장하는 총잡이 안토니오를 주인공으로 한 이 영화 속에는 브라질 민중의 노래, 춤, 전설이 다채롭게 사용되고 있다. 브라질의 역사와 사회를 민중의 시각에서 재해석하고 새로운 영화형식으로써 '헐리우드/제국주의' 영화에 대항하려는 시도로서 평가되는 영화. 전설과 신화를 통하여 혁명을 이야기하는 서사시.

## 76

### 빅 슬립

**The Big sleep**

하워드 호크스(Howard Hawks).

1946년. 미국. 114분.

험프리 보가트(Humphrey Bogart)와 로렌 바콜(Lauren Bacall)이 주연한 필름 느와르(film noir)의 고전. 사립탐정 필립 말로우(험프리 보가트)를 따라 관객들은 범죄와 음모의 미궁을 탐험하게 되는데, 연이어 일어나는 사건들과 엄청나게 복잡한 줄거리 때문에 이 영화를 완전히 이해하는 것은 불가능하다.

그 대신 관객들을 주인공 말로우가 사건을 풀어나가는 '과정'에 동참하게 만드는 영화이며, 대부분의 필름 느와르 영화가 '싸구려'로 만들어졌음에 비하여 헐리우드 최고의 스탭들이 참여한 완성도 높은 화면이 주목할 만함.

## 77

### 세도

**Ceddo**

우스만 상벤(Ousmane Sembene).

1976년. 세네갈. 117분.

세네갈의 대표적 소설가에서 영화작가로 변신한 우스만 상벤은 18세기 세네갈을 배경으로 한 이 역사극에서 외세와 민족의 갈등을 다루고 있다. 토착종교, 이슬람교, 기독교라는 세 힘을 축으로 이 갈등은 전개되는데, 여기에 상벤은 권력 엘리트와 민중의 대립관계를 더하여 현대 세네갈의(그리고 모든 신식민지 사회의) 문제를 암시한다. 아프리카 영화의 성숙함—짧은 역사에 비하여 놀랄 만한—을 알린 독창적인 역작.

## 78

### 딤 섬

**Dim Sum:A Little Bit of Heart**

웨인 왕(Wayne Wang). 1985년.

미국. 87분.

홍콩 출신의 시네아스트 웨인 왕이 미국에서 만든 중국계 미국인들의 이야기. 한 가족 세 사람(어머니, 딸, 삼촌)의 이야기 속에 이민사회의 애환, 세대간의 갈등, 가족의 현대적 의미를 담은 영화. 특별한 사건 대신 정물화적인 일상생활 묘사로 이어지는 내러티브는 오즈 야스지로의 영화를 연상케 하며, 색채와 구도의 회화적 감각이 뛰어나다.

## 79

## 가늘고 푸른 선
**The Thin Blue Line**
에롤 모리스(Errol Morris). 1988년. 미국. 101분.

누명을 쓰고—감독이 그렇게 확신하는—옥살이하는 한 수인을 구하려는 목적에서 에롤 모리스 감독이 그가 무죄임을 증명하려 만든 다큐멘터리. 동시에 미국의 법률제도의 모순과 계층적인 편견에 대한 고발장이며 다큐멘터리라는 장르의 규칙에 구애받지 않는 형식의 참신함으로 주목받았다. 80년대의 가장 실험적인 독립영화 다큐멘터리이며, 무엇보다도 그릇된 재판 결과를 바로잡게 한 실제적인 힘을 보인 영화.

## 80

## 이지 라이더
**Easy Rider**
데니스 호퍼(Dennis Hopper). 1969년. 미국. 95분.

마약, 섹스, 록 음악, 히피, 모터사이클, 여행, 그리고 미국 서부의 대자연이 〈이지 라이더〉를 구성하는 요소들이다. 마약밀매에서 챙긴 돈으로 "미국을 찾아서" 모터사이클 여행을 떠난 두 인물(피터 폰다와 데니스 호퍼)을 따라가는 이 로드 무비는 60년대 미국 젊은이들의 감수성에 호소하는 상업극 영화이면서, 60년대식 '청년문화'의 종말을 예고하듯 암울한 결말에 도달한다. 언더그라운드 영화의 기법과 록 음악의 과감한 사용으로 유명하기도.

## 81

## 워 게임
**The War Game**
피터 워킨스(Peter Watkins). 1965년. 영국. 50분.

피터 워킨스는 핵전쟁의 무서움을 알리기 위하여 영국 BBC TV가 제작한 이 영화에서 다큐멘터리의 형식을 빈 픽션—곧 '의사' '가짜' 다큐멘터리—이라는 양식을 만들어 내었다. 최소한의 제작비로 효과를 극대화하기 위한 방법으로 고안한 이 양식이 관객에게 준 충격이 너무도 강해서, 핵에 대한 계몽의 차원을 넘어 '불필요한 공포'를 조장한다는 이유로 BBC는 방영을 거부하였다. 반핵영화의 고전적 텍스트이고, 다큐멘터리의 영역을 픽션에까지 넓힌 뛰어난 영화.

## 82

## 와일드 번치
**The Wild Bunch**
샘 페킨파(Sam Peckinpah). 1969년. 미국. 145분.

샘 페킨파가 '사라져가는' 장르 웨스턴에 바친, '사라져가는' 서부의 마지막 '사나이'들의 엘레지. 잘 조화된 앙상블 액팅과 서사시적인 화면이 전통적인 웨스턴 영화에서 왔다면, 악명 높은(?) 폭력장면의 에너지와 미학은 60년대 대중문화의 감수성과 일맥상통하고 있다. 존 포드의 〈추적자들〉, 레오네의 〈옛날옛적 서부에서〉와 함께 '옛 서부(The Old West)'를 재해석한 '수정주의' 웨스턴의 걸작으로 꼽힌다.

## 83

## 품행불량
**Zero de Conduite**
장 비고(Jean Vigo). 1933년. 프랑스. 44분.

장 비고(1905-1934)는 29세의 짧은 생애에 단편까지 포함하여 단 4편의 영화를 남겼으나, 초현실주의에서 시적(poetic) 리얼리즘, 다큐멘터리와 극영화 모두에서 보인 독창성과 통찰력은 그를 후대에 가장 큰 영향을 미친 감독의 하나로 만들었다. 그의 영화는 모두 리얼리즘이 아닌 방식으로 부르주아 사회를 야유·비판하는데, 〈품행불량〉은 학교/교육을 그 대상으로 삼고 있다. '체제관리자'인 교사들의 억압, 그리고 '자유인'이 되고자 하는 학생들의 반란.

## 84

## 잊혀진 조상들의 그림자
**Teni Zabytykh Predkov**

세르고 파라자노프(Sergo Paradjanov). 1964년. 소련. 95분.

1965년 발표되어 소련 밖으로부터 〈전함 포템킨〉 이래 유래 없는 찬사와 존경을 받았으나, 소련내에서는 '형식주의'와 '우크라이나 민족주의'에 젖었다는 비판을 받고 평가절하 당한 영화이다. 19세기 중엽 우크라이나의 한 마을 주민들이 제목의 '잊혀진 조상'들인데, 파라자노프는 소련 영화에서 오랫동안 억눌려왔던 비러시아 공화국의 민족전통을 풀어헤쳐 색채와 움직임의 현란한 잔치를 벌여 놓았다(영어제목은 〈Shadows of Our Forgotten Ancestors〉).

## 85

## 옳은 일을 해라
**Do the Right Thing**

스파이크 리(Spike Lee). 1989년. 미국. 120분.

뉴욕 독립영화 출신의 젊은 흑인 감독 스파이크 리가 성난 목소리로 외치는 미국인들의—흑인들까지 포함한—인종차별주의 고발장. 공허하게 화합을 설교하거나 '피해자/선인' 대 '가해자/악인' 식의 상투적인 이분법을 적용하는 대신, 스파이크 리는 생생히 살아 있는 인물묘사를 통하여 인종문제의 본질에 접근하고 있다. 영화에 등장하는 한국 교포상인의 묘사를 특히 눈여겨 볼 것. 비디오 출시명 〈똑바로 살아라〉.

## 86

## 천국의 아이들
**Les Enfants du Paradis**

마르셀 까르네(Marcel Carné). 1945년. 프랑스. 187분.

〈천국의 아이들〉은 나찌 점령하의 파리에서 2년에 걸쳐 제작되었고 나찌가 물러간 후에야 완성·개봉되었다. 19세기 파리의 연극가를 배경으로 한, '프랑스의 연극과 프랑스 혼에' 바쳐진 이 영화는 누벨 바그 이전의 프랑스 '문예'영화의 정점을 이루었다. 시인 자끄 프레베르의 시나리오와 당대 최고의 연극배우이자 마임이었던 장-루이 바로(Jean-Louis Barrault)의 마임 연기로 더욱 유명한 영화. 제목의 '천국'은 19세기 파리극장에서 서민들이 무료로 입장, 연극을 볼 수 있었던 '천정좌석'을 가리키는 애칭.

## 87

## 아기레, 신의 분노
**Aguirre, der Zorn Gottes**

베르너 헤어조그(Werner Herzog). 1972년. 서독. 95분.

70년대의 '새로운 독일영화(New German Cinema)'세대 감독중 하나인 베르너 헤어조그의 야심작. 전설 속의 '황금의 도시' 엘도라도를 찾아나선 스페인 무사들의 이야기를 헤어조그는 실제로 역사적 사건이 일어났던 아마존 정글에서 악전고투 끝에 찍어내었다. 아마존의 무자비한(?) 자연마저 압도하는 클라우스 킨스키의 광기어린 연기는 영웅심에 사로잡힌 편집광의 묘사로서 영화사상 최고의 하나이다. 루이스 부뉘엘의 걸작을 연상케 하는 클라이맥스만으로도 기억될 만한 걸작. 시대를 현대로 옮기고 배경을 베트남전으로 바꾼 영화가 바로 코폴라의 〈지옥의 묵시록(1980)〉임!

## 88

## 제3종의 근접조우
**Close Encounters of the Third Kind**

스티븐 스필버그(Steven Spielberg) 1977년. 미국. 135분.

막대한 물량과 첨단의 테크놀로지에도 불구하고 '어린이의 눈과 가슴'을 잃지 않은 스필버그의 환타지. SF라기보다는 동화라는 말이 더 어울릴 이 영화에는 낙관주의와 영화를 만드는 일의 흥분감이 또한 깃들어 있다. 80년대 헐리우드를 기획·제작자로 '주름잡기' 전, 청년감독 시절의 스필버그가 남긴 가장 '개인적인' 영화.

비디오 출시명 〈미지와의 만남〉.

## 89

## 몽콕하문
**旺角卡門**
**왕가위(王家衛).**
**1987년. 홍콩. 90분.**

우리나라 공개제목 〈열혈남아〉. 유덕화, 장만옥, 장학우, 만자량 주연. 물론 이 영화는 평범한 의미에서의 '걸작'은 아니다. 그러나 이 속에는 21세기의 영화를 향하여 열린, 영화의 전통문법에 대한 새로운 접근이 있고, '홍콩영화'라는 역사적 컨텍스트에서 나올 수 있는 '미래의 걸작'에 대한 예감이 있다. 그리고 우리 관객들에게 널리 알려지고 사랑받고 있다는 사실까지.

## 90

## 토벽
**Remparts d'Argile**
**장-루이 베르뛰셀리(Jean-Louis Bertuccelli).**
**1970년. 프랑스/알제리아. 86분.**

북아프리카의 한 마을에 대한 인류학자의 조사보고서를 극화한 영화. 전통사회에서의 여성의 위치, 국가권력과 결탁한 자본의 착취, 척박한 자연환경 속의 생존을 위한 싸움이 다큐멘터리 스타일의 화면 속에서 다루어진다. 극영화와 다큐멘터리의 요소를 접합시켜 미학적으로 성공한 훌륭한 예이며, 제3세계의 현실을 낮은 목소리로 이야기하는 정치영화.

## 91

## 2000년에 25살이 될 요나
**Jonas qui aura 25 ans en l'an 2000**
**알랭 따네르(Alain Tanner).**
**1976년. 스위스/프랑스. 115분.**

68년 5월 세대였던 8명의 친구들이 다시 모여 하루를 보내는 동안 일어나는 에피소드. 혁명에의 열정은 빛이 바래고, 그들은 다시 합쳐지지 못할 각자 자신의 길을 가고 있음을 확인하고 헤어진다. 그러나 희망을 버리지 아니하고, 그들중 한 명이 곧 낳을 다음 세대의 아이, '2000년에 25살이 될' 요나를 생각하며.

〈카사블랑카〉. 마이클 커티즈 감독. 미국. 1942년.

# 12장 우리세대의 걸작

# 80년대 세계영화 100선

## 1

비정성시
悲情城市
후시아오시엔(侯孝賢).
1989년. 타이완. 158분.

〈비정성시〉를 1위의 자리에 올려 놓음은 이 영화가 무슨 영화제에서 상을 받았다든가 하는 사실과는 아무 관계가 없다. 우리는 또한 이 영화가 특정한 이데올로기에 봉사하지 않는 '예술'영화이거나, 반대로 감추어진 역사를 고발하는 '정치'영화라는 식으로 분류하지도 아니한다.

우리가 이 영화를 80년대 최고의 걸작으로 꼽는 이유는 작가가 자신의 '진실'을 이야기하고 있으며—주인공들의 '슬픔'을 작가 자신이 나누고 있음을 우리는 이 영화에서 느낄 수 있었다—, 또한 그것을 겉멋에 치우치지 않되 고집스럽도록 확실한 자기만의 표현양식에 담고 있다는 점에서이다. 그렇다면 〈비정성시〉가 아시아 영화이며, 우리 자신의 역사적 경험 때문에 더욱 공감할 수 있는 이야기라는 점에서 '편파적'인 평가를 내리고 있지는 않느냐고 질문한다면? 물론 그 대답은 떳떳하게 "그렇다"이다. 그것은 이 땅에서 영화를 보고 생각하는 우리 관객들의 당연한 권리이기 때문이다.

후 시아오시엔.

〈멈추어, 누워, 일어서〉.
비탈리 카네프스키 감독.
소련. 1990년.

2

## 멈추어, 누워, 일어서

**Zamri, Oumi, Voskresni**

비탈리 카네프스키(Vitali Kanevski).
1990년. 소련. 105분.

동토의 탄광지대를 배경으로 무채색의 화폭에 그려진 비극으로 가득찬 어두운 세계의 초상이며, 혼란된 세상을 살아감의 어려움과 희망에 대한 서정시. 카네프스키 감독은 체제의 허구가 벗겨지는 당대의 소련을 유년기의 기억속의 인물과 사건들을 통하여 간접적으로, 그러나 생생하게 그려내는 데 성공하였다. 아직 우리나라 안에서 보여질 기회가 없었음에도—나라 밖에서도 비디오나 레이저디스크가 나오지 않았으니까—'감히' 이 영화를 추천함은 90년대 세계영화의 역사가 이 작품으로부터 쓰여지리라는 예감에서이다.

3

## 나쁜 피

**Mauvais Sang**

레오 까라(Léos Carax).
1986년. 프랑스. 125분.

레오 까라의 영화 속에서 시간과 공간은 현실에서와는 전혀 다르게 구성되고 해체된다. 그럼에도 불구하고 우리는 그의 영화 속의 세계에서 엄격한 질서와 '논리를 초월한 논리'를 엿볼 수 있는데, 그것은 이미 존재해온 영화들 속에서 '인용'하고 '복사' 한 이미지들을 자유자재로 결합시켜서 전혀 새로운 이미지를 만들어내는 그의 솜씨에서 비롯한다. 그러므로 〈나쁜 피〉는 설명을 거부하는 영화이면서도, 헛되이 '상징'과 '비유'를 찾지 않는 관객에게는 편안하게 느낌과 즐거움을 선사하는 영화이다. "레오 까라=고다르(영화매체에 대한 성찰의 풍요로움)+브레송(대상과 카메라와의 '거리'를 지우려는 즉물적 관찰의 시선)+콕도(신화적 공간과 시적 상상력)."

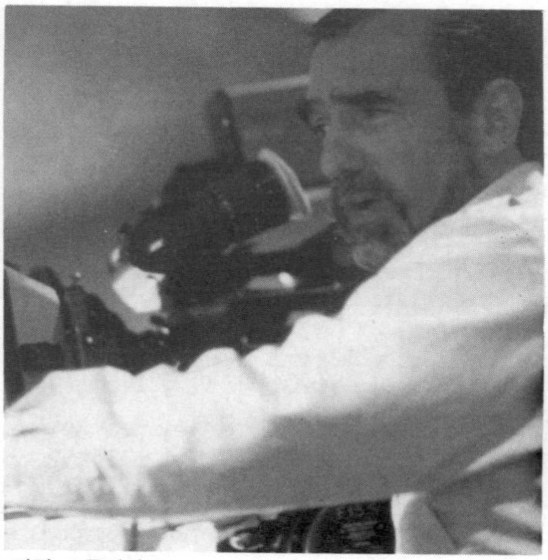
마틴 스콜세지.

에밀 쿠스트리차.

## 4

## 성난 황소
**Raging Bull**
마틴 스콜세지(Martin Scorsese)
1980년. 미국. 129분.

마틴 스콜세지는 '내용을 담은 그릇'으로서의 형식의 중요성을 가장 정확하게 이해하고 있는 감독 중의 하나이다(최근작 〈좋은 친구들(Good Fellas)〉에서도 이 점은 다시금 확인된다. 비록 그 복잡함과 다양함 때문에 많은 관객들과의 의사소통이 제대로 이루어지지 못했지만). 8㎜ 홈무비 삽입장면만을 색채로 하고 나머지는 모두 고전적인 흑백화면으로 촬영한 〈성난 황소〉는 내용/형식의 거의 완벽한 조화를 보여주는 영화로 널리 평가되는 그의 대표작이다. 권투선수 잭 라모타의 생애를 소재로 했으면서도 결코 '스포츠 영화'가 아닌 영화. 비디오 출시명 〈분노의 주먹〉.

## 5

## 집시의 시간
**Dom Za Vesanje**
에밀 쿠스트리차(Emir Kustrica)
1988년. 유고슬라비아. 138분.

자신이 속하지 않은 낯선 문화를, 그것도 '그들'의 시각에서 그린다는 것은 쉽지 않은 일이다. 〈아빠는 출장중〉을 만든 쿠스트리차 감독은 유고슬라비아에 사는 소수민족 집시에 대한 이 영화에서 그 일에 도전하여 훌륭한 성공을 거두었다. 호기심의 대상이나 구경거리로 이 '기이한' 사람들의 삶을 그리지 않으면서, 맹목적인 애정으로 그들을 미화하지도 않았음이 이 영화의 가장 큰 미덕이다. 사회주의 유고와 자본주의 이탈리아라는 공간을 넘나들며, 상처받는 순수한 영혼의 이야기를 때로는 유머러스하게, 때로는 섬뜩하게 그려낸 작품.

## 6

### 쇼아
**Shoah**

끌로드 란쯔만(Claude Lanzmann)
1985년. 프랑스. 566분.

나찌에 의한 유태인학살(Holocaust)에 대한 결정적인 다큐멘터리이며, 영상에 의하여 역설적으로 '말의 힘'을 확인하게 하는 체험으로서의 영화. 끌로드 란쯔만은 20년에 가까운 세월을 이 영화를 만드는 데 바쳤고, 단 한 커트도 자료화면에 의존하지 않고 오로지 350시간분의 인터뷰에서 편집한 '이야기'들과 학살이 저질러졌던 장소들—아우슈비츠, 트레블링카, 소비도르 수용소—의 폐허가 된 오늘날의 모습만으로 장장 9시간 동안 이 영화를 끌고 나간다. 상투적인 다큐멘터리 영화의 틀을 벗어난, 내용과 형식의 일치가 무엇인지를 보여주는 '새로운' 영화.

## 7

### 베를린의 하늘
**Der Himmel über Berlin**

빔 벤더스(Wim Wenders).
1987년. 서독. 128분

'장벽'이 허물어진 오늘날의 시점에서 바라볼 때 분단도시 베를린에 대한 이 영화는 이미 낡은 것처럼 느껴질지 모른다. 그러나 벤더스는 〈베를린의 하늘〉에서 단순히 지나갔던 '좋은 시절'에 대한 노스탈지아를 '분단현실'을 통하여 이야기한 것이 아니었다. 천사와 인간과, 시(詩)와, 그리고 사랑에 대한 이 영화 속의 진술들은 지금도 유효하다. 그리고 그러한 진술들이 결코 상징이나 은유로 읽혀서는 아니됨을 이 영화는 다시 한번 우리에게 환기시킨다. 오즈와 타르코프스키와 트뤼포에게 이 영화가 바쳐진 이유가 무엇인지를 생각해 보아야 하지 않을까?

## 8

### 메이트원
**Matewan**

존 세일즈(John Sayles).
1987년. 미국. 133분.

노동계급의 역사는 피와 땀과 눈물로 쓰여져왔으며, 그것은 미국에서도 마찬가지였음을 보여주는 영화. 1920년대 미국 버지니아주의 탄광촌 메이트원에서 실제로 일어났던 역사적 사실을 존 세일즈는 수년간에 걸친 현지조사, 생존자들과의 인터뷰 등 자료수집 끝에 완벽한 구성의 시나리오로 재현하였고, 헐리우드의 일급 촬영감독 해스켈 웩슬러(Haskel Wexler)의 뛰어난 솜씨로 영상화하였다. 진지하고, 감동적이며, 또한 가볍지 않은 '재미'까지 갖춘 80년대 미국 독립영화 최고의 걸작.

## 9

### 옳은 일을 해라
**Do the Right Thing**

스파이크 리(Spike Lee).
1989년. 미국. 120분

미국사회에서 인종간의 갈등은 어제 오늘의 일이 아니었고, 헐리우드 영화에서 흑·백 갈등은 심심치 않게 드라마의 소재로 쓰여져왔다. 그러나 이 영화만큼 '문제'의 핵심에 겁없이, 도전적으로, 명쾌하게 접근한 영화는 없었다. 스파이크 리—기획·각본·감독—는 한편으로는 지극히 '평범'하고 일상적인 현실 그 자체를 통하지 않고서는 결코 현실을 극복할 수 없다는 진리를 보여주는 동시에, 마지막에 인용된 마틴 루터 킹과 말콤 엑스(Malcolm X)의 주장에서 정리되듯 '이성(理性)으로서의 폭력'에 대한 고민을 고백한다. 시종 활동사진적인 재미 또한 잃지 않는, '양심'과 '용기'로 80년대 미국영화를 마무리지은 말 그대로의 '화제작'. 비디오 출시명 〈똑바로 살아라〉.

〈옳은 일을 해라〉. 스파이크 리 감독.
미국. 1989년.

안드레이 타르코프스키.

## 10

## 희생
**Offret**
안드레이 타르코프스키(Andrei Tarkovsky).
1986년. 스웨덴. 149분.

"이 영화는 희생의 이야기이면서 또한 구원의 이야기이다. 주인공 알렉산더는 신에 대한 자신의 맹세를 실천하는 과정에서 자신이 지금까지 속했던 세계와 완전히 결별하고, 가족과의 연관을 잃을 뿐 아니라, 모든 도덕적인 것까지 무시한다. 그러나 알렉산더는 우리들을 위협하고 삶을 파괴하며 구제할 길 없이 멸망으로 이끄는 메커니즘을 온 세계에 폭로하기 위하여 신이 선택한 인물이다. 그는 구원의 마지막 가능성을 보여준다. 나는 알렉산더도 스스로 구원받았기를 기원한다."
—안드레이 타르코프스키(1932-1986)—

## 11

## 선원의 세 왕관
**Les Toris Couronnes du Matelot**
라울 루이쯔(Raul Ruiz).
1983년. 프랑스. 122분

교수를 죽이고 도망치던 학생은 한 선원의 도움을 받아 떠나는 배에 숨는다. 그 도움의 대가는 선원의 경험담을 들어주는 것인데, 그가 들려주는 이야기는 객관적인 세계의 현실과는 무관하게 상상과 모험으로 가득찬 것이다. 이야기에 이야기를 겹치며 루이쯔 감독은 선원의 말을 화면으로 그려낸다. 콕도, 펠리니, 타르코프스키의 영향이 엿보이는 시적인 영상.

## 12

## 원스 어폰 어 타임 인 아메리카

**Once upon a Time in America**

세르지오 레오네(Sergio Leone).
1983년. 미국. 229분.

레오네의 '마카로니' 웨스턴(〈황야의 무법자〉〈옛날옛적 서부에서〉〈석양의 무법자〉)가 미국의 자본주의를 '서부'라는 신화/ 역사의 공간속에서 은유로 묘사했다면 〈원스 어폰 어 타임 인 아메리카〉는 보다 직설적으로 미국이라는 '악의 꽃'의 뿌리를 파헤친 비판적 텍스트로 읽힐 수 있을 것이다. "마피아는 사람을 죽이는 것이 아니라 돈을 버는 것이 목적이다"라는 자명한 진리를 레오네 감독은 1920년대에서 1960년대에 이르는 유장한 시간의 흐름 속에서 돈·범죄·권력의 함수관계로 풀어나간다. 시간이 흐를수록 더욱 높게 평가받을 거장의 마지막 걸작.

## 13

## 영무자

**影武者**

구로자와 아끼라(黑澤明).
1980년. 일본. 162분

중세 일본의 전국시대. 암살의 위협에서 영주를 보호하기 위한 '대역'—영주와 비슷하게 생긴 '소모품'인간—이 이 영화의 제목인 '그림자 무사'의 뜻이다. 한 천박한 인간이 '영무자'가 되었다가, 운명의 장난(?)으로 죽은 영주의 삶을 다시 살게되는 이야기를 줄거리로 삼은 이 영화에서 구로자와 감독은 '자기정체성'에 대한 근대적인 질문을 일본의 역사 속에 무리없이 옮겨 놓았다. '인간다움=자신을 지킴'이라는 주제에 대한 성찰이며, 웅장한 규모의 활극이며, 원숙한 연출역량을 펼쳐보인 회심의 역작.

## 14

## 천국의 문

**Heaven's Gate**

마이클 치미노(Michael Cimino).
1980년. 미국. 219분.

처음 공개되었을 당시의 모욕적인(!) 반응에도 불구하고, 〈천국의 문〉은 지금까지 만들어진 가장 뛰어난 웨스턴 중의 하나였음을 뒤늦게 인정받고 있다. 1870년, 하바드 대학의 졸업식장—'야만'의 땅에 '문명'을 전파하겠다는 순진한 이상에 불타는 졸업생들로 가득찬—에서 시작하여, 그들의 이상과 양심이 자본과 권력에 의하여 처참히 짓밟히는 결말에 이르기까지 마이클 치미노는 차분하고 힘 있는 연출로 영화를 이끌어간다. 가장 진보적인 웨스턴이기 때문에 '박해'받았을지도 모르는 '저주'받은 걸작.

구로자와 아끼라.

## 15

## 밝음

**Yeelen**

술레이만 시세(Souleymane Cissé).
1987년. 말리. 105분.

술레이만 시세에게 '아프리카의 타르코프스키'라는 찬사를 안겨준 아름답고 심오한 영화. 말리의 토착문화를 소재로 삼았지만, 민속의 탐구나 소개에 그치는 것이 아니라 주제와 완성도에서 변명이 필요없이 당당하게 모든 것을 갖춘 '작품'. 80년대 아프리카 영화의 '자존심'은 이 영화 한편으로 충분히 세워졌다.

## 16

### 내 책상의 천사

**Angel at My Table**

제인 캠피온(Jane Campion).

1990년. 뉴질랜드. 180분

뉴질랜드의 신예 여류감독 제인 캠피온의 〈스위티(Sweetie)〉(88)에 이은 두번째 작품. 뉴질랜드의 여류소설가 자네트 프레임의 자서전에 기초한 이 영화에서 제인 캠피온은 한 소녀의 어린 시절을 통하여 훗날의 '작가'가 어떻게 형성되어 가는지를 여성의 시선에서 차분하고 따뜻하게 그려낸다. 자매들 사이의 관계와, 글쓰기에 눈떠가는 어린이의 마음과, 시와 가족에 관한 이야기.

〈내 책상의 천사〉. 제인 캠피온 감독.

## 17

### 블레이드 런너

**Blade Runner**

리들리 스코트(Ridley Scott).

1982년. 미국. 117분

2019년. 온갖 인종과 문화가 뒤섞인 잡종과 돌연변이의 도시 로스앤젤레스. 우주식민지에서 탈출해 온—인간보다 뛰어난 지적·육체적 능력을 갖춘—인조인간들. 그들을 추적하여 '기능정지'시키는 냉혹한 형사. 하늘을 찌르는 피라밋형의 건물 사이로 LA 경찰의 순찰비행정이 스쳐 지나가고, 네온이 밝히는 거리에는 끊임없이 악몽처럼 산성비가 내린다. 당대 최고의 비주얼리스트 리들리 스코트 감독(〈블랙 레인〉), 특수효과 담당 더글러스 트럼벨(〈2001년〉, 〈미지와의 만남〉), 신서사이저의 대가 반젤리스, 그리고 허무주의적인 형사 역의 해리슨 포드—그들 모두가 보여줄 수 있는 최상의 것들로 이루어진 영화.

〈천국의 문〉. 마이클 치미노 감독.

## 18

### 살인에 관한 단편영화

**Krótki Film O Zabijaniu**

크리쯔토프 키에스로프스키(Krzysztof Kieslowski).

1987년. 폴란드. 85분.

'살인'을 가장 효과적으로 표현할 수 있는 영화적 기교는 무엇일까? 키에스로프스키는 이 질문에 '기교를 최소화하는 것'이라고 대답한다. 아무런 심리적·사회학적 설명없이 이 영화는 두 개의 살인—시민의 시민에 대한 살인과, 그리하여 '범인'이 된 시민의 국가에 의한 살인—의 과정과 결과를 차근차근 보여줄 따름이다. 관객이 의식의 깊은 곳으로부터 '끔찍함'의 감정을 고통스럽게 끌어내도록.

## 19

### 빨갱이들

**Reds**

워렌 비티(Warren Beatty).

1981년. 미국. 196분.

감독·각본·주연을 도맡은 워렌 비티는 존 리드(John Reed: 러시아 혁명을 현장에서 취재·기록한 〈세계를 뒤흔든 10일(Ten Days That Shook the World)〉의 저자)의 일생을 3시간에 걸친 장대한 드라마에 담았다. 존 리드와 그의 시대에 관한 생존인물들의 증언을 삽입한 브레히트적인 기법, 러시아 혁명과정을 묘사한 화면들의 사실성, 그리고 '혁명과 사랑'의 두 주제를 동시에 파고들어 일정한 성공을 거둔 서사적 역사극. 비디오 출시명 〈레즈〉.

〈빨갱이들〉.
워렌 비티 감독.
미국. 1980년.

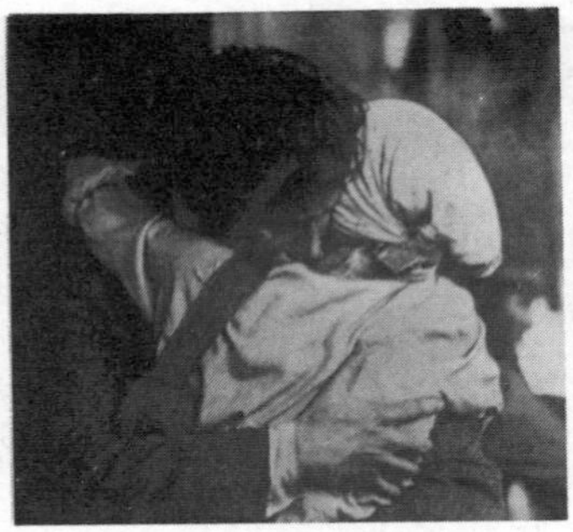

〈와서 보아라〉. 엘렘 클리모프 감독.

## 20
## 와서 보아라
**Idi i Smotri**
엘렘 클리모프(Elem Klimov).
1985년. 소련. 142분.

클리모프의 이 영화 속에서 전쟁은 더 이상 구경거리가 아니다. 그것은 인간에게 털끝만큼의 '순수'도 허용하지 않는 처참한 살육과 광란의 현장일 뿐이다. 아마도 영화사상 가장 끔찍하게—관객에게 미치는 심리적 효과에서—묘사된 학살 장면과 함께, 클리모프 감독의 스승 타르코프스키의 영향을 추측케 하는 명상적인 화면들로 기억될 영화. 우리 개봉제목은 〈컴 앤 씨〉.

## 21
## 딤 섬
**Dim Sum: A Little Bit of Heart**
웨인 왕(Wayne Wang).
1985년. 미국. 87분.

배경은 샌프란시스코의 차이나타운. 고향 중국을 그리워하며 영어로 말하기를 거부하는 어머니, 어머니를 혼자 둘 수 없어 결혼을 미루는 미국화된 딸, 그리고 수절(?)하는 형수가 자신과 결합해주길 기다리며 이 둘을 돌보는 삼촌—이들 세 사람의 일상과, 자그마한 사건들과, 주위사람들과의 사소한 어울림과 헤어짐이 이야기의 전부이다. 오즈를 영상케 하는 정제된 화면, 동양인의 시선과 서구적인 감각이 어울린 미술, 그리고 설명할 수 없는 따뜻함과 부드러움으로 수놓아진 소박한 걸작.

## 22
## 카라바지오
**Caravaggio**
데릭 자만(Derek Jarman).
1986년. 영국. 93분.

16세기말 이탈리아에서 활동했던 화가 카라바지오의 삶을 연인 사이였던 그의 두 주요한 모델과 자신과의 관계를 중심으로 그린 영화. 여러 영상 메커니즘을 복합적으로 구사하는 것으로 유명한 데릭 자만은 자신의 평소의 개성을 억제하고 회화에서 시각 모티브를 빌어 온 '카라바지오' 스타일로 이 영화를 찍었다. 삼각관계를 다룬 멜로드라마이며, 회화와 시각매체의 관계를 질문하는 진지한 작품.

## 23
## 제도사의 계약
**The Draughtsman's Contract**
피터 그리너웨이(Peter Greenaway).
1982년. 영국. 108분.

어떤 장르로도 분류될 수 없는, 그리고 어떤 다른 영화와도 닮지 않은 괴이(?)한 영화로 80년대 내내 관객과 비평가들을 깜짝깜짝 놀라게 한 피터 그리너웨이의 데뷔작. 17세기 영국의 한 귀족부인이 그녀의 영지를 도면에 옮기기 위해 제도사를 고용한다. 귀족의 정원에서 작업을 계속하며 그는 뜻하지 않게 음모에 말려들게 되는데…복잡한 수수께끼를 풀듯이 정교하게 짜여진 줄거리, 17세기 회화의 스타일을 그대로 옮겨온 화면, 그리고 독창적인 아이디어에 가득찬 작품.

〈노스탈지아〉.
안드레이 타르코프스키 감독.
이탈리아. 1983년.

## 24

### 나의 20세기

**Az en XX Szazadom**

일디케 엔에디(Ildike Enyedi).

1988년. 헝가리. 140분.

헝가리의 여류 감독 일디케 엔에디의 믿을 수 없을 만큼 훌륭한 데뷔작. 영화가 갓 탄생했던 20세기의 새벽, 유럽의 한 가운데서 쌍동이 자매가 태어난다. 그들이 고아가 되고, 헤어지고, 너무도 다른 삶의 길을 걷고—하나는 부르주아들의 노리개로, 하나는 겁 많은 테러리스트로—다시 만나기까지의 이야기를 중심으로 엔에디 감독은 세기말/세기초의 이미지들을 흑백화면 속에 엮어간다.

## 25

### 황토지

**黃土地**

첸 카이게(陳凱歌).

중국. 89분.

전혀 새로운, 진지함과 아름다움을 갖춘, 대륙의 '제5세대' 영화를 세계에 알린 걸작. 민요수집의 임무를 띠고 한 농민의 가족과 함께 지내는 팔로군 병사와 그 가족들의 이야기가 색채, 그림자, 눈짓, 공간, 그리고 말없는 교감들로 표현된다. 장 예모(후에 〈붉은 수수밭〉, 〈국두〉를 감독)가 촬영을 맡음.

## 26

### 노스탈지아

**Nostalghia**

안드레이 타르코프스키(Andrei Tarkovski).

1983년. 이탈리아. 126분.

이탈리아에서 죽은 한 무명 러시아 작곡가의 발자취를 취재하러 주인공 고르차코프는 이탈리아의 여러 지방을 여행한다. 그 과정에서 그는 그 자신의 고향과 고향의 문화, 그리고 고향을 멀리 떠나 있는 자신의 삶과 영혼에 대하여 성찰한다. 신비로운 아름다움에 찬 '사색'하는 화면, 꿈과 기억과 현실의 경계를 넘나드는 내러티브, 그리고 타르코프스키가 그의 모든 영화 속에서 끈질기게 파고드는 '인류의 구원의 가능성'이라는 주제로 특징지워지는 작품.

## 27

### 동년왕사

**童年往事**

후 시아오시엔(侯孝賢).

1985년. 타이완. 137분.

〈비정성시〉가 가족을 묘사함으로써 더 큰 '역사'에 접근하고 있다면, 〈동년왕사〉는 가족의 이야기에 멈추었다는 점에서 〈비정성시〉만큼 걸작이라 할 수는 없을 것이다. 그러나 후 시아오시엔 자신의 유·소년기의 기억과 체험을 고스란히 화면에 옮겨 놓은 이 영화가 그의 작가로서의 바탕을 이해하는 데에는 더욱 도움이 되리라는 것 또한 사실이다. 성장은 또한 사랑하는 것들과의 헤어짐을 의미한다고 담담하게 이야기하는 수묵화와도 같은 간결함이 잔잔히 감동을 가져오는 수작.

## 28

### 천국보다 낯설은
**Stranger Than Paradise**

짐 자무쉬(Jim Jarmusch).
1984년. 미국. 89분.

대중의 호응과 작품의 미학적 완성도에서—그리고 그것을 성취한 수단의 경제성에서—80년대 초반에 나온 미국독립 영화중 가장 성공적인 작품. 무성영화를 연상케 하는 흑백화면과 커트를 나누어 찍지 않은 쁠랑-세깡스(Plan-séquence)의 원칙을 고수하며, 자무쉬는 펑크적 감수성으로 '이민'국가 미국을 코믹하게 그려낸다.

짐 자무쉬.

## 29

### 로드 워리어: 매드 맥스 II
**Road Warrior; Mad Max II**

조지 밀러(George Miller).
1981년. 오스트레일리아. 96분.

'짬뽕' 액션모험영화의 새로운 게임의 규칙은 조지 밀러의 〈매드 맥스〉 3부작으로부터 새롭게 정의되었다. SF, 모험활극, 웨스턴, 필름 느와르, 사무라이 영화, 거기에 펑크의 블랙 유모어까지 가세한 한마당의 수라장! 광활한 오스트레일리아 대륙의 황무지에서 문명과 야만의 묵시록적 대결이 벌어진다. 마지막 20분의 카 체이스 장면은 영화사상 최고—이후에도 그 운동감과 긴박함을 능가할 장면은 쉽게 나오지 않을 것이다.

## 30

### 길소뜸
**Kilsodom**

임권택(林權澤).
1985년. 한국. 102분.

분단조국의 현실을 어느 정도 진실되게 그렸다고 해서 그 영화가 '걸작'이 되지는 아니하며, 충실한 역사의식과 영화미학으로 무장한 많은 작가들과 비교될 수밖에 없는 세계 영화의 맥락에서는 더욱 그러하다. 그러나 〈길소뜸〉은 분명 '우리들'의 영화이면서도, 편견 없이 '세계영화'의 반열에 오를 만한 미덕을 갖추고 있다.

작가는 차가우리만큼 냉정한 시선으로 분단현실을 바라보는데—티끌만큼의 감상도 용납되지 아니하고, 값싼 화해의 상투적인 결말은 거부된다—, 그러면서도 '눈물'을 거침없이 보여주는 '열려짐'이 〈길소뜸〉을 걸작으로 만든 이유라고 우리는 생각한다. '역사의 무게를 어깨에 지고다니는' 당대 한국인의 전형들을 절제된 영화적 틀에 담은 이 영화를 다시 읽는 것에서 '새로운' 한국영화는 태어나야 하는 것이 아닐까.

## 31

### 블루 벨벳
**Blue Velvet**

데이비드 린치(David Lynch).
1986년. 미국. 120분.

평화롭고 풍요한—달력 속 그림 같은—중산층 주택가 잔디밭에서 잘려진 귀가 발견되는 장면으로부터 이 영화는 데이비드 린치(〈광란의 사랑(Wild at Heart)〉)의 상상력을 따라 욕망과 폭력, 부르주아의 가면을 벗어던진 '괴물' 같은 인간들의 밤세상, 그리고 소름끼치는 공포와 지순한 아름다움이 교차하는 터널을 통과하게 된다. 〈이레이저헤드〉에서 〈광란의 사랑〉에 이르는 지금까지의 린치의 영화편력을 '중간평가'할 수 있는 작품.

## 32

## 젤릭
**Zelig**
우디 알렌(Woody Allen).
1983년. 미국. 79분.

자신을 숨기고 싶은 욕망이 너무도 강렬하여 '인간 카멜레온'—자신의 근처에 있는 사람의 모습과 똑같이 변해버리는—이 된 가공인물 젤릭의 일대기를 그린 '가짜' 다큐멘터리. 20세기의 중요한 역사적 사건마다에 그는 끼어드는데, 유명한 예술가, 교황, 그리고 히틀러에 이르기까지 갖가지 인물주변에 그는 출몰하여 사진 또는 영화로 기록을 남긴다. 다큐멘터리 필름에 젤릭의 모습을 교묘하게 몽타쥬해 넣거나 낡은 흑백필름의 기분을 재현한 기법들은 촬영감독 고든 윌리스(Gordon Willis: 〈대부〉 시리즈로 유명함)의 솜씨.

## 33

## 택시 블루스
**Taxi Blues**
파벨 룽긴(Pavel Longuine).
1989년. 소련. 110분.

그는 택시운전수. 노동자이며 지식을 얻으려 열심히 책을 읽고, 규율과 질서와 절약을 신조로 생활한다. 또 하나의 그는 '반동적'인 재즈 음악가. 색스폰을 불어 생계를 유지하고 자유분방한 생활을 사랑하는 예측불능의 '예술가'이다. 이 어울리지 않는 한 쌍이 페레스트로이카의 수도 모스크바에서 만나 함께 사는 가운데 벌어지는 우여곡절을 담은 블랙 코미디. 파벨 룽긴은 뒤늦은 데뷔작인 이 작품에서 소련체제의 문제를 성급한 이분법에 기대지 않고 진지하게 고민한다. 폭소와 눈물이 공존하는 소련 영화의 새로운 출발점에 서서.

## 34

## 20세기 소년독본
二十世紀 少年讀本
하야시 가이조(林海象).
1989년. 일본. 115분.

꿈꾸는 듯한 흑백화면 속에 하야시 가이조 감독은 서커스와 동심과 타락한 '바깥' 세상의 비극적인 모습을 담아내었다. 마치 '영화'가 갓 태어나기라도 한 듯 신선한 충격으로 다가오는 80년대 일본 뉴웨이브 '마법사'의 걸작.

〈택시블루스〉. 파벨 룽긴 감독. 소련. 1989년.

## 35

## 섹스, 거짓말, 비디오테이프
**Sex, Lies and Videotapes**
스티븐 소더버그(Steven Soderburgh).
1989년. 미국. 97분.

뮤직 비디오 몇편을 찍은 것이 경력의 전부인 26세의 젊은 감독의 데뷔작. 제목 그대로 '섹스'에 관한 '거짓말'은 등장인물들에게 어떠한 영향을 끼쳤으며, '비디오테이프'가 어떻게 이들을 구원(혹은 치료)했는지에 대한 이야기. 잘 다듬어진 소품이며 깔끔한 영상이 장점이지만, 굵직한 상을 받았다는 선입감 때문에 자칫 지나치게 심각한 영화로 오해받기도 한다. 긴장을 풀고, 느긋하게 감상할 것!

## 38 나의 아름다운 세탁소

**My Beautiful Laundrette**

스티븐 프리어즈(Stephen Frears).
1985년. 영국. 97분.

〈나의 아름다운 세탁소〉에 그려지는 런던은 '신사의 나라'도 아니고, '고급예술과 문화의 도시'도 아니다. 그곳은 옛 피식민지에서 이주해 온 온갖 소수민족들과, 자본주의 문화의 변두리에 핀 펑크 문화의 독기어린 꽃과, 매춘과 동성연애와 길거리의 폭력으로 얼룩진 '활기찬' 시장바닥이다. 파키스탄 이민2세 하니프 쿠레쉬(Hanif Kureishi)의 각본을 스티븐 프리어즈가 감독, 다니엘 데이 루이스(〈나의 왼발〉 〈프라하의 봄〉)주연.

## 36 태양 없이

**Sans Soleil**

크리스 마르께르(Chris Marker).
1983년. 프랑스. 100분.

진보적 영화운동가이며, 끊임없이 이미지의 실험을 계속해 온 '전위'작가이며, 서로 다른 문화 속의 삶의 모습을 관찰해 온 여행가인 크리스 마르께르가 자유분방한 형식으로 펼치는, 이미지의 힘을 믿는 모든 이들에게 보내는 '영화편지'. 문자로는 표현할 수 없는 불가사의와도 같은 영화. '실험영화'에 흔히 나타나는 '잘난체함'이 이 영화에는 없다.

## 37 가늘고 푸른 선

**Thin Blue Line**

에롤 모리스(Errol Morris).
1988년. 미국. 101분.

80년대의 많은 영화작가들은 '극영화(narrative fiction)'와 '다큐멘터리' 사이의 간격을 메울 수 있는 방법론을 다양하게 모색해왔으며, 관객대중들의 눈에 잘 띄지 않는 이 영역에서 사실은 80년대 영화미학의 가장 활발한 실험이 이루어졌다고 하여도 지나친 말이 아니다. 살인죄로 사형을 기다리는 한 죄수의 '억울함'을 설득력있게 그려낸 '참여' 다큐멘터리이며—무죄를 증명하여 그를 자유의 몸이 되게 하려는 분명한 목표가 있었으며—, 극영화의 기법을 도입하여 실제상황을 재현(re-enactment)하는 등 파격적인 형식으로 논란을 불러 일으킨 작품.

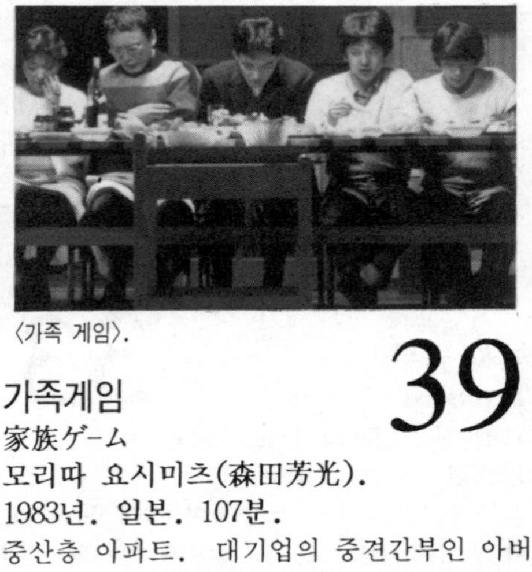

〈가족 게임〉.

## 39 가족게임

**家族ゲーム**

모리따 요시미츠(森田芳光).
1983년. 일본. 107분.

중산층 아파트. 대기업의 중견간부인 아버지. 대입준비에 여념이 없는 수험생 아들. 살림과 수험생 뒷바라지에 뼈가 빠지는 어머니. 이들이 일구어 놓은 자그마한 평화와 안정의 공간은 아들의 가정교사가 집에 발을 들여놓으면서 서서히 흔들리는데…그리고 아무도 예측하지 못할 라스트신이 관객을 기다린다. 80년대 일본 뉴웨이브의 기수 모리따가 기상천외의 카메라워크와 풍자정신으로 그려낸 일본 중산층의 초상화. 〈블랙 레인〉으로 우리에게 알려진 마쓰다 유사꾸가 '과외선생님' 역으로 명연기를 보인다.

## 40

### 녹색 빛
**Le Rayon Vert**
에릭 로메르(Eric Rohmer).
1986년. 프랑스. 99분.

여름 휴가철 텅빈 파리. 갑작스레 '공허함'을 느낀 여주인공은 '참사랑'을 나눌 상대를 찾아나선다. 평범하고 진부한 상황과 이야기를 일상행위와 감정의 섬세한 표현을 통하여 흥미 있는 '드라마'로 만드는 데 타의 추종을 불허하는 로메르 감독의 진가가 드러나는 영화. 구성, 촬영, 연기 모두 이 영화의 모든 장면이 사전대본 없이 현장에서 즉흥적으로 짜여졌다는 사실을 믿을 수 없을 만큼 완벽하다.

## 41

### 신경쇠약 직전의 여자
**Mujeres al Borde de un Ataque de Nervois**
페드로 알모도바르(Pedro Almodovar).
1988년. 스페인. 89분.

80년대 스페인 영화를 대표하는 '악동'페드로 알모도바르의 좌충우돌식 로맨틱 코미디. 원색을 대담하게 쓴 미술이 돋보이며, 속도감 있게 진행되는 줄거리는 서로 얽히고 설키는 한무리의 주인공들의 관계와 사건을 명료하게 따라간다. 품위를 잃지 않으면서도, '신경쇠약직전'이랄 만큼 모든 것이 현란하고 복잡하게 전개된다.

## 42

### 살람 봄베이!
**Salaam Bombay!**
미라 네어(Mira Nair).
1988년. 인디아. 114분.

다큐멘터리 영화로부터 출발한 인디아 출신의 여류 감독 미라 네어가 만든 첫 극영화. 떠돌이 소년, 거지, 창녀 등 인디아 봄베이시의 '거리의 사람들'의 삶을 다큐멘터리적인 치밀함과 함께 탄탄한 극영화의 이야기 구조 속에 담았다. '거리'에서 모집한 아마추어 연기자들을 워크샵을 통해 훈련, 그들 자신의 삶을 생생하게 연기하도록 한 80년대풍 네오 리얼리즘 영화.

## 43

### 터미네이터
**Terminator**
제임스 카메론(James Cameron).
1984년. 미국. 107분.

영웅신화와도 같은 내러티브, 최소한의 자원으로 최대의 화면효과를 끌어낸 SFX, 슈왈제네거를 타임머신을 타고 미래에서 날아온 사이보그 '터미네이터' 역에 기용한 아이디어, '화끈'한 액션장면들, 그리고 침착하게 관객의 정서를 휘어잡는 연출력…터미네이터는 문명비판적인 텍스트로 읽힐 수도 있고, 흥미진진하게 잘 만들어진 액션 오락영화이기도 하며, 필름 느와르와 SF 장르를 결합시킨 새로운 유행을 만들어낸 영화이다. 분명한 것은, 모든 계층의 관객들에게 서로 다른 이유로 지지를 받을 수 있는 흔치 않은 영화라는 점!

〈화니와 알렉산더〉.
잉그마르 베르히만 감독.

〈인지구〉. 관금붕 감독.

## 44

### 인지구

**胭脂拘**

**관금붕(關錦鵬).**

**1988년. 홍콩. 93분.**

사랑을 위하여 목숨을 버린 30년대의 여인(매염방)은 환생한 그녀의 연인(장국영) 을 찾아 80년대의 홍콩에 나타난다. 한 도시의 두 시대를 대비시킨 뛰어난 촬영, 두 주연배우의 섬세한 연기, 그리고 시간 속의 삶의 덧없음에서 오는 쓸쓸함이 배어 있는 80년대 홍콩 최고의 '예술!' 영화. 우리나라에 수입되었으나 '흥행성'이 없다 하여 끝내 극장공개되지 못하였다.

## 45

### 리포 맨

**Repo Man**

**알렉스 칵스(Alex Cox).**

**1984년. 미국. 92분.**

옥스포드 대학 법대를 나온 알렉스 칵스 감독의 데뷔작(감독의 출신학교의 이미지와는 전혀 어울리지 않는 영화). 황당무계한 결말만 아니었으면 걸작이 될 뻔했다는 아쉬움을 표시하는 평을 받기도 하고, 오히려 그 때문에 작품을 더 높이 평가하는 관객들도 있다. 말로는 영화의 분위기를 전달하기 어려운, 직접보고 느껴야만 할 영화.

## 46

### 화니와 알렉산더

**Fanny och Alexander**

**잉그마르 베르히만(Ingmar Bergman).**

**1982년. 스웨덴. 189분.**

1950년대 이후 스웨덴 영화의 '대명사'였던 노장 베르히만 감독은 자신의 영화인생을 이 한편의 작품으로 정리하고 은퇴를 선언하였다. 자전적 색채를 다분히 띠고 있는 이 영화에는 20세기초 스웨덴의 한 가정에서 자라나는 어린이들이 주변의 세계에 눈을 떠가며 훗날 그의 예술작업의 정신적 토양이 될 여러 요소들—가족, 종교, 인형극, 이성—을 접하는 과정이 원숙한 대가의 솜씨로 묘사되어 있다. 감독이 재편집한 TV판(상영시간 5시간)은 더욱 뛰어나다는 평.

## 47

### 데드 링어

**Dead Ringers**

**데이비드 크로넨버그(David Cronenberg).**

**1988년. 캐나다. 115분.**

크로넨버그는 전작 〈비디오드롬〉이나 〈플라이〉에서처럼 거의 '구역질나는' 특수효과에 의존하는 대신, 표현주의적인 미장센과 정밀한 심리묘사로 또다른 차원의 '잔혹한' 드라마를 만들어냈다. 모든 것을 공유하며 살아가는 쌍동이형제(그들의 직업은 모두 산부인과의사이다) 사이에 한 여인이 끼어들자 모든 것이 변하고만다. 제레미 아이언즈(〈미션〉 〈스완의 사랑〉)의 절묘한 1인2역과, 한 배우의 두 '몸'을 지금까지 본 적이 없는 트릭촬영으로 한 화면 속에 담은 시각효과가 특히 인상적인 영화.

왕가위.

## 48
## 몽콕하문
**旺角卡門**
왕가위(王家衛).
1987년. 홍콩. 90분.

이제 '고전'만큼이나 널리 보여지고 엄숙주의에서 헤어나지 못하는 저널리즘과 비평가들을 '앞서가는' 우리 관객들의 평가가 끝난, 왕가위 감독의 걸작. 만약 〈아비정전〉이 2편까지 완성된 모습으로 우리 앞에 나타났더라면, 우리는 그 영화를 위하여 이 리스트에 또 하나의 자리를 마련했을 것이다. 비디오 출시명 〈열혈남아〉.

## 49
## 크라임웨이브
**Crimewave**
샘 레이미(Sam Raimi).
1985년. 미국. 86분.

무조건 "빌려—비디오로 출시되어 있으므로—보시오!"라고 추천함. 샘 레이미(〈이블 데드〉〈다크맨〉)는 종횡무진하는 카메라, 좌충우돌하는 등장인물들, 한치 앞을 내다볼 수 없는(!) 내러티브로 이 장르—패로디의 걸작을 장식한다. '영화광의, 영화광에 의한, 영화광을 위한' 이런 영화도 가끔은 필요한 것이 아닐까?

## 50
## 디바
**Diva**
장-자끄 베네(Jean-Jacques Beineix).
1981년. 프랑스. 123분.

레오 까라, 뤽 베송 등과 함께 '누벨 이마쥬' 세대로 불리우는 80년대 등장한 유망한 프랑스 감독 장-자끄 베네의 데뷔작. 대중문화의 여러 장르에서 인용한 이미지들—광고, 록 뮤직, 팝아트—을 현란한 조명과 세트에 담아 시종 홍미진진하게 이끌고 나가는 연출력이 놀랍다. 이전의 프랑스 영화에서 보기 힘들었던 '미국풍'의 감수성으로 찍은 영화.

## 51
## 여자의 증명
**Identificazione di una Donna**
미켈란젤로 안토니오니(Michelangelo Antonioni).
1982년. 이탈리아. 131분.

〈정사(L'Avventura)〉(60), 〈일식(L'Eclisse)〉(62), 〈밤(La Notte)〉(61), 〈확대(Blow-up)〉 등 일련의 '문제작'으로 영화미학의 혁명을 가져왔다. 불리워지는 노대가 안토니오니가 긴 침묵 끝에 내놓은 사랑과 소외와 영화에 대한 영화. 60년대 그의 영화의 특징이었던 냉정한 모더니스트의 화면은 좀 더 부드럽고 따뜻한 화조로 바뀌었고, 내러티브도 결코 난해하지 아니하다. 우리나라에는 〈보디 우먼〉이라는 황당무계한 제목으로 그나마 30분이 잘린 상태로 소개되었음.

## 52

### 플래툰
**Platoon**
올리버 스톤(Oliver Stone).
1986년. 미국. 120분.

다소 산만한 구성, 과도하게 '의미'를 부여하려 애쓰는 몇몇 대사와 나레이션 탓에 〈플래툰〉은 진정한 걸작 직전에서 멈추고 말았다. 그러나 숱한(?) 결점에도 불구하고 〈플래툰〉은 월남전의—모든 살육의—진실에 한걸음 더 다가갔으며, 특히 월남인 마을에서의 '싹쓸이' 시컨스는 80년대의 미국영화 중에서 월남에서의 미군에 대한 가장 솔직한 묘사로 꼽힌다.

〈플래툰〉.

## 53

### 불의 축제/히마쯔리
*火まつり*
야나기마치 미츠오(柳町光男).
1984년. 일본. 120분.

삼림이 울창한 산, 그리고 그 앞으로 바다가 확 트인 사이에 작은 어촌이 있고, 그곳에는 산의 여신과 '사랑'에 빠져드는 나뭇군이 산다. 그의 '미쳐가는' 사랑이 결국 파국의 클라이막스에서 완성되며 관객을 경악하게 만드는 영화. 80년대 일본의 신예감독 야나기마치는 범신론적 세계관의 영화적 표현에서 새로운 경지를 개척하였다. 시청각 이미지의 결합, 그리고 힘 있는 연출로 영화의 긴장감을 유지하는 솜씨가 뛰어남.

## 54

### 누가 로저래빗을 모함했나?
**Who Framed Roger Rabbit?**
로버트 제메키스(Robert Zemeckis).
1988년. 미국. 104분.

스필버그(아이디어와 테크놀로지의 달인) 기획+제메키스(〈백 투더 퓨처〉 시리즈의 감독)+디즈니 스튜디오(애니메이션의 역사와 전통과 노하우를 자랑하는)=로저 래빗! '만화영화'와 실제인물의 화면을 첨단 테크놀로지로 합성한, 영화가 '눈속임의 예술'임을 철저하게 보여주는 혁신적인 영화.

## 55

### 욜
**Yol**
일마즈 귀니(Yilmaz Guney)/
세리프 괴렌(Serif Gören).
1982년. 터키. 114분.

80년대에 가장 널리 알려졌던 '제3세계' 영화의 하나이며, 군사독재정권에 의하여 투옥된 터키의 영화영웅 일마즈 귀니가 옥중에서 '원격조종'으로 감독했다는 일화로도 유명하다. 귀휴나온 다섯 명의 죄수들의 이야기 속에 터키 민중의 고통이 고스란히 담겨 있다.

## 56

### 담포포
*ダムポポ*
이다미 쥬조(伊丹十三).
1986년. 일본. 114분.

'음식'—그중에서도 라면(!)—이 사실상의 주인공인 하이센스 코미디. 최고의 라면을 만드는 비법을 배우려는 집념의 라면가게 아주머니, 그를 돕는 카우보이 모자의 사나이와 그 밖의 사람들, 이들이 구도(?)의 과정에서 만나는 사람과 사건들—특히 영화의 줄거리와는 '전혀' 상관이 없는, 그러나 '음식'에 관한 이야기라는 공통점을 지니는 에피소드들(하나하나가 독립된 단편영화로 간주될 수도 있다)—을 배우 출신인 이다미 감독이 적절히 배치한 재미 있는 영화.

## 57

### 미제국의 몰락
**Le Déclin de l'Empire Americain Gloire**

드니 아르깡(Denys Arcand).
1986년. 캐나다. 101분.

〈몬트리올 예수〉로 우리에게 소개된 캐나다—더 정확히 이야기하자면 프랑스어 사용권인 퀘벡지역—감독 드니 아르깡의 대표작. 중년의 나이에 접어든 4명의 대학 사학과 교수가 그들의 사생활—부부 사이의 가장 은밀한 사실까지 포함하는—을 가지고 잡담을 나누는데, 한편 그들의 부인들은 사우나에 모여 앉아 남편들과 똑같은 주제를 가지고 서로 이야기를 주고받는다. 이윽고 이들은 모두 저녁식사 자리에 모이는데…중년남녀들의 심리묘사가 탁월한, 특별한 사건 없이도 흥미롭게 전개되는 블랙 코미디.

〈동정 없는 세상〉.

## 58

### 동정없는 세상
**Un Monde Sans Pitié**

에릭 로샹(Eric Rochant).
1989년. 프랑스.

파리 국립영화고등학원(IDHEC)을 졸업한 에릭 로샹의 데뷔작. 80년대말 파리의 젊은 세대들의 생활을 담은 풍속도이면서, 그만의 감성과 시각적 센스로 새로운 화면을 보여주는 영화. 분명한 이유 없이 세상을 거부하고, 책임을 져야 할 어떠한 일도 하지 않으려 하나 어쩔 수 없이 사랑에 빠지고마는 젊은이가 주인공.

## 59

### 엑스칼리버
**Excalibur**

존 부어맨(John Boorman).
1981년. 미국. 140분.

중세유럽 원탁의 기사들과 성배(the Holy Grail) 전설을 80년대의 첨단영화 테크놀로지와 신비주의적인 새로운 해석으로 영화화한 문제작. 존 부어맨(〈서바이벌 게임〉, 〈에메랄드 포리스트〉) 감독은 중세의 전설의 기본틀을 유지하면서 〈스타워즈〉를 찍듯이 〈엑스칼리버〉의 화면을 만들어냈다.

## 60

### 떼레즈
**Thérèse**

알랭 까발리에(Alain Cavalier).
1986년. 프랑스. 91분.

19세기말. 20세기 초반의 나이에 갈멜 수녀원에서 세상을 뜬 성녀 떼레즈에 대한 영화. 상식적인 의미에서의 '사건'은 이 영화속에 존재하지 않는다. 까발리에 감독은 무미건조한 수도원의 방을 대부분의 장면의 배경으로 삼고, 미세한 표정의 변화와 몸짓의 연출로 메세지를 전달한다.

## 61

### 애타게 수잔을 찾아서
**Desperately Seeking Susan**

수잔 세이들먼(Susan Seidelman).
1985년. 미국. 103분.

중산층의 무미건조한 생활에 염증을 느낀 한 '가정주부(로자나 아케트)'가 거칠 것 없이 자유롭게 살아가는 수잔(마돈나의 배우 데뷔 역할)으로 오해받게 되고, 사고로 기억을 잃어버린 자신도 그렇게 믿어버린다. 한편 진짜 수잔은…세련된 감각의 페미니스트 하이코미디. 비디오 출시명 〈마돈나의 수잔을 찾아서〉.

## 62

### 커다란 청색

**Le Grand Bleu**

뤽 베송(Luc Besson).

1988년. 프랑스. 119분.

〈니키타〉로 우리에게 잘 알려진 뤽 베송의 대표작. 두 사내의 우정, 바다, 여자의 남자에 대한 사랑, 다시 바다와 돌고래, 그리고 친구를 잃고 혼자 남은 사나이의 '궁극적인 선택'에 관한 이야기. 헐리우드와 프랑스 영화의 감수성을 절묘하게 배합한 칵테일과도 같은 영화.

## 63

### 도마적

**盜馬賊**

티엔 추앙추앙(田壯壯).

중국. 88분.

세계영화가 거의 잊어버린 대형화면—시네마스코프—의 미학을 되살려냈다는 점만으로도 이 영화는 80년대 세계영화의 주요한 '발견'에 값한다. 중국 제5세대 감독인 티엔 추앙추앙은 티베트 민중의 전통적인—혹은 현재도 이어지고 있는—삶의 모습을 한 편의 전설처럼, 혹은 인류학적 보고서처럼 광대한 화폭에 담아내었다. 〈붉은 수수밭〉, 〈황토지〉만큼 중요한 영화사적 의미를 가지는 걸작.

## 64

### 글로리아

**Gloria**

존 카사베츠(John Cassavetes).

1980년. 미국. 121분.

한마디로, 충격적인 영화. 마피아에게 가족이 몽땅 살해당한 이웃집 소년을 떠맡게 된 여주인공이 결국 그 아이의 복수까지 하게 되는 이야기. 즉흥연출의 명수인 카사베츠의 다이나믹한 연출력이 돋보인다. 80년대 '여성전사' 영화의 원조(?).

## 65

### 라이트 스터프

**The Right Stuff**

필립 카우프만(Philip Kaufman).

1983년. 미국. 193분.

미국 우주개발계획의 초기에 참여했던 우주비행사들을 주인공으로 한 이 영화는 뛰어난 특수효과로 만들어진 비행장면들이 '압권'이지만, SF와는 거리가 멀다. 존 포드의 웨스턴을 연상케 하는 도덕적 엄격함을 지닌 주인공들의 성격이 이 대작의 뼈대이다. 〈프라하의 봄〉보다는 이 작품을 80년대 카프만의 대표작으로 꼽는 이유는 무엇보다도 이 주인공들의 성격에서 우러나와 작품을 감싸는 건강한 이상주의에 있다.

비디오 출시명 〈필사의 도전〉.

## 66

### 해자왕

**孩子王**

첸 카이게(陳凱歌).

중국. 106분.

〈황토지〉에서 혁명과정에서의 민중과 지식인의 관계를 질문했던 첸 카이게 감독은, 〈해자왕(아이들의 왕)〉에 이르러서는 사회주의 국가가 된 이후에도 그 질문은 계속되어야 함을 '사회주의식 교육'의 알레고리로 보여준다. 자신도 많은 교육을 받지 못한 한 노동자가 문화혁명 기간 중 갑자기 시골 국민학교 아이들의 교사가 되어, 자기 자신의 지성과 주입식 교육에 가려 드러나지 않는 아이들의 잠재력을 발견한다. 그러나…

## 67

### 바그다드 카페
**Bagdad Café**

페르시 애드론(Percy Adlon).
1987년. 서독. 91분.

사막 한가운데, 땅에서 불쑥 솟아오른 듯한 외딴 모텔에 야릇한 모습의 여행자들이 찾아온다. 관광객, 남편을 버리고 도망친 여자, 그리고 〈바그다드 카페〉라는 이름의 식당에서 이들이 만나는 괴짜 예술가와 주위 사람들. 페르시 애드론은 강한 개성을 가진 등장인물들의 성격을 차근차근 부각시키면서, 정확한 장소묘사, 효과적인 색채사용으로써 현실 속의 이야기를 서서히 환상과 마술의 영역으로 끌고 들어간다.

## 68

### 불길 속에서 태어나
**Born in Flames**

리지 보덴(Lizzie Borden).
1983년. 미국. 80분.

시간: 가까운 미래. 장소: 뉴욕. 혁명후 10년이 흐른 남성지배체제 아래의 미국에서 궁극적인 '해방'을 위하여 여성전사들이 게랄라전을 시작한다. 흑인 여류 실험영화작가 리지 보덴이 SF의 틀을 빌어 대담한 수법으로 만든 가부장제 사회에 대한 전투적인 비판영화.

## 69

### 밤일
**Moonlighting**

저지 스코리모프스키(Jerzy Skolim-owski).
1982년. 영국. 97분.

4명의 폴란드 노동자가 일자리를 얻어 영국에 온다. 그들이 영국에 머무는 동안 그다니스크에서는 파업이 벌어지고, 마침내는 군대가 탱크를 몰고나오는 파국으로 치닫는다. 일행 중 영어를 아는 유일한 인물인 주인공은 TV뉴스에서 들은 고국 소식들을 끝까지 감추는데, 돌아갈 비행기를 기다리며 공항에서 그가 비로소 사건을 알리자 그의 동료들은…80년대초, 영국에 머물고 있던 폴란드 감독 스코리모프스키—자유노조운동에 동조했던 그는 계엄령선포와 함께 돌아가지 못할 신세가 되었다—가 분노와 슬픔을 억누르며 만든 '망명영화'.

## 70

### 언터처블즈
**The Untoachables**

브라이언 드 팔마(Brian de Palma).
1987년. 미국. 120분.

금주령 시대의 미국 시카고. '강도가 따로 없는' 타락한 경찰세계의 수령을 딛고 '범죄와의—수단과 방법을 가리지 않는—전쟁'을 선포한 '정의의 사도'들의 이야기. 그러나 정작 2시간 동안 이 영화를 밀고 나가는 힘은 '영화에 대한 영화'를 만들기에 끈질기게 매달리는 드 팔마 감독의 집요함이며, 따라서 이 영화 최고의 명장면이 에이젠스테인의 〈전함 포템킨〉에서 '빌려온 (훔쳐온?)' 계단에서의 총격전임은 단순한 장난기의 소산이 아닐 것이다.

## 71
## 브라질
**Brazil**

테리 길리엄(Terry Gilliam).
1985년. 영국. 142분.

조지 오웰의 〈1984년〉과 맥을 같이하는 영화. 한 가상의 전체주의 국가에서 하급공무원으로 일하는 주인공은 꿈속에서 본 아름다운 여인과 똑같은 여인을 만나는데, 여기서부터 그의 삶은 이전에 그가 상상하지도 못했던 방향으로 전환하게 된다. 테리 길리엄은 기발한 상상력과 유모어 감각으로 구성의 허점에도 불구하고 관객에게 충격을 안기기에 충분한 영화를 내놓았다.

## 72
## 프랑스 중위의 여인
**The French Lieutenant's Woman**

카렐 라이쯔(Karel Reisz).
1981년. 영국. 123분.

〈콜렉터〉로 유명한 존 파울즈(John Fowles)의 원작 소설을 영국출신 카렐 라이쯔—그는 린지 앤더슨, 토니 리차드슨과 함께 50년대말, 60년대초 프리 시네마(Free Cinema)운동으로부터 영화를 시작하였다—감독이 영화화하였다. 19세기말 빅토리아 여왕시대의 영국을 배경으로 한 한 쌍의 남녀의 사랑이야기가 〈프랑스 중위의 여인〉이라는 영화 속의 또 하나의 영화로 삽입되고, 그 영화를 촬영하는 현대의 남·녀 배우들의 애정생활이 영화 속 영화와 평행을 이루며 전개되는 독특한 구조를 가졌다. 주연은 메릴 스트립과 제레미 아이언스.

## 73
## 위험한 장사
**Risky Business**

폴 브릭맨(Paul Brickman).
1983년. 미국. 99분.

"자본주의는 곧 경쟁이다." 그러니 어찌 '위험'을 무릅쓰지 않고 성공할 수 있겠는가? 부모님이 여행간 사이에 빈 집을 이용하여 '청춘사업(?)'으로 거액을 긁어모으는 10대 소년과 그의 동업자(톰 크루즈와 레베카 드 모네이)가 주인공. 지극히 '퇴폐적'이고 '비윤리적'인 내용을 깔끔하고 세련된 영상으로 처리한 감독의 의도는 미국사회에서 이들의 사업은 사실 '정상'에 속한다고 시치미떼는 듯하다. 비디오 출시명 〈청춘사업〉.

## 74
## 틸라이
**Tilai**

이드리사 우에드라오고(Idrissa Ouedraogo).
1990년. 부르키나 파소. 102분.

세네갈의 우스만 상벤느, 말리의 술레이만 시세, 그리고 부르키나 파소의 이드리사 우에드라오고의 영화들은 아프리카가 더 이상 영화의 '불모지'가 아님을 웅변한다. 전통사회의 관습법에 의하여 억압받고 파괴당하는 삶의 모습을 〈틸라이〉는 완성도 높은 영상으로 드러낸다.

## 75
## 붉은 수수밭
**紅高粱**
장이무(張芸謀).
1987년. 중국. 92분.
일본제국주의의 가혹한 억압에 맞서 싸우는 중국민중의 해방투쟁을 담았다는 점에서 이 영화는 일단 우리의 추천에 값한다. 그러나 좀더 냉정하게 살펴보면 이 영화의 과대평가가 가져올 위험 또한 눈에 들어온다. 민중의 건강함과 역동성, 집단으로서의 행동주의가 뛰어난 테크닉으로 묘사된 한편으로는, "붉은 수수밭"이 삶의 무대이기보다는 상징의 도구로 사용되고, 불필요하게 탐미적인 영상처리가 걸리는 것이다.

## 76
## 팔시팔
**Parsifal**
한스-위르겐 지버베르크(Hans-Jürgen Syberberg).
1982년. 서독. 255분.
바그너(Wagner)의 오페라를 영화화하는 것은 거의 금기 혹은 불가능한 일로 여겨져 왔다. 지버베르크는 독창적인 바그너 해석과 시각효과를 사용하여 이 작업을 이루어낸 가장 성공적인 감독으로 꼽힌다. 바그너의 거대한 데드 마스크가 전부인 무대 위에 가수들이 등장하고, 배경의 영사막에는 다양한 이미지가 끊임없이 비추어진다. 바그너 오페라의 혁명적인 독창성과 겨룰 만한 예언자적 영화.

## 77
## 수람 요새의 전설
**Legenda Suramskoi Kreposti**
세르게이 파라자노프(Sergei Paradjanov).
1984년. 소련. 87분.
타르코프스키와 함께 페레스트로이카 이전의 소련에서 '박해받는 영화예술가'의 대표격이었던 파라자노프 감독이 긴 유배생활중 완성한 시나리오를 가지고 만든 영화. 그의 고향인 그루지아 지방의 전설을 토대로 하였는데, 무너지는 요새를 구하기 위하여 성벽에 '생매장'되기를 자청한 소년에 대한 이야기이다. 그루지아의 독특한 문화전통을 현란한 영상으로 그려낸, 낯선 세계 속으로 꿈길처럼 관객을 끌어들이는 '이단적'소련 영화.

## 78
## 철의 사나이
**Czlowiekz Zelaza**
안제이 와이다(Andrzej Wajda).
1981년. 폴란드. 152분.
60년대 이후 폴란드의 작가영화를 대표해 온 거장 안제이 와이다가 1976년작 〈대리석의 사나이〉의 연장선에서 만든, 연대노조의 투쟁에 바쳐진 영화. 1980년 그다니스크 조선소에서의 파업을 배경으로 국가권력과 노동자의 자주조직이 맞선다. 주인공 중의 하나인 라디오 PD의 시각에서 전개되는 줄거리는 또한 매스컴과 검열과 구조적 부패에 대한 비판을 담고 있다.

## 79 아리조나 키우기

**Raising Arizona**

조엘/에단 코엔(Joel and Ethan Coen).
1987년. 미국. 94분.

80년대 후반 헐리우드에서 유행했던, 어린이를 중심에 둔 가족영화에 코엔 형제는 주류영화와는 전혀 다른 방향으로부터 접근해 간다. 〈블러드 심플〉과 마찬가지로 빛나는 시각적 아이디어와 시종 탄탄한 구성이 돋보이는 코미디. 뻔질나게 감옥을 드나들다 보니 사진찍는 여순경(홀리 헌터)과 눈이 맞아(?) 결혼한 전과자(니콜라스 케이지: 〈광란의 사랑〉, 〈버디〉)는 그의 아내가 아기를 가질 수 없음을 알게 되자 다른 방법을 생각해내는데… 비디오 출시명 〈아리조나 유괴사건〉.

코엔 형제.

## 80 진흙 강

*泥の河*

오꾸리 고헤이(小栗康平).
일본. 105분.

1950년대, 전후의 혼란과 피폐가 채 가시지 않은 일본 오사카의 '진흙' 강가에서 두 소년의 우정이 싹트지만, 민족적 편견과 계급의 차이는—그들 중 하나는 '조선인'이다—그들 사이를 갈라놓고야 만다. 아름다운 흑백화면과 정감어린 연출로 작은 이야기에서 큰 감동을 이끌어낸 오꾸리 고헤이 감독의 데뷔작.

## 81 돈

**L'Argent**

로베르 브레송(Robert Bresson).
1983년. 프랑스. 84분.

아마도 영상의 초월적 힘에 대하여 가장 엄격한 원칙을 고수한 감독인 브레송이 톨스토이의 단편을 각색하여 〈소매치기(Pickpocket)〉(59) 이래 다시 한번 죄와 벌, 영혼의 순수와 타락, 정신과 물질세계의 관계를 다룬 영화. 죄는 곧 구원으로의 길이며, 그리하여 감옥은 곧 영혼을 상징한다. '죄'와 '벌'에 대한 종교적 성찰로 요약할 수 있는, 브레송만이 만들 수 있는 '경건한' 영화.

〈진흙강〉.

## 82 로보캅

**Robo Cop**

폴 바호벤(Paul Verhoeven).
1987년. 미국. 102분.

스케일 큰 액션에서 날카로운 풍자에 이르기까지, 폴 바호벤 감독은 면도날같이 정확한 연출로 힘 있게 영화를 끌어간다. 80 년대의 다른 중요한 SF 영화와 마찬가지로, 〈로보캅〉 또한 다양한 의미로 읽힐 수 있는 풍부하고 다층적인 내용을 담고 있다. 절반은 기계, 절반은 인간, 그리고 온몸은? 물론 법과 질서의 수호자, 경찰관!

## 83

## 정복자 펠레

**Pelle Erobreren**

빌 어거스트(Bille August).

1968년. 스웨덴. 150분.

노예나 다름없는 삶을 이어가는 늙은 아버지는 아들에게만은 존경받는 '늠름한' 사나이이고 싶지만, 험악한 19세기말의 북유럽에서 그의 소박한 꿈은 하나도 이루어지지 못한다. 가끔 감상주의로 흐르는 단점에도 불구하고 이 진지한 영화는 '성장'에 관하여 이야기하는 가장 뛰어난 작품들 중의 하나로 기억될 것이다. 명우 막스 폰 시도우의 아버지 역 연기가 두드러진다.

〈정복자 펠레〉.

## 84

## 지방 영웅

**Local Hero**

빌 포사이드(Bill Forsyth).

1983년. 영국. 111분.

조용한 스코틀랜드의 어촌마을을 통째로 사들이려는 텍사스 석유재벌이 젊은 미국인 부하를 선발대로 마을에 파견한다. 그러나 마을사람들의 삶을 보고 느끼며 그는 자신의 임무에 점점 회의를 느끼게 되는데…생생한 인물묘사와 경쾌한 대사로 영국 코미디의 전통을 되살렸다는 격찬을 받은 작품. 명 프로듀서 데이비드 퍼트냄이 '발견'한 스코틀랜드 출신의 빌 포사이드의 출세작. 80년대 최고의 코미디 영화 중의 하나이다.

〈위험한 관계〉. 스티븐 프리어즈 감독. 미국. 1988년.

## 85

## 풀 메탈 재킷

**Full Metal Jacket**

스탠리 큐브릭(Stanley Kubrick).

1987년. 미국. 116분.

상투적인 베트남전 영화의 틀을 깨고, 거의 코미디라 할 수 있을 만큼 의도적인 경박함으로 영화의 분위기를 설정한 큐브릭의 전쟁(비판)영화. 머리를 박박 미는 훈련병들의 순진한 얼굴에서 시작하여, 치열한 전투를 끝내고 〈미키 마우스〉 노래를 합창하며 사라져가는 마지막 쇼트까지. '풀 메탈 재킷'은 M-16 소총의 탄알을 가리키는 군대식 속어.

## 86

## 위험한 관계

**Dangerous Liaisons**

스티븐 프리어즈(Stephen Frears).

1988년. 미국. 120분.

에드아르드 훅스는 저서『풍속의 역사』에서 18세기 귀족사회의 '고매하신' 분들이 얼마나 퇴폐적이고 타락한 삶을 살았는지 자세히 묘사하고 있다(그러므로 〈아마데우스〉의 세계는 거짓말이거나 지극히 일부분의 확대된 모습일 수밖에 없다).

〈위험한 관계〉는 훅스 책의 영화판이라 할 만큼 18세기 '유한계급'의 삶을 입체적으로 그려내고 있다. '타락'과 '사기'가 상식인 사회에서 '진실'한 사랑이 도달하는 마지막 지점을 보여주면서.

## 87

### 블러드 심플
**Blood Simple**

조엘/에단 코엔(Joel and Ethan Coen).
1983년. 미국. 99분.

"살다보니 별 비디오 다 보게 되더라. 줄거리는 3류 추리소설 수준의 뻔한 것 같은데—아니면 너무 복잡해 내가 헛갈렸나?—, 도대체 한번도 본적이 없는 듯한 기묘한 구도와 카메라 워크가 나오고, 징그런 화면인데도 이상하게 웃음을 참을 수 없더라구. 왠지 한번 다시 봐야 될 것 같아." 만약 당신이 이 영화를 보고 위와 같은 이야기를 한다면, 이 영화를 만든 코엔 형제는 거의 최상의 찬사라고 즐거워 할 것이다. 우리나라 비디오 출시명 〈분노한 저격자〉.

## 88

### E·T
**E·T; The Extra-Terrestrial**

스티븐 스필버그(Steven Spielberg).
1982년. 미국. 115분.

〈E·T〉에 항상 따라다니는 '역대흥행 1위'라는 꼬리표는 불행히도 후세의 관객들로부터 선입관 없이 이 귀여운(?) 동화를 즐길 기회를 빼앗고 말 듯하다. 〈미지와의 만남〉의 어린이의 감정이 〈E·T〉에도 이어지지만, 〈E·T〉는 "너도 이런 스펙터클을 만들 수 있어?"라고 외치는 듯한 강박관념이 없어 더욱 편하게 즐길 수 있는 영화이다.

## 89

### 항해는 계속되고
**E la Nave Va**

페데리코 펠리니(Federico Fellini).
1983년. 이탈리아. 132분.

1차 대전이 터지기 직전—유럽의 '아름다웠던 한창시절'이 막 끝나려는 순간—한무리의 오페라 스타들을 태운 호화유람선이 항구를 떠난다. 그들의 항해 도중 벌어지는 자질구레한 사건들을 펠리니는 특유의 떠들썩하고 과장된 연출로 끌고 나가며 화려한 미장센에 담아낸다. 〈길〉과 〈8½〉을 만들던 전성기의 작품보다는 못하지만, 노령에도 불구하고 다작인 펠리니의 80년대 영화 중에서는 최고임.

〈지휘관의 헛된 영광〉.

## 90

### 지휘관의 헛된 영광
**Non ou la Vaine Gloire de Commander**

마노엘 디 올리베이라(Manoel de Oliveira).
1990년. 포르투갈. 112분.

무성영화시대에 데뷔한 유럽 감독 중 유일한 '현역'인 80세의 노대가가 장대한 화폭위에 그려낸 포르투갈 역사의 서사시. '마지막 식민지' 앙골라에서의 포르투갈군과 토착게릴라 사이의 내전이 진행중인 1974년을 기점으로, 포르투갈 역사에서의 침략과 저항의 순간들이 회상을 통하여 재현된다. 연대기이면서 이데올로기로서의 '역사'에 대한 성찰을 담은 가장 훌륭한 영화 중의 하나.

## 91

### 갈릴리에서의 결혼

**Noce en Galilée**

미셸 클레이피(Michel Khleifi).

1987년. 프랑스/팔레스타인. 116분

팔레스타인 출신의 감독 미셸 클레이피가 이스라엘 점령군 통치하의 팔레스타인 마을에서 찍은 데뷔작. 한 쌍의 젊은이의 결혼식을 둘러싸고 벌어지는 억압자와 피압박민족, 전통을 고수하려는 세대와 새로운 세대, 남성우월주의와 가부장제를 벗어나려는 여성들 사이의 갈등이 진솔하게 그려진다. 자신의 문화/전통에 대한 애정을 보이면서도 객관적 시선을 유지하는 연출력이 돋보이는 수작.

## 92

### 나그네는 길에서도 쉬지 않는다

**Man with Three Coffins**

이장호(李長鎬).

1987년. 한국. 100분.

한 서구의 비평가는 이 영화가 시간을 다루는 방법에서 알랭 레네 (〈히로시마 나의 사랑〉, 〈지난해 마리엔바드에서〉)를 연상했고, 어떤이는 샤머니즘의 묘사에 관심을 보였다. 작가는 그러나 '분단'을 가장 중요한 주제로 여긴다고 스스로 이야기한다. 우리에게 가장 절실한 이야기가 '세계성'을 띠려면 그 영화는 어떠한 조건을 갖추어야 할까? 1980년대에 만들어진 한국영화 중 가장 완성도 높은 작가영화의 하나인 〈나그네…〉도 아직 위의 질문에 명쾌한 해답을 제공하지는 못한 것처럼 보인다.

## 93

### 백색 건조기

**A Dry White Season**

유잔 팔시(Euzhan Palcy).

1989년. 영국. 110분.

마르띠니끄 출신의 여류감독 유잔 팔시의 두번째 장편영화는 리차드 아텐보로우(〈간디〉의 감독)의 〈자유의 절규(Cry Freedom)〉보다도 훨씬 설득력 있게 남아프리카 공화국의 비인도적인 인종차별정책을 고발한다. 인간해방을 위하여 투쟁하는 사람들의 모습을 과장 없이 그린 80년대 휴머니즘 영화의 백미. 마론 브란도가 오랜만에 적역을 맡아 열연을 보인다. 비디오 출시명 〈백색의계절〉

## 94

### 엘 노르떼

**El Norte**

그레고리 나바(Gregory Nava).

1983년. 미국. 140분.

과테말라의 산골. 지주의 착취와 게릴라 토벌군의 횡포에 시달리던 인디오 남매는 '젖과 꿀이 흐르는' 약속의 땅, '북쪽'—스페인 말로 엘 노르떼, 곧 미국—을 향하여 먼 길을 떠난다. 멕시코 국경을 넘어. 천신만고 끝에 로스앤젤레스에 도착, 비록 '불법체류자'일 망정 미래에 희망을 걸어보지만 …서정적인 영상, 절제되고 섬세한 연기, 그리고 다큐멘터리에 가까운 생생한 묘사로 보는 이의 영혼까지 흔드는 듯한 '눈물 없이' 보기 힘든 영화.

## 95

### 코야니스카시
**Koyaanisqatsi**
갓프리 레지오(Godfrey Reggio).
1983년. 미국. 86분.

현직 신부인 갓프리 레지오가 혼자 힘으로 찍어내다시피한 문명비판 영화. 대사 없이, 필립 글래스의 흘리는 듯한 음악에 맞추어 자연과 문명, 도시와 황야의 모습들이 갖가지 특수촬영에 의하여 신선하고 낯선 것으로 느껴진다.

## 96

### 먼 목소리, 정지된 삶
**Distant Voices, Still Lives**
테렌스 데이비스(Terence Davies).
1988년. 영국. 84분.

테렌스 데이비스 감독은 자신의 유년기의 기억으로부터 끌어낸 단편적인 에피소드들을 가지고 1940~50년대 영국의 전형적인 노동계급의 가족의 일상을 정확하게 그려내었다. 네오 리얼리즘 영화를 연상케 하는 화면들을 전혀 새로운 기분으로 감싸는 것은 그 시대에 유행했던 '감미로운' 대중가요들인데, 이 야심적인 소품은 극영화가 지나간 한 시대의 삶을 재현하는 방식에 있어서 새로운 장을 연 것으로 평가된다. 80년대 영국영화 르네상스의 큰 수확 중의 하나.

## 97

### 샤이닝
**The Shining**
스탠리 큐브릭(Stanley Kubrick).
1980년. 미국. 146분.

테크놀로지의 마술사이며 장르의 연금술사 스탠리 큐브릭의 80년대는 호러(horror) 장르에의 도전으로부터 시작하였다. 폐쇄공포증적인 분위기, '미로'로 정의될 수 있는 공간, 여기에 미쳐버린 '미국인' 잭 니콜슨의 광기어린 연기와 종횡무진 내달리는 스테디-캠 화면이 관객을 매혹시키고, 혐오감과 공포를 불러 일으키고, 기진맥진하게 한다. 매우 조작적인, 그러나 썩 잘 만들어진 영화('좋은'영화와는 구별되는 의미에서).

## 98

### 로저와 나
**Roger and Me**
마이클 무어(Michael Moore).
1990년. 미국. 87분.

제목 속의 '로저'는 미국 굴지의 자동차회사 제네랄 모터스의 회장인 로저 스미드. '나'는 제네랄 모터스의 공장이 있는 노동자 도시 플린트의 사회운동가 마이클 무어. 자동차 산업의 불황을 빙자한 대규모 감원으로 수많은 플린트 시민들이 일자리를 잃게 되자, 마이클 무어는 16mm 카메라로 '로저'의 '배신'을 고발하기로 작정한다. 건강한 유머와 철저한 비판정신으로 만들어진 미국 독립영화 다큐멘터리의 새로운 걸작.

## 99

### 적 그리고 사랑 이야기
**Enemies: A Love Story**
폴 마줄스키(Paul Mazursky).
1990년. 미국. 115분.

세 여인을 거느린 한 사나이를 정상인이라 부를 수 있을 것인가? 일부일처제를 위협하는 암적인 존재 아닌가? 그러나 학살의 지옥에서 살아나온—2차대전중 나치에 의한 유태인 '멸종'작전으로부터—사람의 상처받은 영혼에게 우리는 어떻게 알량한 '도덕'을 요구할 수 있단 말인가? 아이작 싱어의 소설을 훌륭하게 영화화함으로써 폴 마줄스키 감독은 슬럼프를 딛고 일어나 기분좋게 90년대를 시작하였다.

## 100

### 배트맨
**Batman**
팀 버튼(Tim Burton).
1989년. 미국. 120분.

…그리고, 〈배트맨〉을 빼놓고 80년대의 헐리우드를 이야기함은 무의미한 일이 될 것이다.

# 찾아보기 INDEX

## Ⅰ. 가나다 순

ㅇ

ㅈ

## II. 알파벳 순

### A



### B



### C

**구회영**
1956년 서울생
서울대학교 인류학과 졸업
현재 영화감독이며 자유기고가

**영화에 대하여 알고 싶은 두세 가지 것들**



지은이 | 구회영
펴낸이 | 김종수
펴낸곳 | 도서출판 한울

초판 1쇄 발행 | 1991년 10월 20일
초판 30쇄 발행 | 2011년 3월 30일

주소 | 413-756 파주시 교하읍 문발리 535-7 302(본사)
121-801 서울시 마포구 공덕동 105-90 서울빌딩 1층(서울 사무소)
전화 | (영업) 02-326-0095
(편집) 031-955-0606 / 02-336-6183(서울사무소)
팩스 | 02-333-7543
홈페이지 | www.hanulbooks.co.kr
등록 | 1980년 3월 13일, 제406-2003-051호

Printed in Korea.
ISBN 978-89-460-4412-8 93680

* 가격은 겉표지에 표시되어 있습니다.